长三角核心区

上杭宁大湾区
转型与创新发展

肖泽群　著

CORE AREA
OF YANGTZE RIVER DELTA

TRANSFORMATION AND INNOVATION
OF THE SHANG-HANG-NING GREATER BAY AREA

中国发展出版社
CHINA DEVELOPMENT PRESS

图书在版编目（CIP）数据

长三角核心区：上杭宁大湾区转型与创新发展 / 肖泽群著 . —北京：中国发展出版社，2019.12

ISBN 978-7-5177-1107-0

Ⅰ . ①长… Ⅱ . ①肖… Ⅲ . ①长江三角洲—区域经济发展—研究 Ⅳ . ① F127.5

中国版本图书馆 CIP 数据核字（2020）第 001571 号

书　　名：长三角核心区——上杭宁大湾区转型与创新发展
著作责任者：肖泽群
出 版 发 行：中国发展出版社
联 系 地 址：北京经济技术开发区荣华中路 22 号亦城财富中心 1 号楼 8 层（100176）
标 准 书 号：ISBN 978-7-5177-1107-0
经　销　者：各地新华书店
印　刷　者：北京市密东印刷有限公司
开　　本：710mm × 1000mm　1/16
印　　张：25
字　　数：376 千字
版　　次：2021 年 5 月第 1 版
印　　次：2021 年 5 月第 1 次印刷
定　　价：95.00 元

联 系 电 话：（010）68990630　68990692
购 书 热 线：（010）68990682　68990686
网 络 订 购：http://zgfzcbs. tmall. com
网 购 电 话：（010）88333349　68990639
本 社 网 址：http://www.develpress. com
电 子 邮 件：330165361@qq. com

前　言

Prologue

湾区经济已成为当今世界经济版图上醒目的标识。全球60%的经济总量集中在港口海湾地带及其直接腹地，全球75%的大城市、70%的工业资本和人口集中在距海岸100公里的海岸带。世界三大湾区（纽约湾区、旧金山湾区和东京湾区）都是所在国家和地区经济发展的核心和先导性力量及科技创新的前沿先锋，引领着全球经济发展的方向，更是全球瞩目的发展榜样标杆。国家之间的竞争在一定程度上表现为湾区经济的竞争。

全球知名海湾有几千个，知名海湾城市有几百个，但目前引人瞩目的世界级湾区只有纽约湾区、旧金山湾区和东京湾区。从20世纪以来，全球经济格局的每次大调整都会产生相应的世界级湾区。“一战”到“二战”期间，纽约湾区依靠大西洋贸易通道成为第一个世界级湾区；二战后，旧金山湾区依靠太平洋贸易通道成为第二个世界级湾区；20世纪60~90年代，全球制造业向亚洲转移，亚洲制造业迅速崛起，东京湾区凭借科技制造实力成为第三个世界级湾区。

长三角，江海联接处的一颗璀璨明珠，是中国较发达、经济总量较大、发展较快的地区，基本形成世界级湾区的雏形。美国未来学家雷蒙德·库兹韦尔《奇点临近》对人工智能的发展曾提出奇点理论，并预言人类技术的进步和文明的演化，在2045年人工智能将与人脑智能完美兼容，纯人类文明时代将于此终结，即一个向人工超级智能跃进的临界点[1]。今天，作为长三角核心区，上杭宁大湾区[2]能否在这次世界经济格局大变革中成为世界级湾区的发展“奇点”？2050年上杭宁大湾区能否成为世界强大湾区？

2018年11月5日，习近平主席在首届中国国际进口博览会开幕式上的主旨演讲中郑重指出，将支持长江三角洲区域一体化发展并上升为国家战略，着力落实新发展理念，构建现代化经济体系，推进更高起点的深化改革和更高层次的对外开放[3]。2019年，中共中央、国务院印发的《长江三角洲区域一体化发展规划纲要》，对长三角区域发展做出了全新战略定位：“一极三区一高地”——未来长三角将建设成为全国发展强劲的活跃增长极，高质量发展样板区、率先基本实现现代化引领区、区域一体化发展示范区和新时代改革开放新高地。这一战略“升格”，标志着上杭宁大湾区站在了新的历史起点，为跃升世界最强大湾区这个“奇点”拉开了弓、注入了强大动力。

“世界潮流浩浩荡荡，顺之者昌逆之者亡”。借鉴世界三大湾区的发

① [美]雷蒙德·库兹韦尔，《奇点临近》，李庆诚、董振华、田源译，机械工业出版社2011年版。

② 根据世界三大湾区的经验，都选择中等空间尺度的湾区进行规划建设，当然不排斥大尺度的湾区统一建设。但从协同范围、区域发展差距看，还是选择中等空间尺度为宜，所以为区分起见，中等空间尺度的长三角命名为上杭宁大湾区，上杭宁这三个字分别是上海、杭州和宁波的第一个字，同时“宁”又是南京简称，因而“宁”代表了南京和宁波。上杭宁大湾区包括上海市和江苏省的南京、苏州、无锡、常州、镇江、扬州、泰州、南通，浙江省的杭州、宁波、湖州、嘉兴、绍兴、舟山、台州等16个城市。这些城市组成长江三角洲的核心区，这也是经济地理传统意义上的长江三角洲，以上海为中心，形成了一个，甚至多个周边城市“Σ”形的大湾区，其面积为10.72万平方公里，占长三角区域总面积的30.4%，占全国国土面积的1.11%。其历史脉络为：1992年，“长三角城市群”一词横空出世，最初包括上海、杭州、宁波、湖州、嘉兴、绍兴、舟山、南京、镇江、扬州、泰州、常州、无锡、苏州、南通14个地级市，后又分别在1996年纳入泰州，2003年纳入台州，最终以江浙沪16城市为主体形态的长三角城市群最终得以形成。从中远期来看，随着长三角区域一体化进程深入推进，可将长杭宁大湾区范围进一步扩展至空间大尺度的江浙沪皖27个主要城市。

③ 习近平：“习近平在首届中国国际进口博览会开幕式上的主旨演讲”，新华社，2018-11-05。

展经验，遵循湾区发展规律，强化战略导向，发挥优势，补短板，强弱项，能够把上杭宁大湾区打造成最强大的世界级湾区，面向全球、辐射亚太、指引全国的世界一流大湾区，从而形成以上杭宁大湾区为引领，与粤港澳大湾区、京津冀（雄安新区）一道推进高质量发展，示范引领中国现代化强国建设和实现中国梦，在引领全球化、促进祖国统一、构建人类命运共同体等方面做出更大贡献。

目　录

Contents

第四章　上杭宁大湾区创新发展的重要理论认识问题

第五章　打造世界最强大湾区

第一章

上杭宁大湾区有望成为世界最强大湾区

上杭宁大湾区发展的战略目标是什么？随着“长江三角洲区域一体化”上升为国家战略，“一极三区一高地”的战略定位使上杭宁大湾区在实现国家现代化和中国梦中占有越来越重要的战略地位。本章按照中共十九大报告中提出的建设社会主义现代化强国的两个战略阶段，对上杭宁大湾区的发展水平进行预测，提出要加装制度创新和科技创新强大的“内生发动机”，上杭宁大湾区才有望成为世界最强大湾区。

一、2050 年上杭宁大湾区的展望

（一）2020年的发展

2020 年，全球新冠肺炎疫情给世界经济带来了自 2008 年金融危机以来的最严峻挑战。中国两大湾区（上杭宁大湾区、粤港澳大湾区，下同）已先后上升为国家战略，都具有较好的预期和政策推动作用，成为引领全国经济发展，乃至世界经济发展的重要力量。2020 年虽然受全球新冠肺炎疫情和世界经济增长下行的影响，上杭宁大湾区当年实际 GDP 增速与 2019 年相比下降幅度较大，但仍高于全国（2.3%）1.58 个

百分点。粤港澳大湾区 2020 年受新冠肺炎疫情冲击较大，GDP 表现为负增长。

美国和日本受全球新冠肺炎疫情的冲击和全球经济下行的影响更大，2020 年两国 GDP 均表现为大幅负增长，美国实际 GDP 增速为 –3.5%，日本实际 GDP 增速为 –4.8%。

人口增长方面，受 2020 年全球新冠肺炎疫情和全球经济形势的影响，中国两大湾区虽然受国家推进一体化和城镇化利好政策的带动，但 GDP 增速比 2019 年有较大幅度的下降，因而预估中国两大湾区人口增长幅度比 2019 年略有下降；世界三大湾区受人口迁移较为自由的对冲。因而可以预估 2020 年世界五大湾区的人口增速所受影响大体相同。

从预估情况看，无论经济规模还是发展速度、发展潜力，上杭宁大湾区的表现都引人瞩目。2020 年，上杭宁大湾区人均 GDP 虽已突破 2 万美元，但不到旧金山湾区的 20% 和东京湾区的 46%。这从侧面表明上杭宁大湾区的经济发展潜力和后劲巨大。经济规模方面，上杭宁大湾区是世界五大湾区中最大的。2020 年上杭宁大湾区的 GDP 规模是第二大的东京湾区的 1.18 倍（见图 1.1）；经济增速方面，上杭宁大湾区表现更佳，2020 年实际 GDP 增长为 3.88%，而其他四大湾区均呈现负增长。可见，上杭宁大湾区经济发展的韧性强大、潜力巨大、增长速度较快，如果能进一步整合资源、激活发展动力、协调发展势能、提高经济效能，未来完全有可能成长为影响力、竞争力超越世界三大湾区的新兴国际一流湾区。

表 1.1　　2020~2035 年世界五大湾区发展预测

湾区名称	上杭宁大湾区	粤港澳大湾区	上杭宁大湾区	粤港澳大湾区	纽约湾区	旧金山湾区	东京湾区
2012 ~ 2019 年间实际 GDP 增速（%）	7.82	6.81			1.52	5.01	1.30
2012 ~ 2019 年间常住人口增速（%）	0.58	1.70			0.037	0.79	0.24
2012 ~ 2020 年间实际 GDP 增速（%）	7.32	5.77			0.87	3.9	1.14
2012 ~ 2020 年间常住人口增速（%）	0.63	1.74			–0.0016	0.7	0.22
2015 ~ 2019 年间实际 GDP 增速（%）	7.21	6.30			1.8	4.19	1.69
2015 ~ 2019 年间常住人口增速（%）	0.75	2.17			–0.12	0.41	0.24
预测路径	Ⅰ路径		Ⅱ路径				
2020 年 GDP（亿美元）	22993.1	15232.6	22993.1	15232.6	17179.0	9240.6	19453.5
2020 年常住人口数量（万人）	11484.6	7406.6	11484.6	7406.6	2248.3	884.7	4430.2
2020 年实际人均 GDP（万美元 / 人）	2.00	2.06	2.00	2.06	7.64	10.44	4.39
2020 ~ 2035 年 GDP 增速（%）	6.9	6.6	7.7	7.4	1	1.8	2.0
2020 ~ 2035 年人口增速（%）	0.7	0.8	0.7	0.8	0.01	0.2	0.1
2035 年 GDP（亿美元）	62555.2	39731.2	69957.3	44446.6	19944.2	12075.8	26181.8
2035 年上杭宁大湾区 GDP 与其他湾区的比值（Ⅰ路径）（%）		157.4			313.7	518.0	238.9

湾区名称	上杭宁大湾区	粤港澳大湾区	上杭宁大湾区	粤港澳大湾区	纽约湾区	旧金山湾区	东京湾区
2035 年上杭宁大湾区 GDP 与其他湾区的比值（Ⅱ路径）（%）				157.4	350.8	579.3	267.2
2035 年人口数量（万人）	12751.4	8346.9	12751.4	8346.9	2251.7	911.6	4497.1
2035 年人均 GDP（万美元 / 人）	4.91	4.76	5.49	5.32	8.86	13.25	5.82
2035 年上杭宁大湾区人均 GDP 与其他湾区的比值（Ⅰ路径）（%）		103.2		92.3	55.4	37.1	84.4
2035 年上杭宁大湾区人均 GDP 与其他湾区的比值（Ⅱ路径）（%）				103.2	62.0	41.4	94.3

备注：1. 数据均以 2012 年为基期；中国两大湾区和东京湾区的 GDP 增速均以本币实际 GDP 计算所得。2. 中国香港 GDP 原始数据以港币计价，按照中国统计年鉴人民币兑港币汇率折算；中国澳门 GDP 原始数据以澳门元计价，按照中国外汇交易中心汇率折算。3. 东京湾区 GDP 以日元兑美元日数据计算年平均汇率。考虑到东京湾区经济增长幅度呈收窄的趋势，因而东京湾区 2018 年和 2019 年实际 GDP 数据由前五年（2012 ~ 2017）实际年均增长率的 90% 计算所得。4.2020 年上杭宁大湾区 GDP 及其增速均根据相关省市统计局或政府工作报告公布的数据计算所得。5.2020 年纽约湾区、旧金山湾区和东京湾区 2020 年实际 GDP 分别以 −3.6%、−3.5% 和 −4.8% 增速计算所得。6. 由于 2020 年受全球新冠肺炎疫情的影响，2020 年各湾区常住人口均以 2019 年常住人口增速的 90% 计算所得。7. 上杭宁大湾区包括长三角核心区 16 市，粤港澳大湾区包括 9 市 2 区，纽约湾区包括纽约、纽华克、新泽西 3 个州连接成片的 31 县，旧金山湾区包括加州 12 县，东京湾区包括东京、千叶、埼玉、神奈川和周边四县，即 1 都 7 县。下同。

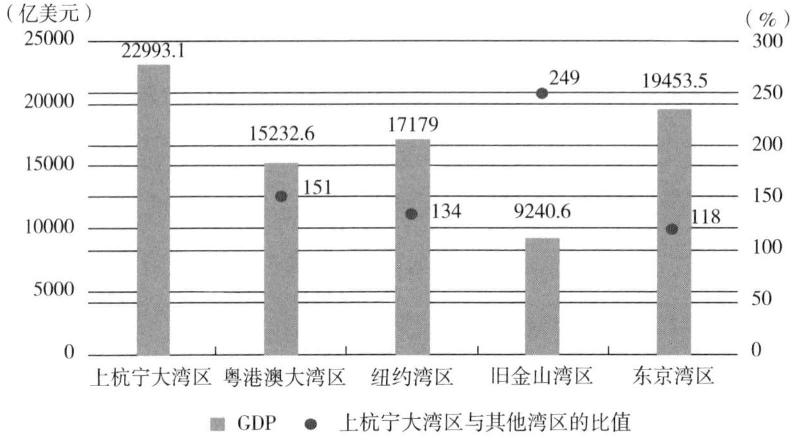

图 1.1　世界五大湾区 2020 年 GDP

数据来源：1. 上杭宁大湾区和粤港澳大湾区相关数据来源于相关省市统计年鉴和统计公报。其中，香港数据来源于香港特别行政区政府统计处：https://www.censtatd.gov.hk/home.html，澳门数据来源于澳门特别行政局统计暨普查局：https://www.dsec.gov.mo/zh-MO/。2. 纽约湾区和旧金山湾区各县数据来源于 U.S. Bureau of Economic Analysis (BEA)：https://www.bea.gov/ 和 Federal Reserve Economic Data：https://fred.stlouisfed.org；3. 东京湾区各县 GDP 数据和指数来源于日本内阁府：https://www.esri.cao.go.jp/index.html；各县人口数据来源于日本统计局（Statistics Bureau of Japan）：http://www.stat.go.jp/。

（二）2020～2050年发展与展望

党的十九大明确了分两步走的战略部署：第一个阶段，从 2020 年到 2035 年，基本实现社会主义现代化；第二个阶段，从 2035 年到 21 世纪中叶，把中国建设成为富强民主文明和谐美丽的社会主义现代化强国。2020 ~ 2050 年中国经济前景究竟如何？这需要了解全球和中国在这一期间的发展态势。大多数国际机构和专家认为，未来 30 年全球包括中国的经济增长速度将呈现趋势性下降的态势（见表 1.2）。

普华永道（2017）[①] 在《长远前景：2050 年全球经济排名将会如何演变？》中提出，全球 2016 ~ 2050 年期间年均经济增速为 2.5%，全球增

① PWC(普华永道)：“The Long View:The Long View How will the global economic order change by2050?(长远前景：2050 年全球经济排名将会如何演变？)”，https://www.pwc.com/world2050。

长动力大部分源于新兴市场及发展中国家，其中包括中国等七大新兴市场国家（E7）的年均经济增速为3.5%，包括美国和日本等七大工业国（G7）的年均经济增速为1.6%。中国在2016～2020年、2020～2030年、2030～2040年、2040～2050年和2016～2050年期间的年均增速分别为6%、3.4%、2.2%、2.1%和3%，美国在这些年间的年均增速分别为2%、1.6%、1.9%、1.9%和1.8%，日本在这些年间的年均增速分别为0.5%、1.2%、0.9%、1%和0.9%。

李平等（2017）[①]分基准情景、较快情景和较慢情景进行预测，在基准情景下，2016～2020年、2020～2025年、2025～2030年和2030～2035年四个时期GDP年均增速分别为6.4%、5.6%、4.9%和4.5%；在增长较快情景中，这四个时期可能保持年均增速分别为6.5%、6.0%、5.5%和5.1%；在较慢情景中，这四个时期可能保持年均增速分别为6.0%、5.2%、4.3%和3.6%。通过计算可知，2020～2035年期间在基准情景、较快情景和较慢情景中年均增速分别为5.00%、5.53%、4.36%。

清华大学国情研究院课题组（2017）[②]基于全球经济增长模型认为，中国经济在2020～2035年期间的年均增速为4.84%～5.59%，在2035～2050年期间年均增速为3.20%～3.95%。盛来运等（2018）[③]认为，尽管近年来中国经济增速有所下滑，但仍属于相对较高的增长速度，高于主要发达经济体；中国促进经济平稳增长的主要动力依然存在。2020～2050年期间中国年均经济增速的可能区间为3.7%～5.0%，其中2020～2035年期间为4.5%～6.0%，2035～2050年期间为2.9%～3.9%。

---

① 李平，娄峰，王宏伟："2016～2035年中国经济总量及其结构分析预测"，载于《中国工程科学》，2017年1期。

② 清华大学国情研究院课题组，胡鞍钢，刘生龙："中国经济增长前景及动力分析（2015–2050）"，载于《国家治理》，2017年45期。

③ 盛来运，李拓，毛盛勇，付凌晖："中国全要素生产率测算与经济增长前景预测"，载于《统计与信息论坛》，2018年12期。

表 1.2　机构和专家对未来全球及中国、美国和日本的经济增长预测　单位（%）

国别	2020 ~ 2035 年		2035 ~ 2050 年	2020 ~ 2050 年	其他时段	机构和专家
中国	3.54		2.18	2.86		普华永道（2017）
	4.8					国务院发展研究中心“国际经济格局变化和中国战略选择”课题组，何建武，朱博恩（2019）
	4.5 ~ 6.0		2.9 ~ 3.9	3.7 ~ 5.0		盛来运，李拓，毛盛勇，付凌晖（2018）
	基准情景	4.5 ~ 5.6（5.00）				李平，娄峰，王宏伟（2017）
	较快情景	5.1 ~ 6.0（5.53）				
	较慢情景	3.6 ~ 5.2（4.36）				
	4.84 ~ 5.59		3.20 ~ 3.95			清华大学国情研究院课题组，胡鞍钢，刘生龙（2017）
	基准情形	3.8				刘伟，陈彦斌（2021）
	市场化改革	5.3				
	新冠疫情	3.1				
	5					贾珅（2020）

续表

国别	2020 ~ 2035 年	2035 ~ 2050 年	2020 ~ 2050 年	其他时段	机构和专家
中国				2016 ~ 2035 年 3 ~ 4	[美]兰特·普里切特，[美]劳伦斯·萨默斯（2015）
				2014 ~ 2024 年 7 ~ 8	迟福林（2013）
美国	1.76	1.88	1.82		普华永道（2017）
	2.4				国务院发展研究中心“国际经济格局变化和中国战略选择”课题组，何建武，朱博恩（2019）
日本	0.93	0.95	0.94		普华永道（2017）
全球			2.5		普华永道（2017）
	2.6				国务院发展研究中心“国际经济格局变化和中国战略选择”课题组，何建武，朱博恩（2019）

注：1. 表中普华永道对中国、美国和日本在 2020 ~ 2035 年期间、2035 ~ 2050 年期间和 2020 ~ 2050 年期间的数据是根据普华永道预测的数据计算所得。2. 表中基准情景、较快情景、较慢情景中的带括号的数据是根据李平等（2017）的预测数据计算所得。

国务院发展研究中心“国际经济格局变化和中国战略选择”课题组（2019）[①]认为，综合考虑技术、城镇化、人口、环境等重大基础因素变化，全球经济增长速度将呈现趋势性下降，在未来较长一段时间可能会保持较低的增速。2020 ~ 2035 年期间全球经济增长平均速度为 2.6% 左右，其中发达经济体的增长速度将可能进一步放缓，整体增长速度在 1.7% 左右，其中美国 GDP 同期年均增速将达到 2.4%；发展中国家增长速度有所下降，年均增长速度将达到 4.9% 左右，其中中国经济增长速度将逐渐由中速过渡并回归至全球平均增速，同期年均增速将达到 4.8% 左右。

贾珅（2020）[②]认为，按照基准回归估计的参数测算，中国 2020 ~ 2035 年期间年均经济增速可以达到 5.1%。即便考虑全球时变因素、收入因素和经济体规模因素的影响，中国到 2035 年的经济增长可达目标在 5% 左右。刘伟等（2021）[③]基于 HP 滤波与生产函数法预测，2020 ~ 2035 年中国经济在基准情形下的潜在增速均值为 3.8%，在新冠肺炎疫情影响下的增速均值为 3.1%，在市场化改革下的增速均值为 5.3%。

上述预测，尽管使用的预测方法和预测的具体增长速度不一定相同，甚至差异较大，但全球经济在 2020 ~ 2050 年期间发展态势基本一致，即世界经济增长幅度将逐步收窄，但对各国的增长态势预测则不尽相同，其中对中国的经济增长预测结果基本上是长期呈趋势性下降态势，而对美国和日本的预测结果是呈现先低后高的发展态势（见表 1.2）。

中国经济的中长期增长潜力已发生很大程度的变化，甚至是实质性

---

① 国务院发展研究中心“国际经济格局变化和中国战略选择”课题组，何建武，朱博恩：“2035 年全球经济增长格局展望”，载于《中国发展观察》，2019 年 Z1 期。

② 贾珅：“从国际比较预判我国到 2035 年经济增长的可达目标与支柱性政策”，载于《管理世界》，2020 年第 1 期。

③ 刘伟，陈彦斌：“到 2035 年经济增长预测与高质量发展对策”，载于《中国经济学人（英文版）》，2021 年 1 期。

变化。经济增长已由 20 世纪八九十年代的年均 9% ~ 10% 的高速增长阶段转向近几年年均 6% ~ 7% 比较稳定的新常态。出现这种变化，国务院发展研究中心原副主任刘世锦（2014）[①]提出，中国经济将进入一个增长阶段转换期，由过去 10% 左右的高速增长向中速增长转换，并强调增速放缓是正常现象，符合经济增长的规律。今后中国如能保持 6% ~ 7% 的经济增长，仍然是世界范围内相当高的速度。

对此，国家信息中心首席经济师范剑平（2014）[②]也认为，21 世纪以来，我们给中国经济高速增长装了两台“新发动机”，一台是通过加入世贸组织装上了出口的“外需发动机”，一台是通过住房制度改革装上了房地产的“内需发动机”。正是这两台发动机同时强劲工作，使 2001 ~ 2007 年成为新中国成立 65 年来增速最快的时期之一。而 2014 年这两台“发动机”都开始明显减速。第一，投资增速持续下降，成为经济下行压力加大的主要原因。特别是房地产与基础设施建设投资下降，又造成制造业市场收缩，投资回落较快。第二，国际市场复苏乏力，使产能过剩的制造业雪上加霜。中国工业增加值增速一度探至 2008 年国际金融危机以来新低，工程机械、原煤等工业产品产量负增长，汽车、钢铁、水泥等增幅出现明显下降，都表明企业在被动调整产能，供给增长明显放缓。第三，增速换挡是“成长的烦恼”。在经历了 30 多年的高速增长后，中国经济的潜在增长率已经降低，经济进入了自然减速的过程，亦称增长速度换挡期。

美国著名经济学家普里切特和萨默斯（2015）[③]在美国国家经济研究局发表的《经济增速回归全球均值的典型化事实》一文中得出明确结

---

① 方烨、刘世锦：“中国经济转入增长新常态”，载于《经济参考报》，2014-03-25。

② 朱剑红、陆娅楠：“新常态下稳增长”，载于《人民日报》，2014-12-09。

③ [美] 兰特·普里切特，[美] 劳伦斯·萨默斯：“经济增速回归全球均值的典型化事实”，载于《开放导报》，2015 年第 1 期。

论：经济增速回归全球均值是经济增长领域唯一的典型化事实。遵循这一客观规律，中印经济增速均要大幅放缓，尤其是正在经历“史无前例超高速”增长的中国，已持续增长的时间是常见典型增长的3倍。他们预计，中印10年或20年后经济增速为3% ~ 4%。

表1.2中的有些预测显然有些悲观，他们忽略了这样一些重要事实：世界经济重心和科技创新中心正在向亚洲转移，同时中国是大国，且处在城市化快速发展期和技术创新活跃期。

中国已经成为世界第二大经济体，今后长期增长还存在诸多有利因素。虽然中国经济面临较大下行压力，但市场资源空间广阔，内需市场潜力巨大，经济梯度明显，产业门类齐全，创新活力加大显现，经济发展长期向好的基本面没有变，经济韧性好、潜力足、回旋余地大的基本特质没有变，经济持续增长的良好支撑基础和条件没有变，经济结构调整优化的前进态势没有变，可谓是“换挡不失势”。第一，中国仍然是发展中国家，人均收入仍然比较低，与发达国家相比仍然具有后发优势。2018年中国人均国民总收入达到9732美元，高于中等收入国家平均水平，属于中等偏上收入国家①。但与高收入国家平均水平（12476美元）相比仍有2744美元的差距。第二，改革是最大的红利。经济体制机制与现代市场经济的客观要求还有差距，其改革的红利还没有得到充分挖掘。第三，城镇化在未来20年仍然是经济增长的不竭动力。第四，

① 世界银行是按人均国民总收入，对世界各国经济发展水平进行分组。通常把世界各国分成四组，即低收入国家、中等偏下收入国家、中等偏上收入国家和高收入国家。但以上标准不是固定不变的，而是随着经济的发展不断进行调整。按世界银行公布的数据，2017年的收入分组标准为：小于1005美元为低收入国家，1006 ~ 3955美元为中等偏下收入国家，3956 ~ 12235美元为中等偏上收入国家，高于12235美元为高收入国家。根据世界银行标准，人均国民总收入（GNI）为12476美元及以上为高收入国家，4036 ~ 12475美元为中等偏上收入国家，1026 ~ 4035美元为中等偏下收入国家，1025美元以下为低收入国家。报告显示，新中国成立70年以来，中国国民经济持续快速增长，经济总量连上新台阶。2018年中国人均国民总收入达到9732美元（约合6.68万元人民币），高于中等收入国家平均水平。

中国人力资本无论在数量还是质量上都处于一个爆发期，对经济的潜在影响不可低估。第五，对伟大的中国梦的追求将长期调动人们的工作热情。未来的经济发展如果能与实现中国梦、实现中华民族的伟大复兴的战略结合起来，与建设环境友好型、资源节约型社会结合起来，与建设美丽中国结合起来，就能在实现经济增长速度的同时保证经济增长的质量，不断提高人民的生活水平（赵志君，2013）①。

迟福林（2013）② 认为，通过人口城镇化、投资以及国有资本的转型与改革，可以释放百万亿的消费需求和投资需求，并可以保持未来十年 7% ~ 8% 的中速增长，形成一个内生增长为支撑的、比较稳定的中长期发展趋势。王一鸣（2013）③ 认为，尽管中国受需求和供给两方面因素的影响，中期经济增长将回稳到 7% ~ 8% 的区间，且国际市场扩张速度放慢和国内经济增速放缓也会影响中期稳增长，但中国内需市场潜力巨大，科技进步的空间较大，经济增长的回旋余地较大。

中国两大湾区是中国经济实力最强、创新活力最强的地区，具有强大的发展潜力、内生动力和韧性。因而对中国两大湾区而言，可以分两种情况进行预测，即稳妥的Ⅰ路径和积极的Ⅱ路径。在全球经济下行阶段，比较稳妥的经济年均增速为 5% ~ 7%（简称Ⅰ路径），比较积极的经济年均增速为 7% ~ 9%（简称Ⅱ路径）。

1. 2020 ～ 2035 年发展与展望

2020 ~ 2035 年是中国迈向社会主义现代化强国的关键时期。中国两大湾区在这一阶段必将发挥重要的引领作用。在这一阶段，中国两大

① 赵志君："论中国经济增长潜力与发展战略转型"，载于《经济学动态》，2013 年第 9 期。
② 迟福林："走向公平可持续增长的转型改革"，载于《经济体制改革》，2013 年第 6 期。
③ 王一鸣："中国经济增长的中期趋势和经济转型"，载于《宏观经济研究》，2013 年第 11 期。

湾区将继续释放发展势能，保持较好的增长态势。如果走上较为稳妥的Ⅰ路径发展，这可能是在不利环境下中国两大湾区的发展走向。在这一阶段，随着长三角一体化的进一步推进，上杭宁大湾区虽然经济增长的新旧动能转换还没有完全到位，但随着改革开放的进一步深化，制度创新和科技创新加快推进，制度活力和创新活力将进一步释放，经济结构将进一步调整升级，发展势能和潜力将进一步挖掘，内生增长动力将不断整合和优化，特别是上海自贸区及临港新片区、江苏自贸区、浙江自贸区的优势和 1+1>2 的效应将得到进一步发挥，可能推动经济增长在这一阶段呈现前低后高的发展态势。

以上杭宁大湾区为例，如果剔除受全球新冠肺炎疫情冲击的 2020 年这一特殊年份，实际 GDP 增速在 2015 ~ 2019 年期间比在 2012 ~ 2019 年期间低 0.61 个百分点，从 2013 年实际 GDP 增速的 9.27% 降到 2019 年的 6.55%，平均每年下降 0.45 个百分点。显然，在这一阶段在这种发展趋势性影响下要保持 2012 ~ 2019 年期间 7.82% 的年均增速有较大困难。因此，参考表 1.1，根据上杭宁大湾区发展的实际以及未来发展的潜能，预测在 2020 ~ 2035 年期间上杭宁大湾区经济增长依然快于全国平均水平，前者实际 GDP 增长居于 6.55% ~ 7.82% 之间，稳妥的Ⅰ路径年均增速为 6.9% 是可能的。

最近几年中国两大湾区经济增速有一定的差距，主要是粤港澳大湾区经济需要一个更深层次的调整过程。2012 ~ 2019 年期间粤港澳大湾区实际 GDP 年均增速为 6.81%，低于上杭宁大湾区 1.01 个百分点，2020 年和 2019 年实际 GDP 增速分别低于上杭宁大湾区 5.13 个百分点和 2.12 个百分点。因而预测粤港澳大湾区 2020 ~ 2035 年期间年均增速将比上杭宁大湾区低 0.3 个百分点，即 6.6%，低于其自身在 2012 ~ 2019 年期间实际 GDP 增速，高于其自身在 2015 ~ 2019 年期间实际 GDP 增速 6.3%（见表 1.1）。这主要是考虑到粤港澳大湾区经过这轮经济结构调整后，其经济增长与上杭宁大湾区一样，总体上将会呈现先低而后逐步递增的态势。

人口增长方面，就中国城市而言，一个城市今后一个时期人口数量的增长，当然受城市人口出生率的影响，但由于城市人口出生率较低，因而主要受人口迁移的影响。因此，考虑到城镇化的深化和原有人口迁移的惯性，中国两大湾区的经济将进一步保持全球领先的发展态势，对全国乃至世界高端人才和相关技工的需求以及对世界富裕阶层的吸引力将进一步增加，但增幅可能前高后低。由此，预测上杭宁大湾区在 2020 ~ 2035 年期间人口年均增速将调整到 0.7%，高于其在 2012 ~ 2019 年期间人口年均增速 0.58%，但低于其在 2015 ~ 2019 年期间人口年均增速 0.75%。考虑到粤港澳大湾区上一期人口增速较快，因而预测其人口年均增幅可能是前高后低，即下调到 0.8%，比上杭宁大湾区高 0.1 个百分点（见表 1.1）。

2020 ~ 2035 年，随着世界经济重心和世界技术创新中心东移，世界经济重心也将从欧美逐步东移到亚洲，亚洲进一步兴起和繁荣将是大概率事件，亚洲三大湾区（上杭宁大湾区、粤港澳大湾区和东京湾区，下同）和美国两大湾区（纽约湾区和旧金山湾区，下同）的发展将呈现不一样的格局，亚洲三大湾区将呈现强劲的增长态势，而表 1.2 数据显示美国经济增长将进一步回落，可能回落到 1.7% ~ 2.4% 区间内，甚至更低，美国两大湾区的增速也难以避免受这种趋势性影响，逐渐放缓是大概率事件。其中，纽约湾区将经过一段时间调整后 GDP 保持年均 1% 的增速，既低于其在 2012 ~ 2019 年期间实际 GDP 增速

1.48%，又低于其在 2015 ~ 2019 年期间实际 GDP 增速 1.8%；同样，旧金山湾区将经过一段 GDP 较快增长后回落，最终在 2020 ~ 2035 年期间呈现年均 1.8% 的增长态势，这一增速不到 2015 ~ 2019 年期间年均增速（4.19%）的一半，但高于普华永道对美国同期预测的年均增速（1.76%）；东京湾区由于受亚洲经济繁荣的拉动，其经济在 2015 ~ 2019 年期间年均增速 1.69% 的基础上回升，将在 2020 ~ 2035 年期间呈现年均 2% 的 GDP 增速，此增速两倍于普华永道对日本同期预测的年均增速（0.93%）（见表 1.1 和表 1.2）。

人口增长方面，纽约湾区将增强对富裕阶层和人才的吸引力，恢复其人口的正增长，预测其人口将以年均 0.01% 的速度增长；旧金山湾区以其优美的自然环境和完善的基础设施，对人才和技工仍有吸引力，但由于其在 2020 ~ 2035 年期间经济增长大幅回落，人口增长也相应回落，预测其将以 0.2% 的年均人口增长率增长，这一速度是 2015 ~ 2019 年期间人口增速（0.41%）的一半；由于日本从 2005 年后人口基本呈负增长的态势，对东京湾区而言，人才和技工引进的增量会受到一定程度的制约，但由于东京湾区经济发展呈恢复态势，将维持人口 0.1% 的年均增速（见表 1.1 和表 1.2）。

根据 I 路径的预测，到 2035 年，上杭宁大湾区 GDP 总量约为东京湾区的 2.39 倍，是粤港澳大湾区的 1.57 倍（粤港澳大湾区经济规模已超过东京湾区，成为世界第二大湾区）（见表 1.1 和图 1.2）。此时，在经济规模上中国两大湾区将位居世界五大湾区的最前列。然而，上杭宁大湾区人均 GDP 虽将超过粤港澳大湾区的水平，但与世界三大湾区相比，差距虽然在不断缩小，但仍然很大，仅为旧金山湾区的 37.1% 和纽约湾区的 55.4%（见表 1.1 和图 1.3）。

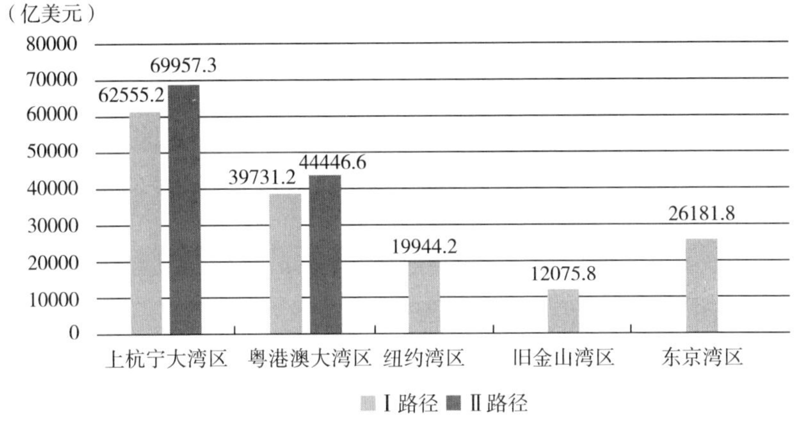

图 1.2　世界五大湾区 2035 年 GDP

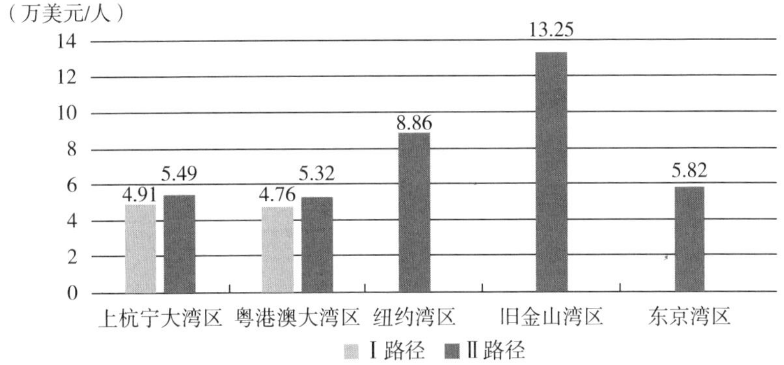

图 1.3　世界五大湾区 2035 年人均 GDP

中国两大湾区如果能进一步深化改革，推进制度创新，使市场机制的活力进一步释放；通过大力推进科技创新，使创新成为经济发展的主要动力，使社会力和自然力得到有机融合和高效释放，很好地促进社会生产力发展，成为引领全国和全球经济发展的主要引擎。这样，中国两大湾区经济就完全有可能进入较为积极的Ⅱ路径发展区间。中国两大湾区 GDP 增速将得到较大幅度的提高。上杭宁大湾区在 2020 ~ 2035 年期间 GDP 年均增速预测为 7.7%，略低于其在 2012 ~ 2019 年期间实际 GDP 增速。如前所述，中国两大湾区前期发展速度存在一定的差距，因而预测粤港澳大湾区 GDP 年均增速低于上杭宁大湾区 0.3 个百分点，即 7.4%。人口增长与同期Ⅰ路径的预测相同（见表 1.1）。到 2035 年，上杭宁大湾区人均 GDP 比Ⅰ路径预测的将增加 0.58 万美元，但还是低于世界三大湾区，仅为旧金山湾区的 41.4%、纽约湾区的 62%，只是差距进一步缩小（见表 1.1 和图 1.3）。

2. 2035 ～ 2050 年发展与展望

2035 ~ 2050 年，随着世界经济重心和世界科技创新中心的进一步东移，美国经济趋势性下降态势难以逆转，美国两大湾区也将由于制度创新和技术创新等所形成的内生增长动力逐渐衰减，因而在前 15 年发展的基础上，其经济增幅将进一步收窄。纽约湾区和旧金山湾区的 GDP 年均增速分别下调到 0.9% 和 1%，远低于普华永道对美国同期预测的年均增速（1.88%）。东京湾区虽然受亚洲经济特别是中国经济繁荣的带动，但由于本身发展动力的减弱，从在 2020 ~ 2035 年期间的 GDP2% 的年均增速放缓至 1.8%，约 2 倍于普华永道对日本同期预测的年均增速（0.95%）。

人口增长方面，由于经济发展乏力，增长缓慢，美国总体上对世界富裕阶层的吸引力呈递减态势，对世界人才和技工的需求和吸引力也将减弱。但因纽约经过前 15 年的经济调整，将保持稳步低速的发展，加之优美的人居环境，对世界富裕阶层及人才和技工仍有一定的吸引力，因而预测纽约湾区人口增长比前 15 年略有下降，即人口增长将保持 0.008% 的年均增速。旧金山湾区由于经济增长不如前 15 年，因而其人口增长下调是必然的，预测其比前 15 年下降 0.1 个百分点，即保持 0.1% 的年均增速；东京湾区虽然受到日本人口进入负增长阶段的影响，但由于其经济增速保持在相对较高的 1.8%，因而其人口年均增速预测为 0.05%（见表 1.3）。

表 1.3　2035~2050 年世界五大湾区发展预测

湾区名称	上杭宁大湾区	粤港澳大湾区	上杭宁大湾区	粤港澳大湾区	纽约湾区	旧金山湾区	东京湾区
预测路径	Ⅰ路径		Ⅱ路径				
2035 年 GDP（亿美元）	64294.7	36983.7	71917.7	45688.5	19944.2	12436.6	27486.5
2035 年人口数量（万人）	12751.4	8346.9	12751.4	8346.9	2251.7	911.6	4497.1
2035 年人均 GDP（万美元 / 人）	4.91	4.76	5.49	5.32	8.86	13.25	5.41
2035 ~ 2050 年 GDP 增速（%）	6.5	6.4	7.5	7.3	0.9	1	1.8
2035 ~ 2050 年人口增速（%）	0.4	0.4	0.4	0.4	0.008	0.1	0.05
2050 年 GDP（亿美元）	160881.9	100752.7	206995.1	127889.3	22813.1	14019.6	34215.0
2050 年上杭宁大湾区 GDP 与其他湾区的比值（Ⅰ路径）（%）		159.7			705.2	1147.5	470.2
2050 年上杭宁大湾区 GDP 与其他湾区的比值（Ⅱ路径）（%）				161.9	907.4	1476.5	605.0
2050 年人口数量（万人）	13538.3	8862.0	13538.3	8862.0	2254.4	925.4	4531.0
2050 年人均 GDP（万美元 / 人）	11.88	11.37	15.29	14.43	10.12	15.15	7.55
2050 年上杭宁大湾区人均 GDP 与其他湾区的比值（Ⅰ路径）（%）		104.5			117.4	78.4	157.4
2050 年上杭宁大湾区人均 GDP 与其他湾区的比值（Ⅱ路径）（%）				106.0	151.1	100.9	202.5

以较为稳妥的Ⅰ路径，中国两大湾区将在前15年增长的基础上，进一步发挥各自优势，保持稳健的增长态势。但是，总量达到一定程度后，不可能永远维持原有的速度增长，因而预测上杭宁大湾区GDP年均增速下降0.4个百分点，即为6.5%。粤港澳大湾区由于前15年进行结构调整，GDP年均增速下降幅度减小，即下降0.2个百分点，即GDP年均增速为6.4%（见表1.3）。这也是常规的预测，没有考虑重大突发因素。中国两大湾区增速的差距将进一步缩小，只相差0.1个百分点。人口增长方面，上杭宁大湾区将下调0.3个百分点，粤港澳大湾区人口增速下调较快，将下调0.5个百分点，即中国两大湾区人口年均增速均下调至0.4%（见表1.3）。到2050年，上杭宁大湾区的经济体量将进一步增大，GDP是体量第二大的粤港澳大湾区的1.6倍，是旧金山湾区的11.5倍（见表1.3和图1.4）。上杭宁大湾区人均GDP将名列第二位，但仍不到旧金山湾区的80%。

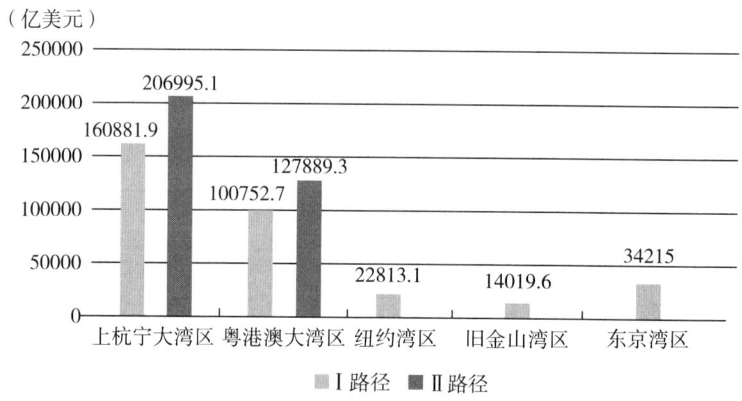

图1.4　世界五大湾区2050年GDP

以较为积极的Ⅱ路径，中国两大湾区积极推进制度创新，加大体制机制创新力度，大力推进科技创新，特别是前沿技术、基础技术和应用技术的创新，使两大湾区成为引领世界发展的主要引擎。中国两大湾区在 2020 ~ 2035 年Ⅱ路径的基础上 GDP 增速分别下降 0.2 和 0.1 个百分点，分别高于Ⅰ路径年均增速 1 个百分点和 0.9 个百分点，即分别为 7.5% 和 7.3%。人口增长方面，上杭宁大湾区和粤港澳大湾区与Ⅰ路径的年均增速相同，均为 0.4%。这样，到 2050 年，上杭宁大湾区人均 GDP 将略微超过旧金山湾区的水平，成为世界最强大的湾区（见图 1.5）。

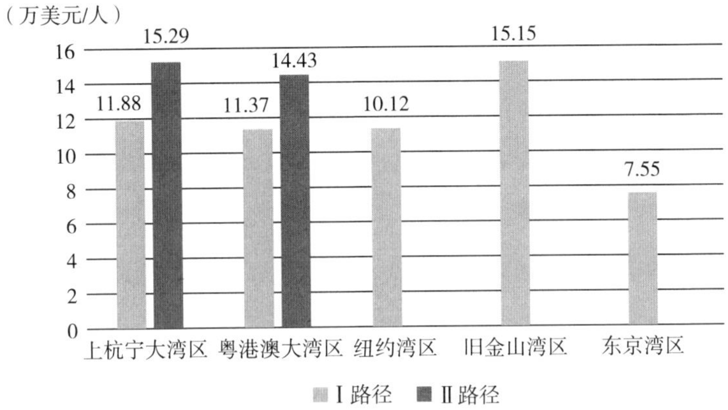

图 1.5　世界五大湾区 2050 年人均 GDP

上述预测表明，2020 年以后，上杭宁大湾区经济规模还将继续保持世界第一，而且规模越来越大。但是人均 GDP 要超过世界三大湾区任何一个湾区都有难度。到 2035 年，不论以Ⅰ路径还是Ⅱ路径预测，上杭宁大湾区和粤港澳大湾区人均 GDP 还是低于世界三大湾区，只是差距进一步缩小。到 2050 年，如果按Ⅰ路径发展，上杭宁大湾区人均 GDP 将领先纽约湾区和东京湾区，但仍落后于旧金山湾区；如果按照Ⅱ路径预测，上杭宁大湾区才可能成为世界最强大的湾区。

当然，上述预测只采取了简单的比较法和趋势法，因而对世界五大湾区的预测是粗线条的，只是趋势性分析。现实各种因素千变万化，特别是偶然出现的“黑天鹅”事件或“灰犀牛”事件，极可能成为冲击经济发展的关键因素。

在现有条件下，上杭宁大湾区想要实现怎样的赶超？这里所谓的“赶超”，不是需要上杭宁大湾区完全重走世界三大湾区的发展之路，而是需要学习它们如何走在世界经济社会发展前列的内在本质，需要结合中国经济社会和技术的发展现状，从理念、思路和措施等方面首先实现转型，然后实现经济社会发展的全面赶超。从 GDP 和人均 GDP 角度看，今后 30 年上杭宁大湾区要走向发展的Ⅱ路径，GDP 年均增速要较高（见表 1.2、表 1.3）。这显然存在较大的困难，同时存在许多不确定性因素。

唯一可行的战略举措是大力推动经济发展的质量变革、效率变革、动力变革，展开引领式、颠覆性的创新，加快制度创新和科技创新，使自然力和社会力推动生产力的发展得到前所未有的释放，正如蒸汽机之于人力、电气之于蒸汽机、互联网之于电气。只有抓住制度创新之关键，把握科技革命和产业革命之脉搏，加装制度创新和科技创新这两个强大的“内生发动机”，才能实现发展的升级与跨越。

二、建设上杭宁大湾区的愿景

新一轮改革开放面临的外部形势和内部环境与改革开放初期截然不同。面临新的形势和战略需求，绝不是改革开放之初如深圳等以一城一市的“以点带面”的改革开放。如今改革处于一个“船到中流浪更急、人到半山路更陡”的时期，需要以公路、铁路、河流“以线带面”，需要以城市群“以面带区”的更深层次的改革开放。建设上杭宁大湾区就是新一轮改革开放的重要举措，与改革开放之初深圳改革一样，具有不可替代的深远意义，将肩负起国家战略任务，实现中央和国家对长三角地区的发展的战略定位：“一极三区一高地”——未来长三角地区将建设成为全国发展强劲的活跃增长极，高质量发展样板区、率先基本实现现代化引领区、区域一体化发展示范区和新时代改革开放新高地。

（一）上杭宁大湾区是深化供给侧结构性改革和实现区域一体化发展的世界级平台

党的十九大报告指出，中国经济正在经历从高速增长阶段向高质量发展阶段的转变，面临着转变发展方式、优化经济结构、转换增长动力的攻关期。上杭宁大湾区是高端制造业、高科技产业、现代服务业和消费经济的承载区。大湾区进一步深化供给侧结构性改革，通过营造市场化、法治化、国际化和便利化的国际一流营商环境，提高大湾区的集聚和辐射功能，集聚高端要素，推动科技创新和高科技产品研发，加快世界级产业集群的发展，快速提高产品的国际竞争优势，将成为满足人们对美好生活日益增长需求的先行区、供给区。这对驱动中国实现高质量发展具有十分重要的带头和示范作用。区域一体化在中国还包括城镇化问题。新时代中国城镇化模式既不能追求单一大城市化，也不能简单追求中小城市的绝对均衡发展。长三角一体化上升为国家战略，特别需要形成“以点带面”“以线带面”和“以面带区”的新布局，需要形成以城市群为发展的基本单位，实现区域分工协同、错位发展和协调发展，促进长三角核心区即上杭宁大湾区一体化高质量发展，形成抱团发展的 1+1>2 的集成效应，推动大湾区形成稳定可持续的高效发展。这样，上杭宁大湾区无疑将是探索新时代中国区域一体化高质量发展模式的重要突破口和示范区。

（二）上杭宁大湾区是建立创新型国家、增强国际竞争力的高质量发展的世界级平台

工业革命时期形成的城市群污染严重，导致了经济发展诉求与环境承载能力的矛盾，直接催生了以科技、创新和高端服务业为引领的三大城市群，即世界三大湾区。这三大湾区的共同特征都是逐步淘汰高能耗、高污染的低端制造业，通过科技创新和产业升级，实现了生态环境与经济协调发展的高质量发展模式。旧金山湾区是全球科技创新中心和风险投资中心，在电子、通信、软件、互联网、人工智能、新媒体等领域傲视全球，形成了高校、企业、社会和政府高度关联、协同发展的创新生态系统。与以往历次技术革命中明显落后的局面不同，中国这次与发达国家的差距总体上并不是很大，有些方面甚至并驾齐驱，抑或领先。中国已经有了一批走在创新前列的企业、技术和商业模式，而且在这一轮技术革命中还具备若干显著优势，比如市场规模、产业配套等。中国拥有世界上人数最多且消费结构升级的大市场，诸多原创于国外的技术在中国被转化为有竞争力的商业模式，包括网购、移动支付等。中国是全球唯一拥有完整产业体系的国家，市场导向的产业集聚使产业配套优势具备稳定性和持久性，建立了世界上少有的比较完整的产业体系即使美国硅谷的创业者也要到上杭宁大湾区来寻找配套零部件。同时，上杭宁大湾区高校、科研院所、企业研发机构高度集聚，科技创新能力较强。通过大湾区的规划建设，加强政策支持和区块之间创新协作，建立更加有效的区域协调发展新机制、新平台、新政策，激发科技创新转化的潜力，上杭宁大湾区将打造具有全球重要影响力的国际科技创新中心，率先形成创新驱动发展模式，发挥市场配置要素资源的决定性作用，为中国加快建设创新型国家提供可复制可推广的范本，成为中国高质量发展的样板区。

（三）上杭宁大湾区是推进扩大开放、“一带一路”和世界多极化的一个世界级平台

就上杭宁大湾区自身而言，无论是上海，还是杭州、南京、苏州、无锡、宁波等市都面临可持续发展的挑战。尽管大湾区取得了骄人的成绩，但目前发展动力不足，粗放型经济增长已经遭遇瓶颈，而高质量增长模式有待探索发展。就外部环境来说，中国目前面临着越来越严峻的国际经济形势。当然，目前经济全球化程度已达到了具有一定韧性的新阶段，因为美国逆全球化而发生全面去全球化的可能性非常小。尽管经济全球化和世界多极化是一个客观必然趋势，但在目前的世界经济环境下，中国有很多事情需要做。例如，中国需要构建几个大的经济平台，就如改革开放初期的经济特区，上杭宁和粤港澳这两个大湾区就是这样的经济平台。平台必须具有强大的吸引力来集聚世界先进技术、优秀人才和资本。这既是对急剧变化的国际环境的回应和避免与西方发生冷战所需，又是中国高质量发展所需。上杭宁大湾区初具世界级湾区雏形。虽然对标世界三大湾区，中国的湾区尚处在工业经济转型发展阶段，在经济效率、优势产业、科技创新、社会开放、区域一体化建设等方面尚有较大的差距，但随着未来环印度洋贸易的兴起，中国后发优势仍然十分明显，没有根深蒂固的技术、制度、文化等方面的阻碍，可以充分运用最新的技术、制度，形成最新的应用推广，进而形成较强的国际竞争优势。这样，通过大力对接环太平洋和环印度洋两个贸易圈结合的战略空间，推进改革开放二次创业，加快大湾区自身及与世界的融合，突破现有的瓶颈，把大湾区打造成为国家新一轮对外开放、实施“一带一路”倡议的重要平台，成为有利于推动全球化与多极化两种趋势并行向前发展的世界级大平台。

（四）上杭宁大湾区是展示中国“四个自信”、实现国家现代化和中国梦的世界级平台

实践表明，大湾区不仅是一个国家经济发展的核心动力、区域发展的范本，还是促进一个国家经济融入全球经济的重要区域，更是全球经济发展的核心区域。在中国，制度现代化不仅关乎可持续的经济发展，更关乎文明的进步。衡量一个国家崛起的最主要指标就是一套新制度的崛起。就制度现代化来说，粤港澳大湾区是“一国两制”下的创新，这是一种特殊的制度创新，主要是通过努力推动交通、关检、人员和规划“四通”，发挥各自优势，促进互惠互利，实现人流、物流、资金流高效互联互通，加快经济融合。这种模式对上杭宁大湾区等区域来说，虽然经验可以借鉴也会有启迪，但可复制可推广性不是很高。上杭宁大湾区可以探索社会主义制度自我完善的创新，主要是革除不适应生产力发展和市场经济运行要求的体制机制，加强各市之间的协同，加快与世界经济规则的相融合。这种创新不仅包括人流、物流、资金流等互联互通，还包括税费、法规、标准、政策等全方位的协同。这种创新在中国更具有可复制可推广性。上杭宁大湾区可以驱动新一轮对外改革开放的浪潮，代表中国参与全球合作与竞争，这不只是对标世界发达国家的竞争规则，也是国家治理体系和治理能力现代化的重要体现，也是提升国家整体竞争力、国家自信的重要体现；这不仅仅是中国大陆的“普遍方案”，在中国能够推广应用，指导其他区域经济一体化的模式；更能在新一轮经济全球化的进程中，向世界展示的中国模式和中国方案。通过二三十年的努力，上杭宁大湾区如果能像前面的预测那样，成为世界最强大的湾区，将无疑既是中国“四个自信”的生动体现，是实现国家现代化和中国梦的典范，又是推进人类命运共同体建设的样板。

第二章

世界三大湾区的发展经验与教训

目前，全球发展条件最好、竞争力最强的城市群都集中在沿海湾区，如世界著名的纽约湾区、旧金山湾区、东京湾区、悉尼双水湾区、新西兰霍克湾区、马来西亚布拉海湾区、布里斯班鲁沙湾区等。其中，纽约湾区、旧金山湾区和东京湾区是世界最具影响力的三大湾区。湾区经济是高端滨海经济形态，是以“以点带面”的形式打破行政束缚的区域间紧密合作，实现城市间无缝衔接的都市经济形态之一。世界三大湾区凭借其独特的区位优势、便捷的交通枢纽、高效的资源配置、开放的产业结构、强大的产业集聚效应、发达的国际网络、高度发达的制造业和服务业，已成为全球经济增长的主要引擎，在世界经济版图中的地位举足轻重。

从国际经验来看，世界三大湾区的经济崛起都抓住了产业创新发展的机遇。从 20 世纪开始，每次世界经济格局大调整都产生了相应的世界级湾区。“一战”到“二战”期间，纽约湾区依靠大西洋贸易通道成为第一个世界级湾区；“二战”后，旧金山湾区依靠太平洋贸易通道成为第二个世界级湾区；20 世纪 60 ~ 90 年代，东京湾区抓住欧美产业转移的重大机遇，依托其自身的科技和制造实力快速成为第三个世界级湾区（刘成昆，2017）[①]。中国湾区经济发展也受到广泛关注和高度重视，粤港澳大湾区、长三角区域一体化已上升为国家战略，发展湾区经济已经成为主要沿海地区的重要战略选择。

---

① 刘成昆：“融入城市群，打造湾区经济——粤港澳大湾区城市群发展分析”，载于《港澳研究》，2017 年第 4 期。

一、世界三大湾区的主要情况

（一）纽约湾区——金融湾区

纽约湾区由 31 个县组成[①]，其著名城市包括纽约市、纽瓦克市和新泽西市，其中纽约市是纽约湾区的中心和美国第一大都市。纽约港是美国第一大商港，成就了纽约湾区作为国际航运中心的地位。纽约发展主要是凭借其港口的天然优势，从贸易港起家，逐步发展为美国的经济中心和文化中心，成为美国最大的生产基地，逐步走向全球贸易中心和世界金融中心，进而成为世界经济的主要引擎。

纽约湾区的发展轨迹是从海洋贸易迈向世界金融中心。一是纽约最初依托于海洋贸易，制造业在 19 世纪初逐渐兴起，1860 年成为国内制造业中心，形成了以制糖、轻工和服装业为主要支柱的产业格局。此后，通过天然深水港能够连通欧洲，形成了贸易大港；并抓住第二次工业革命的机遇，运用资本优势推动钢铁、能源等机械电气产业进行大并购；通过不断强化金融中心地位驱动产业发展，加快了纽约的城市化进程，初步确立了世界城市的地位（见表 2.1）。二是通过纽约及其周边地区的区域规划，加快了以纽约为核心城市的都市圈发展。三是在技术革新、产业升级的推动下，并借助纽约地区的第二次、第三次和第四次区域规划，促进了城市群的发展，通过投资与政策重建经济、公平和环境，以“经济、包容性和宜居性”为目标，确立了世界级湾区的地位，推动纽约

① 纽约湾区有狭义和广义之分，狭义的纽约湾区包括纽约州、新泽西州部分区域共 25 个县；广义的纽约湾区包括纽约州、康涅狄格州、新泽西州部分区域共 31 个县。本书均采用广义口径。

湾区成为世界金融的核心中枢以及国际航运中心（覃艳华等，2018）[①]。

表 2.1　　世界三大湾区的发展演变历程

	初期	中期	后期
纽约湾区	19世纪中期，在工业革命的推动下，制造业快速发展，以劳动密集型、资本密集型的轻工业为主，包括制糖、出版和服装等主要支柱产业	“二战”结束后，随着城市劳动力、商务成本上升，在技术革新推动下，制造业开始从中心城市迁出，湾区逐步进入工业化后期	20世纪七八十年代，产业发展呈现知识经济主导型的特点，金融保险、专业服务等服务业快速兴起
旧金山湾区	19世纪后半期，淘金热兴起，湾区最初为淘金提供设备，发展成为湾区制造业中心，同时发展金融业	在后淘金期，随着制造业逐步衰退，金融业逐步成为主导，金融业快速发展	湾区城市逐步形成，在全球优质人才、资本、技术等高端要素的驱动下，高科技产业逐步引领全球经济发展
东京湾区	20世纪60年代前，京滨、京叶两大工业区产业聚集和企业集中的初级工业化阶段	20世纪60年代开始，重化工业向外扩散阶段	20世纪80年代之后，京滨、京叶两大工业区重视发展知识密集型产业阶段

资料来源：黄勇，陈文杰：“对湾区经济的一些认识和思考”，载于《全球化》，2019年第1期。

作为国际湾区之首，纽约湾区是“金融湾区”。纽约金融业集中在曼哈顿。全球100多家国际著名的银行、保险公司、交易所和大型企业总部聚集在这里，花旗银行等多家世界知名银行的总部，以及美国七大银行中的6家，纽交所、纳斯达克、美交所、高盛、摩根士丹利等3000余家金融、证券、期货、保险和外贸机构均设于此。通过资本、人才和技术的集聚纽约湾区逐步发展为金融中心和全球贸易中心，金融保险业占比高达20%。纽约已成为美国的“经济中枢”，曼哈顿则被誉为世界级的“金融心脏”（王苇航， 2017）[②]。完善的金融市场、强大的金融服

① 覃艳华、曹细玉：“世界三大湾区发展演进路径对粤港澳大湾区建设的启示”，载于《统计与咨询》，2018年第5期。

② 王苇航：“纽约湾区如何成为国际金融中心”，载于《中国财经报》，2017-08-07。

务和高素质的人才，为高科技的融资、投资、上市等提供了全方位、优质和便捷的服务，开展大量的技术和金融创新，有力地促进了科技和经济的发展。同时，纽约湾区还贡献了9%以上的美国GDP，拥有世界500强企业总部多达28家，美国最具规模的500强企业中，有1/3企业的总部都设在纽约湾区内；湾区内的格林尼治小镇凭借优惠的税收措施以及教育等方面的利好政策，吸引了全球数百家对冲基金，发展成了扬名世界的对冲基金特色城镇（邓志新，2018）①；纽约湾区的第三产业占比90%左右；纽约湾区设有58所大学，拥有世界所有湾区中最多的世界一流大学，其中著名的常春藤联盟②中有5所就位于纽约湾区内，哥伦比亚大学、哈佛大学以及麻省理工学院等一大批国际顶尖高校汇集于此，为湾区科研创新源源不断地输送人才。纽约湾区内拥有许多技术孵化器、技术中心及实验室，与旧金山湾区一样，强大的科研设施和丰富的教育资源已成为纽约湾区坚实的科技创新后盾。纽约湾区形成了以金融和制造业为主的产业体系（张锐，2017）③。

纽约湾区是全球最繁华、财富最集中的区域，也是全球就业密度最高、公交系统最繁忙的区域，这些优势成就了纽约湾区的全球航运中心、商业中心与金融中心的地位。纽约湾区之所以成功的主要经验有六个。一是拥有高度发达的金融体系支持，这是纽约湾区经济发展的动力与秘密所在，全球最负盛名的金融街——华尔街坐落于此，吸引全球资本在此集聚，财富神话每天在此上演，格林尼治小镇作为全球对冲基金

① 邓志新："粤港澳大湾区与世界著名湾区经济的比较分析"，载于《对外经贸实务》，2018年第4期。

② 常春藤联盟指的是由美国的七所大学和一所学院组成的一个高校联盟。它们全部是美国一流名校，分别是哈佛大学、宾夕法尼亚大学、耶鲁大学、普林斯顿大学、哥伦比亚大学、达特茅斯学院、布朗大学及康奈尔大学。

③ 张锐："世界湾区经济的建设经验与启示"，载于《中国国情国力》，2017年第5期。

之都位于纽约湾区。二是总部经济发达，全球知名的金融、保险公司总部坐落在纽约的曼哈顿地区，还有联合国总部、大都会艺术博物馆、大都会歌剧院、中央公园等均坐落在曼哈顿，国际投资、商贸、人才交流频繁。三是产业链不断创新，其制造业、航运业、金融业、保险业和生物医药等产业都很发达。这与当地发达的高等教育，拥有世界级的大学和人才有密切的关系。四是拥有高效便捷的交通网络。纽约湾区一直高度重视轨道交通和港口建设，以纽约为枢纽的对外交通网络较为发达，较为畅通，降低了通行成本、节约了通行时间。五是积极营造良好的自然、生态、文化和社会环境。对湾区资源进行合理规划与布局，特别是土地资源，留足了滨水岸线以建设绿色空间。纽约与新泽西等城市间突破了行政区划分割的界限。例如自由女神像位于新泽西的自由岛上，并成了纽约的重要标志性建筑。通过合理规划滨水区产业和空间，纽约湾区城市间良性竞争、互动发展（杨海波等，2019）[①]。六是积极寻找和探索实现湾区规划的模式，协调不同等级政府和部门之间的关系和需求等（申明浩等，2017）[②]。

（二）旧金山湾区——科技湾区

旧金山湾区位于美国加利福尼亚州北部西海岸，主要包括旧金山市、奥克兰市和圣何塞市。其中旧金山是中心城市，全球最著名的硅谷位于圣何塞。三大城市分工明确：一个是高新技术中心，另一个是金融文化中心，还有一个是港口工业中心，科技、产业、服务三位一体，共

① 杨海波、高兴民：“粤港澳大湾区发展一体化的路径演进”，载于《区域经济评论》，2019年第2期。

② 申明浩、杨永聪：“国际湾区实践对粤港澳大湾区建设的启示”，载于《发展改革理论与实践》，2017年第7期。

同构筑了一个生机勃勃的全球创新中心（谢瑜宇，2017）[①]。它是美国西部最重要的金融中心，是高科技企业和风险投资最活跃的地区。它以科技人才聚集、知名高校众多、科技发达和环境优美而著称，主打以硅谷为特色的高科技和研发产业，吸引全球的技术、人才、资本等高端要素聚集，形成良性活跃的科技生态系统。旧金山湾区抓住了第三次工业革命兴起的机遇，依托斯坦福大学等世界名校、硅谷的大院大所等创新资源，大力推动信息技术产业发展，成为全球创新高地和最重要的高科技研发中心之一，科技经济占据了该区半壁江山。尽管常住人口占全国的2.7%，却创造了5%以上的美国GDP，人均GDP在所有湾区中最高，经济增长最快。2001 ~ 2019年期间GDP保持较快的年均增速（3.74%），是纽约湾区同期年均增速的2.8倍。

旧金山湾区的发展轨迹是从黄金之乡走向世界硅谷。一是19世纪中叶，依靠丰富的黄金矿产资源吸引大批世界各地掘金者，将旧金山推入工业化的轨道，进而带动了采金冶炼业、港口运输业、商贸业和金融业的发展，促进了旧金山的快速发展和繁荣。到19世纪晚期，旧金山已经是太平洋沿岸地区最大的金融贸易中心。与旧金山一湾之隔的奥克兰，通过修建铁路、改造港口码头、发展造船业、汽车和飞机制造业，在20世纪中叶成为典型的港口工业城市。二是随着工业化的发展和“二战”对制造业的推动，进一步促进了核心城市旧金山的发展。特别是“二战”结束后，旧金山的定位转向金融、管理、服务和文化，与奥克兰各展所长。20世纪后期高科技浪潮席卷整个南湾，无数科技公司扎堆落户硅谷，圣何塞成为全球创新中心。三是随着人才、资金、技术的集聚以及相关政策的出台，加上以斯坦福大学为首的高校资源为企业不断

① 谢瑜宇：“借鉴世界三大湾区发展经验 把杭州湾经济区打造成一流湾区”，载于《宁波经济》，2017年第12期。

地输送人才、专利和技术，企业又回报以资金和捐助，推动科技不断创新，造就了硅谷的迅速崛起，加快了城市群的发展。四是通过城市群间的错位发展和全球化的分工协作，逐渐成为引领全球经济发展的重要标杆（覃艳华等，2018）[①]。

旧金山湾区尤其是硅谷的崛起和长盛不衰的因素有很多，宽松的经营环境、独有的融资渠道、充足的人才资源以及最重要的勇往直前的创业精神，使其成为领导世界新兴科技创新源头，其独特的创新体系和风险投资、资本催生与创新驱动相得益彰，是其取得成功的核心要素，推动旧金山湾区成为全球创新驱动的典范。

一是大学与企业相得益彰。旧金山湾区知识基础雄厚，有全球顶尖的高校和研发机构，整体教育水平高，建立在知识基础上的产业和有知识的员工，成为湾区经济腾飞的巨大推动力。旧金山湾区目前拥有139所大学和学院，其中斯坦福大学、加州大学伯克利分校等20余所著名高等院校、5所世界知名研究型大学和5个国家级研究实验室，被誉为全球最重要的高科技研发中心之一；还分布着航天中心、能源研究中心等高端技术研发机构，引领全球20多种产业发展潮流。旧金山湾区人口有880多万人[②]，其中高科技人员大约有200多万人，是世界各地科技精英聚集之地。这里培育了50多位诺贝尔奖获得者，集中了来自世界各地的高端人才。湾区已成为“产学研”一体化协同发展的典范。例如，斯坦福大学通过制订产业联盟计划促进科研人员、院系之间，以及大学与外部企业之间合作，也积极鼓励科研人员校外创业以加速科研成果商业化。技术发明者所引用的大学专利或科技论文大都出自本地的大学和科

① 覃艳华、曹细玉：“世界三大湾区发展演进路径对粤港澳大湾区建设的启示”，载于《统计与咨询》，2018年第5期。

② 旧金山湾区也有广义、狭义之分，狭义的旧金山湾区包括北加州9个县，而广义的旧金山湾区由北加州12个县构成。本书采用广义的旧金山湾区口径。

研机构，形成了大规模生产体系、国家实验室、公司制度、移民制度、风险投资体系等创新制度，奠定了科技创新中心形成的基础条件。

二是科技与金融相得益彰。硅谷是全球科技金融中心，有着“西岸华尔街”的美誉。硅谷创新创业氛围浓厚，创业融资渠道顺畅，风投资本雄厚，大批敢于冒险、积极创新的企业家和风投家，从而培育了一大批高科技中小企业。英特尔、微软、谷歌、思科等硅谷企业在早期都得益于风险资本投资。世界上 400 多家实力雄厚的风险投资公司总部均设在硅谷，管理着数千亿美元的风险投资，约占美国风险投资的 50%。美国风险投资公司排名前 100 位的共有 35 家位于硅谷，富裕家庭和投资机构等将大量资金投入旧金山湾区的高科技公司。同时，旧金山还是美国第二大银行总部基地，有 30 多个国际金融机构总部，如太平洋海岸证券交易所、美国旧金山联邦储备银行及富国银行总部都集中在旧金山。在硅谷崛起之后，旧金山金融中心成为风险投资乐园。旧金山湾区形成了完整的投资体系，即由天使投资、风险投资到私募投资组成，在企业的不同阶段进行投资。出色的风险投资家推动了湾区高新技术产业的持续发展。风险投资在某种程度上充当了孵化器的作用，市场敏锐度强的投资机构能够寻找到富有创造力的人。比尔·盖茨、乔布斯等创业者早期都在硅谷从事研发工作，之后开始创办自己的企业。同时，风险投资者成为当地创新系统的中心人物，风险资本产业也成为硅谷崛起的重要引擎。从而，旧金山湾区孕育了全球最具影响力的高新技术公司，比如谷歌、脸书、惠普、英特尔、苹果、思科、特斯拉等大公司，融科学、技术、生产为一体，在信息技术、新材料、新能源、生物制药等 20 多个产业领域处于领先地位。实际上，旧金山湾区自 20 世纪 50 年代以来，持续引领半导体、个人计算机、互联网及绿色科技等革命性技术与新兴产业的交替发展，成为全球新技术、新产品、新工艺最为重要且经久不衰的创新源地（丁旭光，2017）[①]。

三是完善的创业生态和优美的生态环境相得益彰。以硅谷为核心的旧金山湾区拥有一个较为完善的创新生态系统，形成了由政府部门、大学教师及学生、科研机构研究人员、企业家、风险投资家以及各类中间机构、非正式社区组织等创新要素构成的创新核心网络层，以及由创新基础设施、创新文化、专业性服务机构、风险资本、各种行业协会和非正式社交网络构成的创新环境支撑层，形成了大学—企业—风险投资—政府的完善创新生态系统。湾区不同层级的政府通过出台不同政策鼓励创新活动，并为持续创新发展提供环境、制度保障。例如，圣何塞市政府大力进行工业园区建设和市中心区改造，先后建造了北部的林孔区和南部的艾登维尔区，以吸引和发展高科技产业，逐渐成为“硅谷首府”，城市经济发展由此开启快速发展通道。湾区创新生态系统对世界范围内富有创造性和企业家精神的个人都是开放的并可自由流动；而多元化的风投体系和政府创新性的技术奖励措施，又促使其形成了具有全球吸引力的创新创业基地。同时，旧金山湾区通过积极发展人力资源服务机构、技术转移服务机构、金融资本服务机构、管理信息咨询服务机构、财务服务机构和法律服务机构等多种类型科技中介，形成了完善的科技中介服务体系，加强了科技创新专业技术网络的构建，促进了湾区创新要素的整合，提高了创新产出的效率。而且，湾区企业积极应用移民政策，对于特殊人才和高技术人才，则采取各种优惠政策，以优厚的待遇和良好的研究环境吸引了大批科学家落户，湾区也因此获得了强大的科技竞争优势。20 世纪中后期，湾区吸引了大量的全球科技人才，领衔第三次技术革命，硅谷成

① 丁旭光：“借鉴旧金山湾区创新经验，构建粤港澳大湾区创新共同体”，载于《探求》，2017 年第 6 期。

为首屈一指的全球科技创新中心。据不完全统计，初创企业中约 1/4 的创始人至少有一个是在中国或印度出生，约 1/3 的科学家与工程师并非在美国本土出生。硅谷的核心地带圣何塞是湾区的三个核心城市中唯一没有人口负增长的城市，且增速明显高于旧金山市和奥克兰市。1950 ~ 1970 年，圣何塞总人口翻了两番，约 2/3 新增人口是移民，年龄构成较轻，部分移民有较高素质，包括电子工程师、数学家、电子技术人员等。这些高素质年轻人涌入，为圣何塞经济崛起奠定了基础（丁旭光，2017）①。与此同时，旧金山湾区拥有良好的自然、生态、社会和文化环境，湾区中心城市旧金山三面环水、环境优美、气候宜人、交通便捷高效，且具有开放包容的多元文化，堪称美国的“民族大熔炉”（田长霖等，1999）②。湾区依然保留着多丘陵的海岸线、海湾森林山脉和广袤原野，这种优美的自然生态与极具包容的创新文化相映照，构成了吸引和留住全球顶级人才的关键（邓志新，2018）③。

（三）东京湾区——产业湾区

东京湾区位于日本本州岛中部太平洋海岸，为东西两侧的房总半岛（千叶县）和三浦半岛（神奈川县）所环抱。依托东京湾发展起来的东京大都市圈，包括东京都、埼玉县、千叶县、神奈川县等一都七县④，面积 36894 平方公里，占全国总面积的 9.5%。东京湾区是世界上人口最多、

---

① 丁旭光：“借鉴旧金山湾区创新经验，构建粤港澳大湾区创新共同体”，载于《探求》，2017 年第 6 期。

② 田长霖、王乃粒：“旧金山湾区的区域经济”，载于《世界科学》，1999 年第 5 期。

③ 邓志新：“粤港澳大湾区与世界著名湾区经济的比较分析”，载于《对外经贸实务》，2018 年第 4 期。

④ 东京湾区有狭义和广义之分，狭义的东京湾区包括东京都、埼玉县、千叶县、神奈川县等一都三县，广义的东京湾区包括东京都、千叶、埼玉、神奈川和周边四县，即一都七县。

城市基础设施最为完善的第一大都市圈，聚集了日本1/3的人口，创造了2/5的经济总量，是日本最大的工业城市群、国际金融中心、交通中心、商贸中心和消费中心；它拥有七大港口和羽田、成田两大国际机场，与全球主要城市之间构筑起了发达的海陆空立体交通网。在众多港口的推动下，渐渐开发出了两个工业带：一个是京滨，另一个是京叶。不管是现代物流、游戏动漫、高新技术等产业还是传统产业钢铁、石油化工、装备制造等领域的发展程度均较高，而且湾区是三菱、丰田、索尼等60家世界五百强企业的总部所在地。

东京湾区的发展轨迹是从港口竞争走向工业协同。东京湾区的发展历经了“单极—扩散—协调”的过程。“二战”结束后，以自由贸易和全球化为前提的制造业合理布局，出口产业主导经济发展，依托港口优势形成了京滨和京叶两大工业带，成为全球最大的工业产业带，也是世界上最大、最先进、出口实力最强的新型工业地带。同时，东京湾区是世界上重要的金融中心，也是亚洲金融中心，制度完善，交易活跃。东京证券交易所是日本最大的交易所，是世界具有国际影响力的交易所，其交易额占日本证券交易量的80%。东京湾区的金融、总部、研发、消费等功能紧密互动，成为世界著名的金融中心、研发中心、娱乐中心和消费中心，形成良好的叠加效应。特别是在京滨工业带上，集中了钢铁、有色冶金、炼油、石化、机械、电子、汽车和造船等主要工业部门，在汽车制造、精密机床、电子产品、石油化工等领域引领全球发展（段艳红等，2018）[①]。总之，东京湾区受益于自由贸易和全球化的发展，抓住了全球第一次产业大转移的机遇，形成了日本最大的工业城市群，打造成了全球最大的工业产业地带和世界著名的金融中心、研发中心、娱乐

① 段艳红、何悦、胡品平：“世界三大湾区的创新发展路径与特征”，载于《科技创新发展战略研究》，2018年第4期。

中心和消费中心。

东京湾区之所以能成为世界级的湾区，主要的因素有：一是湾区各港口城市之间的竞争与合作，注重集群协同发展，具体体现在产业分工以及人才与城市基础设施建设方面竞争与合作并存。经过长期的磨合，港口之间的分工在竞争中变得更加合理。二是东京湾区各核心城市之间的错位发展与互补。东京、横滨和千叶是东京湾区的三大中心城市，这三大城市产业分工明确，功能定位各异。东京以对外贸易、金融服务、精密机械、高新技术等高端产业为主，是日本最大的金融中心、商业中心、管理中心、政治中心、文化中心。其中核心经济圈——京滨经济带带动了整个湾区经济的增长；横滨和千叶是日本重工业和化学工业基地，以钢铁、石油化工、现代物流、装备制造和高新技术等产业为主（唐红军，2019）[①]。三是注重利用国内外资源，重点发展出口导向型经济。充分利用东京港口城市优势，发展电子信息、汽车等高端出口产业，由此形成了整个湾区的开放性和国际性。也正因如此，才使东京湾区的发展能够敏感地捕捉到世界政治经济不断变化的内容和趋势。同时，完善全球供应链，在湾区内建设有庞大的仓储群，充分利用全球资源，源源不断地供应湾区企业生产和人员消费。四是注重创新，大力发展创新经济。依托东京大学、筑波大学、横滨国立大学等120多所大学，以及丰田研究所和筑波科学城这样的工业试验研究中心、电子技术综合研究所等著名科研机构，东京湾区形成了世界著名的“东京—横滨—筑波”创新带，发明专利授权量和专利申请量位居世界湾区前列，形成了“工业（集群）+研发（基地）”独特的发展模式，有效带动了企业的产品研发和科技创新，特别是丰田、索尼、

① 唐红军：“国外关于湾区经济的理论与实践及其对粤港澳大湾区的启示”，载于《特区经济》，2019年第2期。

NEC、佳能、三菱电机、三菱重工以及东芝等公司设立的企业研究院，也成为湾区整合创新资源的重要力量（李睿,2015）[①]。五是积极发展金融业，证券、银行、保险，为高科技实体企业提供全方位的金融服务，形成具有国际竞争力的产业群。六是注重顶层设计与智库建设。例如经济企划厅与国土厅共同管理的日本开发构想研究所，为东京湾区的各级政府制定各类相关规划（杨海波等，2019）[②]。

综上分析，湾区经济的本质是依托港口和海湾形成的，经济高度发达、社会全面开放，实现了超越行政地理边界、深度融合发展的经济区域，不仅在所在国经济产业发展中占据引领性地位，还在世界经济体系中具有广泛的联系和影响力。

二、世界三大湾区演进的主要路径

随着世界三大湾区产业的转型升级和内在功能的提升，湾区逐步成为全球知名的经济中心，进一步加速全球高级要素集聚，并通过其辐射效应对世界经济产生了深远的影响。从城市发展进程看，世界三大湾区发展都经历了单级城市、都市区、城市群、世界级湾区几个阶段（见表 2.2）。从总体上看，湾区经济伴随港口和城市功能的提升，湾区经济的内涵不断丰富，功能领域不断延伸拓展、调整优化，不断转型升级，逐步形成辐射范围更广、发展实力更强、对世界影响更大的区域经济。

① 李睿:“国际著名‘湾区’发展经验及启示”，载于《港口经济》，2015 年第 9 期。

② 杨海波、高兴民:“粤港澳大湾区发展一体化的路径演进”，载于《区域经济评论》，2019 年第 2 期。

湾区经济的发展与全球经济趋势和产业演进保持同步（见表2.3），一般都经历了从“港口经济”“工业经济”“服务经济”到“创新经济”的四个阶段演进过程（伍凤兰等，2015）①。

表2.2 世界三大湾区发展阶段与形成背景

阶段/湾区	纽约湾区	旧金山湾区	东京湾区
单级城市	1811年至20世纪20年代，纽约依托天然良港优势，大量集聚人流、物流、财富，形成了以曼哈顿为中心的贸易大港，使得“一战”后纽约城市化进程迅速，世界城市地位初步形成	1848年至20世纪20年代，掘金潮使得采金冶炼业、港口运输业、金融业快速发展，美国及世界各地的移民开始涌入，促使旧金山开始繁荣，城市发展加速	19世纪中叶至20世纪50年代，东京依托湾区的天然港口优势，促进了港口工业、贸易快速发展，“二战”吸引周边要素流往东京都
都市区	20世纪20～60年代，在区域规划协会第一次区域规划下，以纽约为核心城区，向周边中小城市辐射，形成了卫星城环绕都市圈，分散了城市功能	20世纪20～50年代初，“二战”带动了大量制造需求、研究需求，制造业空前繁荣，海陆空交通网络发达，布局初具规模，硅谷初显雏形，核心城市开始向周边辐射和扩散	20世纪50～70年代末，伴随日本工业向太平洋扩散，推动工业沿轨道交通向外延伸，形成以核心城市东京为中心的同心圆式、圈层状大都市区空间结构
城市群	20世纪60年代至20世纪末，伴随城市郊区化，都市圈范围的扩大，湾区与波士顿、费城、华盛顿和巴尔的摩等大城市群横向蔓延、互相连接，发展为跨越数州的大都市连绵带	20世纪50年代至20世纪末，人才、资金、技术、政策的集聚效应开始凸显，铸造了世界的科技中心硅谷。城市化走向城郊化，形成了多中心化分散发展格局，地区间差异化定位，产业功能分区，发达区域互相连通带动沿线地区发展	20世纪70～90年代末，分散战略缓解中心压力，东京部分城市功能分散到周边的神奈川、琦玉、千叶等县，出现多个增长点，东京港口群形成鲜明的职能分工体系，形成区域“多级多圈层”的城市化空间结构

① 伍凤兰、陶一桃、申勇：“湾区经济演进的动力机制研究：国际案例与启示”，载于《科技进步与对策》，2015年第23期。

续表

阶段 / 湾区	纽约湾区	旧金山湾区	东京湾区
世界级湾区	20世纪末至今，伴随制造业的转移，纽约成为跨国金融机构的集中地，对全球经济进行控制和协调，成为国际机构集中地，各大城市进行分工协作，世界级湾区地位确立	20世纪末至今，从区域内产业分工走向全球化分工协作，主打以硅谷为特色的科技研发	20世纪90年代末至今，以东京为核心的“中心—外围区域体系”，加速全球化分工协作，参与全球竞争

资料来源：任泽平，熊柴，白学松：“粤港澳大湾区：引领新一轮开放创新，打造国际一流湾区和世界级城市群——房地产周期系列研究”。https://www.sohu.com/a/234308801_467568。

表 2.3　湾区经济发展的四个阶段

发展阶段	时间	主要特征	活动范围主要特征
港口经济	1950年之前	以装卸运输业为主导	限于港区内部以装卸运输业为主导
工业经济	1950 ~ 1980年	以临港工业为主导	向港区外拓展，湾区港口城市迅速发展为制造中心，以临港工业为主导
服务经济	1980 ~ 1990年	以航运金融等服务业为主导	拓展到周边城市，湾区核心城市成为区域或全球资源配置重要节点，以航运、金融等服务业为主导
创新经济	1990年以后	以信息产业为主导，港口供应链快速兴起	拓展到更广区域，形成多中心共同发展格局，以信息产业为主导，港口供应链快速兴起

资料来源：伍凤兰，陶一桃，申勇：“湾区经济演进的动力机制研究：国际案例与启示”，载于《科技进步与对策》，2015年第23期；王力：“规划建设大湾区：中国经济迈向高质量发展的新引擎”，载于《银行家》，2019年第3期。

（一）港口经济发展阶段

在港口经济发展阶段，由于港口可以给货物流动带来低廉的运输成本和丰富的物流资源，使围绕港口发展的各种经济活动迅速涌现。20世纪50年代以前，受制于当时的经济社会和生产力发展水平，港口的功能主要是通过连接各种运输方式来进行货物中转运输。此时的湾区经济以装卸运输业为主导，主要依托港口的功能进行货物中转运输，并带动直接服务于港口的装卸、仓储、运输和设备提供以及船舶修理等。但这一发展阶段的经济形式比较单一，辐射影响范围也仅局限于港口及相关水陆域内，对城市经济发展的推动和带动作用并不显著。毛艳华等（2018）[①] 认为，三大世界级湾区全部发迹于港口城市，可以说，世界级湾区形成的萌芽时期都是依港而兴。伴随着自由贸易特别是经济全球化的兴起，由于港口可以给货物流动带来低廉的运输成本和丰富的物流资源，引发了航运、物流的兴旺，使围绕港口发展的各种经济活动迅速涌现。例如，19 世纪初伊利运河开通后，纽约港就成为美国东海岸唯一连接内陆航运和五大湖区域港口的大型海港。又如，“二战”后东京湾区以其优良的岸湾资源，抓住世界经济全球化及自由贸易有利时机，把日本经济推上了发展的“新干线”。当时日本提出“贸易立国”的发展战略，拥有东京港、横滨港、千叶港、川崎港等众多大港口的东京湾区成为日本对外贸易迅速发展的桥头堡。作为“世界三大天然良港”之一的旧金山港，到 20 世纪 80 年代初已基本垄断了太平洋海岸与美国内陆的海上贸易，涵盖了 99% 的太平洋沿岸进口货物和 83% 的出口货物（王力，2019）[②]。总之，在这个阶段，城市发展对港口的依赖性很强，起决定性作用的是港口的区位优势。因而，在这一阶段，港口基础性动力发挥关键性作用，内生性动力逐步增强，外源性动力起重要的推动引领作用，港口成为湾区经济最重要的形态（伍凤兰等，2015）[③]。后来，随着经济全球化浪潮与大规模国际贸易促使人财物等要素短时间内快速向港口城市集

---

① 毛艳华、荣健欣：“粤港澳大湾区的战略定位与协同发展”，载于《华南师范大学学报（社会科学版）》，2018 年第 4 期。

② 王力：“规划建设大湾区：中国经济迈向高质量发展的新引擎”，载于《银行家》，2019 年第 3 期。

③ 伍凤兰、陶一桃、申勇：“湾区经济演进的动力机制研究：国际案例与启示”，载于《科技进步与对策》，2015 年第 23 期。

聚，共同衍生出湾区经济。

（二）工业经济发展阶段

在这一阶段，在港口经济活动范围向港区外不断拓展的同时，湾区城市也迅速发展成为制造中心，如以东京为代表的工业港口城市迅速崛起。20 世纪中期到 80 年代，随着“二战”后全球经济的快速复苏，对外贸易快速发展，港口功能和地位进一步提升，在港口周边区域集聚了大量人流、物流等，极大地推动了临港工业的集聚发展，对港口城市的发展和兴盛起到了很好的推动作用。加之工业文明的兴起与海洋运输的叠加优势，进一步推动了临港工业的集聚发展，使港口城市发展成为制造中心；经济活动也不再局限于港区，而是扩展到周边区域。在这个阶段，港口成为工业、商业不可或缺的节点与运输中心，在大宗散、杂货运输中港口占据重要地位，通过港口关联产业发展这一纽带，港口与城市在空间形态上形成融合之势，向一体化方向发展，湾区经济开始从简单地服务于港口转变为积极地利用港口。港口的功能越来越集中于工业原材料领域，港口工业的发展对劳动力的吸纳能力也越来越大。同时，港口工业的发展为港口规模的持续扩大提供了有效支撑。比如，日本在东京湾沿岸港口布局建立了炼油、石化、钢铁、造船等临海工业带，它们贡献了大部分工业产值，成为名副其实的制造中心。1955 年，日本的国民生产总值约为美国的 6%，但到了 20 世纪六七十年代，日本凭借发达的工业，超越美国成为世界上最大的重化工产品生产国和出口国，继而跃升为当时全球第二大经济体（王力，2019）[①]。可见，在这一阶段，

① 王力：“规划建设大湾区：中国经济迈向高质量发展的新引擎”，载于《银行家》，2019 年第 3 期。

内生性动力逐步发挥主导作用，湾区经济发展逐步脱离港口经济的基础功能，港口基础性动力在整个港口城市中的作用相对下降，外源性动力作用逐步增强（伍凤兰等，2015）[①]。

（三）服务经济发展阶段

在这一阶段，以服务业为主导的经济业态迅速发展，湾区核心城市作为资源配置的重要节点，在区域或全球经济中的地位日益显著，港口经济活动范围进一步拓展到周边城市。随着 20 世纪 80 年代经济全球化的快速发展，传统临港工业能源消耗大、污染严重，世界三大湾区开始出现大规模产业转移，导致湾区经济中工业占比逐渐下降，湾区经济重心由临港工业转向现代服务业。同时，全球资源配置带动产业升级，催生出了一批新兴的服务业形态。特别是依托临海临港的区位优势，湾区对外贸易快速增长，极大地推动了广告、产品设计、金融、保险、会计、法律、公关、传媒等为主要内容的新兴业态发展，推动湾区城市由原来的制造业中心向生产性服务业如金融中心、贸易中心、信息中心、管理中心等转变。服务业成为湾区经济的主导产业，活动范围拓展到周边区域，湾区核心城市成为区域或全球资源配置的重要节点。此时，以东京、纽约、旧金山为代表的湾区城市掌握了金融业等高端资源，成为全球资源配置的核心节点，产业结构也发生了根本性改变。以纽约湾区为例，20 世纪 70 年代，制造业外移，第三产业特别是生产性服务业迅速崛起，金融服务业集群在曼哈顿逐渐形成，吸引了国际资本向纽约集

① 伍凤兰、陶一桃、申勇："湾区经济演进的动力机制研究：国际案例与启示"，载于《科技进步与对策》，2015 年第 23 期。

聚（王力，2019）[①]。在这个阶段，港口工业需求与港口资源环境的负因果反馈关系构成了本阶段向服务经济转变的基本矛盾，推动着依托港口的生产性服务业率先发展，成为湾区服务经济发展的“领头羊”，从而催生出更趋多元化的服务模式。同时，港口由工业原材料供给功能逐步向工业产品的标准化出口演化，集装箱模式的广泛应用成为这一阶段港口与城市经济交互演进的突出表现形式，港口服务不断向标准化、流程化、组合化发展，港口产业演进的附加值水平、要素集聚能力显著提升。很显然，在这一阶段，内生性动力强度仍保持主导作用，港口基础性动力强度相对下降，外源性动力强度进一步提升（伍凤兰等,2015）[②]。

（四）创新经济发展阶段

20 世纪 80 年代以来，随着新一代信息技术的突破，互联网、通信技术、生物医药等创新经济快速发展，涉及计算机、通信、互联网、新能源等多个产业，一批以苹果、谷歌公司为代表的高新科技企业快速崛起。湾区通过打造科技创新中心，充分发挥对全球创新要素的集聚功能、全球创新资源的配置功能、全球科技创新策源地功能、创新驱动转型发展的引领功能，抢占产业发展的制高点。湾区经济逐步转向以信息产业为主导，活动范围开始拓展到更广区域，形成区域多中心共同发展的新格局。比如，旧金山湾区抢占了产业发展制高点，形成多个都市圈联动发展，网络化、多极化、多元化趋势更加明显（王力，2019）[③]。总

---

① 王力：“规划建设大湾区：中国经济迈向高质量发展的新引擎”，载于《银行家》，2019 年第 3 期。

② 伍凤兰、陶一桃、申勇：“湾区经济演进的动力机制研究：国际案例与启示”，载于《科技进步与对策》，2015 年第 23 期。

③ 王力：“规划建设大湾区：中国经济迈向高质量发展的新引擎”，载于《银行家》，2019 年第 3 期。

之，新一代信息技术革命引发了创新经济的繁荣，湾区逐渐形成了以信息产业为主导的格局，经济活动范围拓展到更广区域。在这一过程中，湾区劳动生产率上升、土地集约度提高，湾区的比较优势产业逐渐从劳动密集型产业向技术、资本密集型产业转移（张昱等，2018）①。随着社会经济和信息科技的不断发展，信息化成为全球发展的必然趋势，在经济发展中发挥着越来越重要的作用。港口信息化网络建设加快，供应链服务能力增强。港口凭借供应链协作网络，逐步形成集聚和辐射功能更加强大的网络效益。在这个阶段，内生性动力保持主导作用，外源性动力占据第二位，港口基础性作用进一步削弱，基础性动力占据第三位（伍凤兰等，2015）②。

综上所述，湾区经济形成初期，主要依托码头及近岸陆域，以发展港口物流功能为主。进入工业化时期，临港工业兴起，布局钢铁、冶金、炼油、石化、汽车、造船等重化工；同时，经济活动向腹地转移，带动沿湾腹地经济升级和副中心城市发展。进入后工业化时期，生产性服务业和围绕城市都会的生活性服务业兴起，成为金融、总部、研发等高端服务核心。随着以互联网为代表的新技术和新经济迅速发展，湾区凭借长期积累的科技创新能力和全球资源配置优势，以智能制造和现代服务为代表的产业体系不断迭代升级（黄勇等，2019）③。显然，湾区经济在由港口经济向工业经济、服务经济和创新经济演进的进程中，基础性动力、内生性动力和外源性动力在不同阶段的地位有所不同。总体来看，随着湾区经济发展的不断成熟，港口基础性动力的作用随着湾区经济的演进逐步弱化，城市

① 张昱、眭文娟、谌俊坤："世界典型湾区的经济表征与发展模式研究"，载于《国际经贸探索》，2018 年第 10 期。

② 伍凤兰、陶一桃、申勇："湾区经济演进的动力机制研究：国际案例与启示"，载于《科技进步与对策》，2015 年第 23 期。

③ 黄勇、陈文杰："对湾区经济的一些认识和思考"，载于《全球化》，2019 年第 1 期。

服务更加独立；并且随着港口要素的进一步集聚，港口服务经济业态进一步升级，城市创新型业态加快发展，湾区经济的成熟业态逐步成型。此时，内生性动力和外源性动力的作用不断凸显，且内生性动力逐步占据主导地位（伍凤兰等，2015）①。

目前，纽约湾区、旧金山湾区和东京湾区均已从服务经济迈入创新经济阶段。如图 2.1 所示，世界五大湾区分别处于发展的不同阶段，上杭宁大湾区和粤港澳大湾区大致处于从工业经济向服务经济转型和从服务经济向创新经济转型的双转型的关键阶段。

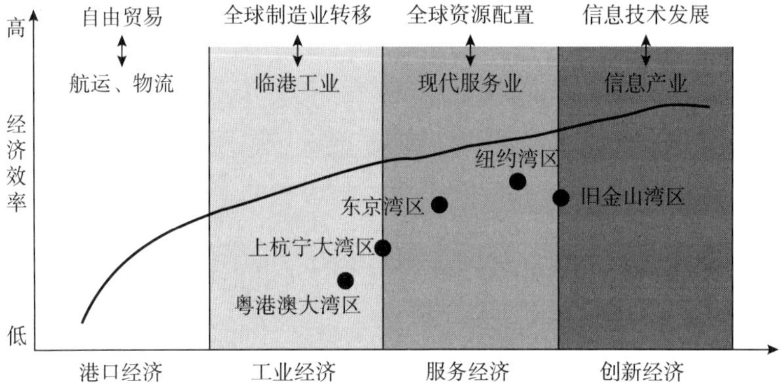

图 2.1　湾区经济发展的四个阶段

三、世界三大湾区演进的共同特征

纵观全球经济发展，湾区经济已成为世界众多一流城市发展的共同趋势。如纽约湾区、旧金山湾区、东京湾区等，无不是以海港为依

① 伍凤兰、陶一桃、申勇：“湾区经济演进的动力机制研究：国际案例与启示”，载于《科技进步与对策》，2015 年第 23 期。

托，以湾区自然地理条件为基础，城镇群与港湾地理集聚融合发展形成的具有国际影响力的独特的区域一体化经济形态，既是港口城市都市圈与湾区独特地理形态相结合聚变而成的一种独特经济形态，也是港口经济、集聚经济和网络经济高度融合而成的一种独特经济形态（王宏彬，2014）[①]。它具有高度开放的经济结构、高效的资源配置能力、强大的集聚外溢功能和发达的国际交往网络。独特性、开放性、创新性、国际化、协调性、网络性、宜居性是湾区经济的主要特点。

（一）独特而优越的地理构型，推动形成湾区发展的天然优势

湾区由于海洋内凹而形成三面环陆的“拥海、抱湾、通江、聚城”的独特地理造型，从而使湾区具备了比一般沿海地区更优越的生态和区位，如避风、水深和防冻等优点，从而适合建造大小不一的港口，进而形成港口群（张锐，2017）[②]。因而湾区经济既不等同于沿海经济又有别于普通城市群经济。

湾区经济的形成必须具备“拥海、抱湾、通江、聚城”的独特自然地理条件。从湾区禀赋优势看，湾区经济是因共享海湾而形成的高级经济形态，“拥海”“抱湾”“通江”和“聚城”不仅仅是湾区经济的地理特征，更是湾区经济的地理禀赋（申勇等，2017）[③]。

湾区经济因“拥海”而具有避风、岸线长、腹地广等特点，更适合建设大型港口；同时能够在一个很小的空间内形成港口群，成为陆海联

① 王宏彬：“湾区经济与中国实践”，载于《中国经济报告》，2014 年第 11 期。

② 张锐：“湾区经济：国际步伐与中国格调”，载于《对外经贸实务》，2017 年第 5 期。

③ 申勇、马忠新：“构筑湾区经济引领的对外开放新格局——基于粤港澳大湾区开放度的实证分析”，载于《上海行政学院学报》，2017 年第 1 期。

系的重要“分岔口”（藤田昌久等,2013）[①]，从而形成发达的港口群连通全球，构筑开放枢纽，便于开展对外贸易，发展外向型经济。国际一流湾区都是发挥这种港口群的“分岔口”优势，形成连接国内外市场的重要枢纽和参与国际分工的桥头堡（申勇等，2017）[②]。

湾区经济因“抱湾”而具有由海岸凹入的三面环陆，还有一大片的共享水体。这种优越的地理构型与直线型或外突的弧形滨海地区相比，湾区这种“三面环陆＋共享水体”具备了比一般沿海地区更优越的生态和区位。湾区依托共享水体在较小空间内形成狭长的圆形海岸线，使得湾区周边的城市群产生一种远远大于一般城市群的向心力，易于形成世界一流城市群，推动城市和产业深度融合。同时，这种“三面环陆＋共享水体”由于靠近海洋、海湾，环绕大面积水域，温差较小，由此形成了怡人的自然环境和优良的生态环境。怡人的环境为人类商贸、生产和生活提供了极大的便利性，从而有助于大量高端人才云集；同时，湾区移民文化的不断成熟而形成科技创新优势，促进了技术进步以及市场经济制度的不断完善，从而形成交易成本较低的优势、包容性极强的移民文化。尤其是“通江”和“聚城”使周边城市连成一体，与多个不同功能的城市成为共生经济体，从而形成相当规模的城市群，进而呈现集聚效应、规模效应和生产成本优势；而且湾区内城市群的形成和发展与一般城市群的形成和发展有着明显的区别：即港口群在其形成过程中发挥了重要而不可替代的作用，以港口为导向的城市群必然产生“港口群＋产业群＋城市群”的叠加效应。事实证明，这种叠加效应在带来巨大的经济效益的同时也会带来不可估量的区域创新能力，这就是湾区经济具有

① ［日］藤田昌久、［美］保罗·R. 克鲁格曼、［英］安东尼·J. 维纳布尔斯:《空间经济学：城市、区域与国际贸易》，梁琦译，中国人民大学出版社 2013 年版。

② 申勇、马忠新:“构筑湾区经济引领的对外开放新格局——基于粤港澳大湾区开放度的实证分析”，载于《上海行政学院学报》，2017 年第 1 期。

较强的创新能力的一个重要原因（申勇，2017）[①]。

湾区经济因“通江”而连通内陆江河，便捷的水运条件可以连接广阔的内陆腹地，并具有运输成本优势，扩大湾区的辐射范围；而运输成本和生产成本优势有助于促进要素资源集聚。一般来说，早期的湾区经济必然拥有一条或多条连接内陆的河流，形成通往内地的水上交通。尽管后来的交通发生了明显变化，铁路和高速公路成为湾区运输的主力，但河流在湾区经济的发展中仍具有不可替代的作用。从湾区经济形成的历史来看，没有河流的湾区，可能就是一个“死”的湾区。纽约湾区的形成也是拓展腹地及区域合作的典型结果。众所周知，纽约湾区区位条件和湾区地理都十分优越，可以说是全美国最优越和最大的港口之一。从区位来看，纽约湾区的航道一方面通过从科尼岛到索托尼海角连接欧洲，另一方面通过新泽西海岸线与美国南部的加勒比海相连，从而形成美国通向欧洲和世界贸易的枢纽。从纽约自身的港口条件来看，它具有面阔水深、避风防冻、航道便利等特点，远远优于费城港口和巴尔的摩港口。但即便如此，纽约并不是一开始就是国家的经济中心，其经济和城市发展居然一度比不过费城和波士顿。直到1817年伊利运河建成后，使纽约顺利地将五大湖与纽约港口连接起来，才改变了纽约的城市地位，纽约才有机会将五大湖区域的面粉、棉花等农产品转口运往世界各地，逐渐发展成为全美最大的港口城市。由此可见，拓展腹地同样是湾区经济的重要职能。湾区经济不仅要形成自己的发展领地，更要重视腹地的拓展，与其他陆地城市“交朋友”，构筑湾区经济引领的向海洋经济新通道和对外开放新格局（申勇，2017）[②]。

---

① 申勇：“湾区经济的形成机理与粤港澳大湾区定位探究”，载于《特区实践与理论》，2017年第5期。

② 申勇：“湾区经济的形成机理与粤港澳大湾区定位探究”，载于《特区实践与理论》，2017年第5期。

湾区这种“拥海、抱湾、通江、聚城”独特的湾区经济空间地理基础，产生了港口、城市、创新、产业和资源等经济的叠加效应，构筑了开放型经济的引领格局，形成了共建共生共享共荣的区域经济联动效应（申勇，2017）[①]，并在世界范围内形成了以纽约、旧金山、东京为代表的高度开放、区域融合、创新驱动和产业高端的湾区经济模式。湾区凭借这种得天独厚的地理优势，而后形成港口群、城市群、产业群与资源群协同发展，逐渐成为世界经济增长、社会发展与文化繁荣的制高点（张日新等，2017）[②]。目前，世界三大湾区依靠“拥海、抱湾、通江、聚城”的区位优势，分别凭借金融等现代服务业、科技创新产业与现代制造业等优势迅速发展，已成为世界的重要增长极（张锐，2017）[③]。可以说，湾区的独特地理区位，才使湾区成为带动全球经济发展的重要增长极和引领技术创新的“领头羊”。

（二）协调而完善的基础设施，推动湾区城市群一体化水平快速提高

推动基础设施高度一体化是世界三大湾区的普遍做法。世界三大湾区都发迹于港口城市，其萌芽时期主要是依托港口城市的优势创建城市群逐步演化而来。在港口经济和工业经济阶段，世界三大湾区都十分重视高效一体的基础设施建设。特别是在服务经济和创新经济阶段，借助经济全球化和大规模国际贸易繁荣兴起的东风，世界三大湾区都在国际航运、城市轨道交通网络布局、信息通信网络基础设施建设等方面不断

---

① 申勇：“湾区经济的形成机理与粤港澳大湾区定位探究”，载于《特区实践与理论》，2017年第5期。

② 张日新、谷卓桐：“粤港澳大湾区的来龙去脉与下一步”，载于《改革》，2017年第5期。

③ 张锐：“世界湾区经济的建设经验与启示”，载于《中国国情国力》，2017年第5期。

完善，基本实现了基础设施互联互通、公共服务一体化深入融合发展。

1. 十分重视核心城市的高效一体的港口、交通基础设施建设

湾区经济不是封闭经济，其首要属性是开放。开放需要外联内拓，这就需要建立现代化的综合交通网络。高效的交通体系是湾区经济形成的重要支撑。高效的交通体系，减少了湾区港口城市之间的通勤时间，从而使湾区港口城市联系更加紧密，产业集聚效应和城市网络效应也就越明显，区域竞争力也就越强（王宏彬，2014）[①]。发达的港口城市是世界三大湾区规模经济形成的基本单元。湾区海岸线长、腹地广，使湾区能够在面积相对小的空间内以主要港口为原点孕育多个港口城市，从而产生规模化的网络经济效应。东京湾区在核心港口城市东京、横滨、千叶的基础上，坚持以港兴市战略，加快港口群建设步伐；通过港口联动培育周边产业，在港口经济的带动下，形成了城市的繁荣。纽约湾区建立了大型港口群，形成了数百条航线，配合海陆空联运物流规划，使湾区不仅成为美国国际贸易物流的桥头堡，还更好地带动和辐射了更广泛的内陆腹地（卢冰，2018）[②]。同时，世界三大湾区的发展史基本上是一体化交通设施人建设的历史。公路运输、轨道运输、公共交通、空港建设大大提升了运输荷载与通勤效率，为经济崛起催生新的经济秩序。比如纽约湾区就得益于《多式联运法》等诸多法案，以天然深水港为支点连通欧洲，从港口贸易到工业、服务业再到金融业一体化发展，通过完善的交通网络布局和信息通信网络基础设施建设，打破了城市群地理空间的瓶颈，使人才、资本、信息、技术、管理等生产要素在突破了现

① 王宏彬："湾区经济与中国实践"，载于《中国经济报告》，2014 年第 11 期。
② 卢冰："基于国际经验的环杭州湾大湾区经济发展对策分析"，载于《宁波大学学报（人文科学版）》，2018 年第 3 期。

有行政区域限制的同时，实现了在全球范围内彻底市场化和自由流动。旧金山湾区就得益于铁路城市的建设热潮，东京湾区就离不开日本“二战”后高铁的飞速发展（覃艳华等，2018）[①]。

2. 高度重视除了核心城市以外一系列的外围城市的基础设施建设

旧金山湾区和东京湾区，都通过突破原有行政区域限制，使城际轨道交通、高速公路等综合交通基础设施形成无缝对接的网络化布局，为湾区内城市间公共服务一体化发展提供了交通出行的基础保障。东京湾区除了东京以外，还包括川崎、横滨、千叶等城市。虽然世界三大湾区内城市众多，但是基础设施高度一体化，城际轨道、高速公路、城市道路等交通设施呈现无缝对接的网络化布局，能够为各城市间的交通出行提供极为便利化的服务。除了交通设施之外，在通信、医疗、教育、金融、科技等领域也实现了版图对接、高度融合的一体化发展，其系统性、整体性、嵌入式的统筹谋划思维有效提升了大湾区市场一体化水平和国际竞争力，为促进各类生产要素资源的优化配置提供了有利条件，也对湾区内各行各业与城市间平衡发展及相互融合产生了重大积极影响（张胜磊，2018）[②]。

3. 着力提升城市品质，支撑可持续发展

世界三大湾区除了重视基础设施建设外，还十分重视城市品质提升，这主要包括公共交通、城市商业配套设施、环境整治等方面内容。三大湾区的轨道交通构建了便捷的区域交通网络，使湾区内的物流、人

---

① 覃艳华、曹细玉：“世界三大湾区发展演进路径对粤港澳大湾区建设的启示”，载于《统计与咨询》，2018 年第 5 期。

② 张胜磊：“粤港澳大湾区建设：理论依据、现存问题及国际经验启示”，载于《兰州财经大学学报》，2018 年第 5 期。

才流、技术流以及资金流等都能在更短的时间内完成有效的配置与投放，企业经营效率、人员工作效率都因此大幅提高，这是促进湾区经济一体化发展的重要基础。比如，纽约的“10分钟步行圈”、东京的“绿地圈”等构建出的宜人的居住环境和高品质的生活能够吸引各类人才集聚，推动湾区经济发展要素品质的提升。因此，充分利用滨海优势，打造宜居空间，是其经济长期可持续发展的共同经验（卢冰，2018）[①]。

总之，湾区内的港口与港口之间、港口与城市之间、城市与城市之间、沿海与腹地之间，物流、人才流、技术流以及资金流等都会在最短的时间内完成配置与投放，企业经营效率、人员工作效率因此大大提高，湾区高效的交通设施及城市网络效应得以充分彰显（张锐，2017）[②]。

（三）开放自由的经济体系，推动湾区形成集聚效应和辐射效应

1. 湾区具有天然的开放属性

湾区靠港而生、依湾而兴；湾区产生于海港，而又得益于、发展于通过海港对外连通，因而湾区天然具有开放属性。开放成为湾区经济发展的先决条件和根本优势，因此形成更高层次的复合型开放经济形态。湾区经济由于主要依托湾区、海洋和城市群来发展开放型经济，并且主要集中在港口经济、贸易经济、临港工业等海洋产业，因此其开放度和开放视野更加广阔；由于面向海洋，可以利用开阔地

---

① 卢冰：“基于国际经验的环杭州湾大湾区经济发展对策分析”，载于《宁波大学学报（人文科学版）》，2018年第3期。

② 张锐：“世界湾区经济的建设经验与启示”，载于《中国国情国力》，2017年第5期。

形和便利交通直接连通世界各地，抢占贸易先机，影响和引领世界经济；由于依托湾区，湾区的共享性和不可分割性又决定它们不再是单个城市，而是一批形成联盟的城市或者城市群，必须走协调发展的路子；由于有了城市群作后盾，湾区经济发展才有了高于其他经济形式的竞争优势，如产业集聚和辐射效应远远高于单个城市。高度开放的市场环境，使湾区成为大量外来人口的聚集地，而且多元文化又进一步促进了湾区开放，激发与反哺湾区经济的创新发展。

世界三大湾区依托港口成为连接内陆和国际市场的重要枢纽。世界三大湾区的发展得益于湾区集聚效应，如吸纳外商投资、引进国外先进技术和生产方式，率先接轨世界经济，同时对周边区域产生巨大的产业外溢效应；而湾区的周边区域为谋求自身发展，主动承接产业转移，建立起开放性的城市群网络空间，在城市群间形成了横向经济关系、密切沟通与联系的双向开放经济空间，有效地促进了城市群创新要素的流动。纽约湾区开放程度最高，以金融引领产业高端，吸引全球金融机构和大型跨国公司集聚，形成了以纽约为核心，纽瓦克、纽黑文、布里奇波特等城市协同发展的大开放湾区经济格局。旧金山湾区从金矿开采、港口到科技经济，构筑了以旧金山、奥克兰和圣何塞为核心的城市接力开发并逐步转型升级的湾区经济开放结构。东京湾区云集了大量的金融机构和跨国公司总部，它们通过扩大对外贸易和提升港口功能推动港口工业城市迅速崛起，带动制造业和城市群互动协调发展（黄勇等，2019）[①]。与此同时，对外开放的贸易投资格局涵盖了“引进来”与“走出去”这两个重要路径，前者有利于集聚高端生产要素，后者有利于发挥大湾区的外溢效应，促进“引进来”与“走出去”的双向联动，形成叠加效应。无论是东京湾区、旧金山湾区还是纽约湾区，都通过构建高

① 黄勇、陈文杰：“对湾区经济的一些认识和思考”，载于《全球化》，2019 年第 1 期。

度包容开放的贸易投资体系，有效降低了企业的经营成本和创业风险，使企业能够更加专注和高效地开展生产经营和科技创新活动，最终培育出一批享有世界声誉的著名公司和著名品牌。以硅谷为例，硅谷创新发展正是得益于开放体系的构建。这是一项综合性的工程，涵盖了包括有利于企业创业、创新和发展的政策和体制，专业化中介服务体系，世界一流大学及其与产业的互动，高水平的创意、创新活动，高密集的高素质人才，浓厚的创业氛围、鼓励冒险、容忍失败的文化，高质量的生活和人居条件，雄厚的创业资金来源和成熟的金融体系，专业化的技术市场服务体系，便于全球化的区位优势等（申明浩等，2017）[①]。

2. 湾区各类要素流动高度自由化

在同等资源规模背景下，资源配置效率与经济增长的质量成正比例关系，即资源要素市场化配置效率越高，经济增长的质量也会随之越高。要素流动自由化是国际大湾区的一个重要特征，具体表现为人流、物流和资金流在各个城市之间的快速流动。受益于高度一体化的基础设施建设和市场机制建设，世界三大湾区内部各城市间的行政壁垒相对较低，阻碍要素自由流动的各种显性壁垒和隐性壁垒也得到削弱和消除，市场调节的“无形之手”取代了政府干预的“有形之手”，成为大湾区经济发展的主要推动力。市场作为“无形之手”，不仅破除了行政分割的限制，还充分发挥市场机制作用，有效推动了基础设施建设。正因如此，技术、人才、资本等生产要素得以在湾区内各个城市间实现自由流动，从而达到最优的配置状态，在提高要素配置效率的同时也带来了更为可观的产出与回报。相应地，相对更高的回报率又进一步吸引更多优

① 申明浩、杨永聪：“国际湾区实践对粤港澳大湾区建设的启示”，载于《发展改革理论与实践》，2017 年第 7 期。

质的资源和要素向大湾区集聚，为大湾区保持国际竞争力提供了强有力的支撑（申明浩等，2017）[①]。

3. 市场机制为主、行政机制为辅

从世界三大湾区的实践经验和发展过程来看，世界三大湾区都是以市场机制为各类要素自由流动的主导动力，以行政机制为资源要素市场化配置的辅助动力，既打破了各类生产要素高度自由化流动的各种障碍，又消除了行政性垄断、地区部门分割，使各类资源要素能够充分自由流动、组合，实现了资源要素的市场化最优配置。具体来看，纽约湾区以市场机制的驱动推动了金融业发展，旧金山湾区以市场机制和行政机制的良好互动推动了高科技产业蓬勃发展。东京湾区以市场机制为主、行政机制为辅，不仅推动了工业发展，还使六大港口形成了首尾相连的马蹄形港口群，形成了各产业职能体系分工鲜明的优势。这些由市场化机制推动的高集聚产业在实现其目标的同时又反作用地推动了市场经济在湾区经济发展中的重要作用（张胜磊，2018）[②]。

在这一过程中，市场机制与行政机制并行不悖且互相协同，能够产生显著的经济增长红利，有利于湾区经济的长期健康发展。市场机制的主导性作用在世界三大湾区的发展历程中都得到了充分的体现，无论是纽约湾区曼哈顿的金融业，还是旧金山湾区硅谷的高科技产业，都是受到市场机制的驱动而发展起来的，而这些产业的高度集聚又进一步巩固了市场机制在湾区经济体系中的地位；行政机制所发挥的主要是辅助性的不可或缺的作用，行政机制主要解决湾区内的基础设施建设和制度建

① 申明浩、杨永聪：“国际湾区实践对粤港澳大湾区建设的启示”，载于《发展改革理论与实践》，2017 年第 7 期。

② 张胜磊：“粤港澳大湾区建设：理论依据、现存问题及国际经验启示”，载于《兰州财经大学学报》，2018 年第 5 期。

设及经济发展中面临的法律冲突等问题，即通过营造市场化、国际化、透明化、法治化、自由化的营商环境，以及解决产业布局所面临的基础设施配套问题，为高端要素和产业集聚提供优良的环境和服务。因此，市场机制与行政机制缺一不可，而且两者间的边界必须予以厘清，这样才能够确保湾区经济发展的可持续性（申明浩等，2017）[①]。正因此，行政干预程度少，市场主导作用大，才使湾区内的人流、物流、信息流和资金流能够自由流动而不会受到各种显性、隐性壁垒的束缚限制，并在市场机制的调配下，最大限度地提高了湾区经济的生产效率和国际竞争力（张胜磊，2018）[②]。

（四）分工高度协同化，推动产业体系布局更加科学合理

1. 湾区分工高度协同化

港口城市在对外开放中最先发展壮大，达到一定规模后，会对周边区域产生外溢效应。世界级港口需要有世界级腹地的支撑，否则很难持久兴盛。如曾跻身世界第三大集装箱港口的中国台湾省高雄港，虽然具备强大的运输转运能力，但由于没有广阔腹地货运量的有力支撑，逐渐被新的港口替代。同时，腹地的货物也要通过港口才能更便捷地运到海外，为谋求自身发展，周边区域也会主动承接外溢的相关产业和功能。港口城市和湾区腹地形成紧密依存、共同发展的良好关系（吴思康，2015）[③]。

---

① 申明浩、杨永聪："国际湾区实践对粤港澳大湾区建设的启示"，载于《发展改革理论与实践》，2017 年第 7 期。

② 张胜磊："粤港澳大湾区建设：理论依据、现存问题及国际经验启示"，载于《兰州财经大学学报》，2018 年第 5 期。

③ 吴思康："深圳发展湾区经济的几点思考"，载于《人民论坛》，2015 年第 6 期。

协同发展是湾区经济发展的客观规律，也是全球供应链形成的客观需求。可以说，合理的分工协作是湾区经济形成的决定因素。合理的分工协作是避免城市间无序竞争、提升湾区经济竞争优势的关键，也是湾区经济是否形成的标志，发展成熟的湾区经济，无不有着合理的分工协作体系（王宏彬，2014）[①]。例如，东京湾区内分布有东京港、横滨港、横须贺港、川崎港、千叶港、木更津港等六个世界级的港口，为避免港口之间出现恶意竞争，政府积极参与对各个港口的主要功能统筹规划，促进港口分工与合作，形成分工不同、有机结合、协同发展的港口群。

2. 湾区核心区与外围区一般都形成产业分工的雁阵布局体系

无论是东京湾区、旧金山湾区还是纽约湾区，核心的城市和外围的城市之间都通过合理的顶层设计和统一规划，形成了高度协同化的分工模式。城市的功能与产业定位层次分明，各城市依据自身基础与特色，承担不同的功能。即在原有的区位优势和产业体系基础上，构成了产业链上游与下游环节就近布局、紧密衔接的发展模式，构成以产业价值链为中心的发展布局，最大限度地整合和提升产业的有效资源及协同生产效率，有效避免了湾区内部的恶性、同质化竞争。总的来看，在推进湾区基础设施一体化和经济发展一体化的同时，世界三大湾区的一个重要实践经验就是立足核心区与外围区的比较优势，成功地建立了产业分工的雁阵布局体系。在世界三大湾区的雁阵布局体系中，核心区凭借资源与政策优势，扮演着经济增长点和发动机的角色，是高端要素和高端产业高度集聚的区域，在产业价值体系中占据了附加值较高的环节。例如，纽约湾区的曼哈顿华尔街一带就是金融资本和交易所云集的地方，旧金山湾区的核心地带硅谷则是高科技企业、科研院所和高等院

---

① 王宏彬："湾区经济与中国实践"，载于《中国经济报告》，2014 年第 11 期。

校高度集群的区域；外围区则与核心城市形成优势互补、错位发展格局，并发挥承接核心区产业转移和配套设施的功能，布局的主要是与核心区产业关联度较高、处于价值体系中间位置的产业部门，有效避免产业同质化竞争，实现共赢。核心区的高端产业与外围区的配套产业相互协同演化，技术溢出效应和反馈促进效应显著，凸显了雁阵布局体系的合理性。这种产业布局体系还促成了局部的“雁阵演化”，即策源于核心城市和上游产业的科技创新效应能够产生显著的圈层扩散效应，产业转型升级和竞争优势的更替演化依次从核心区域向周边区域协同扩散，产业链上下游从内到外紧密衔接，使湾区产业集聚效应最大化。雁阵布局体系的本质在于追求产业竞争优势的协同攀升和梯度转移，能够最大限度地发挥产业链上下游环节之间的协同效应（申明浩等，2017）[①]。例如，旧金山湾区的“头雁”在硅谷，汇聚了以谷歌、苹果、思科等世界 500 强企业为代表的众多电子类高科技企业；而外围的旧金山市则依托风险投资产业和高等教育产业为硅谷的创新创业输送资金和人才；另一个处于外围的奥克兰则以制造业和交通运输业为主，为硅谷的高科技产业提供各种原材料、中间品以及产品输出服务。又如，东京湾区作为雁阵理论发源地的日本更加重视产业的合理布局和协同分工问题。为了有效提升东京湾区的国际竞争力，日本从 20 世纪 60 年代开始实施“工业分散”战略，将核心区的东京都打造成为对外贸易中心、金融服务中心和高科技产业中心，附加值相对较低的一般制造业部门则被迁移至周边的横滨、川崎等城市，最终形成了分工明确、协同发展的产业布局体系（申明浩等，2017）[②]。

---

① 申明浩、杨永聪：“国际湾区实践对粤港澳大湾区建设的启示”，载于《发展改革理论与实践》，2017 年第 7 期。

② 申明浩、杨永聪：“国际湾区实践对粤港澳大湾区建设的启示”，载于《发展改革理论与实践》，2017 年第 7 期。

3. 湾区重视依托金融业发展和产业升级调整，实现经济较快发展

更加科学合理的产业体系布局能够达到区域资源的有效配置和利用，实现产业的明显集聚效应并取得较好的结构效益，从而达到区域内产业结构调整和优化的目的，达到经济应有的增长水平。世界三大湾区的产业发展都经历了工业的持续扩张、整合、升级，先依赖资源禀赋如海湾和港口群，而后依托金融业发展和产业升级调整，实现经济发展。比如，旧金山湾区在后工业化时代，借助了湾区内部的金融、信息科技产业与制造业搭建起的科技金融生态系统，充分利用高新科技产业优势，做到了以金融推动科技产业、科技产业带动制造业同步发展的目的，率先发展信息技术产业，并推动信息服务业、新兴商业模式发展，依靠科技创新引领全球产业发展，这一生态系统不仅孕育了众多全球顶级的科技类500强企业、众多独角兽企业，还形成了其他城市和湾区内著名高校及研究院源源不断地为硅谷的高科技产业提供各类价值链中所需要的材料及人才和创意，打造了世界最重要的科技创新中心，形成世界各国人才的竞技场和淘金场，促成了硅谷这个旧金山湾区的心脏。再如，东京湾区以工业和金融业为中心，实施工业分散战略，将核心区打造成科技中心、金融中心及制造业中心，并与周围城市联动协同发展，最终形成了城市分工明确、城市联动协同发展高度一体化的产业布局体系，吸引与打造一大批世界级巨头企业，形成产业集聚与技术外溢效应。东京湾区还以金融服务、高新技术、精密仪器等为主要产业，日本众多银行总部和大公司都聚集在东京湾区，京滨、京叶两大工业地带以东京为中心，分别向环抱东京湾的两侧延伸，由此集聚了众多世界顶级跨国企业。纽约湾区从金融、基础设施和信息平台等方面为突破口，重点发展金融、证券、期货及保险等产业，是世界金融的心脏，拥有众

多世界金融、证券、期货及保险和外贸机构，美国最大的500家公司有1/3以上把总部设在湾区中的曼哈顿岛。在产业结构方面，世界三大湾区在形成当前以第三产业为主导的过程中，金融保险业的发展支撑了产业结构的调整，原来占比较高的传统制造业则进行了转型和升级。总体而言，只要坚持发展优势产业，以产业升级与调整为核心，以金融服务业为支撑，多方位开拓新兴产业，必能促成产业一体化，从而促进整个地区的经济大腾飞（卢冰，2018）①。当然，过分发展第三产业，出现产业空心化，导致后来的再工业化等问题，也许是湾区发展过程中试错和纠错的过程。

4. 湾区重视构建打破行政边界、高效便捷的区域协调机制

湾区经济发展一般涉及多个不同的行政区域，因而湾区经济呈现跨城市联盟的经济形态。在不同的行政区域中，势必产生一定的不协调。世界级湾区都是建设在广阔腹地经济支撑的基础上的，这些腹地与区域中心城市既是合作，也是竞争的关系。没有良好的协调机制，这些自发形成的城市联盟往往会变得松散而缺乏竞争力。为适应协同发展的要求，打破各自为战的行政区划格局、形成政府间的协同工作机制显得非常必要。打破行政区划格局的意义在于突破行政边界对湾区经济融合所造成的限制与阻碍，提升湾区经济作为一个整体的发展效率和发展水平。全球众多的湾区都具备良好的产业基础和优越的区位条件，但是世界许多湾区一直处于追赶者而非引领者的地位，其中很重要的一个原因就在于人为划分的行政区划格局阻碍了一体化市场的发展。而世界三大湾区虽然也是由城市群构成，但都建立了相应的分工协作体系，以市场机制为主导，政府通过顶层设计和统一规划在基础设施建

① 卢冰："基于国际经验的环杭州湾大湾区经济发展对策分析"，载于《宁波大学学报（人文科学版）》，2018年第3期。

设、经济一体化融合等领域取得了重大进展和突破，为要素市场和产品市场的快速发展创造了条件和机遇。在顶层设计的同时，世界三大湾区还对各自的短期规划与长期规划进行了动态的跟踪与修订，从而确保了规划能够充分满足湾区经济发展的实际需求。例如，最具代表性的是东京湾区，该湾区的统一规划最早可以追溯至1956年日本国会所制定的《首都圈整备法》。该法案的出台在法律层面为东京湾区的开发建设提供了保障。类似的专门性、补充性法律还包括1958年的《首都圈市街地开发区域整备法》、1959年的《关于限制首都圈已有城市街道的工业等的法律（工业等限制法）》、1966年的《首都圈近郊绿地保全法》以及1986年的《多极分散型国土形成促进法》等。在构建湾区法律保障体系的同时，日本通过制订长期综合开发计划，促进湾区均衡发展。自1958年日本制订《第一次首都圈基本计划》，先后五次制订《首都圈基本计划》，2016年制订新的《首都圈整备计划》（也可视为第六次《首都圈基本计划》）。日本还分别在1960年、2006年、2011年和2014年推出了《东京规划1960——东京结构改革的方案》《10年后的东京——东京将改变》《2020年的东京——跨越大震灾，引导日本的再生》《创造未来——东京都长期愿景》等专项湾区规划，通过具有延续性、可调整的统一规划实现经济的深度融合（申明浩等，2017）[①]。还有旧金山湾区建立湾区政府协会和纽约湾区的纽约区域规划委员会通过统一加强区域内的统筹规划，制定相关环境保护法规，促成了传统制造业的升级或转型。这些都为避免城市间的无序竞争完善了顶层设计（覃艳华等，2018）[②]。总之，从城市基础设施衔接、生态环境保护、产业分工合作、

① 申明浩、杨永聪："国际湾区实践对粤港澳大湾区建设的启示"，载于《发展改革理论与实践》，2017年第7期。

② 覃艳华、曹细玉："世界三大湾区发展演进路径对粤港澳大湾区建设的启示"，载于《统计与咨询》，2018年第5期。

错位发展等，都需要不同部门及各地方政府之间的统筹协调，形成区域协同机制，才能明确区域内各城市定位，促进良性竞争和互动发展。

（五）强大的城市群，推动形成湾区引领发展的有机而高效的空间载体

1. 强大的核心港口城市是湾区经济形成的重要牵引力

湾区城市群一般有一个核心城市。湾区经济之所以具有很强的竞争力，重要的原因就是与其他城市群相比，湾区一般有一个核心的港口城市。尽管每个城市的地位与作用不尽相同，其中有一个港口城市为核心城市，核心城市一般为政治中心、经济中心或者金融中心与文化中心。而且像纽约、东京等还是全球城市，始终处于世界城市体系的核心地位。虽然世界经济形势不断变化，但这些城市不仅集聚了世界上最主要跨国公司的总部、高端生产性服务业、高端人才，还汇聚了金融机构和国际组织总部，对全球资本、知识、信息与技术等具有强大的组织能力。同时，拥有高度发达的交通和信息网络，并通过核心城市的溢出效应和支配功能成为全球要素集聚和信息传输的重要枢纽、全球高端要素配置中心、全球经济的控制管理中心，对世界经济起着支配性作用。更为重要的是，湾区核心城市是一国城市体系的“塔尖城市”，是国家组织经济活动和配置资源的中枢，集聚了国家的关键要素和资源，是国家参与国际合作和竞争的重要载体和“主力选手”。纽约、旧金山、东京等全球城市均与一批周边联系紧密的城市共同形成了经济联系密切、空间组织紧凑、一体化程度高的“世界级城市群”（李智等，2017）[①]。他

① 李智、欧阳慧：“准确把握世界城市发展趋势 探索内陆中心城市崛起的成都模式”，载于《先锋》，2017 年第 12 期。

们还具有极强的科技创新能力，也是许多文化潮流的策源地，引领未来城市的发展方向。特别是，随着移动互联技术的广泛应用和国际投资贸易自由化的发展，全球范围内贸易和生产活动越来越呈现出扁平化、垂直联系的结构特征，城市成为全球化网络中的重要节点，城市地位的变化更多地依赖其在全球网络中的联系和对其他节点城市的作用程度，各城市之间的关系更多地表现为有效合作与协同竞争。因而，彼得·泰勒在《世界城市网络：全球城市分析》中提出了“世界城市网络”的概念，并提出世界城市同所在区域内其他世界城市的联系强度明显高于其区域外的其他世界城市的联系强度，相关城市通过信息网络被吸纳进世界城市体系中，表现为由枢纽层、节点层、次节点层城市相互联结的“互锁网络”结构，而全球城市则是这一网络体系中的“服务中心”（陈维民等，2017）[①]。

2. 湾区城市群中核心城市与外围城市相互竞合，融洽共享，错位发展

首先，核心城市是城市群区域发展的中心，城市群区域是核心城市成长的基础，两者是相互补充、相互促进、密不可分的有机整体。一方面，核心城市的发达程度直接决定了城市群区域的整体发展水平。核心城市的经济实力与人口、用地规模都是第一位的，代表了城市群的经济发展水平与城市经济基础设施的水平，是城市群整体发展水平的综合体现。同时，核心城市是带动城市群区域发展的基本力量，其集聚效应和辐射效应对整个城市群区域经济发展具有举足轻重的影响。另一方面，核心城市的发展也需要依托城市群区域的发展，任何一个城市的形成和

---

① 陈维民、马学广、窦鹏：“世界城市发展趋势及未来中国的网络结构分析”，载于《区域经济评论》，2017 年第 2 期。

发展都离不开一定的地域范围，城市的发展都有其辐射的经济区域。核心城市所在的城市群区域整体水平不强、经济活力不足，也必定影响核心城市的发展壮大（肖金成，2009）[①]。

其次，核心城市与所在区域协调发展是关键，这直接影响和决定着城市群的发展进程和发展水平。促进湾区城市群的发展，必须通过促进核心城市与城市群区域协同发展才能够实现（肖金成，2009）[②]。湾区核心城市一般处于国家或区域的中心或门户位置共同提升整体湾区经济的竞争力。但是，在湾区城市群内部，城市之间的竞争不可避免，但它不是盲目竞争和不公平竞争，相反，在解决问题的过程中，彼此合作，错位发展，融洽共享。湾区经济之所以具有很强的竞争力，一个重要的原因就是与其他都市圈相比，其拥有多个大能级的港口城市。世界级的湾区经济，无不以世界级港口城市为基本单元。例如，东京湾区经济核心圈的东京都、千叶县、神奈川县，都是国际级港口城市（王宏彬，2014）[③]。

最后，湾区十分倚重周边广阔腹地的承载扩充功能。湾区城市群内各城市产业分工格局是各城市适应全球、国家或区域内外部环境变化，在彼此的竞争中形成和调整的。湾区城市群的核心城市以其科技、资本和产业的优势，在产业结构调整中通常起着先导作用。核心城市通过产业结构的调整加强了自身实力和地位，也使周围地区获得了新的发展机遇。其他城市则以各自的发展基础和优势条件通过竞争适应核心城市的产业结构调整，形成各自的产业特色。伴随核心城市把传统制造业转移

---

① 国家发改委国地所课题组，肖金成：“我国城市群的发展阶段与十大城市群的功能定位”，载于《改革》，2009 年第 9 期。

② 国家发改委国地所课题组，肖金成：“我国城市群的发展阶段与十大城市群的功能定位”，载于《改革》，2009 年第 9 期。

③ 王宏彬：“湾区经济与中国实践”，载于《中国经济报告》，2014 年第 11 期。

出去的同时，集中力量提升了现代服务业和高端制造业，这样既可以巩固、保持自己经济中心的地位，又可以调整产业结构，优化城市空间布局。需要注意的是，在一定条件下，非核心城市并不单纯是核心城市辐射的简单接受者，也可以顺应科学技术的进步，抓住新兴产业发展的机遇，大力发展新兴产业，形成新的职能分工，并与核心城市形成新的竞合局面。世界三大湾区都是具有很高竞争力的港口城市和联动的庞大城市群落。内部城市的功能与产业定位都有鲜明的分工体系，城市间根据自身基础和特色承担不同的功能，在分工合作、优势互补的基础上“抱团”形成经济联合体，产生对内集聚效应和对外的辐射效应及强大的国际影响力和竞争力。

（六）健全的创新体系，推动湾区快速转型升级并拥有强大竞争力

完善的创新体系是经济持续发展的引擎。在港口城市发展之初，港口是城市发展的主要动力，但是，随着城市的持续发展，港口的作用趋于相对下降，港口城市持续发展的动力就要增加新的动力。只有从要素推动向创新推动转变，城市发展才得以持续，否则将陷入高雄式的衰退。世界三大湾区能成为全球经济增长的引擎，特别是旧金山湾区能成为全球创新中心和高科技产业区的代名词，离不开其所构建的完善的高等院校、中介机构、风险投资、企业、政府“五位一体”的开放包容的创新生态体系。

1. 高校院所资源丰富，具有强大的原始创新能力

世界三大湾区均高度重视发挥研发机构的原始创新能力，如旧金山湾区各大高校内设有一批重点实验室，包括斯坦福大学的直线加速器中

心，加州大学伯克利分校的劳伦斯实验室、加州大学的劳伦斯利弗莫实验室和洛斯阿拉莫斯实验室等，这些国家实验室不仅提高了国家的科技实力，推动了湾区高校在相关技术领域的创新，而且积极促进了研究成果向科技生产力转换（段艳红等，2018）[①]。在此基础上，推动了湾区产业链和知识链的紧密结合，湾区内知识生产、技术商业化和创新扩散，对推动高技术产业链形成和促进传统制造业转型升级起到重要的引领和支撑作用。旧金山湾区作为典型的创新驱动型湾区，始终面向学术前沿和服务科技主战场，并构建了“科技＋产业＋基金”的创新创业生态系统。纽约湾区高度重视科技创新，特别是通过金融科技引领教育的主要方向并促进内部科技产业的转型升级，康奈尔大学等国际著名学府形成规模集聚，为湾区源源不断引进培育顶尖创新人才的同时，实现知识创新溢出，形成技术创新的良好氛围。并且通过技术孵化器、先进技术中心、实验室等推动技术项目从研发走向产业化（陈相，2018）[②]。其中，纽约引领了金融科技方面的创新，如移动支付、区块链、移动银行、云技术、信息安全、物联网等新一代信息技术的研发，使纽约湾区IT行业就业人口一跃成为全美第二，仅次于旧金山湾区，并成为美国第二个硅谷（李楠等，2019）[③]。正是众多世界一流高校院所的存在，使湾区核心地带形成虹吸效应，吸引人才、资金、技术等创新要素集聚核心区，推动技术项目从实验室走向技术孵化器进而实现产业化，引导企业在科技革命中明晰前沿技术动态、抢占发展先机，成为以创新驱动促进产业发展的源泉地（陈相，2018）[④]。

① 段艳红、何悦、胡品平：“世界三大湾区的创新发展路径与特征”，载于《科技创新发展战略研究》，2018年第4期。

② 陈相：“国外先进地区经验对粤港澳大湾区创新发展的启示”，载于《科技创业月刊》，2018年第3期。

③ 李楠、王周谊、杨阳：“创新驱动发展战略背景下全球四大湾区发展模式的比较研究”，载于《智库理论与实践》，2019年第3期。

④ 陈相：“国外先进地区经验对粤港澳大湾区创新发展的启示”，载于《科技创业月刊》，2018年第3期。

2. 企业富有创新精神，具有将科技创新成果快速产业化的能力

世界三大湾区的企业数量众多，创新意愿强烈，科技创新不断驱动企业在全球创新网络中扮演核心角色，在全球价值分配体系居于支配地位。东京湾区的企业科研主体地位明显，不断加强研发经费投入，培育技术创新能力；同时，企业积极与湾区内大学开展稳定的合作，主动建立专业的产学研协作平台，促进科研成果转化。旧金山湾区的一些企业作为全球科技创新成果产业化的领导者，最具把科技创新成果快速产业化的能力。从20世纪60年代开始的半导体技术、80年代的个人计算机、90年代的互联网到现在最炙手可热的人工智能，充当了引领革命性技术与新兴产业交替发展的“领头羊”，成为全球新技术、新产品、新工艺最为重要的创新策源地。事实上，硅谷最大的优势在于理解每一项技术对社会可能产生的颠覆性影响，通过孵化科技成果，将新技术、新发明产业化，实现其商业价值。产业化所带来的经济利润和社会效益又会反过来促使企业更加注重创新创造，硅谷也因此被誉为全球“创新工厂”（钟嘉毅,2018）[①]。这种工厂和顶尖大学的良性互动成就了高技术产业发展的集群效应，通过孵化育成、吸收引进等方式，培育了成千上万家大大小小的创新企业，在人工智能、新材料、大数据、半导体、社交媒体等领域全球领先，龙头骨干企业涵盖谷歌、特斯拉等国际著名企业，形成融合科学、研发、生产于一体的高新技术产业集群（陈相，2018）[②]。与硅谷相比，纽约向来较难吸引有活力的高技术企业，但在政府“培育适合大众创新创业的土壤”作用下，在纽约形成了社会化的创新创业氛

---

① 钟嘉毅：“协同创新视阈下粤港澳大湾区发展问题研究——以旧金山湾区为例”，载于《淮南职业技术学院学报》，2018年第6期。

② 陈相：“国外先进地区经验对粤港澳大湾区创新发展的启示”，载于《科技创业月刊》，2018年第3期。

围和热潮。纽约重点建设的硅巷已成为纽约经济增长的重要引擎，被誉为“东部硅谷”“创业之都”等，是继硅谷之后美国发展最快的信息技术中心地带（吴明，2019）①。

3. 科技金融发达，成为科技创新的重要推手

世界三大湾区都拥有金融枢纽。纽约位居世界三大金融中心之首，旧金山是重要的区域金融中心，东京是亚洲金融中心，这些中心对资本产生虹吸效应，吸引国内外资金流入湾区，构建起庞大的金融机构集群。这些金融机构围绕湾区产业发展需求，实施投融资模式创新，并不断开发新型服务模式，为推动湾区产业发展提供了强有力的支撑。特别是随着科技的发展，湾区涌现了一大批科技金融公司，这些公司的出现与高新技术产业发展相依相存，致力于运用新技术和金融知识为中小型科技公司量身定做，解决投融资难题并进行资金管理环节设计，成为湾区科技创新的驱动轮（陈相，2018）②。纽约湾区金融实力最为雄厚，纽约被誉为“全球金融心脏”，其最大特色就是与金融业结合紧密的新技术在研发、中试、转化、运用以及推广的各个环节都会有强大的资金保障（李楠等，2019）③。旧金山湾区依托优质研发资源广泛吸引险资介入，区域研发投入规模与强度位居全球前列。由于硅谷研发实力享誉全球，它很早就成为美国风险投资的发源地，而全球大量金融衍生工具也是从这里产生的，以天使投资、私募股权投资等为代表的风险投资机构构成了湾区完整的投资体系（钟嘉毅，2018）④。众多的风险投资

① 吴明：“上海与纽约、伦敦和东京创新力比较研究”，载于《科学发展》，2019 年第 2 期。

② 陈相：“国外先进地区经验对粤港澳大湾区创新发展的启示”，载于《科技创业月刊》，2018 年第 3 期。

③ 李楠、王周谊、杨阳：“创新驱动发展战略背景下全球四大湾区发展模式的比较研究”，载于《智库理论与实践》，2019 年第 3 期。

④ 钟嘉毅：“协同创新视阈下粤港澳大湾区发展问题研究——以旧金山湾区为例”，载于《淮南职业技术学院学报》，2018 年第 6 期。

公司、金融中介服务机构和风险基金等踊跃投入科技创新，为科技成果转化持续提供动力，使旧金山湾区成为创业者的天堂、高科技产业的发祥地。东京湾区拥有良好的金融实力，在2020年全球金融中心指数（GFCI28）排名中位列第4位。东京湾区以产业金融为特色，优先为湾区内部企业提供金融服务，有力地促进了湾区产业创新。

4. 科技服务机构完善，高效推动科技创新进程

世界三大湾区高技术支持服务体系较为完善，法律服务、财会服务、咨询服务、风险基金、投资银行、商业银行、公共关系、广告宣传、租赁承包、猎头公司，以及大量各种专业的技术和管理人员，组成了一个完整的服务体系（柯世源，2003）[①]。旧金山湾区的科技中介服务体系极其发达，种类繁多，专业化程度高，市场竞争力强。如官方性质的美国小企业管理局，以旧金山湾区科技联盟为代表的半官方协会组织，高科技企业孵化器、技术转移办公室、特定领域的专业服务机构等民间力量有力地推动了湾区科技创新要素快速整合。同时，通过积极发展人力资源服务机构、技术转移服务机构、金融资本服务机构、管理信息咨询服务机构、财务服务机构和法律服务机构等多种类型科技中介，完善科技中介服务体系，加强科技创新专业技术网络的构建，推动湾区创新要素的整合，有效地提高了创新产出的效率。东京湾区平台载体较为集中，由工业平台、联合孵化平台、港口协作平台构成。如依托京滨、京叶两大工业平台形成了湾区自己的工业体系，打造了知名企业、知名高校与知名研究机构的协作平台，构建了面向产业发展需求的创新生态系统（李楠等，2019）[②]。

① 柯世源："硅谷和旧金山湾区的科技创新"，载于《全球科技经济瞭望》，2003年第2期。

② 李楠、王周谊、杨阳："创新驱动发展战略背景下全球四大湾区发展模式的比较研究"，载于《智库理论与实践》，2019年第3期。

5.“政府之手”在科技创新中发挥了不可或缺的作用

政府和市场各司其职为形成良好的创新生态系统提供了保障。旧金山湾区的创新生态体系自下而上自发形成，市场很少受到管制，资源优化配置的能力得到了最大的发挥，政府更多的是充当环境创造者和培育者的角色，以科技政策为主，把自主创新能力视为湾区发展的核心竞争力。例如，旧金山湾区大力鼓励科技研发，实施相关税收减免政策，提高 R&D[①] 费用扣除标准和设备折旧率，允许企业从应纳所得税额中扣除研发投入的一部分支出，是一种间接优惠的税收政策，可以减轻企业税负，更能激发企业从事研发活动的积极性，并鼓励险资进入创新领域；通过修改移民法案优先吸引高学历人才进驻，整个湾区硕士以上学历人口高达 46%，其中博士学位拥有者达 16%，奠定了旧金山湾区科技创新的基础；实施金融投资财税减免政策，险资投资科技领域的所得税由 49% 下降到 20%，这使险资介入湾区科技领域呈乘数效应递增；实施政府采购政策，联邦政府对旧金山湾区的产品采购从 20 世纪 90 年代开始，这大大刺激了硅谷地区技术市场的活力；把知识产权作为激励湾区科技持续创新的重要机制，致力于推动知识产权等相关法律制定，打击知识产权侵权行为，保障技术拥有者的根本权利，激发创新动力成为常态化工作，同时努力消除贸易壁垒、提升对外来文化的包容度等。又如，纽约湾区在科技研发上同样实施财税减免政策，但其最大特色在于金融政策领域，采取外松内紧的金融监管政策，科技金融准入政策以放松管制为主，率先创造出先进而丰富的金融产品，如证券化资产、衍生金融工具等，同时培育多样化的

① R & D 是“Research and Development”的缩写，是指统计年度内全社会实际用于基础研究、应用研究和试验发展的经费支出。

机构投资者，使养老基金、投资银行、保险公司、共同基金公司等在市场中百花齐放，奠定了湾区创投的基础；扩大投资咨询和基金管理公司准入，部分政府公共基金试行商业化管理或扩大投资渠道等，激发了湾区创投的活力；科技金融交易政策表现在灵活的交易制度上，如纳斯达克率先建立了科技金融指数并推出相关的期货衍生产品，以交易成本优势或交割标的灵活方式而增强期货产品对投资者的吸引力；私募股权科技领域的退出优惠政策，如在一级市场IPO①、并购、二次出售的政策，在二级市场投资权益转让的优惠政策等，为科技私募基金提供了锁定利润的保障；实施风险投资税收抵扣，对风险投资所得60%免税，其余40%减半征收所得税，为风险资本的蓬勃发展创造了良好的环境。纽约湾区内部的美国金融业监管局为湾区金融业提供了宽松的监管环境，同时守住了湾区资本市场良好的声誉（李楠等，2019）②。

6. 包容开放的创新文化是湾区创新发展的内在源泉

长期以来，世界三大湾区通过集聚国际化创新人才、全球创新企业，形成了全球最具特色的包容开放的创新文化，形成了鼓励创新与自由思考的创新文化和社会氛围。一方面，对外来人口包容性较强，不管是政府制度还是文化排斥性都较小。旧金山湾区是全美人口最多元化的地区之一，西班牙后裔、亚裔，以及其他许多文化的混合，创造了一个多元化的高素质人才和劳动力群体。通过建立宽松的移民政策，在硅谷的所有科技初创企业中，创始团队中来自国外的移民仍占到50%。旧金

① IPO是“Initial Public Offering”的缩写，是指首次公开募股，即企业第一次将它的股份向公众出售。

② 李楠、王周谊、杨阳：“创新驱动发展战略背景下全球四大湾区发展模式的比较研究”，载于《智库理论与实践》，2019年第3期。

山湾区堪称美国的“民族大熔炉”，有些地区亚洲人密度高居全美第一（李楠等，2019）①。另一方面，宽容的氛围，允许冒险，允许失败，不怕失败，鼓励创新，鼓励创业，鼓励探索。这就是硅谷和加州的企业文化和特色（柯世源，2003）②。硅谷的不少创业者往往到第三次才最终获得成功。多元文化的融合，适者生存的客观规律，促使人们不断创新和努力勤奋。世界三大湾区都拥有依托高度开放包容的环境和充满竞争性的工作机会，吸引了大量移民人口集聚，来自世界各地的多元文化不断碰撞融合，又进一步促进了湾区的开放和创新发展（段艳红等，2018）③。

总之，与一般湾区相比，世界三大湾区围绕着高新技术企业和产业扩张，湾区内不仅聚集了培养高端人才的高等学府，拥有跨国公司的研发中心，以及各种类型的国家创新机构，还有品种繁多的风险投资机构，以及大大小小的孵化组织等服务机构，加之政府适时营造有利于创新发展的营商环境，健全完善的创新体系，才使湾区催生出世界强大的产业集聚效应、强大的创新发展能力。

（七）国际一流的公共服务，推动湾区形成高效协同、自由开放的营商环境

1. 世界三大湾区各具特色的一流公共服务成效显著

湾区建设一般涉及多个行政区，不管是产业的分工合作、城市基

① 李楠、王周谊、杨阳：“创新驱动发展战略背景下全球四大湾区发展模式的比较研究”，载于《智库理论与实践》，2019年第3期。

② 柯世源：“硅谷和旧金山湾区的科技创新”，载于《全球科技经济瞭望》，2003年第2期。

③ 段艳红、何悦、胡品平：“世界三大湾区的创新发展路径与特征”，载于《科技创新发展战略研究》，2018年第4期。

础设施的衔接，还是生态环境的保护，都牵涉不同行业、不同地方、不同层次的发展诉求，都需要区域协调，打破行政区划的管理，以市场机制配置资源，而且发展成熟的湾区经济无不有着合理的分工协作体系，包括加强统筹规划，明确城市与港口的角色定位，成立湾区政府协会、交通委员会等多种治理组织等。这些促成了湾区定期出台各种发展规划，全面统筹湾区整体发展。例如，旧金山湾区成立各种委员会，如交通委员会、火灾委员会等，各委员会之间相互协商，充分保障每个公民、每个企业的协调发展；还每五年做一次城市规划，在公众参与的基础上，从节能减排、可再生能源、交通、环境保护、知识产权保护等方面设定了大量严格标准，既高密度开发城市用地，又保留农田、林地，以优质的自然、文化环境吸引高端人才及一流企业。又如，日本政府于 1951 年颁布《港湾法》，通过政府对整个国家港口发展的数量、功能、政策进行统“一战”略规划；1960 年，推出《东京规划 1960——东京结构改革的方案》，开始逐步构建并完善湾区法律保障体系，先后五次制定基本规划，明确城市功能定位，缓解住房紧张、交通拥挤和环境污染等诸多问题；东京湾区开发建设是由各种智库在城市间布局规划、居中协调，如东京湾港湾联协推进协议会、东京湾综合开发协议会等协商机构和智库对湾区发展有长期的研究和认识。再如，纽约区域规划协会于 1929 ~ 2016 年先后四次对纽约湾区进行了区域规划，范围涉及经济、社会、人文、自然等方面的综合发展，并兼顾不同群体间的利益平衡，从而确保湾区的全球竞争力。纽约湾区各地政府以公共利益为导向，充分鼓励公众参与，以超前理念及可持续发展方针对大都市圈进行合理的规划，实现城市间协调发展。而且，纽约区域规划协会对纽约湾区交通、城市规划、社区系统产生积极影响，同时大力倡导政府与企业的合作，成为纽约湾区发展的重要因素。

2. 世界三大湾区国际一流的营商环境在全球散发着独特魅力

一流的营商环境，不仅包括市场的包容化程度，还取决于国际化水平。从世界三大湾区的实践经验来看，都在要素成本、公共服务、法治秩序和政务效率等方面具备最高的综合优势，这也是世界三大湾区营造高度国际化包容化便利化的营商环境、产生显著外溢效应和集聚效应的主要动力。世界三大湾区的制度环境都很宽松，为构建对外开放的贸易投资格局和便利化程度提供了基础。相对宽松的国际化营商环境，减少了行政对湾区发展的限制与阻碍，大大降低了跨国企业的适应环境成本和投资营商的不确定性风险，促进了贸易和投资。一方面，透明、公平、公正的营商环境和商事仲裁流程，为构建湾区内双向国际合作平台的"引进来"和"走出去"提供了保障；另一方面，国际化、透明化、法治化、自由化、便利化的营商环境，也为湾区内入驻企业开展对外贸易合作与投资发展所涉及的项目审批和项目监管提供了优化及简化流程。无论是500强企业还是中小型企业都能够在湾区内自由便利地开展贸易合作和对外投资活动。旧金山湾区、纽约湾区、东京湾区都拥有包容度较高的制度环境，有效降低了企业的经营成本和创业风险，为企业生产经营、科技创新及打造世界知名公司品牌提供了宽松的营商环境（张胜磊，2018）①。

3. 世界三大湾区环境宜人，独具聚焦魅力

世界三大湾区依山傍水，怡人的自然环境优越，由于环绕大面积水

---

① 张胜磊："粤港澳大湾区建设：理论依据、现存问题及国际经验启示"，载于《兰州财经大学学报》，2018年第5期。

域，温差小，昼夜海陆风更替产生的大气交换使空气格外清新，居住环境静谧安逸，并且有着丰富的户外活动场所，非常适宜人类居住。例如，旧金山湾区属亚热带地中海气候，常年阳光充足，冬暖夏凉，碧海蓝天，其宜居影响力被《四大湾区影响力报告（2018）：纽约·旧金山·东京·粤港澳》排名第一；纽约湾区属北温带，四季分明，雨水充沛，气候宜人。高科技产业员工选择在硅谷工作及企业选择在当地投资的重要因素之一就是因为当地提供美丽自然环境所带来的高品质生活（王宏彬,2014）[①]。东京湾区以高品质的都市生活、富有艺术气息的文化氛围等优点，在英国著名生活杂志 *Monocle* 评选的 2019 年"全球最宜居城市 TOP25"中仅次于苏黎世，位居第二。这些成为吸引人才集聚的重要因素。

（八）中等的发展空间是当前研究和实施的较好尺度

湾区依自然地理特征和范畴大小可以分为小、中、大三种尺度。小尺度湾区通常是所在城市的一个区域和其中一个部分，其发展空间相对有限。中尺度湾区海面面积较大，周围通常有多个城市构成城市群或城市圈，如国际上著名的东京湾区、旧金山湾区等，粤港澳大湾区也具有明显的此类特征。大尺度湾区可以包含多个小型和中型海湾及多个国家，从发展实际看，仍不具有区域经济下的聚集经济特性，其更多地表现为本地区国际经济合作问题。从区域经济发展联系、规划和合作的视域来说，现阶段湾区经济应该是中等空间尺度下的地理范围概念（田栋等，2017）[②]。上杭宁大湾区建设源于 20 世纪 80 年代，从临江临海临港的 15 个湾区城市起步，后来增加了台州市，再后来按行政区划拓

① 王宏彬："湾区经济与中国实践"，载于《中国经济报告》，2014 年第 11 期。

② 田栋、王福强："借鉴国际一流湾区经验 谋划粤港澳大湾区建设"，载于《中国智库经济观察（2017）》，2018 年 7 月。

展到两省一市、三省一市以及长三角城市群 27 个城市。但与世界三大湾区和粤港澳大湾区更具研究可比性而言，上杭宁大湾区更宜采用中等空间尺度，包括上海市和江苏省的南京、苏州、无锡、常州、镇江、扬州、泰州、南通，浙江省的杭州、宁波、湖州、嘉兴、绍兴、舟山、台州 16 个城市为核心区，形成"Σ"形大湾区，其面积为 10.72 万平方公里，占长三角区域总面积的 30.4%，占国土面积的 1.11%。从中远期来看，随着长三角区域一体化进程深入推进，可将长杭宁大湾区范围进一步沿着沿海沿江通道延伸，北面延伸到连云港，南面延伸至温州，西至芜湖、合肥，即空间大尺度的江浙沪皖 27 个主要城市。

总之，世界三大湾区以开放的经济结构、庞大的经济体量、强大的集聚外溢功能、发达的国际交往网络、高效的资源配置能力、包容的文化、宜人的环境，以及强大的城市群、一流的公共服务，已成为国际金融中心、创新中心、航运中心和服务中心，成为引领全球技术变革、带动世界经济发展的重要增长极和核心动力源。

四、湾区经济发展新趋势

（一）区位效应相对弱化，网络效应逐步强化

伴随着人脉网络、创业资本、专利技术、创意想法、经验知识等创新资源的全球流动及优化配置，使新型经济体从拘泥于制造业全球化条件下的港口经济发展及其与临港工业的互动，转化为以全球链接、高技术服务、跨区域创业、国际科技合作、国际资本流动等经济活动形式为

主的开放式创新经济发展阶段，港口城市的区位效应存在弱化的现象，而全球经济社会网络如物流体系、产业链、创新链中的能级及影响或控制力等网络效应强化（谢瑜宇，2017）[①]。当然，港口城市的区位效应在弱化，并不是说港口城市在湾区经济中的重要性就不存在了，只要是经济全球化还在继续，全球商品贸易还在发展，港口的功能和效应必然存在。特别是对发展中国家来说，港口的功能和效应还没有发挥到尽头，还有很大的潜力需要挖掘。

（二）传统产业功能相对弱化，创业创新功能显著增强

无论是新兴城市的崛起还是新兴经济体转型跨越发展，核心不再是通过承接国际产业转移嵌入全球产业价值链，而是基于全球高端链接基础上的资源整合，打造全球创新版图上的创新尖峰或区域性创新中心，这种创新尖峰就是立足良好的创业创新环境，不断出现新业态及原创产业的创新之城。2008 年的金融危机促使美、日、德等工业强国，甚至英、法等传统的工业强国重新反思制造业在国民经济中的战略作用，并以更加积极的政策态势推动先进制造业发展。例如，美国政府提出《制造业行动计划》，德国工程院提出“工业 4.0 计划”，欧盟提出“未来工厂计划”，英国政府提出《技术与创新未来：英国 2030 年的增长机会》。这些产业政策安排，并不是简单通过抑制本国向中国等发展中国家的制造业直接投资来复兴其制造业，而是通过加快突破和应用先进制造技术，同时为先进制造技术的突破和应用创造适宜的市场和要素环境，来促进形成发展制造业的新的经济区位优势。“第三次工业革命”背景下生产制

---

① 谢瑜宇：“借鉴世界三大湾区发展经验 把杭州湾经济区打造成一流湾区”，载于《宁波经济》，2017 年第 12 期。

造的自动化、智能化对简单劳动的替代，可能对中国传统的比较劳动成本优势形成冲击，同时也可能阻断中国由比较优势向竞争优势跃迁的转型升级路径（黄群慧等，2013）[①]。与此同时，在创新体系生态化的背景下，以美国为代表的发达工业国家可以通过掌握的各类 ICT 技术平台和产业平台，加强对新兴产业和传统产业中科技要素与产业资源的整合，使中国锁定在全球创新体系的外围（黄群慧等，2015）[②]。因此，在新一轮世界经济合作和竞争中，传统中低端产业以量和低价竞争的态势将会弱化，高端生产要素和创新创业功能正在成为国家或地区之间竞争的核心领域。

（三）传统港口经济向创新经济转变

实际上，世界三大湾区从港口经济阶段已经向创新经济阶段发展推进，这也表明港口在湾区整体经济发展的拉动效应在逐步相对下降，但这并不意味港口的功能和作用就不重要了，港口在对外经济贸易中仍然发挥着重要运输等相关作用，对人流和物流产生重要作用，只是港口经济在整个湾区经济中份额和比重呈相对下降的趋势。这主要是原来港口经济的带动作用推动湾区形成了竞争优势，这种湾区内生的竞争优势逐步提升，从而形成了都市经济份额的提升和占比的增加。也就是说，在创新经济阶段，创新驱动型经济逐步成为主流，创新经济的份额还会大幅度提升。特别是在新一轮全球化条件下，全球的创新尖峰和区域一体化中“去中心化”两大趋势并存。伴随工业经济加快向创新经济转变，

① 黄群慧、贺俊：“‘第三次工业革命’、制造的重新定义与中国制造业发展”，载于《工程研究》，2013 年第 2 期。

② 黄群慧、贺俊：“中国制造业的核心能力、功能定位与发展战略——兼评《中国制造 2025》”，载于《中国工业经济》，2015 年第 6 期。

产业发展的创新成本不断提高，迫切需要通过开放式协同创新，抢占科技发展的战略制高点及产业发展主导权，打破港口贸易带动临港工业的发展机制，重塑现代产业体系，实现传统临港经济向现代都市经济转变（谢瑜宇，2017）[①]。总体上看，湾区经济既是港口城市都市圈与湾区独特地理形态相结合聚变而成的一种独特经济形态，也是港口经济、集聚经济和网络经济高度融合而成的一种独特经济形态。湾区一般具备超级大港、商贸枢纽、科技创新和金融服务能力四大要素，并呈现“自然生态型湾区、以港口经济为核心的经济型湾区和强调科技创新的创新型湾区”三种形态。可以说湾区经济发展到创新经济阶段，科技创新正成为湾区经济的根本动力。

五、世界三大湾区发展的主要教训

世界三大湾区成为经济增长的重要引擎，这是它们成功的重要方面，但在发展过程中也有一些惨痛的教训。这些教训值得后来者警惕。

（一）生态环境方面的严重教训

东京湾区港口及临港工业区钢铁、化工、装备制造及船舶工业等工厂曾大量排放废水、废气和固体废弃物，长期污染当地环境，使湾区大气遭受污染，海水水质超标、变坏，赤潮频繁发生，海洋生物资源退

① 谢瑜宇：“借鉴世界三大湾区发展经验 把杭州湾经济区打造成一流湾区”，载于《宁波经济》，2017 年第 12 期。

化，传统海洋水产业面临危机。例如，发生在京滨工业区大门四日市（位于中京工业区）的四日市哮喘病事件。四日市聚集了很多化工厂，因工厂和企业不计后果的排放，使本地二氧化硫严重超标，1955 ~ 1972年，日本患四日市哮喘病患者多达6376人。虽然后来日本以严苛的法令治理了发展中的环境问题，但环境污染曾经带来的教训还是太惨痛（尤蕾，2019）[①]。伴随农业劳动力大量流入东京湾区，城市人口成倍增长，企业竞相大规模扩建，出现了无序发展的势头，污染、公害、供水困难等环境问题日益突出，还出现了日本特有的“水俣病”[②]（李睿，2015）[③]。但“先污染、后治理”成本巨大，收效甚微（刘道学等，2018）[④]。“二战”后日本经济高速发展，东京一带地价飞涨，填海造地工程以前所未有的规模进行，环东京湾各港口、城市临海工业区、大工厂、东京羽田国际机场、迪士尼乐园等都在填海土地上建设。这种大规模的填海造地，对湾区自然生态环境的破坏带来多方面的不利影响，特别是海水纳潮量减少，海水自净能力减弱，临海生物生存环境恶化，这些都难以在短期内得到恢复和改善。时至今日，东京湾区的开发与保护还在路上（刘道学等，2018）[⑤]。纽约湾区也不例外，20世纪初期纽约大量工厂聚集市区引起严重的工业污染，空气污染滋生了肺气肿、肺癌等多种疾病，严重威胁到居民的身体健康。1910年，纽约市仅有5%的人活到60岁，20%

---

① 尤蕾：“世界三大湾区的‘掘金之路’”，载于《小康》，2019年第10期。

② 先天性水俣病是世界上第一个因水体污染诱发的先天缺陷，是由于甲基汞中毒引起，由于是1953年在日本南部沿海的熊本县水俣湾发生，故以地名称之。当时甲基汞来源于一家氮肥公司，在生产乙醛和氯乙烯过程中，将含甲基汞的废水排入水俣湾，水生生物摄入甲基汞并蓄积于体内，又通过食物链逐级富集，在污染的水体中，鱼体内甲基汞比水中要高万倍，人们因食污染水中的鱼、贝壳而中毒，三年中死亡40余例。水俣病发生两年后开始出现先天性水俣病。

③ 李睿：“国际著名‘湾区’发展经验及启示”，载于《港口经济》，2015年第9期。

④ 刘道学、池仁勇、金陈飞：“对标东京湾区，迎接大湾区时代”，载于《社会科学报》，2018-08-02。

⑤ 刘道学、池仁勇、金陈飞：“对标东京湾区，迎接大湾区时代”，载于《社会科学报》，2018-08-02。

的幼儿活不到5岁。这些带来的“负面遗产”和教训值得我们深思。

（二）金融风险的严峻挑战

日本“二战”后经济快速发展，迅速成为仅次于美国的世界第二号经济体。据统计，1953年日本的人均国民生产总值是3600美元，到1970年已经达到了11500美元。但到了20世纪70年代，随着金融自由化的进一步发展以及国际形势的变化，特别是在美国高压下签订的《广场协议》引发了日本股市和楼市的崩盘，致使日本爆发了严重的金融危机，出现日本“十年萧条”式的衰退。作为亚洲金融中心的东京所受影响最严重。日本银行已有累计达110万亿日元的损失，相当于当时日本国内生产总值的20%。2003年后，日本银行的资本实力和赢利能力才开始走出低谷，金融体系的稳定性和功能性才开始得到改善（白川方明等，2009）[①]。

旧金山湾区是IT产业在世界高科技产业的“领头羊”。但自2000年以来，IT产业就出现下滑势头，到2001年纳斯达克股市的持续崩溃，美国IT泡沫全面破灭，进而对美国经济及全球IT产业产生了一系列连锁影响。一度风光的上市网络公司纷纷倒闭破产，很多上市公司账面资产大幅缩水，包括微软、朗讯、思科等国际知名IT企业的资产也随着股市泡沫破灭大幅缩减。许多依靠信息行业公司股票致富的人在短期内损失惨重。股市泡沫破灭直接导致IT产业的全面下滑，IT公司经营恶化。据统计，从1999年底到2001年中成立的美国网络公司中，有16%已经倒闭，其余均在不同程度地裁员和收缩经营。从2001年起

---

① ［日］白川方明、孙晶莹：“应对金融危机：当前全球金融危机及日本的经验”，载于《黑龙江金融》，2009年第4期。

雅虎、微软、英特尔等 IT 产业的巨头纷纷发出赢利警报，赢利预期不能呈稳定增长势头。大量 IT 行业员工纷纷被裁，在 13 个月的时间里，美国失业率已由 3.9% 上升到 2001 年末的 5.4%，为五年来的最高点。2001 年朗讯、戴尔、摩托罗拉、施乐等 IT 巨人都是以数千人到上万人的大规模裁员。IT 泡沫破灭使行业内裁员人数超过 40 万人，是美国裁员总数的 36% 左右（卓武扬，2002）[①]。

2007 年 8 月，由于大量房贷者无法还贷，造成贷款机构出现大面积的亏损，引发了美国次贷危机。当泡沫破灭，危机就迅速蔓延至其他机构，致使华尔街一步步陷入危机之中，一时间华尔街成了风暴的中心。美国从里根时代便开始“去工业化”历程，不断进行金融创新。然而，金融业的过度膨胀，加速了 2008 年的金融危机爆发（孟祺，2012）[②]，进而影响全球实体经济，显现了发达国家“去工业化”的负面影响。纽约的就业稳定性和财政可持续性受到 2008 年金融危机的大幅冲击。纽约荣膺“世界金融中心”的称号，然而这一美誉在 2008 年金融危机影响下，成为该城市最大负担。2009 年，纽约税收收入累计减少 20 亿美元，在接下来的一年又下降了 14 亿美元，致使财政亏空达 40 亿美元。应急的政府救济、再就业培训和商业贷款，才缓解了失业人员的燃眉之急。然而，纽约市政府更加关注长期规划，希望解决纽约过于依赖金融的结构性发展问题（王江波等，2019）[③]。事实上，此次危机已成为经济发展方向的分水岭，世界主要城市纷纷将经济走出低谷寄望于科技创新与产业化，不约而同地开始重视科创中心功能的塑造，将科技创新定位为城市核心功能。特别是，纽

① 卓武扬：“美国 IT 泡沫破灭成因及中国的借鉴”，载于《经济体制改革》，2002 年第 4 期。

② 孟祺：“美国再工业化对中国的启示”，载于《现代经济探讨》，2012 年第 9 期。

③ 王江波、王蔚凡：“美国城市群转型经验”，载于《城乡建设》，2019 年第 12 期。

约拥有世界一流高校和科研机构，但长期以来在科技创新上与硅谷等地有不小差距。但是，经过近十年的努力，这个昔日作为世界资本之都的纽约，从一个高科技领域的“二线”城市，快速崛起为能与硅谷一比高下的全球顶级科创中心，初步实现了资本之都到创新之城的蜕变。尽管资本驱动仍是当前纽约城市发展的重要引擎，但科技创新正显著成为推动纽约城市转型的新动力。2thinknow[①] 评选的全球创新中心 100 强显示，2009 年纽约排第 8 位，到 2014 年进一步跃升至第 2 位，是目前列于硅谷之后的全球第二大创新中心。金融危机的爆发促使美国等西方国家重新意识到过度的虚拟经济是不可持续的，并指出应在挤出虚拟经济泡沫的同时，强化技术创新以重振实体经济。美欧等一度“去工业化”的发达国家重新审视实体经济与虚拟经济的关系，纷纷将“再工业化”作为重塑竞争优势的重要战略。

从美国和日本的经验来看，对房地产泡沫的放任使金融体系积累了巨大的风险，而泡沫的破灭也由相关的金融产品牵连到了金融系统中的各个方面，并且最终对实体经济造成了巨大的打击。

（三）土地资源紧缺的问题

土地资源紧缺也是世界三大湾区在城市化进程中曾经面对的问题。房价高涨和金融危机往往是相伴而生的，日本金融危机和美国次贷危机就是如此。由于日本土地资源十分紧缺，日本的房地产泡沫主要表现为土地泡沫。日本虽然在 1988 年下半年主要企业的经

① 《2thinknow Innovation Cities™ Global Index》,www.innovation-cities.com.

常性收益达到了3.5%的最高峰，但持续的低利率并没有带来企业收益率的持续上升，其后一直缓慢下降。而同期股价却强劲上涨，1988～1990年，东京的地价、大阪的地价分别暴涨了2.2倍和1.6倍。股价也是如此，日经平均股价1988年3月为2.5万日元，但其后的1989年12月暴涨到3.8万日元。尽管1989年5月日本银行第一次调高了利率（提高了0.75%），但地价和股价仍继续上涨。1986~1989年，日本泡沫迅速形成，房价整整涨了两倍。到1989年日本的地产价格已飙升到十分荒唐的程度。当时，国土面积相当于美国加利福尼亚州的日本，其地价市值总额竟相当于整个美国地价总额的4倍。1990年仅仅东京都的地价就超过了美国全国地价总和（成十，2008）①。据日本不动产研究所的调查，1990年东京商业区的地价涨至1985年的2.7倍，住宅区地价则涨至1985年的2.3倍。日本房价上涨的速度快、幅度大。日本70平方米公寓的均价在1991年突破7000万日元（62.5万美元），远高于20世纪80年代初期的2500万日元。1991年，日本房地产泡沫迅速破灭，房地产价格随即暴跌，日本房地产业全面崩溃，遗留下来的坏账高达6000亿美元。美国的房地产泡沫主要集中在房产领域，特别是集中在普通市民的住宅房产领域，因而泡沫的规模就受到了限制，房价的涨跌都要比日本缓和得多。美国联邦住宅企业监督局的美国房价指数显示，1996～2005年，纽约则上涨129%。从2006年底美国房地产下降以来，2008年3月美国新房销售中间价为每套22.76万美元，比2007年同期下降13.3%。经过20个月的调整，到2008年4月，美国的平均房价已经比当时的高点下降幅度超过了15%以上（成十，2008）②。随着房价下

① 成十："美国次贷危机与日本金融泡沫危机的比较分析"，载于《学术界》，2008年第5期。
② 成十："美国次贷危机与日本金融泡沫危机的比较分析"，载于《学术界》，2008年第5期。

跌，次级抵押贷款的持有人无法通过再融资进行还款，因而只能选择违约。从而引发了次贷危机。罗斯福新政期间，美国政府为解决全国贫困人口住房问题，联邦国会颁布了《房主贷款法》，联邦政府还成立了房主贷款公司，通过保险的方式向该公司提供资助，目的是帮助那些陷入困境或丧失住房赎回权的家庭偿还抵押贷款。1933 ~ 1935 年，房主贷款公司就为 100 万份分期付款提供了 30 亿美元贷款，逐步地缓解了住房紧张问题（Walker，1938）[①]。

（四）交通拥堵严重的问题

美国的郊区化使人们对汽车产生高度依赖。这种发展模式形成了大量的停车场和公路系统，却使公共运输系统没能得到较好的发展，从而导致交通堵塞，也使美国城市的高能耗成为世界之最，人均商业能源的消耗是全球平均水平的 5 倍之多。据悉，2005 年，美国经济由于交通拥堵就损失了 380 亿美元，包括 42 亿小时的时间和 29 亿加仑燃油的浪费。2011 年典型的美国通勤者因为拥堵而花费了 38 小时并浪费 26 加仑燃油，每人平均成本高达 710 美元，而且还在增长。多年来美国的运输部门已经把减少城市交通拥堵作为首要考虑的事情。2011 年 8 月，美国运输部时任部长彼得斯就宣布运输部与其他 5 个主要大城市如纽约、西雅图、迈阿密以及旧金山共同合作，通过运用智能交通的理念和技术，从收费、换乘、通信和技术四个方面来减少城市交通拥堵的状况（童淳强，2016）[②]。纽约湾区也不例外，交通堵塞也引起了一系列社会问题，据保

① Walker M L.Urban Blight and Slums: Economical and Legal Factors in Their Origin, Reclamation and Prevention [M].Cambridge, Harvard University Press, 1938.

② 童淳强："'旧'的金山'新'的交通 探析旧金山 ITS 发展"，载于《中国公共安全》，2016 年第 Z2 期。

守估计，当时纽约每年因交通堵塞而至少损失 1.5 亿美元。日本 20 世纪 60 年代经济呈现高速发展，随着人口不断涌进城市，导致城镇化风险严重，交通问题日益突出，原有道路建设已无法适应交通迅速发展的需要。特别是郊区化过程中，加剧了就业者工作地点与住处的远距离化。到市中心上下班的人，平均单程即需 57 分钟，不少人甚至需要 1.5 ~ 2 小时之多。这样难免使交通需求的增长超过了人口的增加，从而产生了日趋严重的城市交通问题。

第三章

上杭宁大湾区面临的内外部问题

如何“识变应变”“知己知彼”？一个区域发展的外部机遇和挑战及其自身的优势和劣势总是存在的而且是动态的。逆全球化思潮抬头、新一轮科技革命和世界正处在第五个经济长周期向下行阶段转换的特殊时期，以及中国正处于稳增长的高质量发展阶段，如长三角多重国家战略叠加，完善社会主义市场经济体制、建设创新型国家、深化供给侧结构性改革等处于关键时期和巨大市场需求升级。这些是上杭宁大湾区和粤港澳大湾区同样面临的外部机遇和挑战。但与世界三大湾区和粤港澳大湾区相比较，上杭宁大湾区具有自身的优势和劣势。比如，体大量重，发展潜力较大，但经济发展质量不够高；地理区位优势十分明显，基础设施相对完善，但统一规划、统筹管理、智能管理等还不到位等。

一、上杭宁大湾区面临的机遇和挑战

当前，逆全球化思潮抬头，新一轮科技革命和产业革命正孕育兴起，以科技创新为核心的竞争更加激烈，以及处在世界第五个经济长周期向下行阶段转换的特殊时期，将给中国包括上杭宁大湾区带来许多新的机遇和挑战。特别是中国高质量发展的战略导向，将给上杭宁大湾区带来更多的机遇和挑战。

（一）完善社会主义市场经济体制的几个关键问题

完善社会主义市场经济体制，说到底是讲如何首先更充分地释放社会力问题，从而更充分地利用自然力，最终达到更充分地解放和发展生产力。经济体制改革的核心问题是处理好政府和市场的关系。加快完善社会主义市场经济体制，必须通过高标准市场体系建设，完善公平竞争制度，使市场在资源配置中起决定性作用；通过科学、适度、有效的宏观调控，更好地发挥政府作用。

1. 需要形成与高质量发展相适应的社会共识和指挥棒

改革开放40多年来，改革之所以取得成功，是建立在“发展是硬道理”的社会共识之上的。随着发展阶段的转变，发展的社会共识也需要相应转变。如何使新发展理念、高质量发展深入人心，需要从决策者到普通民众系统的理念转变，形成一种新的发展共识。与高速增长的发展共识相适应，把速度搞上去，是政府官员工作业绩考核、社会评价以及自我认知的主要尺度。而要转为落实新发展理念、追求质量效率的政绩观，重要的是要形成新的社会共识和指挥棒。这个机制需要严防的是出现新的“大锅饭”，干部干事创业的积极受到打击，干与不干、干多干少、干好干坏一个样，甚至导致“劣币驱逐良币”的不良后果；同时需要坚守的是，坚持“三个区分开来”原则，坚持实事求是、依纪依法、容纠并举，不让勇敢担责者寒心，也不让厚爱变为溺爱和放纵。实际上，新的指挥棒不是高不可及的，而是在原有指挥棒的基础上加上相应的约束条件，即在发展的基础上，加上高质量和新发展理念，把高质量和新发展理念的考核指标增加进去，就可以形成一个新的指挥棒。在实践上，这个问题解决得好不好，解决得慢还是快，将直接影响中国包括上杭宁大湾区的经济高质量发展。

2. 需要加快推进国家治理体系和国家治理能力现代化

一是如何解决区域间同质化竞争问题。这个问题一直是人们诟病的话题。实际上，同质化竞争也是一枚硬币两个方面的问题。各地在发展上形成了你追我赶、不甘落后的强烈氛围。比如，为争取有利的发展条件和优势地位，提升本地区发展水平，在要素资源、产业项目、产品贸易、政策环境、区域形象等诸多领域不断展开直接或间接的竞争，特别是在主导产业选择及其相应的资金、技术和人才，以及重大项目等领域的争夺此起彼伏。这是它引导推动地方发展的激励作用。不可否认，它又带来了一系列问题。例如，各地间的协调和合作机制难以形成，市场分割，相当一部分产业呈显著的同构现象，甚至有恶性竞争的趋势。这是它的副作用，需要加以限制、制止。上杭宁大湾区周边的粤港澳大湾区、京津冀地区均处在发展的转型期，都面临着转变经济增长方式，都在找标杆、谋赶超，动真碰硬、决战决胜。上杭宁大湾区在中国的战略地位较高，但投资环境在许多方面尚待完善，对技术、人才和资金等要素的吸引力还不够强大。此外，要在众多的竞争对手中走出自己的特色发展道路，也可以说是在夹缝中求生存，推进上杭宁大湾区高质量发展将面临巨大竞争和挑战。如何在全国范围内、各大经济圈内部形成协同错位发展，既需要国家的战略定位和宏观产业规划，也需要切实完善国家治理体系和推进国家治理能力现代化。二是行政经济体制中的潜在障碍。上杭宁大湾区只是中国区域的一部分，其中重大改革只有中央的批准和统一部署才能推进。中央虽然在这方面给长三角部署了多重国家战略任务，也给予了很多先行先试的政策，但很多重大问题不可能先行先试，只有国家统一部署推进才能实施。如果不加大改革创新步伐，体制机制的问题必然阻碍上杭宁大湾区的发展和建设。例如，治理能力有待提高、行政管理方式落后、政府职能角色尚未转变到位等问题，均不能适应当前科学技术飞速发展和生产力空前发展的需要。还有经济体制问题如法治、国有经济、人口城市化、社会保障、医疗及教育体制等问题，都是横亘在上杭宁大湾区前进道路上的重要问题，亟待解决。这些都与国家治理体系和治理能力现代化密切相关。

3. 需要加快建设高效、自由流动的要素市场

要素市场仍然是中国市场体系发展中的主要短板。劳动力、人才、资金、信息等要素自由流动的制约因素，包括行政性垄断、行业分割等因素的存在，限制了生产要素效率导向的流动和配置。如果说在高速增长期，不完全的要素市场尚可支持，转入高质量发展阶段，这个短板就绕不过去了。

4. 需要营造市场化、法治化、国际化、便利化的一流营商环境

收入差异的背后，是产业知识技术密集度、附加价值度的差异。而这种差异不仅存在于低收入、中等收入与高收入地区之间，还存在于高收入地区之间和内部。部分地区拥有更高的产业质量，是因为存在特定的市场化、法治化、国际化、便利化的一流营商环境，能够吸引高知识技术密度的要素，并将其优化配置和利用。高质量发展模式是对各地政府在要素市场条件、政府能力、产权保护、基础设施、公共服务等方面服务水平和执政能力的考验。有的地区在人均收入水平达到相当高之后，依然能够保持较高的增速，就是因为形成了高质量的产业体系以及相配套的市场化、法治化、国际化、便利化的一流营商环境。

5. 需要营造激励企业家精神的经济社会环境

企业家精神是市场的核心主体。随着与国际技术和产业前沿差距的缩短，上杭宁大湾区可直接借鉴或模仿的技术、管理、商业模式等相应减少，需要日益增多的探索、创新以前未曾有过的要素组合方式，对企业家精神的需求超过以往任何时候。同时，企业家精神生存发展的基础并不牢靠，包括知识产权在内的产权保护、企业家预期、政企关系等方面，还存在着制度性缺陷。“双创”环境的营造及激励企业家精神和“双创”精神都是一个系统工程，需要营造长效机制。

以上五个问题，是中国完善社会主义市场经济迫切需要解决的主要问题，这直接关系到中国社会主义市场经济完善进度，也关系到中国高质量发展的推进问题。如果上杭宁大湾区在这些方面解决得好，走在全国前列，就可以引领全国高质量发展，更好地参与世界市场竞争。

（二）建设创新型国家的几个关键问题

英国生物学家、科学史家和中国科技史家李约瑟在 1954 年《中国科学技术史》第一卷中首次提出了这样一个难题：为什么近代科学，亦即经得起全世界考验并得到合理的普遍赞扬的伽利略、哈维、维萨留斯、格斯纳、牛顿的传统——这种传统注定会成为统一的世界大家庭的理论基础——是在地中海和大西洋沿岸，而不是在中国或亚洲其他任何地方发展起来的？1969 年李约瑟又重述了该难题：为什么中国古代科学技术在世界上遥遥领先，而近代科学技术不能在中国产生而出现在西欧？在 2005 年，著名物理学家钱学森曾同样发出这样的感慨：回过头来看，这么多年培养的学生，还没有哪一个的学术成就能跟民国时期培养

的大师相比！（马俊等，2011）[①]

“李约瑟难题”与“钱学森之问”在本质上存在异曲同工之处，是一个问题的不同表述。实际上，“李约瑟难题”与“钱学森之问”对中国建设创新型国家具有一定的理论与实践意义。

2006 年，中国在全国科技大会上提出要建设创新型的国家，这是基于调整产业结构、转变经济增长方式、实现经济可持续发展所做出的重要抉择。经过 10 多年的努力，科技创新水平显著提升，政产学研进一步紧密结合，科技创新、制度创新、管理创新协同并举，自主创新、引进消化吸收再创新等多种创新模式综合应用，强化科技与经济对接。

目前，中国正处于“进入创新型国家前列”的重要阶段。世界知识产权组织发布的 2020 年全球创新指数（GII）显示，中国连续两年排名第 14 位，仍然是排名前 30 位中唯一的中等收入经济体。瑞士是全世界最具创新性的国家，其次是瑞典、美国、英国和荷兰。中国科学技术发展战略研究院开展了创新指数研究，自 2011 年以来连续发布 8 期《国家创新指数报告》。国家创新指数综合排名已成为判断中国创新型国家建设进程的重要指标之一。《国家创新指数报告 2018》显示：评价的 40 个国家客观上已形成 3 个相对稳定的集团。综合指数排名前 15 位的国家主要为美日欧发达经济体，均为公认的创新型国家；第 16 ~ 30 位为其他发达国家和少数新兴经济体，属于第二集团，中国已位于这一集团的领先位置。第 30 位以后多为发展中国家，即除中国以外的其他主要新兴经济体，属于第三集团。从创新指数得分及相对差距看，中国国家创新指数综合得分为 69.5 分，与英国、法国、挪威等排名第 10 ~ 15 位国家间的差距为 0.8 ~ 2.8 分，与排在第 16 位的挪威仅存在 0.8 分的微弱差距。

① 马俊、费军：“从‘李约瑟难题’到‘钱学森之问’——兼议现代人才产生机制”，载于《商业文化》，2011 年第 7 期。

中国从 2000 年的第 38 位快速提升至 2010 年的第 20 位，随后稳步上升至 2018 年的第 17 位（陈钰等，2019）[①]。这表明，中国科技创新发展已全面领先于以金砖国家为代表的其他新兴国家，与创新型国家差距不断缩小，也预示着中国即将成为进入创新型国家行列的唯一发展中国家。

当前，中国创新能力正处于快速发展的阶段。一些重要国际组织机构也发布了创新和竞争力评价报告，相关结果与《国家创新指数报告》基本一致（见表 3.1）。2012 ~ 2018 年，中国在世界知识产权组织发布的《全球创新指数》120 多个经济体中排名从第 34 位上升到第 17 位，是唯一进入世界排行榜前 20 位的发展中国家；中国在美国彭博社发布的《彭博创新指数》50 个经济体中的排名从第 29 位上升到第 19 位；中国在瑞士洛桑国际管理学院发布的《世界竞争力年鉴》60 多个经济体中的排名从第 23 位上升到第 13 位。可见，中国创新能力总体水平趋近世界第一集团（陈钰等，2019）[②]。

表 3.1　　国际主要报告与国家创新指数中国排名结果

报告名称	2012 年	2013 年	2014 年	2015 年	2016 年	2017 年	2018 年
全球创新指数	34	35	29	29	25	22	17
彭博创新指数	29	29	25	22	21	21	19
世界竞争力年鉴	23	21	23	22	25	18	13
国家创新指数	20	20	19	19	18	17	17

资料来源：陈钰，玄兆辉，胡志坚："创新型国家建设要向高质量发展转变"，载于《科技中国》，2019 年第 4 期。

当然，客观地看，中国国家创新体系还不能适应新时代发展的要求，还存在质量效率不高、发展不充分不平衡等问题。除了发展阶段的

① 陈钰、玄兆辉、胡志坚："创新型国家建设要向高质量发展转变"，载于《科技中国》，2019 年第 4 期。

② 陈钰、玄兆辉、胡志坚："创新型国家建设要向高质量发展转变"，载于《科技中国》，2019 年第 4 期。

原因外，很大程度上由于制约创新的体制机制障碍仍未消除，一些符合创新规律的基础性制度尚未建立。当前，中国正处于迈入创新型国家前列的爬坡过坎阶段，进一步破解当前制约创新型国家建设的难题是理论工作和实践工作的历史责任。

1. 如何完善激励企业创新的体制机制，这是制度建设的重中之重

激励企业创新的制度环境在国家创新体系中占有核心地位，其重要性怎么强调也不为过。中国国家创新体系建设的一大核心任务就是解决企业的创新主体地位问题。综观世界上主要的创新型国家，其科技管理体制各有不同，有以美国为代表的相对分散型管理体制，有以德国为代表的相对集中型管理体制，还有以以色列为代表的按创新链条划分部门管理职能的体制，等等。各国都是根据本国技术创新的特点和面临的问题，不断探索更合理高效的研发支持体系。虽然这些创新型国家的科技管理体制不同，但都拥有较强的创新活力和创新能力。这种活力和能力从根本上来自企业，来自企业自身对创新的强烈需求。从这个意义上讲，政府配置科技资源的方式和方向尽管重要，但更重要的是作为市场主体的企业是否对创新有强烈的追求，毕竟企业才是研发和创新的主导力量。企业创新活动对制度环境相当敏感。在健全的市场经济制度下，创新是企业进行良性竞争的主要方式。当更多企业进行创新竞争，而不是单纯拼成本拼价格，经济就有活力和竞争力。但如果产权和知识产权得不到有效保护，不创新也能获得高额利润，新产品受到行政干预难以进入市场，企业就会缺乏创新动力，不愿冒创新的风险。一些企业甚至转而寻求政府补贴和庇护，导致“劣币驱逐良币”。所以，改革就是要保护创新者的积极性和合法权益，让创新者获得合理的市场回报。一个公平有序的市场环境能够引导企业走创新发展的正路（马名

杰，2018）[①]。

2. 如何深化科研机构法人制度改革，这是提高科技供给质量的根本保障

法人制度是决定高校和科研机构治理机制、薪酬制度、经费管理制度、人事制度、与政府关系等机制的制度基础，是对一系列管理制度和激励机制的规定。可以说，有什么样的法人制度，就有什么样的管理制度和激励机制。中国科研机构实行事业单位法人制度，虽几经改革，但离符合科研活动规律的法人制度及其治理机制仍有差距。中国科研机构改革先后经历了所长负责制、承包责任制、鼓励科研人员下海兼职、院所办企业、分类改革和并入企业、院所大转制、扩大自主权等阶段性改革。但往往“按下葫芦起了瓢”，问题似乎越改越多。根本原因在于事业单位法人制度改革不到位，临时性和非制度化的政策措施受到法人制度的束缚，难以突破。20 世纪 80 年代，美国国立科研机构有国有国营和国有民营等多种体制，英国启动了科研机构市场化改革，日本为科研机构单独立法实行“独立行政法人”制度，韩国则效仿日本实行改革，等等。这些国家都是从法人制度层面解决公立科研机构的激励问题，建立有利于科研机构发展的长效机制。科研人员激励制度不健全，归根结底是科研机构法人制度和治理结构不适应问题。应当承认，公立科研机构由于缺乏直接的市场激励，在一定程度上存在效率损失问题，但相对适宜的法人制度会让公立科研机构的经济社会效益远大于效率损失。

① 马名杰：“新时期国家创新体系建设重在解决三大核心问题”，载于《中国科技论坛》，2018 年第 9 期。

3. 如何形成创新系统的协调机制，形成有利于创新的生态系统

目前，中国创新主体之间以及创新子系统之间缺乏协调体制机制，创新系统各要素之间相互作用的市场化机制还没有真正建立起来。在原有的计划经济体制下，政府是协调集成创新体系各要素联系的纽带。这种方式有助于国家科技目标的实现，如“两弹一星”的研制发射成功是计划体系下创新体系作用的结果。但那时单个创新系统要素的创新积极性却难以发挥。随着改革进程的加快，政府的协调作用在减弱，而市场机制却没有完全发挥作用。各要素都从本部门利益出发进行创新活动，导致创新体系的整体作用效果不佳。中国经济增长的科技进步贡献率一直呈现上升趋势，但仍旧与中国庞大的科技人才与资本投入不相符，究其原因是没有解决好科技与经济深度融合的问题。人是科技创新中最主要的因素。如何培育具有创新精神的企业家与具有攻坚能力的科技工作者？如何构建科技创新激励机制，鼓励“大众创业、万众创新”？重视科技服务业发展，围绕科技创新构建全面服务支持体系，构建全国性科技创新信息平台与交易平台，减少同一技术重复研发，鼓励科技合作与开源创新；提高科技创新质量与水平，培育高端创新项目，提高科技创新层次，做好科技创新评价工作；从顶层设计与微观基础两个层面出发，不断深化科技创新体制机制改革，加强创新生态系统建设，提高科技创新政策的有效性水平，为科技创新提供良好的制度环境，同时加快所有制改革，建立更加有利于创新的产权制度，强化国有企业在科技创新中的引领作用？如何培育鼓励创新、宽容失败的社会文化与风气，降低创新失败的成本？如何加快科技成果转化体制机制改革，解决科技成果产权关系与收益分配等问题，简化科技成果转化审批手续，赋予科研单位尤其是国有科研单位科技成果自主定价权与收益

分配权？如何以需求为导向，将有限的资源更多地投向消费市场或以重大技术突破和重大发展需求为基础的新兴产业中，同时鼓励“民生型创新”，即发展与民生息息相关的科技创新，使创新产品或服务贴近普通百姓的生活，降低创新产品的需求弹性（李政等，2017）[①]？

4. 如何参与全球科技合作与竞争问题

当前，国际合作与竞争逐渐从军事领域、经济领域扩展到科技领域，科技合作成为各国除政治经济领域合作外的又一个重要的合作领域，与此同时也伴随着日益激烈的国际科技竞争。如何积极引进国外智慧，采取相应优惠政策吸引国外科技型企业在国内设立公司与研发机构，同时鼓励有能力的企业通过跨国并购等方式收购国外科技资产，提高企业创新水平与管理水平？如何广泛参与国际创新合作平台建设，积极发起并筹建国际科技创新合作平台、知识共享平台等国际科技交流合作平台，设立更多的产学研跨国合作项目、国际重大科技攻关项目，提高国际合作的平台化、项目化水平？如何加快“中国智慧”“走出去”的进程，通过援建技术示范中心、扶持科学研究项目、开设对外援建技术培训班和国际会议等措施，加强与第三世界国家科技项目合作，为第三世界国家发展贡献“中国智慧”，提高“中国科技”的国际影响力？如何打造国际创新品牌，提高中国产品的质量和水平，以中国自主品牌参与国际竞争，打造中国在国际市场的品牌优势？如何实施技术标准化战略，完善战略制定、执行和监督体系，建立技术标准化信息咨询服务平台，发挥政府在标准化战略中的引导作用，加强企业技术标准化管理水平，以提升中国产业的国际竞争优势。

---

① 李政、杨思莹：“十年创新型国家建设：成就、经验与问题”，载于《学习与探索》，2017年第1期。

（三）长三角多重国家战略叠加面临众多的难得机遇及其相关挑战

近年来上海自贸区及临港新片区、长三角一体化、“一带一路”、长江经济带等多重国家战略在长三角叠加，为长江三角洲区域发展带来了众多难得机遇。长三角地区是中国发展基础最好、综合实力最强的区域之一，也是区域一体化起步最早、程度最高的地区之一。这些国家战略是党中央着眼世界竞争格局、全国发展大局和区域合作全局，在新形势下推进更高起点的深化改革和更高层次的对外开放、完善中国改革开放空间布局作出的重大战略决策。这意味着，长三角应更多地从世界经济的竞争格局以及全国发展大局来考量，更多地在体制机制上取得突破，在此基础上考虑长三角地区内部如何发挥协同作用，产生 1+1>2 的效果。特别是增设自贸区新片区，是中国自贸区建设五年多以来的又一次重大突破，是中国自贸区及新片区在布局不断拓展基础上开展更高水平开放的重大探索，是在更深层次、更宽领域以更大力度推进全方位对外开放的具体体现，必将引领全国新一轮高水平对外开放。具体来看，长三角在今后发展中面临以下七个方面的机遇和考验。

1. 如何推动高水平政策和制度突破

改革开放 40 多年的实践告诉我们，要发展壮大，就必须主动顺应经济全球化浪潮，主动适应和代表先进生产力的前进方向。对此，党和国家深谋远虑，提出了要建设上海自贸区及新片区、长三角一体化、“一带一路”、长江经济带等多重国家战略的要求。然而，实施这些国家战略，也面临一些不可回避的困难和问题。历史发展总会存在这样或那样的困难和问题，长三角一体化也一样。长期以来，长三角各地形成了政府主导型发展模式。这种发展模式面临着较大的弊端——容易造成政府机制和市场机制的不协调。例如，受传统地方政绩考核的影响，政府间尚未达成一致的利益协调机制，在非合作性博弈中，地方政府有动力也有能力在区域一体化合作中违约，为追求地方利益的最大化，“以邻为壑”的现象也时有发生（孙亚南,2015）[①]。张颢瀚（2013）[②] 列出了市场机制下的都市圈经济与政府机制下的行政区经济之间的主要区别和矛盾。由表 3.2 可知，政府间利益协调机制的不健全，致使政府频频对市场进行干预，造成政府机制与市场机制间根本性的矛盾，这正是长三角一体化发展中面临的最大阻碍，也是长三角一体化要应对的首要挑战。这样的矛盾和挑战，必须通过进一步深化改革，进行制度创新，才能有效化解。设立自贸区和临港新片区，使之成为全国深化改革的“试验田”，这个“试验田”就是直面这些挑战，化解这些矛盾，形成可复制、可推广的改革模式。

表 3.2　都市圈经济与行政区经济比较

	主导力量	利益分配	行为界限	参与主体
都市圈经济	市场、企业自主	市场，利益共享	开放、公平竞争	横向、平等合作
行政区经济	政绩、政府干预	非共享，利益分割	封闭、行政壁垒	纵向、行政级别

自贸区建设以来，一直强调要紧紧围绕制度创新这一核心任务，不是形成政策洼地，而是要打造制度创新高地。特别是临港新片区需要适应新形势、引领新要求，直接对标国际上公认的竞争力最强的自由贸易

① 孙亚南：“新常态下长三角一体化的机遇与挑战”，载于《当代经济管理》，2015 年第 10 期。

② 张颢瀚：“区域一体化转型与融合体制建设研究——以长三角一体化为例”，载于《南京政治学院学报》，2013 年第 1 期。

区，选择国家战略需要、国际市场需求大、对开放度要求高，但其他地方又不具备实施条件的重点领域，研究提出具有较强国际竞争力的开放政策和制度。例如，临港新片区需要实施具有国际竞争力的税收制度和政策，在税收政策和制度上实现重大突破。国务院公布的《中国（上海）自由贸易试验区临港新片区总体方案》提出，对新片区内符合条件的从事集成电路、人工智能、生物医药、民用航空等关键领域核心环节生产研发的企业，自设立之日起 5 年内减按 15% 的税率征收企业所得税；研究实施境外人才个人所得税税负差额补贴政策等。

上海自贸区被赋予了“中国改革风向标”的期望。由于中国过去曾长期实行的计划经济的体制性影响至今仍未完全消除，政府与市场的关系还未完全理顺。就全国范围来说，营商环境还不够自由和便捷。为解决这些问题，加快转换经济发展模式，很有必要像当年改革之初设立“深圳特区”，在国内率先设立“特区”，即上海自贸区，通过对接国际先进营商环境，改善政府与市场的关系，改进政府对市场的服务和管理方式，探索建立具有中国特色社会主义的现代治理体系和国家治理现代化的模式，实现生产力与生产关系相适应的制度体系，促进经济社会的高质量发展；同时可为“特区外”长三角乃至全国的改革实践提供借鉴和样板。从这个意义上说，上海自由贸易区又类似于改革开放之初的深圳，是中国新一轮改革的“特区”，是在当前中国全面深化改革过程中被寄予厚望的“试验田”（黄添，2014）[①]。

2. 如何把开放转向国际高标准，实现营商环境的市场化、法治化、国际化、自由化和便利化

对标国际高标准、试验国际经贸合作新规则，一直是自贸区贯彻落

① 黄添：“上海自由贸易区的功能及其前景探析”，载于《西部论坛》，2014 年第 4 期。

实制度创新的核心任务。上海自贸区特别是临港新片区是在投资贸易市场化、法治化、国际化和便利化等试点政策的基础上，对标国际上公认的竞争力最强的自由贸易区，实施具有较强国际市场竞争力的开放政策和制度，加大开放型经济的风险压力测试，实现新片区与境外之间投资经营便利、货物自由进出、资金流动便利、运输高度开放、人员自由执业、信息快捷联通，建立与国际通行规则相衔接的制度体系，打造更具国际市场影响力和竞争力的特殊经济功能区。

很明显，这些改革标准更高、任务更艰巨。上海自贸区包括新片区，要对标最高标准、最高水平，改革现有法规体系。上海自贸区不仅要进行金融、投资等市场化改革，“对内对外”一视同仁，一起开放，更要全面建立顺应新形势下的市场制度，如采用“负面清单”，即除非明确规定保留项目，其他所有服务部门一律开放，包括未来出现的新部门。

同时，“自由贸易区”还意味着贸易和投资的自由化便利化，还必须实现金融和服务贸易的高度发展。上海自贸区要像中国香港和新加坡等“自由港”一样，在贸易转运的基础上发展商业和金融等其他延伸功能。正如郑联盛（2013）[①] 提出，自由贸易区实际功能将是从以贸易为主转变为以交易为主。之所以要在原有的外高桥保税区、浦东机场保税区、洋山港临港新城和外高桥自由物流园区四个海关特殊监管区基础上设立自由贸易区，就是为了赋予自由贸易区以高度的贸易和投资的自由和便利，使上海自贸区得以在普通商品贸易基础上发展大宗商品交易，在商品贸易基础上发展服务贸易，在实物交易基础上发展各种金融和权益交易，在即期交易的基础上发展远期、衍生品交易，从而打造“中国经济升级版”。从这个意义上说，上海自贸区是中国对外开放的一种新

① 郑联盛：“上海自贸区发展需更多配套改革”，载于《中国金融》，2013 年第 20 期。

的形式，是处在较高的发展阶段的一种新型对外开放的经济“特区”，应该成为新形势下中国经济的一个新的增长引擎。

“服务贸易自由化”是有改革力度的合作机制。内地大胆引入负面清单、准入前国民待遇两个制度，推动双向开放准入，以期在服务领域以市场经济为基础，实现贸易自由化。然而，每项制度安排都内在地联结着其他制度安排，共同“镶嵌”在制度结构中，所以一项制度的效率还取决于其他制度安排实现它们的完善程度。在市场经济中，既要建立与市场经济制度相耦合的正式制度，又要培育与市场经济制度相耦合的非正式制度。由于负面清单这种市场管理模式要求市场在资源配置中起决定性作用，政府的简政放权就成为必需。此外，贸易和投资便利化还要求政府做好服务。政府部门还要在为市场服务方面“做加法”。上海自贸区“交易”功能的充分发挥需要建立一系列的要素市场。中国改革开放以来所建立的要素市场多是在政府主导下建立的，而自由贸易区的改革恰恰是要改变政府在经济活动中的地位和作用，变“主导者”为“服务者”，变“运动员”为“裁判员”。因此，自贸区内的要素市场及中介机构也就不应当再由政府出面或牵头建立，在政府并不直接出面的情况下，各要素市场如何建立并高效有序地规范运作，将是自贸区改革的一个重大课题（黄添，2014）①。

3. 如何实现要素自由流动，聚焦高端要素实现产业高级化

改革开放 40 多年来，中国要素配置市场化改革不断推进，市场化配置资源的程度不断提高，特别是形成了较为健全的商品市场，但要素市场化发展仍然严重滞后。总体上表现为：一是普遍存在的二元

① 黄添：“上海自由贸易区的功能及其前景探析”，载于《西部论坛》，2014 年第 4 期。

结构双轨运行现象。一方面，有一个公开的、透明的、可调控的市场；另一方面，还有一个不公开、不透明因而也不可调控的市场。二是价格扭曲。突出的问题是要素价格形成机制不健全，政府定价范围仍然过多过宽，定价规则不透明。三是市场壁垒。比如，在资本市场，交易所和银行间债券市场的参与主体、交易品种和托管清算均未实现统一。政府对主要金融要素配置的直接干预仍然过多，国家长期对金融行业的准入保持严格管制，金融市场开放性不够；金融市场主体存在结构性缺陷，全国性大银行较多，区域性中小银行偏少，特别是为小型微型企业和农户服务的金融机构严重短缺，导致市场竞争不充分；土地市场化程度整体较低，土地供给和利用效率均偏低。劳动力市场配置受制于较多隐形制约，市场化程度仍不充分。如体制内市场上冗员现象显性化，体制外市场化程度较高；城乡分割、地区分割、行业分割严重（郭冠男，2019）①。当然，在追求要素市场化配置的同时，必须考虑中国的特殊国情。比如土地要素，照搬西方“私有化”+“市场化”+“规模化”的做法，并不符合中国人多地少、农村稳定、粮食安全等特殊国情，因而只能充分发挥政府的作用，稳步推进。要素市场化配置改革滞后，已经成为影响中国实体经济发展质量和活力的短板。

实际上，改革开放初期，中国以要素开放作为开放型经济发展的主要手段，依托土地、人力等要素红利，形成了中国参与国际竞争的传统优势，也就是各地通过特殊政策措施进行招商引资，吸引国内外企业落户发展。这种特殊的政策，特别是工业用地、税收等方面的让利，越发达的地方可能实施优惠越大，以此形成强大的虹吸效应。这在当时是唯

---

① 郭冠男："深化要素市场化配置改革以'拆除藩篱'推动要素自由流动"，载于《中国经贸导刊》，2019 年第 2 期。

一的办法，也是区域不平衡发展战略的需要，这项措施确实非常有效地促进了当地经济的发展，这是它的积极作用。然而，从另一个角度讲，它有违公平竞争原则，在一定程度上剥夺了不发达地方发展的公平权益。在中国，受户籍管理制度的限制，加上城市高房价，在一定程度上使劳动力自由流动受到限制。人口城市化明显落后于土地城市化，这从宏观上反映了劳动力自由流动的受限程度。

根据迈克尔·波特“国家竞争优势”理论，对于长三角特别是上海自贸区和新片区，应当着眼于培育和聚焦高级要素，加快提高产业竞争力。但一般而言，高级生产要素主要集中于发达国家，而在发展中国家，高级生产要素相对稀缺。当前，主要发达国家拥有较好的经济社会发展基础，并依靠强大经济实力建立起完善的教育体系、商业市场结构和科技研发体系，在高新科技、高端人才培养、企业绩效水平等方面独具优势，在漫长的发展历程中培育并掌握了大量高级生产要素。因此，在上海自贸区和新片区需要聚焦高端要素领域构筑新的竞争优势。特别是临港新片区如何实现“打造全球高端资源要素配置的核心功能”的战略目标，在高端要素如高端人才、数据信息等自由流动方面提出有针对性的政策和制度设计。例如，在实施自由便利的人员管理方面，放宽现代服务业高端人才从业限制，在人员出入境、外籍人才永久居留等方面实施更加开放便利的政策措施；制定和完善海外人才引进政策和管理办法，给予科研创新领军人才及团队等海外高层次人才办理工作许可、永久或长期居留手续“绿色通道”等。在数据信息自由流动方面，强调构建安全便利的国际互联网数据专用通道，试点开展数据跨境流动的安全评估，实施国际互联网数据跨境安全有序流动，主动参与引领全球数字经济交流合作。

4. 如何服务“一带一路”倡议，推动新型外向型经济的形成

上杭宁大湾区是服务“一带一路”倡议的重要战略枢纽。上杭宁大湾区作为中国改革开放的前沿阵地和重要对外开放窗口，其重要任务之一就是通过高标准、国际化的现代经贸制度把大湾区 16 个城市更加紧密地连成一体，在本区域内加快实现投资自由化、贸易便利化及金融国际化。这与“一带一路”倡议在更高水平、更大范围、更深层次展开经济合作，共同打造包容开放、均衡普惠的新型发展模式的倡议目标相一致。基于两大战略所共有的发展理念和功能属性，未来应将“一带一路”倡议与上杭宁大湾区进行有效对接。这将有效提升“一带一路”沿线国家或地区的经济规模聚集、市场要素流通和区域经济的辐射带动作用，有利于“一带一路”自由贸易区网络的尽快形成和发展。这就需要积极改变经济发展模式，尤其是在创新发展和人民币国际化方面，需要上杭宁大湾区作为深化改革开放的试验平台，作为国家引领新型全球化的试验平台。因此，上杭宁大湾区有着服务“一带一路”倡议的内在功能属性和难得的机遇。

5. 如何实现“互联互通 ”，有效推动城市一体化进程

从全球范围来看，降成本、降税和降门槛的合作，已经被以“互联互通”为主的合作在成效上超越。“互联互通”是全球化的新方向，也是大区域次区域合作的新方向。美国学者康纳在《超级版图》一书中提出，从过去 5000 年的人类文明发展来看，人类的文明必然是全球互联文明。全球化并未进入深水区，与之相反，全球化正在进入超级全球化阶段，一幅全世界范围内互联互通的超级版图正在形成。他说：“一个国家重要性的根本决定因素不是其地理位置或人口规模，而是其

互联互通程度，即在地理互联、经济互联、数字互联层面上是否深度参与全球资源、资本、数据、人才和其他有价值的资产流。”“在全球网络中，城市按照其影响力排名，而不是土地面积大小，全球化城市能够吸引资本和技术，城市内部多元开放，此外这些城市也可以实现与其他重要城市的无缝连接。……换言之，互联互通的重要性超过规模，甚至超过主权。”（康纳，2016）[①] 大湾区要跟进这个新方向，要以“互联互通”的理念重建长效机制，以“通”为基准点和定盘器，推动大湾区的内外合作。未来的合作框架应以问题导向，不再从市场开放合约出发，而是从现实出发，解开阻塞，打通血脉，并为此做出相应的制度性互动安排。

6. 如何实现经济高质量发展，成为全国发展模式的样板

经过 30 多年的高速增长，中国经济取得举世公认的巨大成就，但经济增长是建立在资源消耗和无限要素投入的发展模式上的，经济结构不合理的情况日益突出，这种发展模式难以为继。同时，在国际需求疲弱以及劳动力成本升高带来的产业转移下，中国不能长期依赖外贸出口支撑经济增长，产能过剩和能耗较高问题严重。当前世界经济正在进入以创新为主要特征的知识经济时代，中国产品如何由“中低端”向“中高端”升级，如何实现经济结构转型升级都显得日益迫切。上海自贸区包括新片区成为解决这一问题的“试验田”。一方面，坚持贯彻高质量发展要求。发挥开放型制度体系优势，推动统筹国际业务、跨境金融服务、前沿科技研发、跨境服务贸易等功能的集聚，整体提升区域产业能级，推动经济发展质量变革、效率变革和动力变革。另一方

---

① [美]帕拉格·康纳：《超级版图——全球供应链、超级城市与新商业文明的崛起》，崔传刚，周大昕译，中信出版集团 2016 年版。

面，突出了产业发展。产业是政策和制度设计的基础，也是政策和制度效果的集中体现。自贸区和新片区将“建设具有国际市场竞争力的开放型产业体系”放在更加突出和重要的位置。例如，强调要通过聚焦集成电路、人工智能、生物医药、民用航空等重点产业，在投资环境、贸易监管、国际人才流动以及税收等核心环节，提出了一系列配套措施，以落实新发展理念来引领经济高质量发展。

7. 如何建设高效一流的世界级城市群，为实现中国梦提供不竭动力

对于长三角一体化升级为国家战略，国家要求紧扣“一体化”和“高质量”两个关键，带动整个长江经济带和华东地区发展，形成高质量发展的区域集群。长三角一体化发展已经到了全面深化的关键阶段。中国近年来以城市群形式重构区域发展战略，目的是消除行政区划障碍、解决区域进一步融合发展瓶颈问题。当今世界区域竞争一大特征，并非国与国、区域与区域竞争，更多的则是城市群和都市圈的竞争。近年来，国家依托城市群规划、城镇化发展拉动区域经济的工作进一步推进，长三角城市群、京津冀城市群等规划相继完成。2016 年国务院发文批复《长江三角洲城市群发展规划》，要求上海市、江苏省、浙江省、安徽省政府及相关部门联手打造“具有全球影响力的世界级城市群”。2018 年，《长三角地区一体化发展三年行动计划（2018—2020 年）》提出，到 2020 年，长三角地区要基本形成世界级城市群框架，要将长三角地区建设成为“全国贯彻新发展理念的引领示范区，成为全球资源配置的亚太门户，成为具有全球竞争力的世界级城市群”。并分别从基础设施体系、区域产业体系、协同创新体系，以及公共服务供给等方面提出了更高质量的发展要求，建成枢纽型、功能性、网络化的基础设施体系，基本形成创新引领的区域产业体系和协同创新体系，绿色美丽长三角建设取得

重大进展，区域公共服务供给便利化程度明显提升。2019 年国家印发的《长江三角洲区域一体化发展规划纲要》，明确了长三角“一极三区一高地”的战略定位。这些战略构想是长三角打造世界级城市群的重要内容和关键环节。

城市群是城市发展到成熟阶段的最高空间组织形式，主要是指在特定地域范围内多个大城市为构成单元，依托发达的交通通信等基础设施网络所形成的空间组织紧凑、经济联系紧密，并最终实现高度同城化和高度一体化的城市群体。长三角城市群是中国综合实力最强、一体化程度最高的城市群。经过多年快速发展，长三角城市群取得较大进展，与世界级城市群的差距正在逐渐缩小，但长期存在的一些突出问题并没有得到有效遏制：区域分化和无序开发局面日趋固化，如产业同构现象依然存在，重复建设、产能过剩、恶性竞争等负面效应影响了发展要素的合理流动，制约了资源配置效率的进一步提升；促进创新的倡导性政策多、操作性政策少，财政投入单一政策多、社会资源协同政策少，全社会的创新效率不高；传统的要素驱动观念和机制还未实现根本性扭转，创新价值和人员价值难以通过要素价格充分体现等，越来越多的跨区域问题成为制约区域发展的关键因素，区域协同治理将成为今后很长一段时期中国区域发展的核心战略任务。

因此，需要对标世界级城市群和世界三大湾区，以自贸区和新片区发展为突破口，着眼发展湾区经济，发展外向型经济，开辟对外开放新格局；需要继续打破行政壁垒，协同推进基础设施互联互通、城市建设协调共进、产业体系协同提升、市场要素对接对流、生态环境联防联治等，促进区域深度融合，形成区域的协同效应，同时强化上海的龙头作用，打造城市群“多中心”协同发展新体系；需要加快产业区域协作，集聚高端要素，打造创新驱动新模式；需要借助长三角的纵深腹地，缓解上海“大城市病”问题；需要强化生态环境共建，实施环境综合治理新路径，建设美丽长三角，为实现中国梦提供模式引领和榜样示范。

（四）巨大市场需求升级的机遇和挑战

当前，随着中国经济增速的回调，投资增幅下降，消费对经济增长的作用逐步显现，消费已经成为经济增长第一动力。2019年全年社会消费品零售总额40.8万亿元，比上年增长9%，消费对经济增长贡献率为58.6%，连续6年成为经济增长第一动力。其中，网上零售额突破10万亿元，比上年增长16.5%。同时，消费结构趋于优化。中国正在进行的第三次消费结构升级，高品质化、多样化、个性化、便捷化已经成为国内消费最为突出的特点。教育、娱乐、文化、体育等服务型消费需求得到迅猛增长，与过去消费结构相比，中国城乡居民的消费结构正在由生存型消费向发展型消费升级、由物质型消费向服务型消费升级、由传统消费向新型消费升级，并且这一升级的趋势越来越明显，速度越来越快（许德友等，2019）①。

人口城市化是决定中国将迎来新一轮工业化高峰的重要因素。美国地理学家诺瑟姆（1975）② 通过对各个国家城市人口占总人口比重的变化研究发现，城市化进程具有阶段性规律，即全过程呈一条被拉平的倒S形曲线。第一阶段为城市化的初级阶段，城市人口增长缓慢，当城市人口超过10%以后，城市化进程逐渐加快；当城市化水平超过30%时进入第二阶段，城市化进程出现加快趋势，这种趋势一直要持续到城市人口超过70%以后才会趋缓；此后为城市化进程第三阶段，城市化进程停

① 许德友、王梦菲："消费升级；高质量发展的需求侧动力"，载于《深圳特区报》，2019-03-26。

② Northam，R.M.Urban geography[M].New York，John Wiley & Sons，1975.

滞或略有下降趋势。当然，并不是任何国家的城市化水平在时间轴上都表现为一条光滑的倒 S 形曲线，但大部分国家的数据基本上支持了这一结论。中国 2019 年城市化水平为 60.6%，正处于城市化进程第二阶段，呈现加快发展的趋势。

“二元结构”也是决定中国将迎来新一轮工业化高峰的重要因素。中国人口主体还没有实现从小康向富裕阶段的跨越，“二元结构”决定了中国的工业化高峰是两个甚至多个。新千年以来出现的经济起飞是第一个高峰，第二个高峰将是由 10 亿名低收入人口形成的更大的、持续时间更长的经济增长高峰。仅从汽车消费看，2018 年中国的千人汽车保有量是 170 台，而发达国家是 600 ~ 800 台，而中国为何汽车消费水平还比较低？日本 1970 年也是 170 台，而日本基本是在 1975 年底完成的工业化，之后则汽车保有率出现猛升，直到 20 世纪 90 年代上升至 650 台。主要原因还是：3 亿先富人群的住房和汽车等需求已经饱和，但 10 亿多人因收入水平还不高。只有当收入足以支持其对住房和汽车等的需求时，这一部分人群的需求将很庞大，会给住房和汽车等需求乃至整体经济增长提供更巨大的空间。按照工业化先行国家的历史经验，当居民消费从吃穿向住行阶段跨越的时候，首先是大幅度提升能源、钢铁等基础产业的供给能力，随后就会进入以住房和汽车等需求所引领的机械、电子和化工等重加工业发展阶段。中国近十年来之所以会把“去产能”的重点放在钢铁和煤炭上，其实正是工业化开始进入重加工业的标志。3 亿先富人群在 2000 年人均收入水平是 3000 美元，此后，中国出现了对住房和汽车长达十年的爆发性增长；而如今 10 亿多低收入人口的人均收入已达 1400 美元（2000 年不变价），离 3000 美元并不很远。但如果按 2013 ~ 2018 年期间居民人均年收入 6.9% 的增速计算，尚需要 10 年时间，即到“十五五”末期（2030 年左右），第二个经济增长高峰期才会到来。这从需求侧反映出未来 15 年内中国经济增速将会呈现先低后高的态势。显然，今后一段时期是中国产业发展的艰难转型期，因为中国低收入人群的主体是农民。人口城市化和加快城市群发展是打破“二元结构”与走出发展转型期的根本举措。可以预测的是，随着城市化的快速推进，人均收入水平进一步提高，10亿多人的消费升级预示国内市场未来潜力十分巨大，而且消费结构也将发生显著变化，消费升级趋势更明显，这将推动由供给侧和需求侧联动而带动中国第二个工业化高峰的到来。

巨大的市场需求是中国经济发展中的一个王牌。改革开放以来，正是巨大的市场需求吸引了世界各地企业到中国投资。然而，中国以市场换技术的经历充满曲折。1984年底开始，以汽车产业为突破口，不少国内汽车企业相继成为以市场换技术的载体，其他产业也相继走上了这一道路。主要方式是给外资企业提供以税收减免为代表的“超国民待遇”等政策优惠。中国合资的车企基本上是躺在合资温床上，傍着外企坐享其成，分享利润，鲜有动力去搞研发。在合资企业中，合资形式给中国汽车工业带来的绝大部分是外方产品的生产许可权，即根据外方提供的成型设计进行组装，中方企业很难对引进的产品进行任何修改和创新，在引进生产权的赢利模式下逐渐丧失了自主开发的动机、信心和能力。经过20多年的发展，中国汽车市场基本上已成为合资品牌的天下；作为合作方的中国，始终难以破解核心技术。“以市场换技术”的实际效果并不理想。不管是中资方还是外资方，由于长期在高市场占有率和高额利润市场环境下，既没有压力也没有动力进行技术创新。这是合资生产的汽车与进口汽车质量和品质差距较大的重要原因，也是以汽车为代表的许多合资企业对外没有竞争优势的原因（路风等，2004）[①]。这也印证了迈克尔·波特所提出的结论，即从竞争优势的观点看，国内市场的质

① 路风、封凯栋：“中国汽车工业的自主开发道路还走得通吗？”，载于《中国军转民》，2004年7期。

量绝对比市场需求量更重要。在短缺经济背景下，精致而挑剔的客户不多，使合资企业没有竞争的外在压力，从而难以形成有竞争力的合资产业。然而，接下来的工业高峰，可能是一个渐进的过程，短缺的情况也许不会发生。巨大的市场需求这张王牌需要在汲取原有经验的基础上打好，以市场换技术的愿景也许可以实现。

机会终将降临给有准备的人。上杭宁大湾区作为全国最发达的区域之一，深入推进供给侧结构性改革，为全国提供适销对路的高品质商品，甚至引领全国乃至全球的供给生态；同时也为大湾区产业转型升级，发展高端制造业、现代服务业提供强大的市场需求支撑。

上杭宁大湾区可以借鉴成熟湾区的经验和教训。如前所述，世界三大湾区经过长期发展，经历了港口经济、工业经济、服务经济、创新经济等阶段，现在都具有包容开放、创新引领、宜业宜居、协调发展的特征。上杭宁大湾区具有后发优势，可以在更高的起点上充分借鉴它们的经验和教训，特别是它们在湾区规划、产业分工、法治运转、科技创新、产权保护和环境治理等方面的成熟做法。

二、上杭宁大湾区的优势和劣势

（一）体大量重，但整体上经济发展质量还不够高

上杭宁大湾区规模较大、面积大和发展快，发展潜力大，有望成为世界强大的湾区，但与世界三大湾区相比，上杭宁大湾区经济发展质量

仍然不够高，任重道远。

从表3.3可知，无论是从人口数量还是土地面积，上杭宁大湾区在五大湾区中都是最大的，这是上杭宁大湾区的最大优势。如果长三角能够在湾区内部建立紧密的经济联系，必将大大促进长江三角洲区域一体化水平的提高，增强长三角城市群的竞争力，推动长三角发展成为世界级湾区（吴璟桉等，2019）[①]。可以说，上杭宁大湾区的建设是长三角一体化的重要催化剂。

表3.3　世界五大湾区基础数据（1）

序号	项目	上杭宁大湾区	粤港澳大湾区	纽约湾区	旧金山湾区	东京湾区
1	GDP（亿美元）	22126.5	15423	17820.5	9575.7	20434.3
2	GDP占全国比重（%）	16.5	11.7	9.3	5.0	38.1
3	第三产业比重（%）	53.6	62.2	89.4	82.8	82.3
4	常住人口数量（万人）	11372	7266	2254	884	4425
5	占地面积（平方公里）	107200	56500	33484	17880	36894
6	人口密度（人/平方公里）	1060.8	1286.0	673.2	494.4	1199.4
7	人均GDP（万美元/人）	1.95	2.12	7.90	10.84	4.62
8	地均GDP（万美元/平方公里）	2064.0	2729.7	5322.1	5355.6	5538.7

备注：除了第三产业比重为2016年数据外，其他数据均为2019年的。

然而，受自然禀赋、经济发展、社会变迁、科技进步、管理体制等因素影响，上杭宁大湾区高质量发展中还存在的问题不容忽视。一是上杭宁大湾区大部分城市并没有真正转变经济发展方式，经济增长还是主要依靠增加生产要素投入、追求数量的扩张，以粗放式增长为主，没有充分发

① 吴璟桉、万勇、吴永康："长三角深度一体化背景下环杭州湾大湾区经济发展战略研究"，载于《上海经济》，2019年第2期。

挥资本投入、人力资源、科技创新的作用（俞园园，2013）[①]。二是全要素生产率（TFP）贡献水平高于全国水平，但与世界先进水平差距还较大。1979 ~ 2004 年全国要素投入增长的贡献率为 90.54%，TFP 对经济增长的贡献率为 9.56%，TFP 平均增长率为 0.891%，技术进步率为 0.954%（见表 3.4）。中国 TFP 增长及其对经济增长贡献较低的原因，一方面在于技术进步率偏低，另一方面在于生产能力利用水平和技术效率低下，资源配置不尽合理（郭庆旺等，2005）[②]。

表 3.4　　全要素生产率增长比较（%）

国家＼时间	1971 ~ 1980 年	1981 ~ 1990 年	1991 ~ 1995 年
新加坡	2.74（31.1）	3.35（48.6）	4.81（56.2）
韩国	2.46（26.2）	5.01（52.2）	3.18（42.4）
日本	0.58（14.9）	0.63（17.6）	-0.13（-10.2）
德国	0.82（29.6）	0.71（31.6）	-2.05（-114）
美国	0.26（9.0）	0.51（16.8）	0.53（26.8）

资料来源：郭庆旺，贾俊雪："中国全要素生产率的估算：1979~2004"，载于《经济研究》，2005 年第 6 期。注：小括号中数值为全要素生产率增长对经济增长的贡献率。

从表 3.2 中可以看出，新加坡和韩国 1971 ~ 1995 年 TFP 增长率及其对经济增长的贡献率都处于一个较高水平，日本和德国在 20 世纪 70 ~ 80 年代至 90 年代 TFP 增长率及对经济增长的贡献率都处于较高水平，但此后 TFP 增长率较低且呈现逐步下降的趋势。与这些国家相比，一方面中国 TFP 增长比同时期三个发达国家要高，这比较符合新兴市场经济的发展特点；但另一方面，中国 TFP 增长及其

① 俞园园："长三角地区城市经济发展效率评价研究"，载于《江南大学学报（人文社会科学版）》，2013 年第 6 期。

② 郭庆旺、贾俊雪："中国全要素生产率的估算：1979~2004"，载于《经济研究》，2005 年第 6 期。

对经济增长贡献率远远低于三个亚洲新兴市场经济国家。这一方面表明，中国TFP增长本身较低从而对经济增长的贡献率偏低；另一方面表明，要保持中国经济长期持续增长，还需要大力提高TFP增长率（郭庆旺等，2005）[①]。与全国数据和世界相关国家相比，上杭宁大湾区于1979~2004年资本平均贡献率为71%，劳动平均贡献率为8.7%，TFP平均贡献率为20.3%。其中，TFP平均贡献率远高于全国同期平均水平9.56%，但远低于1971~1995年的新加坡和韩国的TFP平均贡献率，以及低于1971~1990年德国TFP平均贡献率。这说明，上杭宁大湾区在技术进步和人力资本积累方面领先于全国水平，这也是长期经济增长速度高于全国水平的一个重要原因（于明超，2006）[②]，但技术进步和人力资本积累总体上还远低于新加坡、韩国和德国。二是城乡二元结构突出，制约了城市群的包容发展，带来经济社会发展诸多风险隐患，当前大湾区城乡二元结构造成的深层次矛盾仍然比较突出。三是公共资源分布不均，制约了上杭宁大湾区的高效可持续性发展，存在着大城市不够强、小城市过小过弱的两极分化现象，既缺乏强有力核心龙头带动城市，又缺乏辐射能力较强的中型城市，在一定程度上阻碍上杭宁大湾区协同化发展的进程。四是实施出口导向型开放战略，以普通劳动力、土地等低级要素加入全球价值链，开展代工生产和加工贸易，是上杭宁大湾区加入全球化分工的一个主要路径。然而在美国逆全球化冲击下，这种出口导向型开放战略模式明显表现出不可持续性。比如附加值较低的劳动密集型产品在国际市场上容易形成低价竞争，并出现外需衰

① 郭庆旺、贾俊雪："中国全要素生产率的估算：1979~2004"，载于《经济研究》，2005年第6期。

② 于明超："长三角地区资本形成、投资效率与经济增长方式转变"，载于《现代经济探讨》，2006年第11期。

减；过于强调经济增长的出口拉动，这种“重外轻内”发展的结果是外需产业过度膨胀而内需产业相对萎缩，形成消费遏制效应。特别是美国逆全球化冲击下，对于极度依赖欧美市场的上杭宁大湾区而言，出口导向开放战略下的经济发展模式必然面临更多的不确定性（杜宇玮，2018）[①]。五是经济结构出现“脱实向虚”趋势。上杭宁大湾区和全国一样，产业结构统计上出现“转型”但未有实质“升级”。最近几年，中国产业结构变化非常明显。2019 年，服务业比重达到 54.3%，成为占比最大的产业。但房价过快上涨，推动经济综合运营成本高企，实体经济乏力，资产价格抬升过快。一方面，大量资金进入房地产、金融等虚拟经济领域；另一方面，以制造业为代表的实体经济成本升高、利润下降、杠杆率提升，遇到较大困难。经济结构“脱实向虚”趋势、虚拟经济自我循环与实体经济脱离问题，直接影响了经济的健康增长和可持续发展（蔡赤萌，2017）[②]。

与世界三大湾区比较，人口密度指标上，旧金山湾区人口密度最小，上杭宁大湾区位居五大湾区的第三位。同时，上杭宁大湾区的经济密度处于最低端（见表 3.3）。其中，东京湾区的单位土地面积产出最大，土地利用效率最高，是上杭宁大湾区的 2.7 倍，上杭宁大湾区土地利用率仅为粤港澳大湾区的 80%；旧金山湾区虽然人口密度较低，但人均产出水平最高，是上杭宁大湾区的 5.6 倍。这既反映出上杭宁大湾区与世界三大湾区的经济效率还有较大差距，又说明了上杭宁大湾区的经济发展潜力最大，未来完全可能成长为影响力、竞争力远超世界三大湾区的新兴的一流湾区。但是，这个道路还是较为漫长而艰巨。根据第一

---

① 杜宇玮：“高质量发展目标下长三角开放型经济发展的战略选择”，载于《江南论坛》，2018 年第 7 期。

② 蔡赤萌：“粤港澳大湾区城市群建设的战略意义和现实挑战”，载于《广东社会科学》，2017 年第 4 期。

章预测，无论按Ⅰ路径或Ⅱ路径的发展，到2035年，上杭宁大湾区人均GDP还较低，尚未超过世界三大湾区，只是差距在不断缩小。到2050年，如果按Ⅱ路径的发展，上杭宁大湾区人均GDP才有可能超越旧金山湾区成为世界顶级湾区。当然，上杭宁大湾区要成为最强大的湾区，任重而道远，还需要努力推进湾区的自主创新、制度创新和体制机制协同，以及发展模式的转型升级，实现高质量发展。

（二）国家级实体性统筹机构已明确，区域一体化体制机制尚需完善

伴随着长三角一体化国家战略的推出，大湾区协同机制开始大幅推进，但与世界三大湾区差距较大，区域一体化体制机制尚需完善，以有效整合和引领各市力量。

长三角区域协同机制不断推进，地方领导人定期会晤磋商制度、“决策层、协调层、执行层”三级运作机制已基本形成。2016年国务院发文批复《长江三角洲城市群发展规划》，2018年印发《长三角地区一体化发展三年行动计划（2018～2020年）》。2019年国家印发的《长江三角洲区域一体化发展规划纲要》，明确提出成立推动长三角一体化发展领导小组，明确了长三角的战略定位以及长三角一体化发展的任务书、时间表和路线图，也明确提出要创新一体化发展体制机制。目前，各地受利益和政绩导向，加之管理体制机制不一，发展程度不同、财力物力不均，在诉求多元化的背景下，对上杭宁大湾区的同向、同步、同频等方面还有难度。各市间政策存在不同程度的不协调和不统一，缺乏统一的市场行业标准，甚至引发地区间的攀比。如省际道路、

航道等级不同，各地信息数据的接口标准不一，尤其是环保等敏感数据相互之间不开放，重要基础设施、骨干防灾减灾工程等优化不够、衔接不顺、运转不畅和产业集群同构等，这些都是一体化需要解决的问题。总之，湾区内还缺乏区域协调的政策保障，对体制机制层面的问题探讨还不够深入，区域协同的政策对接机制尚未完全建立，各市之间出现的矛盾还不能及时解决，更不能对区域协调问题进行长期跟踪与研究。

与世界三大湾区相比，上杭宁大湾区协同机制还存在较大差距（见表 3.5）。一是上杭宁大湾区的协调力度不够大，而且往往就事论事，还没有深入制度层面。而世界三大湾区的协调机构基本上是以法律的形式明确下来，做到制度化、法治化、规范化。例如，在东京湾区发展和建设过程中，为解决区域一体化过程中的空间结构、功能分工、人口和资源等区域协调问题，日本政府采取了积极的行政干预手段，突破行政界限，设立跨越行政区的城市群协调机构。此类机构负责制定区域规划，包括建立交通、环境、信息共享平台，产业一体化与行政体制改革等具体措施。此类区域协调机构以中央政府为主导。中央政府通过完善区域规划体系，提供项目资金支持和提供政策配套，从而实现自上而下的区域性协调。1950 年，日本出台《首都圈建设法》，战略性地将东京都定位为日本的中心、日本与世界各国联系的首都；1951 年颁布《港湾法》，以及 1967 年制定的《东京湾港湾计划的基本构想》，通过国家立法、设立管理机构，行使特别的行政权力，以促进跨区域间的行政协作，强化政府对整个国家港口发展的数量、功能、政策进行统一规划。旧金山湾区通过设立各类委员会机构，参与协调工作，将湾区视为整体，提高效率的同时也强化了湾区的一体化发展。

表 3.5　　上杭宁大湾区与世界三大湾区和粤港澳大湾区对比

项目	上杭宁大湾区	粤港澳大湾区	世界三大湾区	项目	上杭宁大湾区	粤港澳大湾区	世界三大湾区
协同程度	较易	较难	较高	城市群功能定位	还不明确	还不明确	分工明确
产品市场开放度	较高	高	高	城市群产业结构	同构率较高	同构率较高	分工明确
资本市场开放度	高	更高	高	环境问题	突出	突出	基本解决
人才国际化程度	较低	高	更高	产业集群水平	较低	较低	很高
生产要素的自由流动	较低	更低	很高	金融中心总体实力	还不强	较强	最强
政府对生产要素的干预	较高	较高	较低	金融创新	还不强	较强	最强
区位优势	较好	较好	较好	资金的自由流动	受限	受限较大	自由流动
基础设施	很好	好	好	金融科技	还不发达	较发达	很发达
基础设施协调机制	有待完善	有待完善	很完善	自主创新的体制机制	还很不完善	还很不完善	很完善
基础设施网络布局	很不完善	很不完善	很完善	综合创新实力	还不强	还不强	很强
基础设施信息化	很不完善	很不完善	较完善	创新系统	还不完善	还不完善	很完善
核心城市能级	很大差距	较大差距	最高	科技金融	还不发达	还不发达	很发达

二是规划协调内容有限且力度还不够大。2019 年国家印发了《长江三角洲区域一体化发展规划纲要》，以及此前国家发改委发布的城市群发展规划和长三角内部协商通过的三年行动计划等文件，这些内容较为粗线条，基本上是导向性的，类似窗口指导。世界三大湾区的做法是走法治化程序、法治化的治理，由政府部门或民间机构定期出台发展规

划，推动其健康发展。例如，旧金山湾区设立半官方性质的地方政府联合机构。这种机构由政府自发自愿设立，获得联邦和州政府支持的半官方性质的行政机构，可协商和协调湾区的跨区域相关事务。其中，旧金山湾区政府协会（ABAG）的主要职责在于编制区域规划，促进资源共享，解决土地、住房、环境和交通等区域协调问题，协调各地方政府之间的合作，为地方政府获得联邦和州政府资助等方面提供服务。该协会不具有行政权力，其主要是通过影响参会代表的决策投票来影响地区的发展。旧金山湾区每 5 年做一次城市规划，既高密度开发城市用地，又保留农田、林地，以优质的自然、文化环境吸引高端人才及一流企业。1970 年旧金山湾区成立大都市区交通委员会，旨在为政府提供区域性规划的相关服务。2003 年旧金山湾区成立联合政策委员会，其职责在于对这两个机构所制定的发展战略和区域规划进行评估并反馈意见。日本政府为消除经济发展的二元结构问题，从 20 世纪 60 年代开始到 21 世纪初，先后制定了五次国土开发政策。这些国土开发计划，不仅规划了社会基础设施、生活和文化设施的建设，还重点考虑了自然环境的保护问题，引导地方和企业的投资方向，避免盲目建设。

三是上杭宁大湾区基本上还是主要依靠行政部门的权威加以解决，还没有发挥好民间力量的作用。世界三大湾区十分重视非政府组织即民间组织在区域管治中的重要作用。例如，纽约湾区以公共利益为导向，充分鼓励公众参与，建立非政府区域协调机构，共同管理区域事务和区域规划，改善政府行政管理的不足等问题。这种民间机构的特点在于：注重公众参与，其成员包括社会各界知名人士，有较大的影响力，同时属于非营利性组织，与地方政府的行政管理不冲突，通过制定区域规划和统筹基础设施等方案，实现跨区域协调和治理，对区域规划和建设影响深远。东京湾区鼓励智库发展，促使智库为湾区提供长期的规划编制和咨询服务。比如，国土厅和经济企划厅共同建立和管理的日本开发构想研究所，为中央和地方各层级政府制定国土规划和产业政策提供服务，整合各个规划部门和政府部门的诉求，编制具有一致性和连贯性的有利于长远发展的规划。

（三）开放自由的市场体系初具雏形，但市场化配置资源还存在许多障碍

上杭宁大湾区各市深化改革扩大开放，开放自由的市场体系初具雏形，但湾区内要素自由流动约束小，与世界三大湾区差距较大，还缺乏开放和自由的现代化经济体系，缺乏与社会主义市场经济相适应的现代治理体系和高效治理能力，难以发挥市场配置资源的决定性作用，难以实现生产要素的高效配置。

1. 经济开放度喜中有忧

中国加入 WTO 给中国经济特别是地处中国东部沿海的长三角区域经济带来了难得的历史发展机遇。在经济全球化的背景下，世界制造业的新一轮调整与转移促进了全球新的劳动地域分工、新的资源组合和优化配置，跨国公司大举入驻长三角，作为抢占中国市场桥头堡的全球战略定位。长三角区域经济正越来越成为世界经济的重要组成部分，上杭宁大湾区产品市场开放度越来越高。从规模上看，2016 年上杭宁大湾区进出口贸易总额为 11789 亿美元（见表 3.6），虽小于粤港澳大湾区，但均超过世界三大湾区；从结构上看，上杭宁大湾区，进出口总额与 GDP 的比例（产品市场开放度）为 63%，低于粤港澳大湾区（137%），低于旧金山湾区，高于纽约湾区、东京湾区（见图 3.1）。然而相比较而言，

上杭宁大湾区资本市场开放度还较低。2016 年外商直接投资（FDI）552 亿美元，分别是纽约湾区的 2.5 倍、旧金山湾区的 1.4 倍，与东京湾区基本持平，但明显小于粤港澳大湾区，只是他的 1/2；FDI 与 GDP 的比例为 2.95%，明显小于粤港澳大湾区（7.64%），小于旧金山湾区（4.8%）、东京湾区（3.03%），仅大于纽约湾区（1.55%）（见图 3.2）。特别是，中国香港的资本市场开放度很高，FDI 占 GDP 的比例达到 54%，远超其他城市（如上海 4.36%）。这主要是因为中国香港实际利用外资数量较大。显然，上杭宁大湾区利用外资和对外经贸相对活跃，但其开放程度比中国香港和中国澳门低。作为世界金融中心，中国香港是跨国公司区域总部以及海外金融机构的聚集中心，国际资本的规模和层次在粤港澳大湾区中均首屈一指，其金融市场的成熟程度以及体制完善程度都要优于上海等内地城市。

表 3.6　　世界五大湾区基础数据（2）

序号	项目	上杭宁大湾区	粤港澳大湾区	纽约湾区	旧金山湾区	东京湾区
1	进出口贸易总额（亿美元）	11789	18991	2777	5776	5666
2	进出口贸易总额 /GDP（%）	63	137	20	72	31
3	外商直接投资 FDI（亿美元）	552	1060	217	384	546
4	外商直接投资 FDI/GDP（%）	2.95	7.64	1.55	4.80	3.03
5	外国人数（万人）	17.6	75	575	257	100
6	外国人数比例（%）	0.73	1.12	28.53	33.94	2.28
7	外来游客人数（万人次）	3089	8600	6030	1801	681

续表

序号	项目	上杭宁大湾区	粤港澳大湾区	纽约湾区	旧金山湾区	东京湾区
8	机场旅客吞吐量（亿人次）	1.9（2.26）	1.78（2.14）	1.3	0.71	1.12
9	2019年全球50大机场排行榜（旅客吞吐量）（万人次）（排名）	浦东7614.8（9） 虹桥4565（46） 杭州萧山4010.8 南京禄口3058	广州7338.6（11） 香港7153.8（13） 深圳5293.2（26）	肯尼迪6255.1（21） 纽瓦克4633.6（43）	旧金山5748.8（43）	东京羽田8510.6（5） 东京成田4434.5（50）
10	2020年《劳氏日报》全球100大集装箱港口（排名）	上海港（1）、宁波—舟山港（3）、南京（54）、嘉兴（91）	深圳（4）、广州（5）、香港（8）、东莞（49）、珠海（77）	纽约—新泽西（23）	长滩（21）、奥克兰（79）	东京（39）、横滨（61）
11	港口集装箱吞吐量（万TEU）	7514（8742）	6520（8259.4）	465	227	766
12	Z/Yen全球金融中心指数（GFCI28）（排名）	上海748（3） 南京550（89） 杭州（109）	香港743（5） 深圳732（9） 广州710（21）	纽约770（1）	旧金山738（8）	东京747（4）
13	贝克·麦坚时全球主要证券交易所IPO融资额（亿美元）（排名）	上海470（4）	香港480（3） 深圳170（5）	纽约790（1） 纳斯达克720（2）		

数据来源：①Z/Yen全球金融中心指数（GFCI）,https://www.longfinance.net/programmes/financial-centre-futures/global-financial-centres-index/。②贝克·麦坚时全球主要证券交易所IPO，https://www.bakermckenzie.com/en/insight/publications/2020/12/ipo-report-2020。

注：①第8、11行括号内的数据为2019年数据；第9、10、12、13行数据为2020年数据。②伦敦在GFCI28中分值766，排名第2。

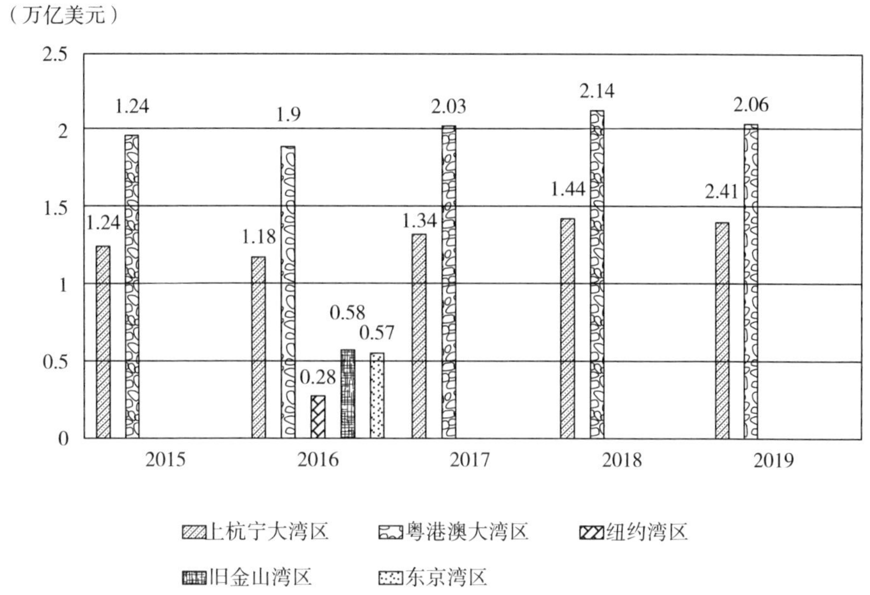

图 3.1　世界五大湾区进出口总额的比较

数据来源：上杭宁大湾区和粤港澳大湾区相关数据来源于国家统计局和相关省市统计年鉴。其中，香港数据来源于香港特别行政区政府统计处：https://www.censtatd.gov.hk/home.html，澳门数据来源于澳门特别行政局统计暨普查局：https://www.dsec.gov.mo/zh-MO/。纽约湾区和旧金山湾区各县数据来源于 U.S. Bureau of Economic Analysis (BEA)：https://www.bea.gov/ 和 Federal Reserve Economic Data：https://fred.stlouisfed.org；东京湾区数据来源于日本内阁府：https://www.esri.cao.go.jp/index.html。

上杭宁大湾区人才国际化程度偏低，以人才吸聚能力最优的上海为例，2018 年沪常住外国人已达 17.2 万，比例不到上海人口总量的 1%（0.71%），不论总量还是占比均低于粤港澳大湾区（70 万、1.12%），更是低于世界三大湾区（257 万 ~ 575 万人、2.28%~33.94%）。上杭宁大湾区外来游客人数 3089 万人次，只占粤港澳大湾区的 36%、占纽约湾区的 51%。说明上杭宁大湾区在全球影响力和吸引力方面还不如粤港澳大湾区。

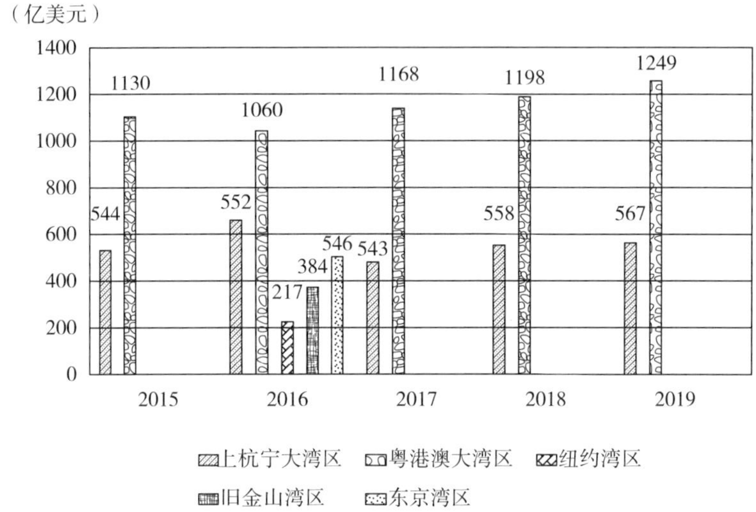

图 3.2　世界五大湾区外商直接投资总额的比较

数据来源：上杭宁大湾区和粤港澳大湾区相关数据来源于国家统计局和相关省市统计年鉴。其中，香港数据来源于香港特别行政区政府统计处：https://www.censtatd.gov.hk/home.html，澳门数据来源于澳门特别行政局统计暨普查局：https://www.dsec.gov.mo/zh-MO/。纽约湾区和旧金山湾区各县数据来源于 U.S. Bureau of Economic Analysis (BEA)：https://www.bea.gov/ 和 Federal Reserve Economic Data：https://fred.stlouisfed.org；东京湾区数据来源于日本内阁府：https://www.esri.cao.go.jp/index.html。

2. 市场机制不断完善，但还存在体制和制度壁垒

上杭宁大湾区虽然在行政区划上涉及两省一市，但是地缘相邻、人缘相亲、文化相近，城市之间的互动合作历来频繁。特别是近年来上杭宁大湾区发展态势愈益明显，接轨大上海、融入长三角，实现区域协同发展正在成为各市共识。而且，上杭宁大湾区的集聚效应和辐射效应都较强，形成了以上海为龙头，以苏州—无锡、杭州、宁波和南京分别为副中心的城市群，对资本、高新技术、高素质劳动力等生产要素都具有很强的吸引力，同时经济、金融、投融资等各项制度改革一直走在全国

前列，使大湾区成为商品流通、人口流动、资金融通、技术交易等经济活动的高度聚集地。

自由市场不是完美的，但是自由市场是人类迄今为止发现的配置资源最有效率的机制。上杭宁大湾区的协调合作主要是以政府推动为主，行政分割的障碍仍然存在，还存在体制和制度壁垒，经济手段运用不充分，市场机制作用发挥不足，实现人流、物流、资金流、信息流“四流”自由融通还存在一定的难度。长期以来，各地走向了以土地征用、开发和出让为主的发展模式，推动大招商、大城建，这种模式运行至今，其经济社会问题暴露越来越多、越来越严重，而且其不可持续性问题越来越凸显。主要是：各地政府干预资源分配的情况仍然存在，突出表现为资本以土地要素为中心进行配置，新兴产业、科技创新难以获得足够的金融支持，金融市场偏向大中型企业，炒地和炒房，房价高企，资金脱实向虚。

（四）区位优势十分明显，基础设施较为完善，但还缺乏一体化对接和统筹管理

上杭宁大湾区地理区位优势十分明显，基础设施在服务总量上占有压倒性优势，但与世界三大湾区相比，还缺乏一体化规划建设，以及统筹管理、智能管理，难以发挥基础设施网络化、智能化和互通互用、形成规模效应和降低物流成本等作用。

1. 区位优势得天独厚

上杭宁大湾区具有“拥海、抱湾、通江、聚城”的独特地理造型，具有发展湾区经济得天独厚的地理区位优势。上杭宁大湾区属东部季风

区，亚热带湿润季风气候，气候温和，土地肥沃；上杭宁大湾区具有两大河口，长江入海口和钱塘江入海口，形成长江下游及长江口的北翼即长江湾区、杭州湾和浙江东部沿海地区的南翼即杭州湾区，进而形成以上海为中心的“Σ”（西格玛）形大湾区，上杭宁大湾区包括上海市、南通市、苏州市、无锡市、常州市、泰州市、镇江市、扬州市、南京市、嘉兴市、杭州市、绍兴市、湖州市、宁波市、舟山市和台州市等16个城市，这与长三角区域核心区域高度重合，面积为10.72万平方公里，分别占长三角区域总面积的30.4%和中国国土面积的1.11%。上杭宁大湾区把江浙沪紧密连接在一起，形成了以上海为中心，南京、杭州、苏州—无锡、宁波为副中心的大湾区，形成了以“一核四圈”布局的城市群——一核是上海都市圈，四圈是杭州都市圈、南京都市圈、苏锡南都市圈和宁波都市圈。整个上杭宁大湾区拥有一个超级中心——上海；两个世界级超级大港——集装箱吞吐量第一的上海港与货物吞吐量第一的宁波舟山港；三个国家级新区——上海浦东新区、舟山群岛新区、南京江北新区；三个自贸区——上海自贸区（含新片区）、浙江（舟山）自贸区和江苏自贸区。

上海处于长江湾区，是上杭宁大湾区的龙头。上海在长期的开发建设中，形成了黄浦江湾区。黄浦江蜿蜒向北汇入长江，自北向南从江形看有三个比较明显的“弯”，最北边的当然是靠近长江口的外高桥区域，还有一个最大的“弯”就在陆家嘴区域，另一个较小的“弯”在前后滩区域，这三个“弯”所形成的浦江两岸湾区，正是上海黄浦江湾区经济的最大亮点。其中浦东陆家嘴和黄浦外滩、虹口北外滩所组成的“黄金湾区”已发展成为上海综合实力最强大的都市区，浦东前后滩和徐汇西岸所构成的原世博区域也正建设成为又一个“钻石湾区”，而浦东外高桥和宝山吴淞所围成的江口区域至少将是“珍珠项链级湾区”。上海已实现从沿河（苏州河）向临江（黄浦江）和滨海（东海、太平洋）共同发展的新阶段，黄浦江两岸贯通所营造的软环境将会推动高端服务业更加快速的集聚，洋山深水港建成和临港大开发以及东部海岸线综合生态改善，特别是上海自贸区和临港新片区的建设将为海洋经济的快速崛起提供新的契机。可以说，上海所特有的“濒江临海”区位优势，必将推动湾区经济发挥越来越重要的功能作用（李幼林，2017）①。

上杭宁大湾区战略区位优势异常重要。上杭宁大湾区位于中国的黄金海岸与黄金水道的交汇处，位居中国“弓箭形”江海格局的关节点上；位于中国海岸线的正中间，东亚地理中心和西太平洋的东亚航线要冲、“一带一路”和长江经济带交汇处，东临黄海、东海，西至杭州与南京，南北沿海分别至宁波和南通，通江达海；上杭宁大湾区与粤港澳大湾区及京津冀地区地处环太平洋和环印度洋两大板块交界地带。更为特殊的是，上海东邻日本，是亚太地区数一数二的国际窗口，是北冰洋连接欧洲的蓝色经济通道的起点，对外直接面向东亚及整个环太平洋地区和环印度洋地区，是海上丝绸之路的重要战略枢纽；对内可通过长江辐射包括长江经济带和陆上丝绸之路经济带的中西部地区，拥有长三角城市群和长江经济带广阔的腹地，沟通海内外的集散枢纽优势明显，是连接陆上丝绸之路经济带与海上丝绸之路的重要枢纽，日益成为“一带一路”的桥头堡。长三角港口群是中国与“一带一路”沿线各国人员和货物往来的重要港口枢纽，上海国际航运中心汇集多条国际主要航线，将成为中国“走出去”“引进来”的重要枢纽。

上杭宁大湾区最大优势之一就是腹地广阔，并依托长江黄金水道，可以将广阔的腹地连通。加上铁路、公路包括高铁、高速公路等陆路交

① 李幼林：“‘湾区经济’的上海启示”，载于《中国经济特区研究》，2017 年第 12 期。

通发达，使上杭宁大湾区与长江经济带和中西部地区的联系更加紧密，这为上杭宁大湾区特别是上海与广阔腹地的联动发展奠定了坚实的基础，今后随着硬件和软件不断地完善，这种相互之间通过优势互补、优势共享和优势叠加，把分散的经济活动有机地组织起来，把潜在的经济活力激发出来，形成一种合作生产力，从而使区域间的联动协同效应更加强大，必然像巨龙一样“走出去”“引进来”，强力推动长三角和长江经济带高质量发展。

显然，上杭宁大湾区与其他湾区不同，拥有独特的地理区位优势和独有的战略地位，既可以作为中国对外扩大开放、参与世界经济合作与竞争的重要平台，又可以作为对内辐射带动内陆经济发展的理想集散地。

2. 基础设施优势十分明显

目前，上杭宁大湾区基础设施不断整合，拥有世界级海港群、空港群及铁路、公路、高速公路网密度全国领先，基本形成了以公路、水运、铁路、航空、管道等多种运输方式为主的综合立体的便捷通达的交通网络体系，大型基础设施较为完善并初步互联互通，高效便捷，为打造内联外通的产业发展格局奠定了强有力的基础设施支撑。大湾区集中了上海港、宁波舟山港等多个世界级港口，是亚太地区最重要的港口群之一，也是国际上少有的江海联运的枢纽点。这些已经形成了以上海港为中心，以江苏、浙江两部分港口为两翼的港口总体布局，水陆交通完善，湾区港口十分发达。上杭宁大湾区在2020年《苏氏日报》全球100大集装箱港口排行榜中有4个，仅次于粤港澳大湾区（5个）（见表3.6）。航空方面，大湾区分布有浦东、虹桥、禄口、萧山等机场，还有在南通将要建成的新机场等。根据“国际机场协会”（ACI）的调查，2019 年全球最繁忙机场 50 强中，上杭宁大湾区有 2 个，其中浦东机场名列第 9。特别是与其他四个湾区相比，上杭宁大湾区机场旅客吞吐量和港口集装箱吞吐量都是最多的。2016 年机场旅客吞吐量达到 1.9 亿人次，港口集装箱吞吐量达 6987.59 万 TEU，占全国的 32.06%（见表 3.6 和表 3.7），分别是粤港澳大湾区的 1.07 倍、纽约湾区的 15.02 倍和旧金山湾区的 30.78 倍；上海港货运量连续多年保持全球第 1 位，宁波舟山港排位也较前（第 3 或第 4 位）。2021 年 2 月，国家发布了《虹桥国际开放枢纽建设总体方案》，随着这一方案的实施，上杭宁大湾区基础设施优势将更加明显。

表 3.7　上杭宁大湾区规模以上港口完成集装箱吞吐量

港口	规模以上港口完成集装箱吞吐量（万 TEU）	占上杭宁大湾区的比重（%）
上海	3713.33	53.14
苏州	540	7.73
南通	82.69	1.18
南京	307.32	4.4
镇江	37.3	0.53
嘉兴	134.22	1.92
宁波舟山	2156.71	30.86
台州	16.02	0.23
合计	6987.59	32.06（占全国）

注：以上数据为 2016 年数据。

3. 基础设施统一规划、一体化建设，统筹管理、智能管理还不够到位

德国人文地理学家 F. 拉采尔曾指出：“交通是城市形成的力，是连

接城市的重要枢纽，是城市发展运送人流、物流的重要通道，交通的便利性，对于一座城市的崛起有着重要的意义。”但上杭宁大湾区基础设施规划建设方面还存在诸多问题，在一定程度上阻碍了大湾区规模效应的发展。

一是基础设施亟待一体化对接。跨区域交通基础设施的规划、建设、运营的协调机制有待完善，受行政体制制约等方面因素的影响，湾区公、铁、水、空等不同方式交通设施缺乏综合规划，缺乏功能统筹与协同发展，各港口、机场间同质化竞争较多，分工协作、功能互补相对较少。上杭宁大湾区发展规划首先要处理好上海、南京和杭州等城市功能定位和相互关系，以及区内相关基础设施（例如机场、港口等）的定位、配套和协调，避免重复建设和恶性竞争。在未来大湾区不论是机场、高铁、城际铁路还是其他重大项目，都不能仅考虑跨境的问题，而要综合考虑城市内交通体系的一体化建设，以全局、系统的眼光，站在交通大系统的角度统一规划和建设。

二是交通网络布局还不完善。上杭宁大湾区交通系统仍存在诸多不便、痛点、盲区，如省与省之间断头路现象依然存在，城市间、行政区间的交通联系尚未实现高效通畅。城镇间以高等级道路为主，区域间次要等级公路和城市道路、支路网衔接不畅。东西向铁路运输能力不足，京沪、沪昆、京九、陇海、华东二通道等铁路能力利用率已接近或超过 100%，极大地制约了区域之间和对外的货物运输。机场分布零散，除上海虹桥和浦东机场距离较近外，其他主要机场之间距离较远，均在 100 公里以上，合力不足，抑制客货运发展。每万平方公里建成机场约 1 座，远低于美国（5.3 座）、法国（2.4 座）、德国（2.2 座）、日本（4.6 座）的公共运输机场密度。长江下游深水航道没有全线贯通，存在多处瓶颈，航道安全隐患突出（熊娜等，2019）[①]。城市间的通勤时间依然较长，城市间轨道交通和城际公交发展不足。上海辐射区域的交通网络也有待完善，如浦东国际机场与区域铁路系统脱节，无法与区域腹地形成快速直达的交通联系；沿海地区缺乏足够的快速通道，沿海铁路通道方向尚未完全打开等。同时，区域内各种交通方式衔接还不够畅通。与浦东机场、虹桥机场、洋山深水港、宁波—舟山港等枢纽型基础设施体系相衔接的跨区域交通网络体系、物流配送体系、信息平台等支撑基础设施，以及管理运行模式等还很滞后。在 300 公里范围内，有虹桥、浦东、南京、杭州四个国际机场，上海机场与南京、杭州机场之间的交通，不论何种交通方式都需要 4 个小时以上，与世界级枢纽机场不相称。多式联运的一体化运输体系滞后，包括海铁、公铁、水运特别是铁路联运推进工作进展较缓慢。上海港集装箱集疏运，80% 通过公路完成，16% 通过内河运输完成，铁路对港口的支撑上亟待提高。

三是基础设施统筹管理、智能管理还很缺乏。传统的交通组织模式难以匹配城际出行人群对规律性、高频次和高时效性的要求。区域间仍存在诸多体制和行业壁垒，导致政策环境不一致、市场统一标准体系不完善、市场一体化时序不一等问题，以致出现省际断头路、断头航道，行政执法各自为政、对接不畅、效率不高，限制运输要素自由流动（张治栋等,2018）[②]，运输市场分割。上海、浙江、江苏智慧公交各成体系，兼容不够，对接不畅，公交、地铁、出租车（包括网约车）难以实现标准统一、制式统一。各地交通管理、法规及执法标准不一，口岸执法部

① 熊娜、郑军、汪发元："长三角区域交通高质量一体化发展水平评估"，载于《改革》，2019 年第 7 期。

② 张治栋、吴迪、周姝豆："生产要素流动、区域协调一体化与经济增长"，载于《工业技术经济》，2018 年第 11 期。

门信息互换、监管互认和执法互助还存在一定障碍。各行政区对财政、税收、就业等经济发展产生的利益诉求差异，使有效的责权利配置机制和可持续的成本收益合理分配与循环增长机制难以形成。交通等基础设施的相关信息联通不畅，信息一体化滞后于市场需求，相关管理政策、制度一体化滞后；还缺乏协同性，信息孤岛问题较为严重，信息共享、运营管理经验的借鉴等尚未形成优势互补、合理分工的局面。例如，铁路、地铁等轨道交通企业各成体系，铁路企业与地方条块分割，缺乏协同的内在动力。轨道交通线网密度、轨道分担率与其他世界级城市圈存在较大差距。陆海空联动、港口一体化等尚未形成合理的分工格局。集疏运网络不完善，核心港口货运和集装箱吞吐量增速放缓，区域分担率下降，货运集疏面临较大的压力。在城市道路交通管理服务信息化方面，上杭宁大湾区各地尚未建立统一的公共信息。服务平台，交通运输市场分割，导致服务、管理标准和执法力度难以统一，地区保护现象仍然存在。高铁、航空、港口等对外沟通信息相互独立，客运和货运信息难以实现有效对接、互联互通，影响换乘和换运效率；交通违法、交通事故处理、加气站、车辆事故理赔、停车系统等仍遵循属地原则，驾驶员难以享受跨区域同城化标准服务。虽然上海港口集装箱吞吐规模居全球首位，航运服务已初具规模，但某些航运服务与新加坡、伦敦相比仍有明显差距。特别是航运交易与信息、航运金融与保险、海事法律与仲裁、航运研究与咨询、航运教育与培训等航运服务发展缓慢（熊娜等，2019）[①]。

---

① 熊娜、郑军、汪发元："长三角区域交通高质量一体化发展水平评估"，载于《改革》，2019 年第 7 期。

（五）拥有密集的城市群落和产业集群，但城市及其产业分工和协同尚待优化

上杭宁大湾区拥有密集的城市群落和产业集群，与粤港澳大湾区相比，略有优势，但与世界三大湾区差距较大，区域合作协同机制还不够完善，城市及其产业难以实现合理和有效的分工，综合竞争力尚待提高。

1.“一核四圈四带两走廊”的空间结构日益清晰

NOAA① 发布的 2008 ~ 2017 年长三角灯光亮度图显示，上杭宁大湾区“一核四圈四带”的空间结构日益清晰，南京—苏州—无锡—上海—杭州—宁波组成的“Z”字形轮廓愈加清晰，南京、杭州、苏锡南、宁波四大都市圈均已由点串联成面，沿海发展带、沿江发展带、沪宁杭甬发展带和沪杭金发展带已经形成，一个超大规模的城市群逐步显现，被公认为全球第六大城市群。而且，上海作为龙头城市的能级大幅度提升，国际化程度快速提高，综合优势突出。同时，南北两翼核心区的多个城市，经济总量以更快的速度增长，并且形成了相对于上海比较优势明显的产业结构体系，并且成为全球价值链的一部分，在上杭宁大湾区的作用和地位越来越高。

“一核”指上海都市核心，起到龙头带动的核心作用和区域中心城市的辐射带动作用。“四圈”是指：南京都市圈，包括南京、镇江、扬州

① NOAA 是“National Oceanic and Atmospheric Administration”的缩写，是指美国国家海洋和大气管理局，该机构隶属于美国商业部下属的科技部门，主要关注地球的大气和海洋变化，提供对灾害天气的预警、海图和空图的管理，以及对海洋和沿海资源的利用和保护，研究如何改善对环境的了解和防护。

常州、泰州五市；杭州都市圈，包括杭州、嘉兴、湖州、绍兴四市；苏锡南都市圈，包括苏州、无锡、南通三市；宁波都市圈，包括宁波、舟山、台州三市。“四带”是指沪宁杭甬发展带，依托沪汉蓉、沪杭甬通道，发挥上海、南京、杭州、宁波等中心城市要素集聚和综合服务优势；沿江发展带，依托长江黄金水道，打造沿江综合交通走廊，增强对长江中游地区的辐射带动作用；沿海发展带，实施陆海统筹，协调推进海洋空间开发利用、陆源污染防治与海洋生态保护，为推进海洋强国战略作出积极贡献；沪杭金发展带，依托沪昆通道，连接上海、嘉兴、杭州、金华等城市，发挥开放程度高和民营经济发达的优势，统筹环杭州湾地区产业布局，加强与衢州、丽水等地区生态环境联防联治，提升对江西等中部地区的辐射带动能力。“两走廊”指上杭宁大湾区机场群与世界各地主要机场所形成的高效快捷的空中航线，以及上杭宁大湾区港口群与世界各地主要港口所形成的海上航线。其中，“空中走廊”已经形成了以上海两个机场为国际枢纽、南京和杭州为干线机场、多个支线机场布点的，规模适当、结构合理、功能完善的机场群；“海上走廊”逐渐形成“以上海为中心、以宁波—舟山港为南翼、以洋山港为北翼、以长江诸港为纵深”的组合港口群发展战略和总体框架，成为世界海运网络中越来越重要的组成部分。这些将通过“内通外联、通江达海”“走出去”“引进来”，不仅可以改写世界海运经济地理格局，而且能够强有力推动长三角经济高质量发展和海洋强国发展。

与此同时，上杭宁大湾区拥有长三角城市群和长江经济带作为重要腹地，人流、物流丰沛，多式联运发达，与“一带一路”沿线各国往来密切。上杭宁大湾区已经不再是龙头城市上海的单极化发展形态，而是一个强两翼核心区与龙头城市上海同频发展的多中心格局。上杭宁大湾区北翼核心区的苏锡南都市圈、南京都市圈，则形成多个制造业集群，其中苏南地区，甚至以“世界工厂”著称；其南翼的杭州都市圈、宁波都市圈，则成为中国著名的民营经济和互联网经济重镇。2020 年，上杭宁大湾区中，进入“万亿元俱乐部”的城市有 7 个，依次为上海、苏州、杭州、南京、无锡、宁波和南通；GDP 总量分别为 3.87 万亿元、2.02 万亿元、1.61 万亿元、1.48 万亿元、1.24 万亿元、1.24 万亿元和 1 万亿元，而同期全国共 24 个 GDP 过万亿元的城市 GDP 总量达到 40.72 万亿元。上杭宁大湾区 GDP 过万亿元有 7 个城市，GDP 总数达 12.46 万亿元，分别占全国 GDP 过万亿城市个数的 30% 和全国过万亿城市 GDP 的 30.6%；而粤港澳大湾区只有深圳、香港、广州和佛山 4 个城市，其 GDP 总数达 8.72 万亿元，分别占全国 GDP 过万亿城市个数的 17% 和全国过万亿城市 GDP 的 21.4%（见表 3.8）。上杭宁大湾区总体实力更为强大。

表 3.8　2020 年上杭宁大湾区和粤港澳大湾区 GDP 万亿元俱乐部比较

	上杭宁大湾区		粤港澳大湾区	
1	上海	3.87	深圳	2.77
2	苏州	2.02	香港	2.37
3	杭州	1.61	广州	2.50
4	南京	1.48	佛山	1.08
5	无锡	1.24		
6	宁波	1.24		
7	南通	1.00		
合计		12.46		8.72
占全国 24 个（含中国香港、不含中国台湾）GDP 过万亿城市（40.72 万亿元）的比重（%）		30.6		21.4
准万亿城市			东莞	0.97

数据来源：GDP 数据来源于各地统计局初步核算，其中香港数据为其全年 GDP 的预估值。

2. 上海核心城市能级不断提升

作为上杭宁大湾区的龙头城市，上海的经济总量始终遥遥领先，绝对优势依然突出。上海经济总量远远高于其他单体城市，上海 GDP 是第二大城市苏州的 1.92 倍，是其他 6 个万亿元级城市的 2 ~ 4 倍。特别是上海自贸区和临港新片区的建设，将极大提升上海核心城市的能级，加快推进“国际经济中心、国际金融中心、国际贸易中心、国际航运中心”和“具有全球影响力的科技创新中心”建设。从表 3.8 可以看出，上杭宁大湾区龙头城市上海核心城市的能级总体上远大于深圳、香港和广州，核心城市的辐射作用更为强大，同时，还能充分发挥其他副中心城市对周边城市的辐射带动作用。正如中国城市规划设计研究院《“一带一路”倡议下的全球城市报告》指出，全球顶级城市格局正在从以西方城市为主导走向东方城市崛起，“亚洲世纪”有望开启。世界百年大变局下，中国将有机会成为全球供应链“双循环”体系的新枢纽，为全球发展贡献新动能。上海在新一轮全球经济合作与竞争中将会有更大的发展机会。

3. 具备打造世界级产业集群的基础条件

上杭宁大湾区产业综合实力处于国内领先地位，区内产业互补或共生的趋势日益明显。上海作为核心城市的能级大幅度提升，国际化程度快速提高，综合优势突出，基本形成了以金融、信息为主导的现代服务业，以跨国公司区域性总部为标志的创新中心与营销中心基本形成，其优势主要是研发基地、服务高地、高端制造与国际化前沿，日渐融入全球价值链的中高端，在大湾区的作用和地位越来越重要。大湾区南北两翼是湾区的重要产业基地，两翼核心区的多个城市，经济实力显著增强。北翼核心区的苏南地区以大公司和外资企业为依托，在化学原料及化学制品制造业、机械工业和电子通信制造业等工业领域具备了一定的基础与优势，甚至以“世界工厂”著称。南翼核心区则以中小企业和区域特色经济为支撑，在传统劳动密集型制造业上具有明显的竞争优势，成为中国著名的民营经济和互联网经济重镇。不仅如此，两翼核心区还形成了高度集群化和高链接度的产业生态，完善的产业链和庞大的产业集群构成了在全国范围内最具活力与良好植根性的产业生态；不仅在传统制造业方面实力雄厚，还在各类新兴产业领域逐步发力，比如电子信息产业、智能制造、物联网、新材料、新能源、生命健康、网络经济、共享经济等，并形成了一定的竞争优势，正在转向创新驱动的新阶段。中国社会科学院经济研究所2014年公布的《中国百佳产业集群》名单显示，中国最具特色和发展潜力的100个城市当中，上杭宁大湾区是产业集群经济最活跃的地方，有32个产业集群。

4. 与世界级城市群的高标准还有较大差距

一是核心城市上海与主要全球城市相比尚有差距。根据2018年全球化与世界城市（GaWC）研究网络编制的《世界城市名册2020》，伦敦和纽约占据前两位，是国际化程度最高的世界级城市，多年来一直都是“一线特强城市”。“一线强城市”包括香港、新加坡、上海、北京、迪拜、巴黎、东京。上海在排行榜上位列第5位，排在伦敦、纽约、香港和新加坡之后。从总体上看，上海资源配置能级还不够强，国际影响力和国际吸引力偏弱，尚不具有引领世界城市发展的能力。纽约是全球的经济、金融和服务中心，纽约证券交易所拥有全球最大的上市公司总市值，足以获得其他任何城市短期内都难以超越的世界经济控制地位。相比之下，上海的差距表现在国际化的功能还很薄弱，服务经济发展不够充分、金融服务实体经济能力不强、绿色城市发展滞后；对外国际竞争力较弱，参与国际分工的层次较低，国际人才吸引力不强；对周边地区的辐射力还不够强，带动长江流域经济发展的龙头作用发挥不够。

特别是，随着全球化步伐的减慢，美国逆全球化的冲击，全球贸易增长率连续低于全球经济平均增长率，欧美发达国家的跨国公司回流母国等，这对一直保持较高外贸依存度的上海而言无疑有一定的冲击。原来依靠引进外资和大规模要素投资驱动的经济发展模式受到很大制约，原有驱动机制的衰减对上海全球资源配置能力的发展形成较大制约。引人注意的是，上海高端要素的吸引力在不断增强，国外公司来上海建立的全球联系较多，但上海本地成长起来的跨国公司较少，从上海到国外发展，从而建立网络联系的较少，全球影响力不强。上汽集团、宝钢集团、绿地集团和百联集团虽榜上有名，但这些企业的海外战略还处在收、并购阶段，还没有建立起面向全球经营的网络联系（蒋传海，2016）[①]

二是缺乏具有国际影响力和竞争力的多圈多核的经济核心区，而且功能定位不够明晰，产业结构同构率较高。世界三大湾区都形成了巨大的国际影响力，发展模式是一中心或多中心组团式格局。纽约湾区形成了以纽约为核心、包括纽瓦克、纽黑文和布里奇波特等城市的拥有很强国际影响力和竞争力的城市群；旧金山湾区是一个多核心结构的区域，拥有旧金山、圣何塞和奥克兰等三个核心城市；东京湾区形成了以东京为核

---

① 蒋传海："未来 30 年上海全球城市资源配置能力研究：趋势与制约"，载于《科学发展》，2016 年第 8 期。

心、包括横滨、千叶和川崎等城市的具有较强影响力和竞争力的城市群；而上杭宁大湾区核心城市上海为一线强城市，其国际影响力和竞争力远不如纽约，杭州和南京（二线城市）的国际影响力和竞争力还不如广州和深圳（一线弱城市）。苏州和宁波分别为三线强城市，无锡和珠海为四线城市。还有城市功能定位同化、产业选择高度雷同。例如，大多数城市把电子信息产业、高端装备制造、新能源、新材料、节能环境、生物医药等选为未来发展的战略新兴产业。

三是跨区域环境问题突出。上杭宁大湾区在城市建设上存在着无序蔓延等问题，国土空间利用效率待提高。同时，随着城市群对资源的提取需求及排放数量的相应增加，区域内排污综合治理越来越迫切。生态环境压力持续加大。从历史看，全球资源的流向和结构带有明显的地理禀赋特征，禀赋条件越好的区域越能够集聚全球资源。未来 30 年，上海的生态与空间承载力会对上海全球资源配置力形成制约，主要表现在土地、水、大气等方面。未来上海作为中国主要的人口导入区，人口还会增长，人均资源需求量也会增加，住房、车位、道路、文教医疗等公共服务设施、绿化面积，这些又需要土地，冲突非常明显。生态环境风险明显增加，尤其是空气和水。上海地处长江流域入海口。大气和水严重受长江中上游流域的影响，生态环境风险压力日益加大。这些因素都可能阻碍全球高端要素资源集聚上海。由于中国大城市生态环境恶化，一个悄然发生的事实是跨国公司的海外高管赴中国大陆履职意愿在下降，未来生态环境很可能成为跨国公司选址的重要判别变量（蒋传海，2016）[①]。

① 蒋传海："未来 30 年上海全球城市资源配置能力研究：趋势与制约"，载于《科学发展》，2016 年第 8 期。

5. 与世界级产业集群的差距较大

一是产业整体仍处于国际分工中低端。中国信通院发布的《中国工业经济发展形势展望（2020）》白皮书认为，虽然在世界500种主要工业产品中中国有220多种产量位居世界第一，从2010年起连续保持世界第一工业大国的地位，但在关键核心技术上仍受制于人，在核心基础零部件、关键基础材料、基础技术和工业等产业对外依存度在50%以上，集成电路的进口依赖占比为80%，大型优质铸锻件的进口占比为90%，高档液压件、密封件的进口占比接近100%，芯片、功率元器件的国际供应仍然紧张。以集成电路产业为例，2014年以来中国集成电路进口连续超过2000亿美元，中国装备制造业产值突破20万亿元，高居世界首位，但约90%的高档数控机床和数控系统严重依赖进口。机床作为“工业之母”，所担负的加工工作量占机器总制造工作量的40% ~ 60%。2015年，中国机床贸易逆差54亿美元，为全球之最。中国一方面是全球最大的机床工具的生产国和消费国，另一方面也是全球最大的机床贸易逆差国。2017年中国高档数控机床的国产化率在6%左右，但从需求方面看，2013年中国高端数控机床的需求占比已经达到10%左右，2017年大约为15% ~ 20%，与6%的国产化率相比差距甚大（任天辉等，2018）[①]。基础配套能力不足，核心零部件受制于人，基础制造工艺落后，关键材料依赖进口。上杭宁大湾区作为电子信息产业最发达的区域之一，与全国一样产业还处于国际分工的中低端，在世界生产体系中的基本角色还是加工装配者，很有可能出现被“低端锁定”的不利局面。

---

① 任天辉、樊艳阳：“机床深度报告：涅槃再生，工业之母待突围”，载于《东兴证券》，2018-05-16。

表 3.9 世界五大湾区基础数据（3）

序号	项目	上杭宁大湾区	粤港澳大湾区	纽约湾区	旧金山湾区	东京湾区
1	代表产业	金融、电子信息、航运、装备制造、汽车	金融、电子信息、互联网、航运、旅游	金融、航运、计算机	金融、电子信息、互联网、生物和高科技	金融、装备制造、钢铁、化工、现代物流和高科技
2	代表企业	远洋海运、绿地、上汽、宝武、交通银行和浦发银行	华为、腾讯、招商银行、大疆	IBM、花旗、AIG、摩根士丹利、摩根大通、纳斯达克证交所	苹果、谷歌、微软、思科、英特尔、惠普、朗讯、甲骨文、Facebook	索尼、三菱、富士通、NEC、佳能、丰田、东芝
3	主要城市	上海、南京、苏州、无锡、杭州、宁波、南通等 16 个城市	中国香港、深圳、广州、中国澳门等 11 个城市	纽约、纽瓦克、纽黑文、布里奇波特	旧金山、奥克兰、圣何塞	东京、横滨、、千叶川崎、船桥
4	主要特点	以群星璀璨之势，上海周边的苏州、无锡、杭州、宁波等 10 余座大中城市与上海形成多点并重快速发展、多层次经济圈、制造业基地和投资中心，形成更加紧密的整体	一国两制，中国香港金融中心、航运中心、贸易中心，中国澳门娱乐休闲中心，广深科技金融中心，经贸发达，人口密集	国际湾区之首，58 所大学，两所世界著名大学，世界金融中枢，国际航运中心，聚集 100 多家国际著名的银行和保险公司总部	拥有斯坦福大学、加州大学伯克利分校等 20 多所著名院校，美国西部最大的金融中心，美国高新技术产业集中地区，科技创新是旧金山经济增长的强大引擎	日本最大工业城市群和航运中心、商贸中心、消费中心，世界首个人工规划的湾区，是人工规划富人区的典范
5	地域划分依据	《长江三角洲区域一体化发展规划纲要》	粤港澳大湾区发展规划细要	区域规划（先后 4 次）	每 5 年做一次规划	首都圈基本计划、《首都圈整备计划》（先后 6 次）

二是产业功能分工体系有待重构。上杭宁大湾区产业结构协同上总体要优于粤港澳大湾区，产业分布更加全面，彼此之间能形成较好的协同促进作用；而粤港湾大湾区中的深圳、广州及其他7个城市制造业占据绝对的主导地位，产业间的协同配合还存在不少问题，中国香港与中国澳门则因为制度差别等，与内陆协同还需要进一步沟通和对接。与世界三大湾区相比，上杭宁大湾区产业体系长期缺乏统筹规划和系统性顶层设计，分工合理、优势互补，与各具特色的产业空间新格局亟待重塑。服务业不够发达，特别是生产型服务业发展明显不足。

总之，上杭宁大湾区各地受利益和政绩的驱动，特别是依靠行政命令手段，容易造成城市间功能联系少、定位重合等问题，不利于形成世界级产业集群和世界级城市群。当然，区域一体化不能简单地依靠行政命令，强制发展什么，限制什么，从而损坏或侵占任何一方协作政府的利益；而恰恰需要改变旧的管理模式，形成符合新发展理念和高质量发展的模式及其相应的合作协同机制。

（六）国际金融中心正在形成，但金融助推发展的综合效应尚未充分发挥

虽然国际金融中心建设加快推进，但与粤港澳大湾区特别是中国香港相比，仍有一定的差距，与世界三大湾区差距更大，特别是金融服务实体经济的能力差距较大，还难以发挥金融助推湾区及周边发展的综合效应。

上杭宁大湾区基本上形成了以上海为中心，浙江、江苏为依托的长三角金融布局。上海的基础设施以及各种门类的金融交易所日渐齐全，金融生态环境逐步走向成熟。上海金融市场体系进一步完善，初步形成

了包括股票、债券、货币、外汇、票据、期货、黄金、保险、产权交易市场等在内的全国性金融市场体系，已经逐渐形成了交易场所多层次、交易品种多样化和交易机制多元化的金融市场体系，是国际上少数几个市场种类比较齐全的国际金融中心之一。而且，多个品种交易量位居全球前列。中国 2018 年保险业保费收入达到 3.8 万亿元，连续三年成为全球第二大保险市场，随着经济的发展，成为全球最大的保险市场也为期不远。

上海金融机构体系更加健全，金融中心影响力大幅提升。根据英国智库 Z/Yen 集团发布第 28 期（2020 年）全球金融中心指数（GFCI28），全球前十大金融中心排名依次是：纽约、伦敦、上海、东京、香港、新加坡、北京、旧金山、深圳、苏黎世。上海综合得分排名再次上升，超过东京首次跻身全球前三强。近年来，金砖国家新开发银行、全球清算对手方协会（CCP12）、人民币跨境支付系统（CIPS）、中国保险投资基金、中国互联网金融协会等一批重要金融机构或组织相继落户上海，上海金融业的辐射力和影响力明显提升（易纲，2019）[①]。据贝克·麦坚时数据显示，2020 年纽约两大交易所纽交所和纳斯达克证券交易所 IPO 募资分别达到 790 亿美元和 720 亿美元，香港港交所以 480 亿美元的 IPO 募资额位居第三，上海证券交易所（以下简称“上交所”）位居第四，IPO 融资额约 470 亿美元。2020 年，上交所上市企业总市值约 6.98 万（见表 3.10）亿美元，市值超过东京证券交易所，位居第三，已成为全球重要的金融要素市场。上杭宁大湾区存款总额从 2009 年起超过粤港澳大湾区存款总额，到 2019 年存款总额已达到 36.36 万亿元（见图 3.3）；上杭宁大湾区贷款总额从 2006 年起超过粤港澳大湾区贷款总额，到 2019 年贷款总额已达到 28.87 万亿元（见图 3.4）。2017 年上海金融市场交易总额

① 易纲：“大力支持上海加快国际金融中心建设”，载于《中国金融家》，2019 年第 7 期。

约1430万亿元，拥有持牌金融机构1537家，成为中外金融机构的重要集聚地，金融业占上海GDP总值的比例已超过17%。金融改革创新全面推进，金融业务创新日益活跃。在国家许多重大金融改革和开放方面，上海都扮演着“先行先试”的角色，尤其是上海自贸试验区成立以来，2019年又增设临港新片区，自贸区的一批重大金融改革举措已经或将陆续落地实施，并在全国复制和推广。

表3.10　2020年世界证券交易所市值排名　单位：万亿美元

1	纽约证券交易所	26.23
2	纳斯达克证券交易所	19.06
3	上海证券交易所	6.98
4	东京证券交易所	6.72
5	香港交易所	6.48
6	泛欧交易所	5.44
7	深圳证券交易所	5.24
8	伦敦证券交易所	4.05
9	多伦多证券交易所	2.61
10	孟买证券交易所	2.55

图3.3　上杭宁大湾区和粤港澳大湾区存款总额比较

资料来源：国家统计局。

续表

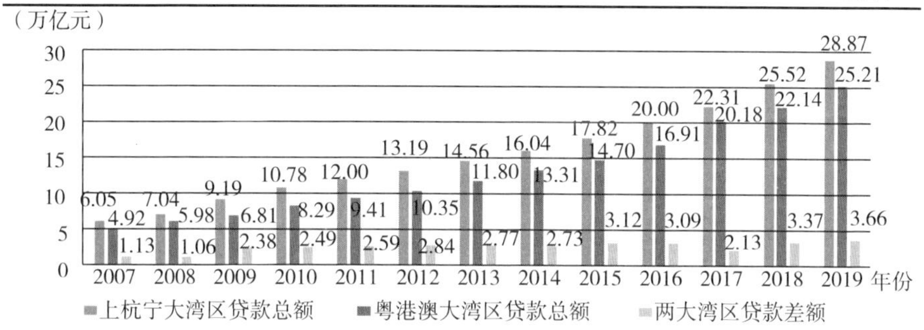

图 3.4　上杭宁大湾区和粤港澳大湾区贷款总额比较

资料来源：国家统计局、中国香港政府统计处、中国澳门统计暨普查局。

同时，上海金融生态环境不断优化。衡量一个国家（区域）的金融发展环境，不仅指政府支持力度、司法执行难易程度，而且包括该国（区域）的社会信用度。成立上海金融法院是具有里程碑意义的事，这使上海在金融司法审判方面不仅在国内起到引领和规制作用，而且加速与国际接轨。在优化金融监管体系建设的同时，不断完善社会信用体系建设。1988 年成立上海远东资信评估有限公司，是中国首家独立在银行体系外的专业征信机构；1993 年，成立上海东方公估行，提供优质中介机构服务，推动社会信用和金融监管体系不断完善。但与成熟的国际金融中心还有一定的差距，主要体现在上海金融对全球金融资源进行配置影响力与纽约、伦敦等国际金融中心的差距。

1. 金融总体实力还不强，全球性的影响力有待提升

如前所述，2020 年英国伦敦商业智库 Z/Yen 发布第 28 期“全球金融中心指数”（GFCI28）榜单，榜单显示，上海排名全球第 3，上海和第二位伦敦的评分差距很大，由上期的 2 分扩大为本期的 18 分，与第四位东京的差距仅为 1 分，很容易被超越。另外，深圳、广州、南京和杭州等城市也进入榜单。上杭宁大湾区的金融成长在加快，但与纽约湾区的差距还很大，与粤港澳大湾区也各有长短，南京和杭州金融影响力远不及深圳和广州。同时，金融驱动经济发展的动力仍然有增长空间。2017 年，上海证券交易所年交易额与 GDP 的比值为 61%，总市值与 GDP 的比值为 48%，而伦敦、纽约、东京等国际金融中心的这两个比值均超过 100%。

对外开放和国际化程度需进一步提高，作为全球投资、融资中心的作用发挥不够，国际影响力有待提高。与其他成熟国际金融中心相比，上海国际金融中心国际影响力较低，最直接的反映是上海国际金融中心的金融产品定价结果难以对国际金融市场形成决定性与根本性影响，而抑制上海国际金融中心国际影响力的根本原因在于，金融产品定价机制中存在的过多金融摩擦以及中国金融的对外开放程度较低（邵亚良，2014）①。比如，中国已是全球最大石油进口国，全球最大铁矿石消费国，但上海仍缺乏全球大宗商品的定价权。上海银行间同业拆放利率（Shibor）的定价功能有待进一步提高，人民币汇率定价权有待提高。与债权融资相比，股市融资供给能力仍相对不足；股市融资功能的稳定性仍受 IPO 发行节奏控制的限制，IPO 排队周期较长。总之，上海市场功能齐全且交易量大，但金融产品不够丰富，并在整体上缺乏全球性的市场定价权和话语权。

2. 金融机构、金融基础设施集聚不够，规模效应有待进一步提高

金融机构的数量与质量是金融资源的最直接反映。目前已有大量的国内外金融机构聚集上海，特别是 CIPS（跨境银行间支付清算有限责任公司），还有很多交易所、外汇交易中心等金融基础设施都已经

---

① 邵亚良："上海国际金融中心建设若干问题探讨"，载于《上海金融学院学报》，2014 年第 1 期。

设立在上海。但集聚的程度仍然不够，不仅与成熟国际金融中心相比，集聚于上海国际金融中心的金融机构数量相对较少且质量有待提高。即使与国内金融中心城市相比，上海的金融机构数量与质量也并不占优势。作为上海国际金融中心的核心区域，陆家嘴国际金融贸易区 1.7 平方公里内只有 600 多家金融机构。相比之下，伦敦包括金融城、金丝雀码头和伦敦西共 5 平方公里范围内有超过 3000 家的金融机构，纽约包括曼哈顿的核心金融区也有超过 3000 家的金融机构，东京核心金融区的金融机构超过了 2000 家（杨朝峰等，2010）[①]。与国内金融中心城市相比，上海国际金融中心的总部机构集聚程度也比较低，尤其是大型商业银行，除交通银行外，工、农、中、建四大行的总部均位于北京。这是上海一个薄弱的环节。全国最大的十家商业银行，仅有两家总部在上海。银行与保险机构总部多位于北京，上海仅有较多的证券机构总部。中国还是以间接融资为主，至少在短期是难以改变的。因而，增加国有商业银行在上海的设立是很有必要的（乔依德，2019）[②]。当然，应该看到，短时间内大银行、大金融机构总部向北京集聚的趋势难以逆转，但如何扬长避短，充分发挥市场集中优势，吸收各种新金融业态集聚上海，加快培育现代金融产业链，并逐步发展为全球人民币金融资产配置和风险管理中心，找出突破口还需努力。

3. 金融创新力度不够，金融结构性改革有待进一步推进

投资者结构不合理。目前，上海金融市场中的投资者仍以个人投

---

① 杨朝峰、秦聪："对上海建设国际金融中心的思考"，载于《中国软科学》，2010 年第 4 期。

② 乔依德："冲刺国际金融中心建设 上海应吸引更多商业银行总部落户"，载于《第一财经日报》，2019-03-22。

资者为主，机构投资者数量较少，两者比重相差较大。个人投资者的投资行为市场随机性很强，而机构投资者更注重基本面分析，是稳定资本市场的重要力量。成熟国际金融中心的机构投资者占比均较高。例如，机构投资者在伦敦证券交易所各市场的股票投资和交易方面占绝对优势，其交易份额达到80%以上（邵亚良，2014）[①]。根据Wind资讯的数据，2012～2015年，私募股权和创业投资对上海企业的投资金额为194.4亿元，仅为同期北京的41.6%（张承惠，2017）[②]。上杭宁大湾区实体企业更为依赖传统融资方式。上杭宁大湾区间接融资比例较高，2013～2017年间接融资比例高达80%。随着金融科技的前沿技术如云计算、大数据、人工智能、区块链、物联网等在一定程度上已推动银行的变革，并成为银行重要发展方向。但由于业界跨度较大，科技与金融的融合程度不足，金融科技尚停留在形式发展阶段，还缺乏顶层设计和有效组织推动，金融科技研发和应用跟不上实体经济发展的需要。

上海自贸区启动以来，针对外商投资准入的负面清单管理模式和关于促进贸易便利化的国际贸易“单一窗口”制度、构建自由贸易账户的分账核算系统等方面取得显著成效，但目前上海自贸区金融创新尚存不足之处。一是推进人民币资本项目可自由兑换方面，积极稳妥解决货币双向兑换和跨境收付等问题尚需做大量工作。现已启动的先行先试主要是围绕经常项目下和直接投资项目下业务的制度创新，部分属于资本项目开放的投融资汇兑业务试点还没有被纳入分账核算系统。二是构建与上海国际金融中心建设联动机制方面，尽管近年来上海国际金融中心

---

① 邵亚良：“上海国际金融中心建设若干问题探讨”，载于《上海金融学院学报》，2014年第1期。

② 张承惠：“2020年上海基本建成国际金融中心评估”，载于《科学发展》，2017年第8期。

建设取得显著成效，但针对中国资本项目下长期逆差即流出的资本如何获得稳定收益尚未真正破题。比如，各金融市场发展失衡，尤其是债券市场与金融衍生品市场发展明显滞后，无法发挥人民币资产有效配置的功能，而且金融市场仍然比较封闭，资金难以自由流动，缺乏形成人民币资产定价中心的“国际化”基础；各类非银行业金融机构的集聚效应并不显著，尤其是包括股权投资、资产管理在内的各类新型功能性金融机构的数量偏少，无法支撑上海成为人民币私募股权投资中心与人民币资产管理中心；包括法律、咨询、会计、审计、资产评估、信用评级、担保、信息服务等各类金融中介服务机构的集聚效应尚需进一步发挥；金融业务创新不足、金融服务功能不强。

4. 资金的自由流动仍然受限，国际化程度有待提高

开放的资本市场是成为国际金融中心的必要条件。中国实行外汇管制导致资本项目存在限制，资金的自由流动仍然受限，与建成国际金融中心的要求不匹配；资本跨境流动中的经常账户已完全开放，但还需资本账户完全开放，这个目前尚未完全达到。这取决于国家在这方面的总体战略安排。实际上，资本账户开放还是在稳步推进，上海在这方面正在进行一些有益试点创新。如对现在的沪港通、即将试行的沪伦通、自由贸易账户（FT）等，稳步推进资本账户开放，离岸金融可能是未来人民币国际化程度的一个重要的抓手。同时，中国不断推进人民币国际化进程，如人民币跨境结算、人民币已加入 SDR 等，但人民币还是不能与美元、英镑等相匹敌，人民币国际化程度不够高。境外投资者对金融市场参与度低。海外投资者持有中国债券和股票占比仍低于韩国、巴西等新兴经济体。“沪港通”交易量占沪市交易量比重还很低。金融机构国际化程度不高。尽管上海是中国外资银行的聚集地，在沪法人外资银行数占在沪法人银行数超过一半，但外资银行资产总额占上海银行业资产总额的比例较低，外资银行似乎并没有真正参与上海的金融市场；中资银行国际化经营程度低，浦发银行离岸业务与境外机构资产规模合计不足全行资产总规模的 5%。金融人才国际化程度低。国际化金融人才比重不足 2%；拥有海外学历的不足 2 万人、持有国外认证证书的仅 4000 多人（张承惠，2017）[①]。“信用长三角”的建设进程较缓慢，增加了金融信息的收集成本；现行金融体制在一定程度上限制了不同地区间金融机构的融合，金融企业对异地企业开展异地业务时面临管理难度大、风险管理手段和技术缺乏等问题。这在一定程度上阻碍了货币资本的自由流动。

5. 金融服务实体经济能力还不到位，金融市场结构尚需大幅度完善

近年来，尽管中国资本市场结构在逐步优化，并在一定程度上提高了直接融资占社会融资的比例，但资本市场依旧停留在典型的“倒金字塔结构”。交易所主板市场一枝独大，中小板及创业板市场相对较小，新三板、科创板、券商柜台及区域性交易所等场外市场发展尚处于起步阶段，私募股权市场也有待进一步完善。而中国实体经济中占多数比例的是中小微企业，且吸纳就业最多的也是这些企业，从数量上来看是典型的“正金字塔结构”。因而，现有资本市场结构与实体企业的需求结构仍难以有效对接，这也说明资本市场服务实体经济能力亟待加强。相比而言，美国资本市场结构发展得较为成熟，纽约交易所市场和纳斯达克证券交易所市场相对均衡，而场外柜台交易市场（OTCBB）和粉红

① 张承惠：“2020 年上海基本建成国际金融中心评估”，载于《科学发展》，2017 年第 8 期。

单市场两大场外市场的企业数量最多，并且私募股权市场的服务更加深入、覆盖更为广泛。这种更为完善的多层次资本市场体系，能够更好地满足“正金字塔结构”的实体经济需求。美国经济与金融的发展历程也表明，金融和经济发展之间的关系是相辅相成的，其金融体系的持续创新发展为实体经济不同阶段的发展提供了全面高效的投融资与资源整合服务，在产业结构升级与技术创新过程中发挥了重要作用。美国证券机构正是通过完善的多层级资本市场体系，为新兴产业发展持续提供市场化的融资服务和专业化的资产流通服务，为高成长性与风险性并存的技术创新企业在全生命周期发展过程中有效地分散风险，并利用金融市场的资本流动机制促进企业之间的并购重组活动，从而服务于新兴战略产业的发展与扩张，并带动传统产业的改造与升级，最终促成经济高质量发展的目标（陈舜，2019）①。如前所述，资金市场也是如此。

6. 有些金融政策措施与目标相悖，金融发展环境仍需大幅度完善

个人所得税过高已是影响上海高端人才流入的主要障碍。目前中国累进个人所得税最高等级为45%，与其他国际金融中心相比偏高，美国最高税率为39.6%、英国为40%、日本为40%。与深圳前海相比，上海个人所得税优惠政策相对不足。深圳前海规定“在前海工作、符合前海优惠类产业方向的境外高端人才和紧缺人才，其在前海缴纳的工资薪金所得个人所得税已纳税额超过工资薪资应纳税所得额的15%，由深圳市人民政府给予财政补贴。申请人取得上述财政补贴免征个人所得税”。增值税方面，与国际上大部分实行增值税的国家比较，上海的金融税收政策并无优惠，世界上大部分实行增值税

① 陈舜：“金融服务实体经济的理论分析与实践路径”，载于《现代管理科学》，2019年第9期。

国家对金融业贷款利息等主营业务实施免税，仅对辅助服务业务征税。营改增后银行贷款和金融商品转让不能开具增值税发票，购买贷款服务面临重复征税问题，融资成本未能实现明显下降，增值税抵扣链功能和作用无法有效发挥；在全面实施营改增后，相当部分出口服务贸易项目已改为免税或零税率，而金融业跨境金融服务仍延续营业税境内征税政策，这不但会导致重复征税，而且加重了出口服务税负，影响跨境金融服务国际竞争力。尤其是在推进人民币国际化过程中，跨境贸易、投资、融资、保险以人民币结算，可以提升人民币国际影响力和竞争力，但由于跨境金融出口服务征收增值税，不但加重了出口金融服务税收负担，而且不利于国际金融机构、跨国公司总部和投资者集聚上海国际金融中心开展业务（胡怡建，2019）[①]。部分细分行业税负甚至显著高于国际水平，对部分外资保险公司吸引力不足；保险产品创新能力有待提升，风险管理和资产价格发现功能较差；行业相关数据不够透明，信息不对称现象较为严重；等等（许闲，2019）[②]。资本市场市场化水平仍有待提高，股票发行、交易、退市等股票市场基础性制度有待完善。金融机构商业化程度有待提高，金融高管选聘市场化程度不足（张承惠，2017）[③]。与成熟国际金融中心城市相比，虽然上海的金融行业从业人员数量逐年增加，但是高水平的设计、营销和管理人员却十分缺乏。高端人才的短缺限制了金融机构国际业务的发展。与国内金融中心城市比较，上海不仅在人才质量方面落后于北京，而且在人才数量方面也不占优势。至 2019 年底，上海的金融业从业人员共有 43.7 万人，北京的金融

---

① 胡怡建：“建设适应上海国际金融中心特点的跨境金融税收制度”，载于《科学发展》，2019 年第 4 期。

② 许闲：“加快上海保险行业发展，助力上海建设国际金融中心”，载于《上海保险》，2019 年第 5 期。

③ 张承惠：“2020 年上海基本建成国际金融中心评估”，载于《科学发展》，2017 年第 8 期。

业从业人员则达到69.1万人[①]。

总之，上杭宁大湾区需要站在国家战略的高度，加快金融市场体系建设，进一步完善营商环境，优化金融生态。

（七）自主创新较为活跃，创新能力潜力尚未充分发挥

上杭宁大湾区各地自主创新较为活跃，与粤港澳大湾区相比，基础研究实力更为雄厚，创新资源更为丰富，但与世界三大湾区差距较大，还缺乏推动自主创新的高效市场体系和机制，以及相应的激励机制、共享机制，难以完全迸发创新活力。

1. 创新资源丰富，创新实力不断增强

上杭宁大湾区具有比较丰富的科技创新资源，高新技术产业发展各具特色。张江综合性国家科学中心、区域内国家自主创新示范区及高新技术产业开发区等高端创新资源要素在长三角地区高度集聚，为充分发挥科技创新和产业发展的战略协同效应，以及深入推进创新链和产业链的深度融合、科技和产业的联动发展奠定了坚实的基础。双一流大学8所，占全国20%；大科学装置15个、国家重点实验室74个、国际合作联合实验室12个、综合性国家科学中心1个（上海1个）。2017年R&D经费投入占全国的30%，并保持13.1%的增速，均居全国前列。

科技资源是创新的重要基础。在上杭宁大湾区中，上海无疑是科创资源最丰富的龙头城市。而大湾区两翼核心区，同样集聚了极为丰富的科技创新资源，并且在多年的市场化进程中，多方位的创新能力快速提

① 数据来源：北京统计年鉴（2020），上海统计年鉴（2020）。

升。北翼扬子江城市群内的江苏8市，集中了985高校2所、江苏211高校中的10所；大院大所云集也是大湾区的重要特色。苏州、无锡等城市尽管原有的高教和科研资源并不丰富，但自主探索新模式、充分利用市场机制，通过多种合作方式新建了不少产学研创新载体，其中仅苏州工业园区就引入了10家“国家队”科研院所。杭州不仅拥有传统意义上的著名高校和科研机构，更是通过多种市场化方式创立各种直接面向市场需求的教育研发机构。普华永道2018年对中国30个一、二线城市的评估显示，除去北京、上海、广州和深圳四个一线城市，在所有二线城市中，南京的“智力资本和创新”指标得分为135分，位列第1；杭州得分为134分，位居第2；苏州和天津并列第6、无锡位于第14位。

2. 创新资源日益开放共享，区域创新合作进程加快

一是创新资源日益开放共享。三省一市共同发起“长三角大仪网”，促进大型科学仪器装备装置和研发资源在区域内开放共享。至2017年底，“长三角大仪网”已集聚区域内的2192家单位的27479台（套）大型科学仪器设施，总价值超过298.61亿元人民币。其中，价值在50万元人民币以上的仪器设施达17202台（套）。这些仪器设施为长三角区域内企业、大学和科研院所等提供了较为完善和良好的检测、鉴定和科研增值服务。以苏州为例，2017年上海48家单位的366台大型仪器为784家苏州企业提供了17870次服务，涉及样品2779份。共建共享重大科研设施，联合开展科研攻关，共同推进国家“未来网络试验设施”、量子通信“京沪干线”“高效低碳燃气轮机试验装置”等重大科技基础设施建设，积极推动国家超级计算无锡中心等已建重大科研设施面向湾区开放共享。同时，围绕公共安全、民生保障、环境保护、新能源汽车、电子信息、节能环保、先进制造等领域共同开展联合攻关项目。以“创新券”政策为契机，积极推动科技资源开放共享一体化。苏州市、无锡市国家高新区等，浙江省湖州市长兴县、嘉兴市、海宁市等已与上海市先行先试开展“创新券”通用，进一步促进了科技创新资源在长三角区域内的良性流动。以浙江湖州长兴为例，长兴的申请类创新券不仅适用于浙江省科技创新云服务平台，同时还适用于上海研发公共服务平台和江苏省大型科学仪器设备共享服务平台的加盟服务单位。三省一市还在积极研究创新券通兑工作机制。

二是区域创新合作进程加快。近年来，长三角更加主动促进科技创新要素加快流动，共同促进长三角区域内技术转移。第一，三省一市联合签署了《长三角地区关于共同推进技术转移体系建设合作协议》。其主要在国家科技成果转移转化示范区融合发展、区域技术转移协同网络建设、技术转移机构和人才培养发展、服务规范统一、国际合作、军民科技成果双向转化、长三角技术交易市场联盟建设等方面开展合作，旨在提升技术转移整体效能。第二，积极发挥技术市场作用，共同举办技术交易活动。共同用好国家技术转移东部中心（上海）、国家技术转移苏南中心（苏州）、浙江科技大市场等技术转移交易平台，共建长三角一体化技术市场。合力做好中国（上海）国际技术进出口交易会、中国江苏国际产学研合作成果展示洽谈会和浙江网上技术市场活动周、春（秋）季科技成果竞价（拍卖）会等有影响力的重大活动。第三，支持互建共建各类新型研发机构和创新“飞地”。长三角内很多高校院所在驻地外建立了一系列产业技术研发机构。如江苏与复旦大学、上海交通大学、浙江大学、中国科学院上海光学精密机械研究所等长三角地区知名高校院所共建南京先进激光技术研究院、浙江大学苏州工业技术研究院等新型研发机构。许多长三角的企业也将研发与创新中心放在上海等科教资源密集的城市。上海、南京、杭州等科技创新资源较丰富的中心城市，向长三角其他城市区域输出科技创新资源品牌，形成双向创新“飞地”。第四，在长三角内的邻近城市和区域正加快相互融合，实现“抱团”发展，共同促进创新驱动发展战略的落实。沿交通要道共建科技创新走廊。2017年，上海松江与浙江嘉兴、杭州共同签署《沪嘉杭G60[①]科创走廊建设战略合作协议》。2018年，G60科技创新走廊升级到沪苏浙皖4地9城的“3.0版本”。G60科创走廊的形成与扩展，显示出长三角相关城市（区）已形成共同把握新兴产业创新发展机遇的战略共识。浙江省将嘉兴确定为对接上海的重要示范区，浙江嘉兴与上海张江、金山共同签署《深化合作加快推进张江长三角科技城建设框架协议》，并支持张江平湖科技园、浙江临沪产业合作园区等平台的建设与发展。这些毗邻地区的融合发展，正在形成新的增长点。

3. 自主创新与自身发展和服务国家战略的要求还有差距

一是综合创新实力仍不强，核心城市龙头引领作用仍未充分发挥。企业基本还属于“追赶型”科技模式，尚未有足够的意愿和能力聚焦世界科技的战略前沿；创新价值和人员价值难以通过要素价格充分体现，因而难以完全迸发创新活力。上杭宁大湾区具有全球影响力及行业领先的科技创新企业还很少。在德勤公司“2020中国高科技高成长50强”中，上杭宁大湾区只有4家，而粤港澳大湾区多达26家；在2020年全

① G60原来是沪昆高速的简称。由于G60沪昆高速穿过上海市松江区全境，松江区的大部分企业分布于高速公路两侧。2016年，上海松江区提出，沿G60高速公路构建产城融合的科创走廊；2017年，上海松江区与浙江杭州市、嘉兴市合作建设沪嘉杭G60科创走廊，签订《沪嘉杭G60科创走廊建设战略合作协议》；2018年，G60科创走廊第一次联席会议召开，上海市松江区，浙江省嘉兴市、杭州市、金华市、湖州市，江苏省苏州市，安徽省合肥市、宣城市、芜湖市等九个城市签订战略合作协议，发布《G60科创走廊松江宣言》，科创走廊也从城市战略上升到长三角区域战略。2020年，科技部会同国家发展改革委、工业和信息化部、人民银行、银保监会、证监会联合印发《长三角G60科创走廊建设方案》，上升到国家层面推动G60科创走廊成为中国制造迈向中国创造的先进走廊，科技和制度创新双轮驱动的先试走廊，产城融合发展的先行走廊。

球创新指数（GII）世界前100科技集群排名中，上杭宁大湾区榜上无名，东京湾区的东京—横滨居全球第一，粤港澳大湾区的深圳—香港—广州居第二、旧金山湾区的圣何塞—旧金山居第五。根据《2018福布斯全球最具创新力企业榜》的100家公司中，中国上榜企业7家，有3家在上杭宁大湾区，比上一年增加1家，分别是携程、恒瑞医药和海康威视，但美国有51家。这表明，上杭宁大湾区科技创新实力与世界三大湾区差距还比较大，与粤港澳大湾区也有差距。硅谷每3～5年就会产生一家对全球产业格局有重要影响的新企业，如谷歌、惠普、苹果、思科、英特尔等均进入世界500强的行列。对比之下，上杭宁大湾区尚未像旧金山湾区形成培育高新技术企业摇篮式的培育体制机制。同时，上海对附近城市创新辐射性带动还不够强。在2018年福布斯中国创新力最强的30个城市中，深圳居榜首，苏州排第三，上海居第四，杭州、南京的排名只比佛山靠前，均落后于广州、珠海、珠海、东莞和中山，宁波、无锡、镇江、绍兴、湖州、常州、南通、嘉兴等榜上有名，但排名均落后于佛山。上海作为长三角城市群的核心城市，尽管对区域经济发展具有带动作用，但在创新合作引领方面仍需加强。一方面，长三角地区的企业已建立高校合作联盟，在研究生互学互访、博士生论坛和暑期学校等方面已经展开了合作，但在产学研联盟充分利用高校科技创新能力和成果进行跨区域合作等方面，尚未进行深入合作和推进，尤其是上海科教资源丰富的作用未能充分发挥。另一方面，上海对长三角产业创新链延伸不足。上海在金融、咨询、信息、会展等为高科技服务的现代服务业发达，但服务范围和辐射范围仍然主要集中在本地（董鹏等，2019）①。

① 董鹏、路金龙："国外科技创新城市群给长三角城市群的启示"，载于《上海农村经济》，2019年第4期。

二是创新系统建设不完整、不健全、不协同，创新效率有待提升。首先，优质科教资源相对薄弱。上杭宁大湾区虽然拥有一些高质量的研究型大学以及世界级的基础性、前沿性研发平台，但入选双一流的高校比京津冀地区绝对数量少2所，一流学科建设的总量仅与北京大学一所大学相当，中科院直属研究所总量仅为北京市的一半。其次，专利授权量大，但转化率低。虽然上杭宁大湾区已经具备研发、转化、生产各环节所需的产业体系，专利的授权量是非常高的，但专利的许可占同期专利授权量的比例不足1%。上杭宁大湾区还没有高水平、上规模的科技中介服务机构，系统完善的科技中介服务链尚未形成。最后，科研成果的产业转化率低。不仅创造新知识的能力比不上世界三大湾区，而且很多专利的产出还是在科研院所、大学里面，新知识转化成生产力的能力比不上世界三大湾区。这种产学研脱节问题，大大影响了创新效率的提升。目前，上杭宁大湾区主要以市场为导向的公司间分散的、自发的合作为主，企业、高校和研发机构间缺乏深层次、高效的合作机制，尚未形成完整的创新链条，区域整体创新效率有待提升。同时，长三角企业和产业协同创新主要集中在中小微企业的研发孵化，大型企业风投、并购等缺少产业创新的模式，在跨区域企业和产业创新的衔接方面过于分散（董鹏等，2019）[①]。

三是企业创新能力不足，创新意识尚需大幅加强。有研究表明，对于不同规模企业的技术创新似乎总是存在一个“两难问题”，即过度竞争、有限的资金及薄弱的技术基础使中小企业的技术创新难以在一个合理的经济规模内实现，市场垄断地位和企业组织刚性抑制了大企

① 董鹏、路金龙：“国外科技创新城市群给长三角城市群的启示”，载于《上海农村经济》，2019年第4期。

业的创新活力（辜胜阻，2008）[①]。实际上，中国成长于工业化时期的大企业基本上形成了典型的金字塔形组织结构，这样的组织结构往往容易形成遏制创新创业实践的管理体制和企业文化。一旦员工创新思想被多次否定，就会极大打击员工的创新积极性，并在企业内逐渐形成“束手束脚”的消极文化（左沈怡,2015）[②]。同时，在大企业严密的专业化组织结构中，大多数企业更加强调业绩指标，而更少关注创新问题，这种工资分配机制的激励，极不利于大企业的创新创业。比如，上市企业一般面临着较大的股东压力，需要格外关注盈利和投资回报；国有企业则在国有资产保值增值上负有很大责任，必然需要更多关注营收和利润等指标，而相应地更少关注中长期持续健康发展的创新投资，同时国有企业创新创业面临不少制度约束，如工资总额限制、激励约束政策等体制机制创新难题亟待突破。特别是中国大多数企业长期形成了依赖国外技术引进的发展路径，缺乏自主创新的动力和压力。还有近年来受经济脱实向虚的影响，制造业与金融等行业间投资回报水平日渐拉大，导致大多数高端人才流向互联网、金融、房地产等高薪行业，获利能力不强的制造行业难以吸引足够的优秀人才加盟。而多数中小企业受制于人才、技术、资本等要素，没有能力进行自主创新，仍以模仿创新的模式进行“贴牌生产”。福卡曾把商业模式概括为五个层次：抢风口、抓红利、“贸工技”“技工贸”、事业情怀。中国大部分企业还处于前三个层次，把企业推向最后两个层次的还不是很多。然而，随着国内外经济形势的变化，比如买方市场约束的加强，逆全球化思潮的抬头，一方面将挤压“抢风口”“抓红利”的营商行为；另一方面将推动“科技时代”的兴起，互联网、移动互联网、人工智能、

① 辜胜阻：《民营企业技术创新与制度创新探索》，科学出版社 2008 年版。

② 左沈怡：“大企业的创新难题”，载于《上海国资》，2015 年第 8 期。

物联网、生物生命科技等为代表的新技术，正在给世界带来全新的变化。这个转型既是阵痛也是机遇。

四是创新人才缺口大，人才政策尚需进一步优化。人才是创新发展的第一要素，特别是对形成竞争优势的高端生产要素，高端人才显得尤为重要。改革开放之后，中国经济社会出现快速增长，在40多年的时间内就很快跻身举足轻重的世界经济大国。然而，中国要真正成为世界经济强国，就必须依靠创新驱动发展，成为有世界影响力的创新型国家。而创新驱动本质上是人才驱动，谁拥有一流的科技创新人才，谁就拥有科技创新优势和主导权。上杭宁大湾区作为中国经济最有活力、开放程度最高、创新能力最强、吸纳外来人口最多的区域之一，在国家现代化建设大局和全方位开放格局中具有举足轻重的战略地位，虽然拥有复旦大学、上海交通大学、浙江大学、南京大学、同济大学等国际国内知名高校，拥有普通高等院校300多所，国家工程研究中心和工程实验室等创新平台近300家，培养了众多人才，人才资源相当丰富，但区域内高端复合型人才、具有企业家精神的创业者以及具有工匠精神的高级技工和技术研发人员仍然不能满足企业发展的需要。这与中国人才集聚模式有关，中国包括上杭宁大湾区还处于政策扶持集聚为主、经济集聚为辅的人才集聚模式，因而政策的精准有力成为人才集聚的决定性因素。比如，与深圳相比，上海在人才政策的重视程度、扶持力度、机制灵活性上存在明显差距。同时，上海在制定人才政策时更多地偏向于高端人才、海外人才，致使很多中等级的人才产生挤压感。这种人才政策容易使与高级人才相配套的中低人才向其他城市流动的倾向。而且，上海有影响力的企业与研究机构较少，不像北京中关村拥有全国最密集的大学科研机构，深圳则拥有华为、腾讯、万科、华大基因、大疆等领军型企业，这些企业、研究机构逐渐成为城市名片，对人才的集聚形成了“磁场”，并且这些企业会引领相关产业和配套企业发展，进一步加速人才集聚（张波，2019）[①]。另外，由于上杭宁大湾区产业正面临转型升级，对创新型和技能型人才提出了更高的要求，而大湾区教育与培训体系相对滞后于产业转型升级的需求，难以培养出“对口”的创新型和技能型人才。大湾区高房价以及外来人口难以享受和当地居民一样的教育、医疗等公共服务，导致相当一部分人才“引不进、留不住”。

五是科技金融不发达，金融助推创新活动的作用尚待大幅提升。技术创新具有高投入、高风险的特征，需要多层次的金融体系为其提供资金支持和分散风险。然而，政府对科技金融的投入相对有限，目前科技金融的支撑作用远远不能满足创新发展需要。

首先，信贷对高科技企业支持不足。由于信贷政策的制约和银行的金融垄断地位，银行缺乏动力进行必要的金融创新，无法满足高科技企业多样化的需求。商业银行目前还未能针对高科技企业制定一套较为完善的差异化的企业信贷标准，并且信用担保体系依然不够健全。同时，高科技中小企业经营具有较大的不确定性，经营风险较大，无形资产占有较高比例，可抵押实物资产不足与银行传统信贷思维追求资产全覆盖不匹配，而且体量较小，往往存在管理制度不健全、管理方式不规范等问题，加上金融机构对科技型中小企业没有形成统一的评价标准和有效的识别手段，银行客户经理对科技型中小企业的真实经营情况的研究和风险识别能力有限。此外，许多高科技中小企业获得担保的能力较弱，同时现有许多担保机构担保资质较弱，难以与银行建立其认同的信用关系。即便一些高科技中小企业满足了银行、担保机构的融资条件，也难

① 张波：“上海高端人才空间集聚的SWOT分析及其路径选择——基于北京、深圳与上海的人才政策比较分析”，载于《科学发展》，2019年第2期。

以同时承受银行贷款利息和担保公司费用这双重很高的融资成本。加之科技担保和保险还比较欠缺，因而，在这种状况下科技型中小企业获取信贷就显得异常艰难。

其次，资本市场对高技术产业支持不足。在上交所、港交所、深交所中的上市公司中大部分为传统产业，新经济行业占比较低，远低于美国纳斯达克证券交易所60%和纽交所47%的比例（孙杰，2017）[①]。其原因是核准制的证券发行制度更多考虑企业的经营业绩和盈利能力等要素，而较少注重企业的研发能力、知识产权等无形资产，不适用于高科技企业；同时，中小企业板的发行制度、程序等规则与主板市场基本一致，由于主板与创业板市场对企业的资本规模与盈利能力有着较高的要求，而科技型企业具有轻资产、高风险、收益来源不稳定等特征，难以达到主板和创业板的上市条件，所以市场高技术企业比例较低。同时，科创板刚刚起步，一时难以满足众多科技企业资金的需求。另外，大湾区现有的股权交易中心等区域股权交易市场规模有限，大量小微科技型企业难以通过区域资本市场融资。而众多高技术企业，其中大部分属于小微企业，资金需求非常大。

最后，与世界三大湾区相比上杭宁大湾区的私募股权投资和风险投资的机构数量远远不够，而且资金来源单一，基金规模偏小。

六是体制机制仍是制约创新的重要短板，深化改革尚需加大力度。上杭宁大湾区各地政府是推进创新驱动的重要保障，十分鼓励与支持创新活动，但在体制机制上仍存在一定不足：科技管理部门治理能力还没有适应市场经济的要求，还缺乏推动创新的激励机制、共享机制及成果转化机制，还难以形成激励自主创新的政策环境，还没有形成协同创新

① 孙杰："都在抢下一个BAT港交所这次放了个大招"，载于《中国证券报》，2017-06-17。

的政策机制。第一，城市间科技合作缺乏引领创新的动力机制和政策环境，这使各地之间存在协同创新动力不足的问题。尽管上杭宁大湾区的经济总量较大，创新资源比较丰富，但各地行政制度和政策造成了创新资源的地方垄断和封锁，创新要素的合理流动受到限制，创新资源配置不合理，各种创新要素难以得到有效发挥，甚至出现创新资源重复建设的现象，在一定程度上造成了创新资源的浪费。同时，各地自身也存在条块分割、缺乏整合的问题。比如，科技创新、人才培养和产业发展等分属不同政府部门，部门之间缺乏有效的联动协调机制。第二，管制较多，放活不够。在科研经费管理、人事管理、项目管理等方面显得过于僵硬，不利于激发人才的创新创业积极性。尽管上杭宁大湾区各地的资金、技术、人才等创新要素的流动效率得到了很大的改善，但仍面临诸多限制，如在各地的科学数据库、专家库、人才资质互认、科技资金使用等方面还存在诸多问题。湾区内城市间创新的要素资源仍然未完全开放共享。第三，创新资源共享的长效机制尚未形成。上杭宁大湾区针对创新资源共享的相关制度和运行机制不健全，对政府和科技资源管理部门的权利、义务、责任的设定不明确，使得创新资源共享实践难以实施。虽然创新资源的共享在企业层面有一定的落实，但主要是企业的自发性行为，合作的难度大，成功率较低。第四，项目导向问题容易导致供需脱节。政府大多采取项目资助、财税优惠、政府补贴等方式引导创新，而为科技而科技的弊端容易导致一些企业和机构产生谋取政府资助的不良行为（董鹏等，2019）①。

① 董鹏、路金龙："国外科技创新城市群给长三角城市群的启示"，载于《上海农村经济》，2019年第4期。

第四章

上杭宁大湾区创新发展的重要理论认识问题

上杭宁大湾区创新发展有何理论依据？本章分析了上杭宁大湾区所处的发展阶段，揭示了世界需求是大湾区发展的立足点和出发点，高质量发展是湾区发展的重要标准和战略导向，一体化是大湾区发展必经的重要过程和要求，创新驱动是大湾区高质量发展的第一动力，转换经济增长模式是大湾区发展的首要问题，协调强大的城市群是大湾区发展的有机空间载体，高效一流的营商环境是大湾区融入全球经济平台的根本性要求。

一、明确湾区所处发展阶段是湾区发展的基本前提

区域经济的成长从来都不是匀速直线运动，而是呈现阶段性的循序演进。在不同的发展阶段上，区域产业结构、空间结构等都会发生全部或部分的变化。在区域经济发展阶段理论中，比较有代表性的理论有胡佛—费希尔的区域经济增长阶段理论、钱纳里动态多国模型、罗斯托的经济成长阶段理论、约翰·弗里德曼的区域空间成长阶段理论、李斯特的区域经济发展阶段理论、波特发展阶段理论等。这里根据钱纳里动态多国模型和罗斯托的经济成长阶段理论，分析上杭宁大湾区所处发展阶段问题，把罗斯托的经济发展阶段划分理论和钱纳里

的经济发展阶段划分理论相结合进行研究（蒲晓晔等，2011）[①]。

表 4.1　　　　钱纳里动态多国模型对工业经济发展阶段的划分

时期	人均 GDP 的变动范围				发展阶段	
	1964 年	1982 年	2004 年	2009 年		
1	100 ~ 200	364 ~ 728	589 ~ 1179	689 ~ 1379	初级产品生产阶段	准工业化阶段
2	200 ~ 400	728 ~ 1456	1179 ~ 2358	1379 ~ 2759	工业化初级阶段	工业化阶段
3	400 ~ 800	1456 ~ 2912	2358 ~ 4717	2759 ~ 5519	工业化中级阶段	工业化阶段
4	800 ~ 1500	2912 ~ 5460	4717 ~ 8845	5519 ~ 10349	工业化高级阶段	
5	1500 ~ 2400	5460 ~ 8376	8845 ~ 13569	10349 ~ 15876	发达经济初级阶段	后工业化阶段
6	2400 ~ 3600	8376 ~ 12264	13569 ~ 15144	15876 ~ 29674	发达经济高级阶段	

对照表 4.1、表 4.2 和表 4.3 可知，上杭宁大湾区在 2007 年已进入钱纳里工业化的第三时期即工业化高级阶段，已进入罗斯托经济成长阶段理论的第四阶段，即向成熟推进阶段；在 2012 年基本进入钱纳里工业化的第四阶段，即后工业化的发达经济初级阶段，基本进入罗斯托经济成长阶段理论的第五阶段，即高额群众消费阶段；到 2018 年，进入钱纳里后工业化的发达经济高级阶段，进入罗斯托的第六阶段，即追求生活质量阶段。但从人均 GDP 结构上看，由于上杭宁大湾区 GDP 中房地产占比较高，以及贫富差距较大，因而必须做一些必要的扣除。因此，总体上看，上杭宁大湾区目前正处于后工业化的发达经济初级阶段向高级阶段和高额群众消费阶段向追求生活质量阶段转型升级期。

① 蒲晓晔、赵守国："经济增长动力变迁的国际比较及对中国的启示"，载于《经济问题》，2011 年第 1 期。

表 4.2　　　　经济增长阶段的划分

经济发展阶段	罗斯托	钱纳里（人均 GDP 变动范围）		
		1982 年	2004 年	2009 年
第一阶段	传统社会阶段	728 以下	1179 以下	1379 以下
第二阶段	经济起飞准备阶段	728 ~ 1456	1179 ~ 2358	1379 ~ 2759
第三阶段	经济起飞阶段	1456 ~ 2912	2358 ~ 4717	2759 ~ 5519
第四阶段	向成熟推进阶段	2912 ~ 5460	4717 ~ 8845	5519 ~ 10349
第五阶段	高额群众消费阶段	5460 ~ 8376	8845 ~ 13569	10349 ~ 15876
第六阶段	追求生活质量阶段	8376 以上	13569 以上	15876 以上

美国经济学家罗斯托（W. W. Rostow）[①] 在其《经济增长的阶段：非共产党宣言》[①]中提出自己的经济发展阶段理论，以及在后来出版的另一部著作《政治和经济增长》中对其理论加以补充和完善。他以主导产业、制造结构和人类追求目标为标准，把国家和区域经济的增长划分为六个阶段：传统社会阶段、经济起飞准备阶段、经济起飞阶段、向成熟推进阶段、高额群众消费阶段、追求生活质量阶段。

表 4.3　　　　上杭宁大湾区人均实际 GDP　　　　单位：美元

年份	2006	2007	2008	2009	2010	2011	2012	2013	2014	2015	2016	2017	2018	2019	2020
人均 GDP	4716	5548	6634	7123	7711	8828	9805	10760	11643	12353	12435	13044	14026	14186	14581

注：人均实际 GDP（以 2004 年为基期）。

罗斯托认为，第五阶段即高额群众消费阶段是工业生产能力高度发达。这一阶段的国民收入水平有了明显提高，产生了超过衣食住行必要生活用品以上的消费需求。随着消费倾向高的城市劳动者和工资

① ［美］沃尔特·罗斯托:《经济成长的阶段：非共产党宣言》，郭熙保，王松茂译，中国社会科学出版社 2001 年版。

收入者的大量增加，消费结构也发生了变化，结果引起了对耐用消费品和劳务服务的爆发性需求。经济的主导部门向耐用消费品和服务业转移。高度发达的工业社会为耐用消费品的大量生产提供了可能，小汽车、家用电器和高档家具等新的主导产业崭露头角。经济的国际化进一步发展，在原有的自由贸易引起的国际分工的基础上，又产生了由海外直接投资而引起的新形式的国际分工。技术工人在劳动中的比例、城市人口占总人口的比例均大幅度上升，用来提供社会福利和保证之用的一部分资源逐渐增大。原有落后产能逐渐被淘汰，越来越多的资源用来生产耐用消费品；技术工人和城市人口的比重都比前一阶段有一定提高，用来提供社会福利和社会保障用的资源在生产和分配中逐渐增大。人们的生活方式也发生了较大变化，用于休闲、旅游、教育、保健、居家安全项目上的花费增加；奢侈品消费向上攀升，高科技的成果应用广泛。罗斯托还指出，高额群众消费阶段的两个特征：一是人均实际收入的提高已经使很多人可以在基本的衣食住之外还享用其他消费项目，如各种耐用消费品、家用电器、各种服务等；二是在办公室工作或从事工厂熟练工作的人所占比重也增加。这时，社会目标是提供耐用消费品和群众性的服务业，进而使耐用消费品和服务等有关部门成为经济的主导部门。

第六阶段，即追求生活质量阶段。罗斯托认为该阶段的主要目标是提高生活质量，人们主要看重的是劳务形式、环境状况、自我实现的程度等因素。在这一阶段主导部门已经不是以汽车为主的耐用消费品工业，而是提供劳务服务，非生产物质产品的服务产业，诸如教育文化的普及，住房面积和舒适程度、市政建设、休闲设施、医疗保健、社会福利和社会保障体制、环境保护、文化娱乐、文艺旅游等。居民消费追求时尚与个性，消费文化呈现多样性和多变性。人们将不再以物质产品数量的多少来衡量社会的成就，而以劳务形式所反映的“生活质量”的高低程度，作为衡量社会发展的标志。人们追求的也不仅仅是获得小汽车之类的耐用消费品，而是追求环境的优美、生活的舒适，以及较高的精神享受。罗斯托提出，在某种意义上，高额群众消费时代“就需要用充分就业来维持充分就业”。政府的主要经济职能是保证充分就业；而在追求生活质量阶段，由于提高生活质量的许多工作无法依靠私人市场经济来完成，必须由政府出面来发展公共服务业和改造环境的事业。政府的主要职能应当是增进生活质量、提高福利。政府应当和私人力量协调配合，靠公私混合经济的力量解决生活质量方面的问题。

从罗斯托所描述的阶段特征来看，上杭宁大湾区目前也与胡佛—费希尔的区域经济增长阶段理论中的工业化阶段、服务业输出阶段相似。美国区域经济学家胡佛（Edgar M. Hoover）与费希尔（Joseph L. Fisher）于 1949 年在《区域经济增长研究》[①] 一文中认为，任何区域的经济增长都存在“标准阶段次序”，经历大体相同的过程，即自给自足阶段、乡村工业崛起阶段、农业生产结构转换阶段、工业化阶段、服务业输出阶段。该理论认为，第四阶段即工业化阶段是以矿业和制造业为先导，区域工业兴起并逐渐成为推动区域经济增长的主导力量。一般情况下，最先发展起来的是以农副产品为原料的食品加工、木材加工和纺织等行业，随后是以工业原料为主的冶炼、石油加工、机械制造、化学工业；第五阶段即服务业输出阶段是服务业快速发展，服务的输出逐渐成了推动区域经济增长的重要动力。这时，拉动区域经济继续增长的因素主要是资本、技术，以及专业性服务的输出，服务业成为推动区域经济增长的重要动力。

---

① Edgar M. Hoover，Joseph L Fisher.Research in Regional Economic Growth[M].National Bureau of Economic Research（NBER）Inc, 1949.

上杭宁大湾区目前所处的发展阶段也与约翰·弗里德曼的区域空间成长阶段理论的工业化成熟时期和空间经济一体化时期类似。约翰·弗里德曼通过对发达国家及不发达国家的空间发展规划的长期研究，在构建核心—边缘理论的基础上，以空间结构、产业特征和制度背景为标准，将区域经济发展分为四个主要阶段：①工业化过程以前资源配置时期。②核心边缘区时期。③工业化成熟时期。④空间经济一体化时期。该理论认为，在工业化成熟时期，随着经济的发展，核心区发展加快，核心区与边缘区的差距进一步加大。权利分配、资金流动、技术创新、人口迁移等都进一步向核心区集聚；当进入经济一体化时期，经济进入持续发展阶段，随着政府干预的加强、区际人口的转移、市场的扩大、交通运输的改善和城市层次的扩散等，核心区与边缘区的界限会逐渐消失，区域空间走向一体化。

上杭宁大湾区目前处于与波特发展阶段理论中的投资驱动阶段向创新驱动阶段过渡阶段。迈克尔·波特在国家竞争优势理论中认为，在投资驱动阶段中，价值链的连续靠资本要素维持，资本的收缩和撤出会引起价值链的中断，资本的不断投入是关键；在创新驱动阶段中，价值链的连续和增值要靠研究、设计、生产与销售等环节的创新，每个环节的创新会给最终产品带来高附加值，它可以促进每个环节的突变，从低层次向高层次演进。具体表现为：一是企业摆脱了对国外的技术和生产方式的绝对依赖，开始发挥自主创造力，在产品、工艺流程和市场营销等方面已经具备竞争优势。二是创新向两个方向发展，一方面，产业集群垂直深化，产业上下游互相带动，推动企业向更高产业环节发展；另一方面，水平发展，形成更新更大的产业集群，产生跨产业的扩散效应。三是消费者对服务提出更高的要求。四是企业对市场营销、工程顾问、测试等专业服务提出更高需求，带动服务业快速发展。五是政府不再直接干预产业发展，多采取刺激、鼓励或创造更多高级生产要素、改善需求质量、鼓励新商业等间接措施实行无为而治。

从以上分析可以看出，上杭宁大湾区目前正处于后工业化阶段中的发达经济初级阶段向发达经济高级阶段转型，从高额群众消费阶段向追求生活质量阶段转型，从工业化向经济一体化和服务业输出转型，从投资驱动向创新驱动转型，从工业经济向服务经济和创新经济转型。

经济发展是一个自然的历史过程，超越发展阶段盲目地凭主观愿望来分析或实施，虽然良好的愿望在短期内可以激发人们追求发展的较高热情，甚至斗志昂扬，但迟早会受到市场经济规律的惩罚。因此，明确湾区所处的发展阶段，也是研究湾区的立足点和出发点。只有明确了湾区所处的发展阶段，才能有的放矢，聚焦主要矛盾和矛盾的主要方面，推动湾区加快发展；否则，没有对湾区所处的发展阶段的准确定位，没有对湾区所处阶段的深刻理解，就不可能有对湾区发展研究和建设的清醒认识和坚定信心，就可能被在湾区研究或建设中出现的问题或外界影响所左右。

二、世界需求是湾区发展的立足点和出发点

上杭宁大湾区是以长江三角洲 16 个核心城市为基础形成的城市群，而冠之以“湾区”，则意味着有其自身的独特地理区位优势，更强调其外向型、开放型和创新型特征，旨在全球经济竞争和合作中发挥引领作用。

（一）经济全球化仍然是世界经济发展的大势

古典经济学家亚当·斯密在其《国富论》一书中分析了市场经济的扩张性，即根据人的交换本能和追求财富的本性，以交换行为为基本特征的市场经济，依赖于专业化分工的不断深化和市场规模的不断扩大。这种分工和市场规模的日益扩大，必将使交换关系不断扩展，最终跨越国界，遍布全球。因此，本质上市场经济不仅是地区性、全国性，而且是全球化的，即不仅要求形成本国的统一市场，而且要求冲破国家界限实现趋于一体化的全球市场。此后，大卫·李嘉图提出了绝对成本优势理论，而后创立比较优势理论，即各国只要根据自己的要素禀赋，专业化分工生产各自具有相对成本优势的产品，通过国际自由贸易，就可以获得对各贸易国都最有利的结果，进一步论证了国际自由贸易的合理性和必然性。迈克尔·波特在其论著《国家竞争优势》中提出了竞争优势理论，认为一个国家之所以能够兴旺发达，其根本原因在于这个国家在国际市场上具有竞争优势，这种竞争优势源于这个国家的主导产业具有竞争优势，而主导产业的竞争优势又源于企业具有创新机制而提高了生产效率。这些经济学家们为经济全球化奠定了理论基础，论证了经济全球化的合理性和必然性。实际上，19 世纪以英国为首的西方市场经济国家，推动了第一次经济全球化浪潮。20 世纪中叶美国成为经济全球化的“领头羊”，推动了第二次经济全球化浪潮。这两次全球化浪潮不仅主张商品贸易自由化、国际投资自由化，而且主张人员的国际流动自由化，即移民自由。

对于资本主义市场经济向全球的扩张，马克思早就作过精辟科学的论述。资本主义的大工业“首次开创了世界历史，因为它使每个文明国家以及这些国家中的每一个人的需要的满足都依赖于整个世界，因为它消灭了各国以往自然形成的闭关自守的状态”（马克思）[①]。其原因在于资本的本质是逐利的，而资本的逐利活动必然导致生产力的急速扩张。正如马克思所说：“创造世界市场的趋势已经直接包含在资本的概念本身中。”（马克思）[②] 资本向外扩张及其自我增殖的内在本性，使资本本身不仅蕴含了世界市场的可能性与现实性，而且世界历史也成为其自身不断增殖外化的直接产物。世界市场也使历史在总体上呈现出一体化的倾向，并与世界历史的转换进程构成一体两面的关系。“世界市场不仅是同存在于国内市场以外的一切外国市场相联系的国内市场，而且同时也是作为本国市场的构成部分的一切外国市场的国内市场。”（马克思）[③] 随着马克思所预言的由资本所主导的“世界历史”时代的到来，资本开始主宰全球经济秩序，不断推动经济全球化和科技创新就是资本增殖本性的内在要求。

历史表明，西方国家的资本扩张再度使资本主义私有制释放出推动生产力发展的更大的势能。此轮扩张直接增加了西方国家的民族利益，也对绝大多数发展中国家产生了极强的经济推动作用，在一定程度上加快了落后国家的经济发展，为满足世界各国人民的物质文化生活需要提供了现实的物质基础。

当然，市场经济在全球各国的发展并非一帆风顺。关于是否有可能走非市场经济的发展道路，人类也做过无数次的尝试和探索，其历史并不比市场经济短。许多发展中国家虽都曾经拒绝过全球化，试图以闭关锁国的方式实现国家富强，但均以失败而告终。最后各个国家都不得不实行开放政策，融入以“自由贸易”为旗帜的经济全球化体系。历史反

① 《马克思恩格斯文集》第 1 卷，人民出版社 2009 年版

② 《马克思恩格斯文集》第 8 卷，人民出版社 2009 年版。

③ 《马克思恩格斯全集》第 30 卷，人民出版社 1995 年版。

复表明，一切非市场经济的制度选择均无成功希望，即使有过一时的兴旺也难以持续，很快就会归于破灭（金碚，2016）[①]。总之，只要发展市场经济，全球化趋势就具有不可阻挡之势。逆全球化做法，尽管有这样那样、有合理和不合理的理由，不论什么理由，迟早会遭受市场经济规律的惩罚而归于失败。

（二）上杭宁大湾区是全球化浪潮的弄潮儿

上杭宁大湾区是中国外向型经济的典型代表。面临经济全球化浪潮和中国经济开放的历史性机遇，上杭宁大湾区充分发挥区位和资源禀赋优势，使对外开放成为区域经济增长的重要引擎。上杭宁大湾区凭借着良好的地理位置以及丰富的资源成为中国经济发展最快的地区。然而，作为中国经济最活跃的地区及外向型经济的典型代表，上杭宁大湾区的经济规模对外贸依存度很大。2019 年，上杭宁大湾区进出口总额为 14097 亿美元，贸易依存度为 59.5%，高出全国水平（31.8%）27.7 个百分点。粤港澳大湾区拥有广州、香港、深圳等世界级港口，又有通江达海的珠江，依靠港口外贸开启外向型经济发展之旅。粤港澳大湾区 2019 年进出口总额为 20582 亿美元，贸易依存度高达 75.9%，处于明显领先地位，最主要的原因是香港进出口总额庞大，大幅拉高了贸易依存度。尽管上杭宁大湾区出口贸易依存度总体来说是递减的，但仍然是出口导向型经济。目前上杭宁大湾区正在通过产业结构的不断升级、内需的拉大，以及加快技术创新，对外贸易正在寻找一条适合自己的发展之路。

① 金碚："论经济全球化 3.0 时代——兼论'一带一路'的互通观念"，载于《中国工业经济》，2016 年第 1 期。

与此同时，上杭宁大湾区作为中国第一大湾区，对接本地产业链，积极招商引资，外商直接投资（FDI）成为湾区经济增长的主要拉力，而且利用外商直接投资在全国占据举足轻重的地位。上杭宁大湾区吸引的FDI从2005年的263.33亿美元到2019年的567.44亿美元，增长了2.15倍。上杭宁大湾区实际利用外商直接投资金额占全国的比重在2006年为43.65%，到2012年比重达到最高，为50.21%，2019年的比重仍然保持在41.09%。显然，开放型经济已成为上杭宁大湾区经济增长的重要支柱。

此外，上杭宁大湾区有条件的企业需要更加积极主动地“走出去”。逆向型FDI是很多后起国家或地区（如日本、新加坡等）成长过程中一个必要的阶段。在发达国家进行逆向FDI，获取国外创新网络的先进技术和领先科研成果，整合和利用全球性知识资源，加快技术获取速度和效率，增强技术获取的自主性，促进整个国家技术升级，快速提升国内的产业竞争力。上杭宁大湾区的逆向FDI也应在此过程中汲取国外先进的产业技术和管理经验，带动国内产业升级，创造新的竞争优势。

总之，上杭宁大湾区作为中国经济发展的“领头羊”，外向型经济和开放型经济规模庞大，具有较强的竞争力。尽管目前经济全球化在一定程度上遭受挫折，但全球化的趋势不可逆转。因而，上杭宁大湾区有条件也有能力，继续发挥优势，放眼世界，成为引领经济全球化的领军者和主力军。

（三）大国崛起必然首先满足国内巨大需求

世界需求不仅包括国内巨大需求，而且包括国外巨大需求。内需是中国经济发展的根本动力，扩大内需的最大潜力在于城镇化。中国已成为世界第二大经济体，并将不久进一步发展成为世界第一大经济体。中国崛起需要充分利用好国内巨大需求的优势，在满足国内巨大需求的基础上，不断满足世界巨大市场需求。

随着经济全球化不断推进，国际商品竞争也日趋激烈。各国企业纷纷瞄准消费大国，通过价格、技术和品牌等方式相互竞争来占领目标市场，获取贸易利益，这已成为当前国际贸易格局的基本态势。

国内市场规模是一把双刃剑。一方面，国内市场具有激励厂商投资、再投资的动力，从而不断提高产业国际竞争力；另一方面，庞大的国内市场所带来的丰富机会，也可能导致企业丧失向外拓展的意愿，从而形成不利于国际竞争的因素。因此，需要综合考虑国内竞争者等竞争要素，才能分析研究市场规模对产业竞争力的可能利弊。迈克尔·波特[①]认为，国内需求市场是产业竞争优势的关键要素。国内市场最大的贡献在于，它提供企业发展、持续投资与创新的动力，并在日趋复杂的产业环节中建立企业的竞争力。内需市场更重要的意义在于它是产业发展的动力，它会刺激企业改进和创新。从竞争优势的观点来看，国内市场的质量绝对比市场需求量更重要。他认为，在产业竞争优势上，国内市场的影响力主要通过客户需求的形态和特征来施展。当一个国家的内需市场和国际市场的主要需求相同、而其他国家却没有这样的条件时，这个国家的厂商就比较容易获得竞争优势。但国内市场对某个产业环节的需求量，不必然等于这个产业的国家竞争优势。他还强调，产业如果能将国内市场的各个产业环节联结起来，联合成更大的产业部门，产业因此产生更精密的竞争优势。他进一步指出，与产业环节的结合情形相比，本土客户的本质又更重要。内行而挑剔的客户是本国厂商追求高质

① [美]迈克尔·波特:《国家竞争优势》，李明轩、邱如美译，华夏出版社2002年版。

量、完美的产品造型和精致服务的压力来源。他还认为，本土的预期需求可能催生产业的国家竞争力，而市场规模和成长模式则有强化竞争力的效果。而且，国内市场的客户越多，对产业竞争力的帮助就越大；反过来说，如果国内市场被一两家大客户垄断，则对产业的竞争力有害而无益。在竞争优势中，国内市场需求的成长率和市场需求的规模，是一体的两面。产业的投资率可以反映出市场规模的成长。快速的内需成长，可以鼓励厂商投资、勇敢而果断地引进科技、更新设备，并兴建更大型、更有效率的厂房。当产业科技发生重大改革、企业需要更强的信心才能投资新产品或新设备时，快速的内需成长更显其重要性。缺少强而有力的国内竞争对手时，不论内需市场再大，市场成长速度再快，企业仍可能产生自满心态而不肯加紧投资。波特的国家竞争优势理论告诉我们，国内需求量对形成竞争力十分有利，但只是形成竞争力的必要条件，而不是竞争力形成的充分条件；只有厂商的充分竞争和客户需求挑剔而精致，才对产业形成竞争力有帮助。

国内外还有许多学者研究了国内需求对产业竞争力或国家竞争力的作用。Krugman（1980）[①] 提出“本土市场效应”：如果两个国家需求偏好差异显著，则每个国家将专业化生产其拥有较大国内市场的产业。显然，每个国家将成为其专业化生产的商品的净出口国（此种为完全专业化生产情形）；而在非完全专业化生产的条件下，如果一国在某种商品上拥有较大的国内市场，则该国将成为此种商品的净出口国。而 Amiti（1998）[②] 认为：国际贸易的模式确实依赖国家的市场规模，但可以肯定的是“本土市场效应”的存在具有较强的普遍性和稳健性，即表明一国的

① Paul Krugman. Scale Economies，Product Differentiation，and the Pattern of Trade[J].The American Economic Review，1980，70（5）.

② M. Amiti，Inter-industry Trade in Manufactures：does Country Size Matter ?[J].Journal of International Economics，1998（44）.

国内需求状况对其国际贸易格局具有决定性的影响。Arora 等（1997）[①]认为一国国内市场的规模对企业的竞争能力具有重要影响，即便诸如规模经济或学习效应等因素不存在，大的国内市场规模仍然是有意义的。裴长洪等（2011）[②]指出母国国家规模是一国企业优势的重要来源。大国企业容易同时实现内部规模经济和外部规模经济。如果母国市场容量很小，盲目扩张企业规模容易陷入规模不经济的误区。反之，如果母国经济规模大，国内市场需求量大，企业的规模经济易于实现，并形成竞争优势。曲风杰（2005）[③]认为中国的外需和内需之间存在既对立又统一的关系，应充分利用内外需相互作用的机制，强化外需对内需的拉动作用和内需对外需的促进作用，从而实现内需、外需的统筹和协调。张二震等（2012）[④]也强调在经济全球化发展的大背景下，内需和外需都是一国国民经济重要组成部分，二者是相辅相成、并行不悖的，所以应坚持统筹国内、国际两个大局，加快形成“内需”“外需”协调拉动经济增长的格局。

然而，也有学者持相反论调，认为母国市场越大，越不利于厂商的进出口活动，因为大型内需市场相对降低了它与其他跨国企业之间的竞争力。因此，母国市场规模似乎不如其他市场需求因素那样，可以提供确切的竞争力关系。西伯特等（1994）[⑤]分析了 20 世纪 90 年代初德国贸易性产品竞争力衰减的原因，认为根源是德国政府过于重视国内市场，

---

① Arora A，Gambardella A. Domestic Markets and International Competitiveness：Generic and Product-Specific Competencies in the Engineering Sector[J].Strategic Management Journal,1997（18）.

② 裴长洪、郑文：“国家特定优势：国际投资理论的补充解释”，载于《经济研究》，2011 年第 11 期。

③ 曲风杰：“中国内需和外需的关系及其协调”，载于《经济研究参考》，2005 年第 32 期。

④ 张二震、戴翔：“当前开放型经济发展的几个认识问题”，载于《现代经济探讨》，2012 年第 1 期。

⑤ ［德］西伯特、李兆雄：“定位国内——德国竞争力减弱的原因”，载于《现代外国哲学社会科学文摘》，1994 年第 5 期。

从而引起国内非贸易性产品生产对贸易性产品生产的替代导致的。

总体上，国内市场直接关系产业竞争力及其国际贸易。对于一个拥有“规模大、层次高”国内需求的“大国”，相比“规模小、水平低”国内需求的“小国”，能为一国商品生产提供良好的市场基础，创造商品的价格及非价格竞争优势，从而有助于形成一国商品较高的国际竞争力。但这个结论的前提条件是市场经济较为成熟。

中国不应把纯粹扩大内需作为宏观调控的权宜之计，而应打破地方保护，鼓励企业竞争，精心培育和扩大内需市场；充分尊重需求者的意愿和权利，大力培育挑剔而精致的客户。1994 年以来，中国经济发展进入一个新阶段，通过经济体制改革和产业结构调整，将主要依赖要素投入的粗放型增长转变为依赖技术创新和提高要素使用效率的集约型增长，成为经济工作的重点。今后对于外贸发展来说，出口创汇已不是最根本的任务。由于外汇供求矛盾大大缓和，出口增长也不再是越快越好，而是必须服从宏观经济目标的要求。同时，当代世界各国经济联系越来越紧密，国际分工和一体化程度越来越高，任何一个国家企图摆脱国际经济联系、走自我封闭的发展道路都不可能。所以，今后保持出口的持续增长并非不重要，但大国经济参与国际贸易，主要的获益并不在于有更大的市场和更多的外汇收入，而在于分享国际有限的、分配极不均匀的技术人力资源从事技术创新的成果。而且，大国经济在改革开放中具有较大的伸缩余地，企业易于在国内形成规模经济和充分竞争。而国家对外开放的目的不仅在于获取更大的市场份额，而且在于吸引国外技术创新成果，实现国内经济与国际经济对接。中国需要提倡真正具备国际竞争优势的企业走出国门参与国际竞争。

然而，中国一些出口企业只把发展眼光瞄准国际市场，而忽视了在国内市场发挥应有的作用。这次新冠肺炎疫情的全球蔓延，可能对原来这种思维和做法会产生较大冲击。实际上，单纯地以劳动力的比较优势参与国际分工和贸易，将不利于对外贸易的可持续发展。特别是中国将要到来的第二次城市化和工业化高峰，这次消费能级不是第一次城市化和工业化的消费能级，而是更大的能级。而且，过去那种以低端要素加入全球价值链、基于出口导向的第二波全球化发展的红利已逐渐消退。因此，中国应积极实施基于内需的经济全球化发展战略，高度重视国内市场在国际贸易中的作用，充分意识到巨大的国内市场和国内贸易机会将使中国的发展战略不同于小国经济。

（四）大国崛起必然是满足世界需求

经济大国必然是贸易大国和海洋运输大国。历史上每一个国家的崛起似乎都开始于一个相同的起点，即顺应世界潮流，走向世界，满足全球市场需求。从西班牙与葡萄牙相持，海上称霸；到英国取代西班牙，成为新的海上霸主；再到美国占据第二次工业革命的先机，成功赶超英国，成为超级大国。每个国家都依托本国的特色，走上本国独具特色的崛起之路，从本国走向世界。中国也一样，依托地理位置、资源优势和中国特色社会主义制度，成功地深化改革开放，成为世界第二大经济体及第一全球贸易大国、第一制造大国，还是货物贸易和服务贸易大国、吸引外资和对外投资大国。

从西班牙与葡萄牙争做海上霸主和英国取代西班牙成为新的海上霸主，而后走上世界第一工业大国的地位，依靠海上实力，走向全球，进行掠夺和殖民，在全球建立了属于自己的殖民帝国。1583 年，英国凭借海上力量的优势，在与西班牙的海战中取得最后胜利，成功地走上世界舞台中央。

其实，大国崛起必须要有雄厚的经济实力。西班牙与葡萄牙帝国的殖民扩张曾经遍及全球，可以说在那个时期，这两个国家在世界上占有绝对的霸主地位，但西班牙与葡萄牙的强盛仅仅维持了一百多年，就很快走向衰落。究其原因：西班牙与葡萄牙只知掠夺而忽视发展工商业，忽视科技革命和产业革命所带来的机遇，单一地使用武力大肆掠夺，即缺什么就去掠夺什么，只治标不治本，因此没有能够使自己富强，没有让自身变得更强大，最终导致了帝国的没落。而荷兰国土面积很小，却拥有得天独厚的海洋区位，依托有利的地势，运用精明的商业头脑以及良好的信誉，成功地将贸易发展至全球多个国家。随着工业时代的到来，英国在第一次工业革命中凭借瓦特蒸汽机获得了绝对胜利。而美国在进入第二次工业革命之时抓住了机会，凭借富兰克林把电带入人们的生活，以及贝尔、爱迪生等人的一系列依托电力的发明，成功地在电力主导的第二次工业革命中超越并取代英国，成为世界头号工业强国（吴函纯，2019）[①]。苏联在第二次世界大战后迅速崛起，成为可以与美国相抗衡的大国，但最终因经济实力相对薄弱而日薄西山。日本也曾经是世界经济第二大国，用“拿来主义”强盛一时，最终不敌美国而强盛之势锐减。

美国作为当今世界的唯一超级大国，在经济实力上远超其他国家。美国在崛起的过程中，一手大力发展军事实力，以绝对优势的军事力量作为基础，维护其在全球的经济利益；另一手大力发展本国经济，通过《门罗宣言》、门户开放等一系列对外政策，提升其在国际贸易中的地位。“一战”和“二战”削弱了欧洲传统强国，为美国的发展提供了千载难逢的契机，最终使其一跃成为世界贸易规则的制定者；而且，美国极其善于使用贸易保护手段，确保了其在高新技术产业领域的领先地位。

---

① 吴函纯：“大国崛起因素分析及我国改革开放至今面临的挑战”，载于《经济研究导刊》，2019 年第 10 期。

很明显，美国对外贸易政策发展史实际上也是一部美国对外扩张史，更是一部贸易保护主义史（胡冬敏，2019）[①]。这也告诉我们，真正现代意义上的世界强国，无一不是贸易强国。

从工业化历史规律来看，任何一个国家或地区，随着其工业化进程的不断升级，对世界市场的要求将不断增大，没有一个不断扩大的市场，工业化将难以有理想地推进。工业化只有在规模不断扩大的市场的存在下，才能存在和发展。中国工业化和现代化进程也不可能完全脱离这种规律。因此，只有通过拥有适当的世界市场份额，或者说只有对外经济规模不断扩张的支持，才能保持工业化总量的持续、快速地不断扩张。

同时应该看到，新兴贸易大国与守成贸易大国之间贸易摩擦增加是符合历史规律的现象。从近现代全球贸易历史角度看，如果以出口全球占比为衡量指标，全球贸易中心发生了三次转移，第一次是由荷兰转移到英国，第二次是由英国转移到美国，第三次是从美国向中国转移，正在发生之中。在贸易中心转移过程中，原贸易中心与新贸易中心之间经贸摩擦难免会加剧。20 世纪 80 年代，美国的贸易中心地位曾经面临来自德国和日本的压力。在这期间美日、美德贸易摩擦严重。21 世纪以来，中国出口贸易迅速增长，从 2007 年开始超过美国成为全球最大出口国。与此相伴，中国也成为世界上遭遇贸易摩擦最严重的国家。特朗普调整对华经贸政策，向中国发起更多贸易争端，与中国出口全球占比超过美国，成为全球新的出口贸易中心的历史背景有着必然联系（李双双等，2018）[②]。

① 胡冬敏："大国崛起：美国百年对外贸易史"，载于《文史天地》，2019 年第 3 期。
② 李双双、卢锋："中美经贸摩擦升级的经济政治逻辑与中美经贸关系前景"，载于《国际贸易》，2018 年第 7 期。

如前所述，世界贸易格局的发展经历了环大西洋贸易阶段、环太平洋贸易阶段，目前正在逐步进入环印度洋贸易阶段。15 世纪到 20 世纪初，两次工业革命推动了欧美国家的发展，以机械、金融和贸易为代表的传统产业发展促进了环大西洋贸易的兴起，催生了纽约湾区城市群。20 世纪中期到 21 世纪初，新科技革命与全球经济一体化的发展，促进了环太平洋贸易的兴起，催生了以旧金山湾区城市群和东京湾区城市群的发展，促进了东亚国家的崛起，也促进了中国、韩国及新加坡等沿海港口城市地区迅速崛起。当前世界贸易重心正逐渐转移至环印度洋地区，该地区将成为全球三大主要经贸板块之一。中国地处环太平洋和环印度洋两大板块交界地带，可以预计长三角、珠三角及京津冀环渤海地区等中国沿海航运中心将迎来新一轮发展机遇（赵一新，2017）[①]。随着环印度洋新兴经济体的发展，未来，以中国、东盟和南亚为代表的环印度洋贸易必将兴起。上杭宁大湾区和粤港澳大湾区都位于环太平洋贸易圈与环印度洋贸易圈交汇处，是环太平洋和环印度洋两个贸易圈结合的重要战略空间，承担着引领环太平洋贸易向环印度洋贸易转移的重任，必将成为环印度洋贸易圈的龙头，是国家“对外开放”的重要平台。

历史可以借鉴，但不可以照搬。世事不同，崛起的路径也不同。习近平总书记提出了“人类命运共同体”的新理念。这为中国和平发展和强劲崛起指明了方向。一个国家能否崛起，主要取决于国家实力建设和社会治理水平的提升。在中国崛起的进程中，上杭宁大湾区作为中国经济最活跃的地区，无疑需要发挥优势，做强自己；放眼世界，引领世界需求，走上世界舞台，成为贸易强国的中流砥柱。

---

① 赵一新：“长三角航运中心整体布局与‘一带一路’倡议衔接问题研究”，载于《科学发展》，2017 年第 11 期。

三、高质量发展是湾区发展的重要标准和战略导向

党的十九大报告指出：我国经济已由高速增长阶段转向高质量发展阶段，正处在转变发展方式、优化经济结构、转换增长动力的攻关期。我国经济由高速增长转向高质量发展，这是必须迈过的坎，每个产业、每个企业都要朝着这个方向坚定往前走。[①] 推动高质量发展是当前和今后一个时期确定发展思路、制定经济政策、实施宏观调控的根本要求。[②] 很明显，高质量发展是对中国经济发展阶段变化和现在所处关口做出的一个重大判断，为今后中国经济发展指明了方向。

（一）高质量发展的基本内涵

国内外学者对高质量发展进行了深入研究，特别是随着党的十九大提出这一要求以后，对此研究更加深入和广泛。维诺德·托马斯（2001）[③] 认为经济增长质量应该在发展速度的基础上涵盖机会分配、环境可持续性以及全球性风险管理等因素。Barro（2002）[④] 从预期寿命、生育率、环境条件、收入公平性、政治制度以及宗教信

① 光明日报评论员：坚持科学发展和高质量发展——七论深入学习习近平总书记在庆祝改革开放四十周年大会重要讲话，载于人民网，2018-12-25，http://theory.people.com.cn/n1/2018/1225/c40531-30485450.html。

② 人民日报评论员观察：高质量打好三大攻坚战，载于人民网，2017-12-11，http://opinion.people.com.cn/n1/2017/1211/c1003-29696957.html。

③ [印]维诺德·托马斯等：《增长的质量》，中国财经出版社 2001 年版。

④ Barro，R. J.Quality and quantity of economic growth[R].Central Bank of Chile，2002.

仰等角度对经济增长质量进行了探讨。钞小静等（2009）[①]提出，最理想状态下的经济增长是数量与质量的有机结合、相互统一，既能满足量的要求，又能体现质的规定。Mlachila 等（2014）[②]认为对发展中国家而言，增长率更高、更持久的社会友好型增长是高质量的增长。Linhai Mei 等（2016）[③]认为当前中国经济正处于转型发展与增速减缓时期，更加依赖于经济增长的质量和效率，而非数量和速度。Chao Ni 等（2014）[④]认为，诸如国内生产总值、国民收入等经济增长数量指标不再是政府唯一的关注焦点，而是逐渐由关注数量向关注质量转变，以促进资源节约型和环境友好型社会建设。任保平（2012）[⑤]认为，经济增长质量是经济增长数量达到一定阶段的产物，没有经济增长的数量积累，不可能谈及经济增长的质量提升。任保平等（2018）[⑥]提出，高质量发展就是在经济增长的基础上，一个国家或地区经济结构和社会结构持续高级化的创新过程或变化过程。这一阶段已经不再仅仅关注经济的总量和规模，而是更加辩证地看待"量"与"质"、"速"与"效"的关系，把评判的焦点更多地放在"好不好"的问题上。

从经济的基础理论看，质量是指产品能够实现需要的使用价值特

---

① 钞小静，惠康："中国经济增长质量的测度"，载于《数量经济技术经济研究》，2009 年第 6 期。

② Mlachila M，Tapsoba R，Tapsoba S. A quality of growth index for developing countries：A proposal[J].Social Science Electronic Publishing，2014.

③ Linhai Mei，Zhihao Chen，The Convergence Analysis of Regional Growth Differences in China：The Perspective of the Quality of Economic Growth[J].Journal of Service Science and Management，2016，9（6）.

④ Chao Ni，Xiaoyuan Chu，Huicun Song，Human Capital，Innovation Capacity and Quality of Economic Growth—Based on Chinese Provincial Panel Data from 2000 to 2013[J].Global Journal of Management Business Research，2014，14（8）.

⑤ 任保平："经济增长质量：理论阐释、基本命题与伦理原则"，载于《学术月刊》，2012 年第 2 期。

⑥ 任保平、李禹墨："新时代我国高质量发展评判体系的构建及其转型路径"，载于《陕西师范大学学报（哲学社会科学版）》，2018 年第 3 期。

性；而在竞争性领域，质量还是指具有更高性价比因而能更有效满足需要的质量合意性和竞争力特性。但是，在现代经济学中，“质量”基本上是一个被“抽象”掉的因素，一般将其归于“假定不变”的因素中，或者以价格来替代之，即假定较高价格产品的质量高于较低价格产品的质量——“优质优价”，或称为“质—价”对称性假定。所有的经济关系都抽象为数量关系，唯一重要的计量单位是“价格”（包括工资、利率等要素价格），所有的经济变量都转为以货币单位计量的个量或加总量。这样，同使用价值相关的所有变量都有意无意地被“抽象”归之为交换价值量（金碚,2018）①。马克思在《资本论》中详细论述了商品的使用价值具有二重属性：一方面是物的有用性，为一切物所共有，即自然属性；另一方面是交换价值的物质承担者，具有交换性，这是其社会属性，商品目的就是用来满足他人的某种需求。可见，在市场经济条件下，要想满足人民日益增长的对美好生活的需要，就要着力生产出更好、更具多样性的商品，以此来满足人们复杂多样的需要，否则，生产再多产品，产品还是产品，不能实现交换，最终还是不能体现产品的使用价值。因此，高质量发展，其中一个重要方面就是要推动商品的高质量生产，才能通过市场交换的方式发挥商品使用价值的社会性，为全面满足人民对美好生活的需要提供物质条件。

在市场经济条件下，对于商品需求者，可以通过相关市场信息（如商标、品牌等）了解商品质量，然后支付相应价格来交换所需商品，如果没有买到自己合意的商品，可以退货或向相关组织如消费者协会或政府相关部门投诉。但现实中，由于商品供给侧在一定时期一定区域是给定的，商品使用者要买到自己满意的商品是相当有限的。同时，退货或

① 金碚：“关于‘高质量发展’的经济学研究”，载于《中国工业经济》，2018 年第 4 期。

投诉的补救措施，在市场经济体制不完善的情况下，这种措施的力度也是相当有限的。也就是说，目前这“两个相当有限”，使中国消费者还存在被动的低质量消费。上海2019年开张的Costco门店火爆，在一定程度上反映了这个问题。这也是中国消费者到国外大量采购自己满意的商品的主要原因之一，也是中国实施结构性供给侧改革和高质量发展的重要动力之一。因此，高质量是指产品和服务满足居民需要的程度（中央党校省部级干部进修班课题组，2017）[①]，是能够更好满足人民不断增长的真实需要的经济发展方式、结构和动力状态（金碚，2018）[②]。

可见，高质量发展的内涵很丰富，而且在实践中不断拓展，至今社会各界仍然未给出一个各方认可的统一表述，从目前已有的研究看，主要有三方面的研究视角。

一是从中国社会主要矛盾变化和新发展理念的角度看，高质量发展就是能够很好满足人民在经济、政治、文化、社会、生态等方面日益增长的美好生活需要的发展，包括人与人、人与自然、人与社区、国民经济管理以及政治生活等社会经济生活全过程的发展，更好地推动人的全面发展、社会全面进步的发展，体现人民获得感、幸福感、安全感、价值感的诸多方面。高质量发展要全面体现创新、协调、绿色、开放、共享新发展理念的发展，坚持深化改革开放的发展；要更高水平、更有效率、更加公平、更可持续的发展，也即从规模的“量”到结构的“质”，从“有没有”到“好不好”；不仅要重视量的增长，更要重视结构的优化，不仅要重视经济的增长，更要重视环境的保护、社会文明的提升，以及社会治理的完善等，更加强调经济、政治、社会、文化、生态五位

---

① 中央党校省部级干部进修班课题组：“关于经济发展质量若干问题的思考”，载于《中国领导科学》，2017年第8期。

② 金碚：“关于‘高质量发展’的经济学研究”，载于《中国工业经济》，2018年第4期。

一体的全面发展和进步（安淑新，2018）[1]。

二是从经济学意义看，在微观层面，高质量发展主要是指以产品和服务高质量为主导的生产发展；在中观层面，高质量发展主要体现为形成实体经济、科技创新、现代金融、人力资源相互促进、协同发展的现代产业体系，体现为区域经济发展的协同性、整体性、包容性和开放性；在宏观层面，高质量发展通常可以用全要素生产率来衡量，体现为三次产业结构的高端化、技术结构的升级化、资源能耗使用的递减性和劳动力结构的适应性（安淑新，2018）[2]。

三是从供求和投入产出角度看，高质量发展意味着效率变革，意味着高质量的供给、高质量的需求、高质量的配置、高质量的投入产出、高质量的收入分配和高质量的经济循环。新时代中国经济转向高质量发展，必然要求推动高质量的供给，提高商品和服务的供给质量，体现为不断适应需求端消费升级趋势，提升供给端的产业素质、企业活力、产品与服务的质量和水平；实现高质量的需求，要以消费升级带动供给体系升级；实现高质量的配置，要打破资源由低效部门向高效部门配置的障碍，提高资源配置效率；实现高质量的投入产出，要用有限的资源创造更多的财富，投入少、产出多、效益好，包括资本的效率、劳动的效率、资源的效率、能源的效率、环境的效率等；实现高质量的收入分配，要加快形成更为合理的初次分配和更为公平的再分配；实现高质量的经济循环，要着力缓解经济运行当中存在的突出失衡，确

---

① 安淑新："促进经济高质量发展的路径研究：一个文献综述"，载于《当代经济管理》，2018年第9期。

② 安淑新："促进经济高质量发展的路径研究：一个文献综述"，载于《当代经济管理》，2018年第9期。

保经济平稳健康可持续运行（安淑新，2018）[①]。

可见，经济的高质量发展内涵十分深刻和丰富，体现在整个经济发展的方方面面，包括经济、社会、文化，以及改革开放、城乡发展、生态环境、人民生活等方面的高质量，在一定意义上还包括经济制度、经济体制的变革、创新与完善。从高速增长转向高质量发展，就是要在转向集约型经济增长的基础上，不断推进经济结构优化升级、促进收入分配公平合理、提高人民生活水平和质量、增进国民社会物质福利、坚持包括资源环境生态在内的人与自然和谐共生、完善经济制度与经济体制。

所以，高质量发展是相对原来粗放型发展而言的，主要指发展能够很好满足人民日益增长的美好生活需要，是体现创新、协调、绿色、开放、共享的新发展理念，是实现更高质量、更有效率、更加公平、更可持续。高质量发展意味着经济发展不再简单追求量的扩张，不再仅仅关注经济总量和规模，而是更加辩证地看待“量”与“质”、“速”与“效”的关系，而是量质齐升，以质取胜，是从“有没有”转向“好不好”（赵华林，2018）[②]。

中国已是一个市场经济国家，但还不是一个低交易成本的高质量的市场经济体，还存在一系列影响高质量发展的问题和困难，需要坚持高质量发展标准和导向，在实践中破题前行。显然，高质量是相对的，不是凭空臆造的，而是随着生产力水平发展而不断提高。高质量是约束词，发展是核心，不能因为强调高质量而不讲发展，也不能因为强调发展而不讲高质量。所以，高质量发展是中国的发展标准和战略导向。高质量发展是在发展生产力的基础上以发展的高标准为导向，不断满足人

① 安淑新：“促进经济高质量发展的路径研究：一个文献综述”，载于《当代经济管理》，2018年第9期。

② 赵华林：“高质量发展的关键：创新驱动、绿色发展和民生福祉”，载于《中国环境管理》，2018年第4期。

民日益增长的美好生活需要的发展，既讲生产力，又讲人民满意，是生产力和人民满意的有机统一。

（二）高质量发展是一场必须持久攻坚的发展方式革命

改革开放以来，中国经济经过多年持续高速增长，完成了经济起飞，创造了改革开放以来的增长奇迹，经济总量已经跃居世界第二，实现了从低收入国家向中等收入国家的跨越。不可否认，这段时期的经济高速增长，主要是通过扩大资源、劳动、资本等生产要素投入、消耗数量来实现和保持较高速度的经济增长，主要体现为国民经济活动规模的扩大、经济总量的增加等。这些对于一个原来发展水平较低的发展中国家来说，在一定发展阶段，高度重视高速经济增长也有一定的历史客观性，实际的积极作用也是巨大的，取得的成果也是举世瞩目的。

然而，过去几十年，中国经济高速增长主要依靠粗放式高速增长推动，主要依靠要素投入、规模扩张、外需拉动，以往这种高速粗放增长模式不可持续性和弊端已暴露无遗。主要表现为：一是要素供给后劲不足。如全要素生产率不高，劳动生产率较低，淡水、土地、能源等资源利用效率偏低，人口红利趋减，“人口老龄化”趋势明显；资本要素后劲滑坡，储蓄率水平趋于降低，资本要素供给较以往减少，资本积累水平渐减。二是需求拉动后劲不足。如缺乏具有国际声誉的一线品牌，消费潜力仍未得到全面释放，投资需求增长乏力，处于全球价值链（GVC）下游和微笑曲线底端，贸易竞争力不强。三是产业发展后劲不足。产业整体层次偏低，制造业总体仍处于GVC[①]的中低端环节；现代服务业整体发

① GVC是“Global Value Chain”的缩写，即全球价值链，是指产品和服务在生产及出售的过程中所涉及的使产品增值的一系列阶段，其中至少有两个阶段在不同国家完成。

展水平依然较低，生产性服务业发展水平不高；科技含量高的技术密集型产品供给严重不足，大量关键装备、核心技术、高端产品依赖进口。四是创新水平有待进一步提高。关键零件受制于人，核心基础技术创新“空心化”；企业家创新精神尚待进一步挖掘，产学研结合有待提升，专利轻质重量，创新转化率不高，创新贡献极为不足。五是人民生活品质还有不足之处。环境质量下降，生态环境恶化，污染问题亟待解决；贫富差距拉大，收入分配制度亟待改善。六是部分领域积累了不少风险隐患。高杠杆问题仍较突出，高房价积累的泡沫和地方政府隐性债务风险尚未根本化解。伴随这些问题的不断显现，中国高速增长的时代已经过去，从 2012 年开始经济增速降到 8% 以下。

上杭宁大湾区和全国一样，需要改变旧的思维逻辑和方式方法，注重如何释放潜在增长率上发力，推动经济的高质量发展。而且，要解决中国数量扩张带来的上述六大问题，不是轻而易举的。其中存在相互矛盾的问题，既要从质上确定方向，又要从量上把握好度。它不是简单运用哪一派西方经济学问题，也不是简单套用马克思资本论问题，需要结合现在发展的多重现实约束，以新发展理念为指导，采取创新思维，运用战略性、综合性和系统性的攻坚举措。

1. 创新驱动要求加快新旧动能转换

改革开放以来，推动上杭宁大湾区经济高速增长的重要条件，是劳动力、土地、环境低成本吸引了发达国家跨国公司将制造业转移到上杭宁大湾区。现在上杭宁湾区劳动力等要素成本持续上升，要素低成本的吸引力、驱动力明显减弱，正面临高中端制造业向发达国家回流、中低端制造业向成本更低的发展中国家转移的两头挤压。同时，上杭宁大湾区产业目前在全球产业链、价值链中的地位总体上处在中低端，总体上科技对经济增长的贡献率还不高，源头创新不足，科技成果转化渠道不畅，不少关键技术依赖进口。而且，上杭宁大湾区资源约束日益趋紧，环境承载能力接近上限，依靠要素低成本的粗放型、低效率增长模式已经不可能持续，现在必须，也有条件转向高质量发展。国际经验表明，一个国家要从中等收入阶段进入高收入阶段，关键在于实现经济发展从量的扩张到质的提高这一根本性转变。因此，为适应世界这一轮制造业产业转移的需要，上杭宁大湾区只有选择高质量发展才是出路。推动原来的要素驱动向创新驱动转变，即经济发展动力由投资与要素大规模投入驱动向知识积累、技术进步和劳动者素质转变，形成优质高效多样化供给体系，实现供给和需求在新水平上的动态均衡，促进上杭宁大湾区经济高质量发展。而创新驱动是现阶段上杭宁大湾区经济增长的新动力。不同于原先以要素驱动、投资驱动为主的经济增长旧动力，创新驱动是通过技术进步实现劳动生产率的提高。但是，正如前面所言，上杭宁大湾区的创新驱动在创新体制机制、产学研协同和创新绩效上面临着一系列制约因素。要解决这些问题，也是一个战略性、综合性、系统性问题。因而，新旧动能转换的任务艰巨而复杂，不是短时间能突破的，需要久久为功，长期努力才能取得根本性突破。

2. 内涵式发展要求效率变革、质量变革

经济高质量发展要求由原来的资源利用低效率、要素配置低效率、产品与服务低质量向资源运用高效率、产品和服务高质量转变，即实现资源要素使用效率极大提高，微观企业严把质量关，产品生产、服务供给更有品质，经营质量显著提升。而中国在发展过程中仍存在低效率洼地，在生产要素投入既定的情况下产出的提升缓慢，从而使经济系统无法实现帕累托最优。因此，推进效率提升是中国新时代经济发展的核心要求。而目前中国在资源利用效率、技术效率、劳动效率和资本效率等方面都较低。要提高这些方面的要素效率，就需要培育和健全市场体系，完善市场机制。与此同时，要满足人们的高水平消费需求，就需要提高中国企业产品和服务质量。然而中国供给结构仍然存在一些不足：一方面有不少产能严重过剩，另一方面居民高品质消费需求却得不到满足。中国还存在相当部分产品质量和服务水平没能完全满足消费者的期待和要求，这集中表现在消费向国外转移。当然，在部分人群中仍存在崇洋媚外的心理因素，但主要还是国内供给侧质量还没有达到消费者的心理预期。实际上，现在很多高品质商品都是通过跨境电商从境外采购，国外的海外仓、海外代购也因此成为很大的产业。居民对高质量的教育、医疗等方面的需求，供给缺口也很大。这充分说明，结构性矛盾已经成为现阶段中国经济发展的主要矛盾，矛盾的主要方面在供给侧。这是发展不平衡不充分的表现，也是发展质量不高的表现。因此，需要创造优质商品的有效供给，让外溢消费回流。如前所述，世界进入下行长周期，中国目前经济增长下行压力不小，对解决这些矛盾和问题，增加了复杂性和难度。显然，不论是完善市场机制和消费机制，解决隐性风险问题，还是提高供给侧质量，都不是一蹴而就的事情，也是需要把握其内在规律性，并需要付出艰苦努力才能达到的。

3. 协调性发展要求经济结构优化升级

高质量发展意味着宏观经济运行高效率，即投资、消费和出口结构协调，产业结构更加合理并渐趋高级化，以服务业为代表的第三产业成为经济主导部门，区域、城乡发展差距缩小，发展更具协调性。而中国“三驾马车”还不够协调，集中表现在出口与内需不协调，有效内需不足；经济存在实体经济与虚拟经济不协调，脱实向虚的现象还大量存在，集中表现在高杠杆、地方隐性债务和房地产问题上；产业结构特别是制造业大部分仍处于中低端；城乡差距较大等问题，特别是当前主基调要求稳中求进，稳与变和进的关系需要把握辩证法，否则顾此失彼；高杠杆、地方隐性债务和房地产等风险隐患问题的解决，也需要一个软着陆的过程；中国经济正在逐步进入消费主导型发展阶段，需要完善促进消费的体制机制。显然，这些结构优化升级问题，也是约束因素较多，需要平衡一系列问题，也是战略性、综合性和系统性问题。

4. 竞争优势的提升要求积极参与世界经济合作与竞争

如前所述，目前在经济总量上，上杭宁大湾区远超于世界三大湾区，而居世界第一位，但总体呈现“大而不强”的特征。从全球看，现在其他大国已不再采取跟随策略，而是力求把本国做大做强。中美之间的博弈已进入常态化，其中不仅包含激烈的贸易摩擦。贸易摩擦只是揭开了中美之间竞争博弈常态化的序幕，未来中美之间的竞争一定是两国高质量发展的竞争、核心技术的竞争、制造业水平的竞争。高质量发展是中国从长周期看应对美国对华战略转向的根本之策。没有高质量的发展，只谈贸易顺差和逆差，最终解决不了中国的胜出问题。贸易在本质上是买卖问题，是商品交易问题，美国从中国进口是因为美国市场存在对中国商品的需求，这是跨国界市场行为即国际贸易行为。从总体上看，中国对美国出口的大多是产业链中低端产品，所输出商品的价值与应该获得的价值是不对等的。高速增长阶段转向高质量发展阶段的这个转变是中国未来立于不败之地的一个根本性转变（陈文玲，2018）[①]。因

① 陈文玲：“高质量发展的战略意义及策略建议”，载于《债券》，2018 年第 8 期。

此，需要推动大湾区产业链条迈向中高端，促进数量向质量转变、制造向智造转变，提升经济国际竞争力和影响力。显然，这个过程不是轻而易举的，而是一场深刻的变革。

5. 可持续发展要求营造良好的生态环境

高质量发展必须贯彻可持续发展理念，各行各业既实现绿色化发展以降低经济发展对生态系统带来的污染破坏，又加大生态环境保护、修复的力度。这也意味着必须彻底改变原来先污染后治理的老路，必须坚持“绿水青山就是金山银山”的理念，既切断所有企业先污染后治理的路子，又加大力度修复受污染的生态环境。这意味着企业开办的门槛提高了，有些企业不符合条件就要关闭或重组，这也需要一段时间实现供给和需求新的平衡，新的平衡会带来相关企业成本增加和利润减少。这些新平衡可以说也是一场革命，对一些关闭或重组的企业是革命，对尚存的企业也是浴火重生。

6. 坚持以人民为中心要求提高人民的幸福感和获得感

高质量发展要求坚持共享理念，把民生改善放在重要位置，不断满足人民群众对美好生活的需求，以人民群众幸福感和获得感提升作为发展成果的初步检验。要实现这些目标，就必须围绕保民生、促发展的双重要求，除了解决生态环境问题，还必须解决收入差距过大的问题，城乡差距、区域差距过大的问题，这些都必须通过创新社会体制机制，完善国家治理体系和治理能力现代化才能实现。

总之，中国经济从高速增长转向高质量发展是中国经济社会领域的一场深刻变革，作为一场深刻变革，高质量发展是战略性、综合性、系统性的转变，其实质可以说是一场革命，是中国经济发展的“革命”

（杨秋宝，2019）[①]。对上杭宁大湾区而言，高质量发展同样是一场革命，其革命更带有紧迫性和引领性。转向高质量发展阶段，要求我们必须高度重视经济质量，坚持质量第一的原则，弘扬工匠精神，实施精品战略，强化和提高产品或服务质量标准，推进产品或服务质量升级，以满足人民日益增长的对高质量产品或服务的需求。

四、一体化是湾区发展的必经的重要过程和要求

经济全球化的发展趋势表明，只有在更大范围内建立和拓宽分工合作体系，实行对内开放、消除壁垒，提高区域经济一体化程度，才能为地区经济发展提供新的动力机制，加快融入世界市场。上杭宁大湾区一体化具有深刻的国际国内背景和诸多有利的自身条件，反映了内外经济环境的巨大变动。

（一）上杭宁大湾区具有互为依存、联动发展的深厚历史基础

上杭宁大湾区自身具备了推进区域经济一体化的有利条件。从自然地理的角度看，上杭宁大湾区 16 个城市是一个相对完整的自然单元，区内自然联系十分紧密。长三角冲积平原面积辽阔，密布的河网加强了各区域之间的联系，平坦的地形、漫长的深水岸线又为交通基础设施的建

① 杨秋宝："中国高质量发展在历史逻辑中的确立与内涵"，载于《金融博览》，2019 年第 1 期。

设提供了便利。区域内的江浙沪二省一市不仅地域相连，文化传统相似性极高，由吴越文化、江南文化和海派文化组成，而且人缘相亲、经济相融，历来是融自然、文化和经济于一体的综合体，经济合作与交流十分密切，存在着广泛的分工与协作、互为依存、联动发展的深厚历史基础。特别是近现代以来，城市之间和企业之间的市场融合与经济联系日趋紧密。湾区内各城市之间、企业之间的各种招商引资、商贸洽谈、产权交易、企业并购、技术合作等活动十分频繁，市场融合与经济联系日趋紧密。同时，长三角与国外交流频繁，形成了以创新、开放、包容为特征的海派文化，为区域一体化提供了重要的文化保障。上海之所以发展如此迅猛和有魅力，关键在于上海得天独厚的两大优势：一是上海位于中国的黄金海岸与黄金水道的交汇处，具有中国独一无二的区位优势；二是江浙两地对上海强有力的依托。随着改革开放的发展，上杭宁大湾区的经济联系得到了迅速的恢复和发展。上海与长三角各城市间经济技术的联合与协作领域不断拓宽，资金和技术的相互融合程度不断提高，长三角内各种生产要素的交流十分活跃，市场导向和企业推动作用明显增强，区域统一市场框架已基本成型。

（二）上杭宁大湾区一体化具有强大的内生动力、外在压力及相应的阻力

一体化已成为全球许多地区经济发展的成功经验。世界银行报告（2009）[①] 特别指出，促进经济长期增长最有效的政策是那些有利于地理

---

① 世界银行:《2009年世界发展报告：重塑世界经济地理》，胡光宇等译，清华大学出版社2009年版。

集中和一体化的政策。上杭宁大湾区合作起源于20世纪80年代，迄今为止经历了规划协调、要素合作和机制对接三个发展阶段。目前，上杭宁大湾区是中国区域一体化起步早、基础好、程度高的地区，合作内容由经济合作向经济社会、环境等多领域拓展。

1. 上杭宁大湾区一体化，既是大势所趋，也是内在要求

一体化是市场经济条件下经济发展的必然结果，区域经济一体化进程本质上是一个市场化的进程。一体化程度提高不仅有助于资源合理配置进而增强区域整体的竞争力，而且要素在更大范围的自由流动也推进了市场的成熟和市场机制作用的充分发挥。现阶段，上杭宁大湾区一体化是经济自身发展的内在迫切需求，得益于区域共同利益的强有力驱动。

从理论上看，根据本章第一节的分析，上杭宁大湾区经济发展正处于发达经济初级阶段向发达经济高级阶段迈进，也处于约翰·弗里德曼的区域空间成长阶段理论的经济一体化时期。约翰·弗里德曼特别强调，当进入经济一体化时期，经济进入持续发展阶段，随着政府干预的加强、区际人口的转移、市场的扩大、交通运输的改善和城市层次的扩散等，核心区与边缘区的界限会逐渐消失，区域空间走向一体化。

现阶段，区域经济一体化是城市群形成的重要经济条件。一体化的本质是为了去同构化，实现区域协调发展。上杭宁大湾区要成为具有较强国际竞争力的世界级城市群，需要先形成一体化发展格局。尽管上杭宁大湾区是中国经济发展水平最高、一体化最好的区域，但上杭宁大湾区目前一体化发展还存在一些突出的问题：一是突破行政区划壁垒、规章壁垒和体制机制约束，还存在一定障碍和难度。二是城市同构化程度和重复建设严重，城市间协调联动不足，难以发挥城市群规模效应。三是利益共享机制仍不够明确。四是一体化进入瓶颈期和缓慢推进期、转换期，产业一体化推进难度较大。五是城市功能和城市管理体系还不能完全适应未来巨型城市区域发展趋势。这些问题的存在严重阻碍了各城市间分工协同，既不利于发挥各市特色和优势，也不利于调动区域内各方面的积极性、主动性，还会降低产业结构优化升级的速度，削弱区域的整体优势。因此，只有逐渐解决这些问题和短板，按照分工协同的要求，加速经济资源的自由流动，加强区域间的经济交往与合作，“抱团”发展，由点到线、由线到面，才能促进区域整体协调发展，形成“1+1>2”的效益。也就是说，在经历了30多年快速增长之后，大湾区需要进行经济发展动力转换，走向经济发展的一体化集聚模式。

实际上，上杭宁大湾区城市化特别是人口城市化进程并未完成。由于城市化和一体化在共同推动湾区经济增长中相互融合、互相带动，城市化的发展带来就业的增加和人口的聚集，而人口的聚集会促进消费品工业以及服务业的发展，即产业集聚；产业集聚又有利于创新，促进产业转型升级和市场扩大；产业转型升级及市场扩大反过来还会促进城市化和区域一体化，同时促进地方财富增加，这进一步推动城市化；而城市良好的基础设施又会吸引更多的产业到此布局。这个过程循环往复，通过乘数效应和循环效应的不断累积，推动产业分工演化与城市群竞争合作，从而推动区域一体化。总之，新型城镇化驱动产业结构转型升级，从而推动区域一体化。

同时，随着区域经济进入全新的发展阶段，“融合—利益”这组逻辑关系被越来越广泛接受。上杭宁大湾区已迈入后工业化社会，正处于从高额群众消费阶段向追求生活质量的过渡阶段，在区域规划、产业结构、经济体制及运行机制、城市功能、技术水平、市场化建设、环境保护等越来越多的领域和层面上显现出越来越强烈的区域合作与发展的迫切愿望和内在诉求，经济社会相互联系的需求越来越明确。这就要求打破区域内低水平、小范围内构建的独立、分割的市场，实现各种要素能够自由流动的统一大市场，追求进一步的资产增值和扩张。这是建立在上杭宁大湾区工业化、城市化、外向型经济发展和城际重大基础设施建设等多种利益趋同性的基础上的，是区域共同利益驱动下的一个必然的战略选择。可以说，在上杭宁大湾区一体化进程中加速融合的核心力量是内生力量，即共同利益的驱动。

2. 大湾区一体化也面临强大的外在压力

从国内看，第一，上杭宁大湾区是国家战略贯彻落实的重要载体，如“一带一路”桥头堡、长江经济带、全球科创中心、自贸试验区等国家战略在这一区域叠加，迫切需要上杭宁大湾区加快一体化进程。第二，要通过深化一体化发展来提高资源配置效率，释放经济增长的新动能。第三，要从规划对接、战略协同、专题合作、市场统一、机制完善等重点推进上杭宁大湾区一体化进程。2018 年 7 月，《长三角地区一体化发展三年行动计划（2018 ～ 2020 年）》正式下发。这个行动计划覆盖了交通能源、科创、产业、信息化、信用、环保、公共服务、商务金融等 12 个合作专题，并聚焦交通互联互通、能源互济互保、产业协同创新、信息网络高速泛在、环境整治联防联控、公共服务普惠便利、市场开放有序等 7 个重点领域，特别是在规划管理、土地管理、投资管理、财税风险、社会政策这些方面，形成了一批项目化、可实施的工作任务。明确到 2020 年，长三角地区要基本形成世界级城市群框架。2019 年 12 月印发的《长江三角洲区域一体化发展规划纲要》明确了长三角要通过一体化发展，实现“一极三区一高地”的宏伟目标。实际上，一体化是一个动态的过程，更为长远的目标是把上杭宁大湾区建设成为具有全球先进水平、具有鲜明的中国特色和中国风格、具有独特的中国气派和中国魅力，能够引领中华民族伟大复兴的世界级大湾区。

从全球看，如本书第三章中所述，世界竞争出现一系列新的变化。首先，全球化从商品的全球化进入产业链和创新知识的全球化，国家间的竞争也日益演化为主要湾区的比拼。其次，在全球化和信息化的背景下，世界各国加快推进世界城市群建设，提高区域竞争优势。最后，世界新一轮科技革命的孕育诞生，各国都在努力实现创新发展、转型升级。所以，作为中国参与全球竞争的前沿阵地，需要“共生、共商、共建、共赢、共享”。构建湾区发展利益共同体，需要打破行政区划限制，构建一系列冲破原来体制障碍的新的制度框架，加快推进高质量的一体化进程，形成各城市间互利共赢“抱团”，凝聚成一个参与国际合作竞争的世界级平台，成为具有主要影响力的国际资源配置中心，全球现代服务业和先进制造业中心，全球贸易投资规则重构的先行者。

3. 市场机制不完善是湾区一体化的最主要阻力

目前，上杭宁大湾区一体化的协调合作主要是以政府推动为主，经济手段运用还不够充分，市场机制作用发挥不够充分。实际上，上杭宁大湾区发展的诸多问题是由于市场机制本身不完善所造成的，市场在湾区资源配置中并没有发挥其应有的决定性作用。市场机制不完善，一方面是由于湾区市场经济体制改革不到位而引起的市场缺陷。这种市场缺陷与西方成熟的市场经济国家的市场缺陷有着本质的区别。另一方面是由于市场本身的缺陷。也就是说即使在西方成熟的市场经济体制国家，市场经济本身所具有的功能性缺陷。当然，市场机制不完善，一方面，市场发育和市场机制的完善本身是一个长期的自然过程，有其客观性；但另一方面，政府在培育和完善市场体系与市场机制，提供市场游戏规则方面有一定的责任。同时，在上杭区大湾区一体化发展过程中，由于市场制度本身的功能性缺陷及其可能引致各城市利益冲突，在现有制度体系仍不完善的背景下，地方政府为了实现自身利益的最大化，在客观上可能造成湾区发展中的政府缺陷，即政府的越位、错位和缺位。主要表现在地方政府对市场的不当干预、对企业的不当干预、市场监管体系的不完善等。政府的缺陷在一定程度上造成了地方利益与区域利益的非均衡，阻碍了湾区经济一体化。

很明显，推进社会主义市场经济体制不断完善，使市场发挥湾区配置资源的决定性作用，是解决上杭宁大湾区经济一体化的基本前提。在湾区市场经济体制本身建立和完善之前，市场机制本身也很难在湾区发展中发挥应有的决定性作用，非市场的因素仍然会影响整个湾区的发展。因此，加快市场经济体制建设对于湾区经济发展是至关重要的。要克服转轨过程中的市场无序和各市利益冲突加剧现象，必须把加快市场机制的培育、有效制度的供给以及解决市场经济内在缺陷结合起来，同时需要建立一个公正、廉洁、高效、权威、善治的地方政府，以及跨行政区划的湾区城市协作组织。

（三）上杭宁大湾区一体化是一个必然的动态过程

无论是国际区域经济一体化，还是国内区域经济一体化，都要经历一个逐渐发展的历史时期。国际上，欧盟经济一体化的历史进程如此，国内区域经济一体化也是如此。特别是高质量的区域经济一体化不仅需要通过优化要素配置加快经济增长，还需要保持区域内各地区间经济的协调发展。

首先，区域一体化的广度和深度逐渐深化。区域一体化都要经历一个从低级向高级的发展过程，即一体化各主体利益不断协调整合的过程：一是区域合作的广度和深度逐渐拓展。一体化程度应循着交通一体化、市场一体化、产业一体化和空间经济一体化阶段性地逐步深化，最终凭借较高的专业化水平以及规模效应推动经济的高效增长（郭将等,2019）①。2020 年 4 月，国家发展改革委和交通运输部印发了《长江三角洲地区交通运输更高质量一体化发展规划》，该规划提出以轨道交通为骨干，公路网络为基础，水运、民航为有效补充，以上海、南京、杭州、合肥、苏锡常、宁波等为主要节点，构建对外高效连通、内部有机衔接的多层级综合交通网络。这既体现了交通基础设施先行的要求，又将为长三角高质量一体化打下坚实基础。需要注意的是如果简单追求区域经济一体化程度的快速推进则很有可能只关注局部而忽略区域整体，从而造成区域内部的发展失衡。特别是区域内各地区的发展水平、管理效率以及技术进步程度等方面有所差异，因而在一体化政策的制定实施时应该特别注意因地制宜，避免实施“一刀切”的政策工具（李雪松等,2017）②。二是区域一体化的主体逐步扩大。长三角一体化的第一次高潮是在改革开放之初，1982 年 12 月国务院发出通知，决定成立上海经济区。上海经济区最初仅包括上海市和江苏的苏州、无锡、常州和南通，浙江的杭州、嘉兴、湖州、绍兴和宁波等 10 个城市；后来扩大到 16 个城市，即上杭宁大湾区；目前扩容到浙江、江苏、

---

① 郭将，金欢：“长三角区域经济一体化程度分析”，载于《科技与管理》，2019 年第 3 期。

② 李雪松，张雨迪，孙博文：“区域一体化促进了经济增长效率吗：基于长江经济带的实证分析”，载于《中国人口·资源与环境》，2017 年第 1 期。

安徽和上海市“三省一市”的27个城市。区域经济一体化的主体是以“双赢”或“多赢”的原则形成的经济组合体。区域经济一体化的历史说明，区域经济一体化是一个从低级向高级的循序渐进过程，也是一体化的各主体的利益不断协调整合的过程。在这个发展过程中，区域经济各参与主体不断协调、不断融合，最终实现了经济一体化发展。

总之，区域一体化是一个系统工程，涉及面广，不但要理顺交易与供求的关系，深化分工与合作，更重要的是要加强和深化政府间的合作，不断完善社会主义市场体制，加快制度创新，加强地区的协调发展和政策协同性，以“共享、互补、联动、多赢”的要求，突破行政体制对产品和要素市场化的阻碍，消除阻碍市场有效发挥作用的壁垒。

（四）上杭宁大湾区一体化不是同质化，而是高度分工协同

上杭宁大湾区一体化不是同质化，不是提倡一样化、消除多元化，也不是统一化、合并化，更不是消除“比较优势”，而是要更好地发挥市场的决定性作用，依据各自资源禀赋，参与各方形成合理、高效的分工合作关系，促成各方在专业化分工基础上联动发展。湾区各市越能发挥各自特长，就越有发展。关键是要打破政策壁垒和区域潜规则，完善社会主义市场经济体制，打破行政区划对生产要素自由流动的各种限制，让生产要素按照经济规律有序自由流动，实现资源在空间上的优化配置，使市场发挥配置资源的决定性作用。一体化的关键在于产业的融合发展程度，鼓励区域增强产业链条的宽度，强化产品质量，提高关键强度。

世界三大湾区的城市群一体化功能很强，各城市之间具有“群合性”，通过一体化，各城市都具有国际化的特性，整个城市群地区都是国际化地区。然而，上杭宁大湾区各地市场分割、行政垄断和“地方保护”或多或少还存在，在一定程度上推动各地产业同质同构、结构雷同；部分工业园区存在产业混杂、产业配套不完善和低效产业集群等问题。不合理的产业结构和产业空间布局将带来资源环境的过度消耗和经济发展分布失衡及产业运营出现“叠加成本”的浪费。

实际上，上杭宁大湾区虽然人均收入非常接近，但资源禀赋、技术等方面存在明显的梯度层次。以最基本的禀赋结构—资本劳动比为例，目前湾区形成了以上海为引领（第一梯队），杭州、南京为第二梯队，苏州、无锡、宁波、南通为第三梯队，常州、扬州、镇江、嘉兴、湖州等为第四梯队，其他城市为第五梯队，且相邻梯队间落差较小的多层次城市群格局。倘若各城市不盲目追求产业高大上，不揠苗助长，而是基于禀赋结构供求平衡原理实施产业选择，整个长三角地区的产业布局将形成上述五个阶梯的空间分布，以上海作为最高端制造业和服务业的中心和科技创新策源地，依次递减地向其他四组城市群梯度扩散。这种以多层次产业布局体系构建为载体的产业协同，辅以各级政府在促进科技创新、资金融通、知识产权保护、基础设施互联互通和消除行政割据等方面的制度保障，以及针对同类同一梯度产业实施激励产品多样化和差异化发展、促进市场融合的产业引导政策，既有助于区内要素有序流动、合理配置，降低交易成本，避免恶性竞争和重复建设，又有助于区内产业梯度转移、转型升级和区域竞争优势整合，对助力长三角地区更高质量的一体化发展、更高层次参与全球价值链竞争、推进全国更高起点改革开放有重要意义（刘康兵等，

2019）[①]。

作为较发达的长三角，其一体化的形式必然是湾区建设。湾区建设的实质是湾区所孕育的诸港口城市发展到一定程度，依托现代化交通工具、完善的交通体系以及发达的信息网络，基于自然、经济、社会、文化等方面的紧密联系，构成一个多核的都市圈，由此而产生的区域一体化。湾区经济作为一种独特的空间组织、一种独特的经济形态，以其开放高效、富有活力、创新性强的特征，在世界经济格局中占据着重要地位，成为推动全球经济增长和区域经济开放的重要引擎。最具影响力的世界三大湾区，文化开放、产业发达、区域协同、一体化成熟，代表着湾区发展的方向。目前，上杭宁大湾区城市群已进入了差异化竞争的崭新阶段，各城市的产业特色比较明显，部分城市的产业实力较为雄厚，形成各具特色的产业体系。比如，上海的国际经济、金融、贸易、航运和科创“五个中心”建设日益完善，大都市综合经济实力、金融资源配置功能、贸易枢纽功能、航运高端服务功能和科技创新策源能力日渐提升，上海服务、上海制造、上海购物、上海文化“四大品牌”影响力逐渐扩大；江苏具有制造业发达、科教资源丰富、开放程度高等优势，具有全球影响力的科技产业创新中心和具有国际竞争力的先进制造业基地基本形成；浙江具有数字经济领先、生态环境优美、民营经济发达等特色优势，全国数字经济创新高地、对外开放重要枢纽和绿色发展新标杆日益完善。

因此，湾区各市的产业选择要与自身的资源禀赋条件相匹配。协同意味着每一地区根据自身要素禀赋结构来构筑与此相适应的产业结构，让市场机制在产业发展和转型中发挥决定性作用，使追求利润最大化的

① 刘康兵、申朴：“推动长三角更高质量一体化，为什么要以产业协同为先导？”载于《上观新闻》，2019-05-23，https://www.jfdaily.com/news/detail?id=152610。

企业自发进入具有比较优势的产业。各市主动对接国家价值链，进入全球价值链中高端，不断向价值链中高端升级，带动关联产业发展，实现区域经济协调发展，打造世界级城市群和产业集群，从而有助于破解湾区产业同质同构问题，促进在区域产业价值链“异质互补”发展。同时，随着产业的升级转型，城市功能和城市群也相应转型升级，改变以往千篇一律的城市化模式，发挥各地比较优势，明确城市功能定位，强化错位发展，推动各具特色的城市、充满活力的湾区城市圈的发展，努力形成优势互补、各具特色的协同发展格局。从而推动湾区经济发展在分工协作的基础上实现整体区域市场协调发展，实现从“行政板块”向“经济板块”的转化，最终实现整体利益与局部利益的共赢以及整体竞争力大幅度提升。

五、创新驱动是湾区高质量发展的第一动力

“创新”已成为当今时代与“改革”“开放”一样的高频词，其意识日益成为人们的自觉意识，其行动也一样日益成为人们的自觉行动。

（一）创新力的差距决定着发展的差距

“唯改革者进，唯创新者强，唯改革创新者胜。”[①]2014 年，国家主席

---

① 刘妍彤：民生所系民心所向 看齐习近平做改革创新的开拓者，载于人民网，2016-02-12，http://politics.people.com.cn/n1/2016/0212/c1001-28120379.html。

习近平在 APEC 工商领导人峰会上的主旨演讲，深刻揭示了创新已成为当今时代经济发展的主要动力。同时，国家大力推进“大众创业、万众创新”，这是培育和催生经济社会发展新动力的必然选择，也是扩大就业、实现强国富民的根本举措，更是激发全社会创新潜能和创业活力的有效途径，对于调整经济结构、打造发展新引擎、增强发展新动力具有重要意义。

日益激烈的经济竞争，战略杀手锏只能是创新。各国之间以及区域之间的差距主要是创新能力的差距，创新已成为推动制造业持续发展的主要动力。旧金山湾区长期强劲增长的表现就是例证。当前，全球制造业进入新一轮技术升级周期，创新促进制造业重新洗牌。信息技术、人工智能、云计算和绿色技术等新兴技术的发展和应用，促进制造业生产组织和管理模式变化；数字技术应用和互联网平台的发展，促进制造业与物流、服务一体化联动发展。技术、管理和商业模式创新提高了制造业的生产力。

上杭宁大湾区通过持续推进以科技创新为核心的全面创新，形成强大的技术创新体系，成长起一批具有影响力的创新企业，使上杭宁大湾区成为创新活动活跃、创新资源集聚、创新成果领先、创新文化浓厚的典型湾区。然而，上杭宁大湾区作为中国发展最快、活力最强、总量最大的湾区，没有理由停滞不前。任何今天的优势可能很快就会被超越或淘汰。而且，如第三章所述，上杭宁大湾区与其他世界级三大湾区相比，创新力差距比较大，特别是在创新活力、创新环境、创新绩效等方面的差距还比较大。在国内，与粤港澳大湾区特别是中国香港、深圳相比，在创新方面也存在一定短板和瓶颈。深圳创新活力很强，华为是其最杰出的代表。华为是中国通信领域的一颗璀璨明珠，具有全球影响力及行业领先的科技创新企业，以充足先进的科技战略储备屹立于世，值得上杭宁大湾区企业学习和借鉴。

中国日益走近世界舞台的中央，今后世界范围内的竞争会更趋激烈，创新速度会更加迅速，创新的作用会更加凸显。大湾区需要以长三角一体化上升为国家战略为契机，抓住新一轮科技革命和产业革命的大好机遇，唱响创新的时代主旋律，着力提高创新能力；需要改变过去单纯依靠土地扩张、增加投资和扩大规模带动经济发展的传统模式，落实新发展理念，努力推进体制机制创新，培育新型业态，探索新型模式，使湾区拥有国际一流的创新生态；继续推进全方位、系统性的创新，大力开展技术创新，加快构建“基础研究 + 技术攻关 + 成果产业化 + 科技金融”全过程创新生态链，对全球创新资源产生巨大的吸引力，使湾区产生源源不断的强大创新力。特别是当前新旧动能转换，新的动能仍处于培育阶段，还需要下大力气营造新动能成长发展的新环境。旧动能其原有积极作用日渐式微，负作用却爆发性显现，这也需要用创新思维积极引导调整。因此，上杭宁大湾区的发展，需要以新技术、新模式、新业态、新产业为导向，形成全方位、系统性、协同性的创新的生动局面。对各市而言，需要围绕打造创新湾区、创业湾区、科技湾区、人才湾区，培育创新引擎，铸就有利于创新人才发挥聪明才智的成长环境，构建有利于新动能的体制机制，营造有利于新动能繁荣发展的生态环境，全面激发创新的活力；企业更需要不断引领技术创新、模式创新、业态创新等，努力推动科学技术转化为产品，成功完成这惊险的一跃，进而促进战略性新兴产业发展和传统产业改造升级，从中低端走向中高端，以创新力赢得未来。

（二）创新驱动是高质量发展的第一动力

创新驱动已成为国家命运所系，国家竞争优势的核心支撑就是科技创新能力。习近平总书记指出，要充分认识创新是第一动力，提供高质量科技供给，着力支撑现代化经济体系建设。要以关键共性技术、前沿引领技术、现代工程技术、颠覆性技术创新为突破口，敢于走前人没走过的路，努力实现关键核心技术自主可控，把创新主动权、发展主动权牢牢掌握在自己手中[①]。

改革开放40多年以来，中国经济连续多年高速增长，整体实力大幅度提升。然而，中国经济增长所依赖的以要素和投资驱动的“耗散”型增长方式和引进模仿，已无法继续维系。尤其近年来，中国经济增长乏力，增长动力的转换以及重塑成为中国经济发展最为紧迫的任务（张雨，2016）[②]。特别是在经济数量增长的同时，也出现了产业结构失衡、经济运行失衡、效率不高、贫富差距加大、资源短缺和环境承载压力加重等一系列严重问题。显然，这种粗放的发展方式不仅不能实现由速度型向质量型、由经济大国向经济强国的转变，而且是难以为继的。同时，中国现阶段还面临国际竞争加剧、宏观调控空间趋窄、需求与供给严重错位、中等收入陷阱等结构性问题的挑战。以往依靠低成本要素投入的粗放型、低效率增长模式已不可持续，亟须转变经济增长方式，从注重量的增长转变为关注质的提升（洪银兴，2017）[③]。

---

① 光明日报评论员：努力建设世界科技强国——论学习贯彻习近平总书记两院院士大会重要讲话，载于人民网，2018-05-29，http://theory.people.com.cn/n1/2018/0529/c40531-30019557.html。

② 张雨：“开放型经济转型发展的国际经验及其借鉴”，载于《国际贸易》，2016年第4期。

③ 洪银兴：“创新驱动攀升全球价值链中高端”，载于《经济学家》，2017年第12期。

在中国呈现增长速度换挡期、结构调整阵痛期、前期刺激政策消化期“三期叠加”和资本积累速度下降、人口红利消失、“干中学”技术进步效应递减“三重冲击”的背景下，原先的增长动力遭遇瓶颈期，模仿创新难以继续促进中国技术不断进步，其对中国技术进步的推动已经到了最高点，无法释放更多红利（Barro 等，1997）[①]，这无疑对中国长期依赖的经济增长模式和技术创新方式提出了新的更高的要求。一个国家所处的经济发展阶段决定了何种驱动力的采用，不论是国内可持续发展的需求，还是国际环境的疲软、恶化以及来自发达国家“再工业化”的压力，经济转型的驱动力亟须转变（吴敬琏等，2016）[②]。模仿创新是后发国家进行赶超的有效手段和必然经历阶段，但不利于经济的长期增长，自主创新才是支撑长期经济增长的动力（Aghion 等，2001）[③]，由于模仿创新进入门槛较低、竞争激烈，再加上近年来中国生产要素资源禀赋的变化，本就薄弱的利润被进一步挤压，使其被迫长期处于“微笑曲线”的底端。同时，可以化解发达国家的“锁定效应”，避免中国陷入“模仿陷阱”的怪圈“引进—落后—再引进”。对此，胡小娟等（2015）[④] 认为，在模仿创新的道路上走得越久，就会越容易被“低端锁定”，形成“路径依赖”而丧失自主创新动力，如日本曾经由于长期引进技术进行模仿创新导致其自主创新能力差、发明专利少等弊端。同时，一味追求经济增长的模仿创新道路使得薄弱的基础研究无法支撑起自主创新的健康发展。既然模仿创新无法继续支撑中国的经济增长，

① Barro R J., Sala-i-Martin X. Technological Diffusion, Convergence, and Growth[J].Journal of Economic Growth, 1997, 2（1）.

② 吴敬琏、陈志武、周其仁:《双创驱动》，中信出版社 2016 年版。

③ Philippe Aghion, Christopher Harris, Peter Howitt and John Vickers. Competition, Imitation and Growth with Step-by-Step Innovation[J].The Review of Economic Studies, 2001, 68（3）.

④ 胡小娟、董少然:“模仿创新、自主创新与我国技术进步——实证研究与问题探讨”，载于《管理现代化》，2015 年第 1 期。

基于中国自身国情，既要继续重视模仿创新，又要重点关注和支持自主创新能力的提升（唐未兵等，2014）[①]，技术路径就需要从模仿创新为主转向自主创新为主（张景安，2003）[②]。

根据佩雷丝和苏蒂[③]“两种机会窗口”的理论，“第二种机会窗口”能为中国实现创新驱动经济的跨越式发展提供战略选择。全球化为发展中国家提供了“两种机会窗口”，因为劳动力资源丰富的发展中国家能利用本国的劳动力、土地等初级生产要素成本低廉的优势进行生产与加工，然后将产品出口到发达国家。也就是说，发展中国家能基于产品的比较优势和后发优势，从产业链的低端切入，进而融入全球分工体系。随着国际分工的不断变化与深入推进，以产品内分工与全球产业价值链为特征的“新国际分工”得到明显发展。全球产业价值链的发展使跨国企业可把新兴产业的低附加值环节进行不断剥离，然后陆续转移到广大的发展中国家，而后者亦可充分借此机会在依靠廉价劳动力比较优势的基础上，陆续融入新产品的全球产业分工和国际化生产体系。这充分表明不仅仅局限于传统产业，当代国际分工和新兴产业中也存在“第一种机会窗口”，从而彻底颠覆“第一种机会窗口”理论最初的内涵。这就意味着，在新技术革命与新兴产业发展的过程中，与佩蕾丝和苏蒂所指出的“传统产业不可能存在赶超机会”相似，新的全球分工所提供的“第一种机会窗口”，在很大程度上亦无法具有落后国家赶超发达国家的机会，更无实现跨越式发展的可能。从此意义上看，新兴产业并

---

① 唐未兵、傅元海、王展祥：“技术创新、技术引进与经济增长方式转变”，载于《经济研究》，2014 年第 7 期。

② 张景安：“实现由技术引进为主向自主创新为主转变的战略思考”，载于《中国软科学》，2003 年第 11 期。

③ C. 佩雷斯、L. 苏蒂：《技术上的追赶：进入壁垒和机会窗口》，G. 多西、C. 弗里曼、R. 纳尔逊等编，钟学义等译：《技术进步与经济理论》，经济科学出版社 1992 年版。

非意味着“第二种机会窗口”。实际上，唯有那些脱离廉价劳动力、土地、自然资源等初级要素需求的，体现知识、技术、信息等高级要素的产业链高端环节，即体现创新驱动经济高级发展的活动，才有可能存在“第二种机会窗口”（韩江波,2019）[①]。在新一轮国际产业转移的背景下，中国若要成功抓住第三、四次工业革命带来的历史性机遇，就应在高度重视国内市场的基础上，通过逐渐掌握新产业核心技术逐步占据全球产业价值链的高端。这就是“第二种机会窗口”为中国实现创新驱动经济的跨越式发展所提供的战略选择。值得注意的是，就第二种机会窗口蕴含的自主技术创新所需的核心技术等高级要素，中国应突破单纯引进—模仿—再引进—再模仿的低端经济发展路径依赖模式，转而走自主创新、自主发展的新经济发展模式（曹霞等，2015）[②]。也就是说，中国创新驱动经济发展在技术、知识等高级要素领域，应注重基于主动性、率先性、内生性为特点的自主创新战略，而非基于外生性、被动性及跟随性为特点的模仿创新战略。在保持定量投入初级要素的前提下，主动借助“第一种机会窗口”，积极利用一般技术、知识、管理经验等（一般高级要素）的后发优势和比较优势，进行产业追赶式升级与经济追赶式发展；而在涉及“第二种机会窗口”的核心技术、知识、信息等（重点高级要素）领域，保持先发优势与竞争优势。在整体技术、知识等高级要素领域，应尽可能缩小在先发优势和竞争优势领域与发达国家的发展差距。因此，中国创新驱动经济发展的战略选择需要采取必要的国家干预方式，这主要表现为积极依靠“第一种机会窗口”，在涉及技术、知识等高级要素的后发优势和比较优势领域，干预重点集中于消化、吸

① 韩江波：“创新驱动经济高质量发展：要素配置机理与战略选择”，载于《当代经济管理》，2019年第8期。

② 曹霞、于娟：“创新驱动视角下中国省域研发创新效率研究：基于投影寻踪和随机前沿的实证分析”，载于《科学学与科学技术管理》，2015年第4期。

收、集成所引进的技术、知识、信息等高级要素，合理利用“第二种机会窗口”，在技术先发优势和竞争优势领域，干预重点集中于利用优势资源突破核心技术、现代先进管理方法、管道推广经验等高级要素领域的创新瓶颈（韩江波，2019）[①]。

实际上，人类历史上历次全球产业转移中，后发国家皆是在通过积极利用先发国家知识、技术等高级要素的基础上，依靠自身积累的知识、技术等高级要素，而后对两者陆续进行不断重组与配置，借助高级要素的“自我创造”“自我升级”“自我繁殖”和“自我增值”功能，最终逐步实现创新驱动经济的高级发展以及对先发国家经济的追赶与赶超（刘宏等，2019）[②]。中国实现创新驱动，就是进入以自主创新为主的阶段，那么如果没有实现创新驱动，也就是依然维持模仿创新为主的状态，中国将面临陷入“中等收入陷阱”的风险。“中等收入陷阱”最早出现在世界银行研究报告中，是指经济体进入中等收入行列后，由于经济发展过于依赖外在因素而缺乏内在发展动力使得经济出现停滞的状态（Gill 等，2007）[③]。世界上很多国家如拉美等国没有成功跨越“中等收入陷阱”而使经济一直停滞不前，这也是中国目前应该警惕的。用“比较优势真空论”反观中国：原有的支撑经济发展的劳动力密集型比较优势正在逐渐丧失，而又暂时没有获得资本和技术密集型比较优势的阶段。日韩等东亚经济体突破“中等收入陷阱”就是通过从低成本优势转向创新优势来培育自主创新能力的战

① 韩江波：“创新驱动经济高质量发展：要素配置机理与战略选择”，载于《当代经济管理》，2019 年第 8 期。

② 刘宏、乔晓：“创新模式‘换角’驱动高质量经济发展”，载于《经济问题探索》，2019 年第 6 期。

③ Indermit Gill，Homi Kharas，Deepak Bhattasali.An East Asian Renaissance：Ideas for Economic Growth[EB/OL].https://doi.org/10.1596/978-0-8213-6747-6，The World Bank. 2007.

略（蔡昉,2011）[①]。可见，中国想要成功规避和跨越“中等收入陷阱”就要转变经济增长方式，从粗放型向集约型、从要素驱动转向创新驱动。

技术本身并不能直接创造经济收入，需要市场交易活动来实现技术价值。比较优势理论认为，国家要靠发展有优势的产业赚钱赚外汇，哪怕是中低端产业。这显然是现实主义的做法，总比看着赚钱多的高端产业眼红又没有什么办法要强。当然，有条件有决心的国家要注意提升比较优势，即合理利用“第二种机会窗口”，在技术先发优势和竞争优势领域，利用优势资源突破核心技术、现代先进管理方法、管道推广经验等高级要素领域的创新瓶颈。简言之，就是“技术立国”。本质上“技术立国”和“贸易立国”本身并不冲突。但实际操作中，一个国家或者企业需要从事贸易立国或立企。但是有远见的国家或企业，会努力提升技术水平，寻求核心技术突破，争取更好的“立”。

从历史上看，世界三大湾区先后都经历了要素驱动阶段，目前正处于创新驱动阶段。20世纪八九十年代，美国硅谷等科技创新中心所取得的一系列“毁灭性的”重大科技创新成果、所出现的史无前例的财富大增殖值现象再次证明，开放包容、汇聚全球高端创新人才的制度环境和创新文化，不仅是科技创新中心建设的首要前提，而且是大国崛起或保持竞争优势的先决条件。中国经济发展水平已经不低，到了更需要强调“技术立国”的阶段。这不是说“贸易立国”不重要，这对中国来说已经是本能。在一些国家逆全球化的影响下，中国不能片面强调经济规范，而是要更加主动加大技术投入。因为市场主体有时会因为短期无利可图，不愿意进行长期大力度的技术投入。如果只靠市场，一国可能被锁

① 蔡昉：“‘中等收入陷阱’的理论、经验与针对性”，载于《经济学动态》，2011年第12期。

定在较低的技术层级。而中国能够利用人才、资金、市场规模的优势，通过规模宏大的技术投入集中突破，更好地实践“技术立国”提升竞争优势的创新驱动发展模式。

由于在高端要素集聚的上杭宁大湾区经过三十多年的高速发展，在交通基础设施、通信和信息化、能源设施等领域发展迅速，特别是其所依托的整个中国已逐步成为规模庞大、结构优化、市场成长性强的“国际性”市场，今后应在注重高素质劳动力的积累与投入的基础上，不断升级创新系统和产业间创新生态环境，围绕新兴产业和前沿技术实行先发优势、自主创新及赶超战略。

（三）适应生产力发展的制度创新是湾区改革发展的重要动力

新制度经济学家诺斯提出了“制度决定论”。他认为制度实际上是人和资本存量之间及资本存量、产品劳务的产量和收入分配之间的过滤器，是制度的创新引起了经济的增长从而造成了人力资本、技术、储蓄等要素的变化（诺斯，1992）①。总的来说，制度的作用就是为人类提供相互影响的框架，使协作和竞争的关系得以确定，从而构成一个社会，特别是形成一种经济秩序。“制度决定论”在某些程度上将制度纳入影响经济增长的一大因素具有重要的现实意义。孙斌栋等（2007）②基于诺斯的“制度决定论”，探讨了区域制度、制度创新同经济增长之间的关系，认为区域制度同样可以被定义为区域内的游戏规则，在此规则之

① [美]诺斯:《经济史上的结构与变革》，厉以平译，商务印书馆1992年版。

② 孙斌栋、王颖:“制度变迁与区域经济增长——中国实证分析”，载于《上海经济研究》，2007年第12期。

下确定了区域内人与人之间互动的框架和约束，进而决定区域内的交易成本。有效的制度能够提升区域生产要素配置的效率并促进区域间生产要素的流动，而区域制度的不断创新则对经济增长具有重要影响（钟韵等，2017）[①]。上杭宁大湾区的一体化制度创新将对推进区域合作有着显著的影响。在合作推进过程中，由于16个城市的行政管理上存在一定的差异，合作制度的不断创新对消除市场分割、规划不协调等方面起着至关重要的作用。很明显，构建上杭宁大湾区，推进区域的深度合作并实现经济共同增长，需要将创新合作制度作为区域经济增长的最主要动力机制。

巴拉萨（1961）[②]对欧洲区域整合的诸多研究中认为，经济一体化的过程是经济整合的过程。区域通过经济整合程度的不断提高，逐渐达到贸易一体化、要素一体化、政策一体化和完全一体化，进而实现从低层次的自由贸易区向完整的经济联盟转变。他将经济整合的过程划分为功能性整合和制度性整合两种不同的状态。功能性整合主要依靠市场力量自主推动来形成，稳定性较低。与此相反，制度性整合是指在专门的一体化机构引导下，通过构建一系列的政策安排和规划指导体系，为经济融合发展提供更可靠、更稳定的制度保障。上杭宁大湾区的一体化已发展到制度性整合阶段，政府开始在经济合作中扮演重要角色，因而需要站在全球的高度，保证商品和生产要素在区域内成员间有序自由流动以及区域与世界各地的一定程度的自由流动。在此意义之下，上杭宁大湾区未来的发展需要更充分发挥政府的职能推进区域制度性整合，以实现区域经济融合和实现一体化的发展目标。

---

① 钟韵、胡晓华："粤港澳大湾区的构建与制度创新：理论基础与实施机制"，载于《经济学家》，2017年第12期。

② Balassa B.A. The Theory of Economic Integration[M].Iondon Allen &Unwin Press，1961.

（四）资本逻辑是在市场经济条件下湾区发展的决定性推动力量

在经济规律的作用下，在生产的社会形式同生产力基本相适应的情况下，生产力和人类社会总是不断向前发展的。但是，要使生产力、人本身和社会发展得更快、更健康，仅仅满足发展的基本条件（生产关系适合生产力的发展）是不够的，还必须充分发挥和科学利用一切自然力和社会力。通过科学利用自然力，通过科学和社会结合利用社会力[①]，是发展的关键因素。

马克思指出，随着特殊的资本主义生产方式的发展，不仅这些直接物质的东西（它们都是劳动产品；从使用价值来看，它们是劳动产品，又是劳动的物的条件；从交换价值来看，它们是物化的一般劳动时间或货币）起来反对工人，作为“资本”同工人相对立，就连社会地发展了的劳动的形式——协作、工场手工业（作为分工的形式）、工厂（作为以机器体系为自己的物质基础的社会劳动形式）——都表现为资本的发展形式，因此，从这些社会劳动形式发展起来的劳动生产力，从而还有科学和自然力，也表现为资本的生产力。[②] 这里，马克思深刻阐明了在资本主义生产方式中，所有生产要素均表现为资本的要素，“劳动的社会的和一般的生产力，是资本的生产力”[③]。不仅如此，在现代市场经济

① 劳动的社会力一方面是由于分工协作，各个个人组成的社会结合形式（企业制度和社会制度、体制）所产生的社会结合力量；另一方面是依靠人类一般知识成果而形成的利用自然力的力量。劳动者、自然力、科学以及生产的技巧等，如果不以社会组织的形式加以运用，这还不能说是社会力，最多只能说是生产因素。总之，社会力，不是单个人所具有的力量，而是社会主体通过劳动的社会结合和运用科学利用自然力等所形成的一种超越于个人能力之上的力量。马克思又将其称为“劳动的一般社会力”或“一般社会生产力”。因此，发展生产力其实就是发展劳动的全部社会力。

② 《马克思恩格斯全集》第 26 卷第一册，人民出版社 1979 年版。

③ 《马克思恩格斯全集》第 26 卷第一册，人民出版社 1979 年版。

条件下，市场经济体制包括投资体制、金融体制、财税体制、市场体系等所形成的社会分工和协作及其产生的社会力，最集中地表现为资本的力量。因而金融是现代经济的核心，金融是国家重要的核心竞争力。马克思指出，“资本调动科学和自然界的一切力量，同样也调动社会结合和社会交往的力量，以便使财富的创造不取决于（相对地）耗费在这种创造上的劳动时间”[①]。这是因为：一方面，资本雇佣劳动，必然使资本处于整个经济社会的核心。这是市场经济的重要表现。这种分工和协作的选择，充分体现了资本这种社会力在整个社会中的支配地位。尽管人们可以拥有各种生产要素，如信息、技术、管理等，但也要通过一定的制度安排将这些要素折成一定的资本量作为股份入股，在本质上，这些生产要素还是像生产资料一样受资本的支配。资本流到哪里，相关的生产资料、信息、技术和管理也就流向哪里。劳动力的流向就更不用说了。另一方面，资本的增殖性及其决定的竞争性，必然使资本这种社会力成为促进对自然力的认识和运用的最主要的动力。马克思认为，“资本只有一种生活本能，这就是增殖自己，获取剩余价值”[②]。资本的增殖性以及市场的竞争性，促使资本向社会经济的一切领域流动，只要有利可图的地方，资本就冲锋在先。当今世界全球化的出现和发展，科学技术的快速发展，新经济的出现等，在很大程度上取决于资本的增殖性。因此，凡是资本这种社会力发展好的地区或国家，分工和协作以及科学技术也得到了应有的发展，生产力也就迅速发展，人民就富裕和安康（肖泽群，2007）[③]。

改革开放以来，资本逻辑极大地促进了中国经济社会的繁荣。特别

① 《马克思恩格斯全集》第46卷下册，人民出版社1979年版。

② 《马克思恩格斯全集》第23卷，人民出版社1979年版。

③ 肖泽群：《新阶段中国经济发展战略的调整问题》，中共中央党校出版社2007年版。

是一方面，随着出口导向战略的成功实施，中国大量出口商品、“进口”美元，通过外汇强制结汇生成人民币，充足的货币供给使市场经济得到迅速发展；另一方面，土地金融的发展，土地信用的乘数效应，使中国贷款形成货币的能力显著提高，使贷款迅速增加，市场上的货币随之增多；货币越多，社会的分工就越发达，经济越繁荣。这是中国改革开放以来的货币生成机制，这也是土地金融的奥秘和神奇。

正因为资本逻辑力量强大，它成为世界的霸权即金融霸权，它可以推动经济繁荣发展，也可以抑制甚至打击竞争对手，使对手经济恶化，甚至使全球经济恶化。也正因如此，美国不惜一切力量，维护其金融霸权地位。第二次世界大战后，美国通过布雷顿森林体系，确立了其金融霸权地位，在布雷顿森林体系瓦解后，通过寻求日本大力支持美元，稳住了其金融霸权地位，而后通过稳定金融秩序、增强金融业的竞争力以及激活资本市场，金融实力迅速增强，恢复其作为国际金融中心的地位，夯实了其金融霸权的基础。美国这样做的奥秘在于控制了资本也就控制了经济咽喉，正如曾任美国国务卿基辛格说过的一句话：“控制了货币，就能控制全世界的经济。”当今美国的金融武器是其称霸世界的秘密武器，这就是金融霸权或者叫美元霸权。美国金融霸权的目标在于争夺国际资金，汇集世界资本，孕育经济繁荣，同时打击竞争对手，特别是打击“老二”。美国利用这一霸权可以打击“老二”，可以使全世界经济倒退。美国对付他国的最厉害的武器不是军事武器，而是金融武器，这个金融武器强大到可以让全球经济倒退。当然，这一霸权不是没有弱点，毕竟金融还是虚拟经济，实体经济才是最后的实力。所以，金融霸权能否发挥功效、能否达到完胜，还取决于对手的强弱、对手实体经济的强弱。

2018 年以来，全球经济下行压力增大，中国的贸易顺差生成的货币减少，加上中国“去杠杆”导致的社会融资生成的货币减少等多种因素，使国内经济下行压力增大。2019 年 8 月，美国单方面将中国列为“汇率操纵国”，有意推动中美摩擦从贸易领域向金融领域蔓延。因此，面对复杂的国际经济形势，上杭宁大湾区的转型和创新发展需要坚持马克思主义的基本立场，顺应和引导发展潮流，既扎实发展实体经济，又扎实推进金融创新，把资本金融化的深度发展与信息等高新技术、人的自由全面解放结合起来，夯实上海国际金融中心的地位，为国家和平崛起奠定坚实的基础和做出更大的贡献。

（五）协同创新是湾区发展的内在要求

自世纪之交至今，面对经济增长动能不足，全球各国都在向创新要动力。实际上，我们已经置身于创新时代。但是当前的科技创新和科技革命，与 20 世纪前、特别是与 18 ～ 19 世纪大不相同。当今的科技革命不再是传统意义上的以某项重大科技突破为标志和某个领域的突起为代表，而是众多学科、领域全面持续系统创新为特征。

如前所述，当今的科技创新越来越具有一体化、融合化、扁平化、短期化的特点，很多创新已不再是一个实验室、一个团队，而是呈多学科、多领域并进，学科间交叉融合互动，发现、发明持续深化演进，多技术集成系统创新，全球网络型的创新组织，贯穿研究链条纵向创新等趋势，协同创新不再是新鲜事物了。例如，ITER 计划吸引了包括中国、欧盟、印度、日本、韩国、俄罗斯和美国等世界主要核国家和科技强国共同参与，是世界上最大的国际大科学工程合作计划之一，其成功实施是未来核聚变能源发展和应用的关键（尚勇，2010）[①]。2019 年 1 月 20 日

① 尚勇：“当今世界科技创新趋势”，载于《科学咨询（科技・管理）》，2010 年第 11 期。

华为创始人兼CEO任正非在接受央视《面对面》栏目专访时说："我们公司至少有七百多个数学家，八百多个物理学家，一百二十多个化学家，还有六千多位专门做基础研究的专家，六万多工程师，构建成这么一个研发系统，使我们快速赶上人类时代的进步，抢占更重要的制高点。协同创新已成为当今创新的主要组织形式。"

理论上，区域协同创新所要求的是把区域内的创新要素资源从不协同走向协同的状态，即通过整合区域内的创新资源，通过互动形成最优组合带动创新，这既可以降低创新成本，提高创新效率，加快创新速度，又可以缩短创新周期，提升创新速率，最终实现"1+1>2"的协同效应，使创新为区域产业转型升级服务，为区域抢占制高点服务，提高区域竞争优势。区域发展的协同创新，关键在于协规、同力，形成共创、多赢的局面。

因此，长三角的经济社会发展协同创新的制度安排，需要吸收国内外创新系统理论与实践经验，探索高校、科研院所、企业、政府、非政府组织等主体之间的协同创新机制，强化各协同主体间的战略协同，以提高高校、科研院所、企业的创新层次与水平（杨继瑞等，2013）[①]。上杭宁大湾区从改革开放初期，上海"星期日工程师"为江浙的企业供技术支持，到20世纪80年代"上海经济区"的倡议与探索，再到21世纪之后开始全面合作，湾区科技创新合作源远流长。其中最为典型的是"G60科创走廊"，其沿着G60松江高速公路的创新走廊，其建设经历了1.0版、2.0版和3.0版的"三级跳"，2018年6月联合发布了《G60科创走廊总体发展规划3.0版》，这强有力推动了长三角区域产业链、创新链、价值链布局一体化，推动上海科创中心建设。整体上，湾区的创

① 杨继瑞、杨蓉，马永坤："协同创新理论探讨及区域发展协同创新机制的构建"，载于《高校理论战线》，2013年第1期。

新合作，已从创新主体的“自发”进入整个区域的“自觉”。湾区持续推进的科技创新合作，不仅开创了中国区域协同创新的先河，更在积极探索形成多层次、多渠道、多模式的区域协同创新体制机制。总之，上杭宁大湾区要在未来竞争中获得持续的竞争优势，就需要加强协同创新，对各市创新资源进行有效整合，不断提高区域科技创新能力和创新层次。

（六）企业家精神的本质和核心是创新精神

弘扬企业家精神始终得到党和国家高度重视。2014 年 11 月，习近平主席在亚太经合组织工商领导人峰会开幕式上的演讲中指出：“我们全面深化改革，就要激发市场蕴藏的活力。市场活力来自于人，特别是来自于企业家，来自于企业家精神。”[①] 党的十九大报告指出，激发和保护企业家精神，鼓励更多社会主体投身创新创业。改革开放 40 多年来，一大批优秀企业家带领中国企业发展壮大，推动经济发展不断上新台阶，时代也一样孕育企业家精神不断成长成熟。

1. 企业家精神的本质和核心就是创新精神

企业家是经济活动的主体，在经济中承担着创新者、组织和协调者、领导和管理者、风险承担者等多种职能。企业家阶层是一个国家经济中的重要力量，是经济增长和经济发展的决定性因素，是技术进步的推动者和组织者；而企业家精神则是指人们竞相成为企业家的一种行为。

早在 1890 年，马歇尔在其著作《经济学原理》中分析了企业家作为

① 高质量发展呼唤企业家精神，载于新华网，2018-12-21，http://www.xinhuanet.com/politics/2018-12/21/c_1123883500.htm?tdsourcetag=s_pcqq_aiomsg。

企业组织的领导协调者、中间商、创新者和不确定性承担者等多方面职能。自从古典经济学派出现以来，经济学界就一直把土地、资本和劳动看作对生产起积极作用的基本要素。马歇尔在这三个生产要素之外，又提出第四个要素“企业家才能”。在他的分配理论中，把早期的“三位一体”的公式扩展为“四位一体”的公式，即劳动—工资、土地—地租、资本—利息和企业家才能—利润。他把利润归结为企业家经营管理的收益。

根据 Héber 等（1989）[①] 以及 Wennekers 等（1999）[②] 的综述，经济学理论文献对企业家精神（ntrepreneurship，也称企业家才能）的研究，可以划分为三个相互联系但又各有侧重的部分。

（1）以熊彼特（Schumpeter, 1934）[③] 和鲍莫尔（Baumol, 1968）[④] 为代表的德国学派，强调企业家的创新精神。其中，熊彼特首次系统强调了企业家的创新者角色，认为企业家的行为以“创新”作为特有的目的，通过“创造性毁灭”打破市场均衡。企业家精神是一种重要的生产要素，是长期经济增长的源泉。创新能力是企业家的核心能力，是有别于一般管理者的本质特征。总之，自熊彼特以来，企业家精神被认为是一种重要的生产要素，是现代社会革新、发展和变化的动因，企业家通过不断开发新产品、引入新生产方式、开辟新市场、获取新材料以及建立新组织等一系列创新来推动经济发展。鲍莫尔（1990）[⑤] 指出，并非所有的企业家活动都是对社会有利的，首次把企业家活动区分为生产性

① R. Héber，A. Link，In Search of the Meaning of Entrepreneurship[J].Small Business Economics，1989，1（1）.

② Thurik W R． Linking Entrepreneurship and Economic Growth[J]． Small Business Economics，1999，13（1）.

③ Schumpeter J.A. The Theory of Economic Development[M].Cambridge：Harvard University Press，1934.

④ Baumol W. J. Entrepreneurship in economic theory[J].American Economic Review，1968，58（2）.

⑤ Baumol W. J. Entrepreneurship：Productive，Unproductive and Destructive[J].Journal of Political Economy，1990，98（5）.

活动、非生产性活动和破坏性活动。他认为一个国家或地区在不同年份中从事生产性活动的企业家总量的变化，在很大程度上是由制度结构引起的，而不是由人口中具有企业家才能的潜在供给变化引起的。鲍莫尔认为，古代中国的游戏规则（制度设置）不利于生产性企业家才能的发挥。也就是说制度质量决定企业家在生产性活动与非生产性活动中的配置，企业家才能在生产性活动和非生产性活动上的配置，将对经济中的创新能力、技术发明的扩散程度及经济的生产率增长产生深远影响。正如“一个好的制度可以使坏人变好，一个坏的制度可以使好人变坏”一样，一个好的制度可以鼓励企业家才能更多地投入到生产性领域，而一个坏的制度则鼓励企业家才能更多地投入到非生产性甚至破坏性的领域（李晓敏，2011）①。

（2）以奈特（Knight, 1921）②和舒尔茨（Schultz, 1975）③为代表的新古典学派，注重企业家的风险承担能力和冒险精神以及应付市场失衡的能力。奈特认为企业家的技巧在于能够处理未来不确定性。他将不确定性分为两种：一种是可能推测的不确定性，称为风险，是可以保险的；另一种是不能推测的不确定性，称为（真正的）不确定性，是不能保险的。风险与不确定性之间存在着很大不同。风险问题和风险决策是可以由管理者通过计算概率进行解决的。而不确定性是指在完全未知、出现的概率难以估算的条件下的随机事件。面对不确定性的问题，不能保险，一般的管理者也无能为力，只有企业家才能承担不确定性问题的决策职责。因而，企业家的作用就是处理经济中存在的不确定性。企业家获得

① 李晓敏：“制度质量与企业家活动配置——对鲍莫尔理论的经验检验”，载于《中南财经政法大学学报》，2011 年第 1 期。

② Knight，F. H.Risk，Uncertainty and Profit[M. Chicago：University of Chicago Press，1921.

③ Schultz, T W. The Value of the Ability to Deal with Disequilibria[J].Journal of Economic Literature，1975，13（3）.

的利润来源于不确定性。舒尔茨提出企业家的恢复均衡假说，认为经济的长期增长是一个充斥着各种类型失衡的过程，企业家精神的核心就是成功应对市场失衡的能力，即“重新配置资源，以获得各种可观察到的报酬”；认为企业家的职能是对经济条件的变化做出反应，发现潜在获利机会，在自己的经济活动空间中重新配置时间和其他资源，使经济恢复均衡。

（3）以米塞斯（Mises，1951）[①] 和科兹纳（Krizner，1973）[②] 为代表的奥地利学派，关注企业家对市场机会的识别能力。在米塞斯看来，市场过程的推动力量既不是来自消费者，也不是来自对生产要素（土地、资本和劳动）的占有者，而是由作为促进者和投机者的企业家提供的。市场过程就是企业家发挥其领导、创新和推动作用来塑造的。企业家功能的特殊性在于对于生产要素的应用。市场上总是既有领跑者，也有紧跟其后的模仿者。企业家是永不疲倦的推动者，他们具有强烈的愿望通过价格差来获得利润。企业家追求利益的投机活动既是生产的推动力量，也是市场的推动力量，从而促进了永不停止的创新与向前发展。科兹纳认为企业家精神就是以市场为中心的学习过程，企业家的活动就是创造性地发现，利用市场内在的获利机会。他强调企业家精神的资源配置功能，企业家精神的经济协调行为和中间商的角色。

总之，创新精神是企业家精神的核心部分。处理不确定性和识别市场机会都需要企业家具有创新精神，采取创新的办法来处理和识别。实际上，虽然企业家在企业经济活动中扮演的角色很多，主要包括管理协调、创新和承担不确定性等方面，但在企业家所起的多种角色中，创新

---

① Mises, L. Profit and Loss[M]. Illinois：Consumers-Producers Economic Service，1951.

② Krizner, I.M.Competition and Entrepreneurship[M].Chicago and London：The University of Chicago Press，1973.

是其最基本的作用，其他作用基本上可以统一到创新的过程中。

2. 企业家精神是经济发展的关键推动力

企业家精神是企业生存发展的动力，是经济长期增长的动力和源泉。熊彼特在其《经济发展理论》中反复强调追求利润最大化的企业家对推动创新和经济增长的作用。自20世纪90年代以来，企业家精神已经成为促进一个国家和地区长期经济增长的重要动力因素，最重要的无形资源。企业家精神对经济发展的作用机制主要包括三个方面。

（1）创业效应，即企业家的创业活动促进经济增长。创业特别是科技创业大体通过四个途径影响经济增长。一是企业成长。根据企业的生命周期理论，创业型企业一般处于种子期、初创期和成长期，与成熟期的企业相比，创业型企业成立后很可能进入高速发展通道，加上其生产的产品往往针对的是潜在市场需求，因而比较容易占领空白市场，并以此获取高额垄断利润。这样，创业型企业就得以快速发展，从而促进就业和经济增长。二是促进竞争。通过增加创业型企业数量而增强了竞争程度，这又会刺激创新。同时，竞争会促使企业呈现多样化发展，企业种类的多样化有利于满足更多的社会需求，从而提升增长潜力（李占风等，2017）①。此外，企业之间通过竞争，在价格、质量和服务方面的比拼，企业的生产水平会不断进步，市场将最终淘汰资本利用低效的企业，而激烈的竞争将继续推动留存的企业不断提高自己的资本效率（郑尚植等，2018）②。三是增加就业数量且有助于提升就业质量。当企业由产业链低端走向高端，比较优势即从劳动密集型、资源密集型变为资本密

① 李占风、刘晓歌："企业家精神对经济增长的影响"，载于《统计与决策》，2017年第12期。

② 郑尚植、贾思宇、夏奕天："企业家精神对东北三省经济增长影响和实证研究"，载于《东北财经大学学报》，2018年第1期。

集型或知识密集型。在这一过程中，对从事基础生产活动的劳动力需求可能会有所减少，而对管理型人才、技术型人才，以及研究开发人员的需求却增多，进而提高就业素质（郑尚植等，2018）①。四是调整产业结构。一般而言，市场上总是存在着可以赢利的机会。在逐利的过程中，企业家通过紧贴市场选择创业领域，这自然推动资本朝着最有效率的方向流动。合理的资源配置，最终表现为产业结构的优化升级，从而带动整个经济的增长。总之，创业的过程可以说是各种资源进行优化配置的过程，这有利于生产效率的提升并促进经济增长（程俊杰，2016）②。

（2）创新效应，即企业家的创新活动促进经济增长。创新影响经济增长的方式大致有四种：一是技术创新。对于技术模仿，后发国家往往处于制造业的低端，企业家遵循比较优势，通过投入劳动和资源推动经济增长，同时，为了提升效益，企业家面对发达国家的外部知识与先进技术，可以有选择地过滤、吸收和模仿，将先进的生产技术或生产方式应用到自己的企业当中；对于自主创新模式，已经处于产业链高端的企业，没有可模仿的先进技术，因此，为了追求更大的效益，企业的研发部门将利用之前积累的人力资本与物质资本，进行自主创新。企业家精神在逐利的过程中推动生产技术，甚至是基础学科知识的不断进步（郑尚植等，2018）③。企业家不断挖掘社会需求，并不断开发新产品或新服务，进而推动科学发明和创造的发展，而发明创造的成果又被企业家应用到经营和生产中，于是就形成了新技术，生产出满足消费者需要的新产品。这样，科学技术被企业家变成现实的生产力，使经

① 郑尚植、贾思宁，夏奕天．“企业家精神对东北三省经济增长影响和实证研究”，载于《东北财经大学学报》，2018 年第 1 期。

② 程俊杰：“制度变迁、企业家精神与民营经济发展”，载于《经济管理》，2016 年第 8 期。

③ 郑尚植、贾思宇、夏奕天：“企业家精神对东北三省经济增长影响和实证研究”，载于《东北财经大学学报》，2018 年第 1 期。

济不停地向前发展。同时，技术的创新提高了部分部门的劳动和资本生产率，这将促使企业家们将生产要素进行优化、整合，以追逐更高利润，在这个过程中资源配置效率得到提高，进而提升了经济发展水平。可见，企业家通过持续技术创新和模仿促进全要素生产率的提高，进而推动经济发展（庄子银，2007）①。二是市场创新，企业家通过市场研判，可以看到消费者自己不了解的需求或已显示的需求，从而创造更多的消费市场，刺激有效需求，促进经济增长（李占风等，2017）②。三是推动要素高级化。创新有利于提高要素质量、促进要素积累，从而提升全要素生产率（程俊杰，2016）③。四是管理创新。这一方面将有利于优化资源配置，提高组织内部运行效率，进而提升经济增长效率；另一方面，有利于减少结构性矛盾，保持经济增长的稳定性（程俊杰，2016）④。

（3）增长效应，即企业家的创业和创新活动对经济增长的空间溢出效应。Audretsch 和 Keilbach（2004）⑤ 认为，企业家精神通过创造知识溢出、增加企业家数量和促进竞争以及企业多样化等途径影响经济增长。同时，企业家在技术和管理等方面的创新通过示范效应、学习效应和竞争效应扩散溢出到其他地区，从而在对本地区经济增长产生影响的同时，还影响到其他地区的经济发展（李占风等，2017）⑥。

可见，国家或地区的企业家精神越强烈，或者说一个企业家的创新

---

① 庄子银："创新、企业家活动配置与长期经济增长"，载于《经济研究》，2007 年第 8 期。

② 李占风、刘晓歌："企业家精神对经济增长的影响"，载于《统计与决策》，2017 年第 12 期。

③ 程俊杰："制度变迁、企业家精神与民营经济发展"，载于《经济管理》，2016 年第 8 期。

④ 程俊杰："制度变迁、企业家精神与民营经济发展"，载于《经济管理》，2016 年第 8 期。

⑤ Audretsch D B，Keilbach M. Entrepreneurship and regional growth：an evolutionary interpretation[J]. Journal of Evolutionary Economics，2004，14（5）.

⑥ 李占风、刘晓歌："企业家精神对经济增长的影响"，载于《统计与决策》，2017 年第 12 期。

动力越强烈，则国家或地区就会有更高的经济增长率。具有旺盛企业家精神的经济比企业家精神微弱的经济有更高的长期经济增长率和人均收入（庄子银，2005）[①]。对中国或上杭宁大湾区而言，企业家精神的活跃度是市场经济发展的一种动力。企业家作为稀缺性资源，激发并合理配置企业家精神资源是上杭宁大湾区经济发展的关键因素。

3. 企业家精神既需要好的营商环境涵养又需要不断成长

如前所述，鲍莫尔等（1990）[②] 将企业家视为创新者，把企业家的发明与创新看作经济长期周期变化的驱动力，得出一个经济体能否实现持续增长，关键在于企业家精神是配置到创新等生产性活动中，还是配置到寻租等非生产性活动中。实际上，正如诺斯（1990）[③] 所说，制度环境决定了正式和非正式的游戏规则，约束人们的行为。组织和企业家所从事的有目的的活动是制度及其变迁的代理实体。Bhagwati 和 Jagdish（1982）[④] 进一步指出，经济发展并不是取决于一个社会企业家才能或企业家精神的多少，而是取决于社会制度对企业家精神的引导，即取决于制度所影响的报酬结构对企业家精神在生产性活动与非生产性活动中配置的激励状况。制度框架本质上提供了一个激励结构，这决定了企业家活动的方向和密度。波特（2002）[⑤] 也认为，制度是指引创新活动和思想往适当方向发展的神经中枢，是企业家在技术和方法上快速创新的动力

---

① 庄子银："企业家精神、持续技术创新和长期经济增长的微观机制"，载于《世界经济》，2005 年第 12 期。

② Baumol，William J. Entrepreneurship：Productive，Unproductive，and Destructive[J].Journal of Political Economy，1990，98（5）.

③ North D C. Institutions，Institutional Change and Economic Performance[J]. Journal of Economic Behavior & Organization, 1990, 18（1）.

④ Bhagwati，Jagdish N. Directly unproductive，profit-seeking activities[J].Journal of Political Economy，1982，90（5）.

⑤ [美] 迈克尔·波特：《国家竞争优势》，李明轩、邱如美译，华夏出版社 2002 年版。

来源。

不同类型的企业家活动对经济产出的效果是不同的。生产性活动促进经济增长，非生产性活动和破坏性活动阻碍经济增长。Murphy 等（1991）[①] 认为，人群当中从来都不缺企业家，企业家总是能够对经济发挥重要作用。但是，企业家精神可以在多种用途之间进行配置，企业家精神也不总是我们习惯认为的那样配置于生产性活动，有时企业家甚至可能变成社会的寄生虫，对经济产生破坏作用。鲍莫尔认为，在某个特定的时空，企业家到底会以什么方式行动，完全取决于现行的游戏规则（相关经济制度）—经济中通行的报酬结构。因此，他认为不同时期企业家活动的性质发生重大变化的原因是各种游戏规则造成的，而不是企业家的供应出现了问题，正是游戏规则决定着企业家资源的配置对经济的最终影响。

好的游戏规则应该是能够引导企业家精神配置于创新、创业活动的制度安排，在这样的制度环境中，企业家精神表现为大量熊彼特式企业家创新、创业活动的增加，技术创新的速度加快。一旦在经济系统中出现创新扰动，原有的收益格局被打破，新的创新部门（创新型企业）获得创新的超额利润，从而改变企业内部行为人的预期，最终促成企业内部治理结构的变革。随着模仿者的进入，即科兹纳式企业家对市场非均衡带来的获利机会的警觉，最终使创新得以扩散并影响该技术创新所在的产业内部结构。新产业内部结构的变迁扩散至其他产业乃至整个经济系统，促成国家体制和产业政策的相应变革以适应这种创新。而这些不同层级的制度安排又反过来影响技术创新和企业家精神良性配置，形成一个典型的良性经济增长轨道，而启动这个良性增长

---

① Murphy K，Shleifer A，Vishney. W The Allocation of Talent：Implication for Growth[J].Quarterly Journal of Economics，1991，106（2）.

机制的按钮就是好的制度安排（张海丰等,2015）[①]。一个经济体要想实现长久的经济增长和人民生活水平的持续提高，创新（包括制度创新与技术创新）是持久的动力源，而好的制度环境引导企业家精神配置于创新、创业的生产性活动是根本途径。Nyström 等（2008）[②] 利用 23 个 OECD 国家 1979 ~ 2002 年的数据实证研究表明，较小的政府规模、较完善的产权保护、较少的政府管制和较大的对外开放程度将促进企业家精神更多配置于生产性活动中。庄子银（2007）[③] 认为，要提高一个国家或一个地区的 R&D 投入水平，进而提高技术创新水平以及经济增长率，就必须通过政治、经济、法律和文化制度创新，营造激励创新的报酬结构，即优质的营商环境，促使企业家精神更多地配置于生产性的创新、创业活动，使经济打破低水平均衡陷阱，趋向较发达的均衡。

所以，政府旨在影响企业家活动配置经济报酬的政策应该更多关注于营造一个适合或有利于企业家生产性创新创业精神发挥的环境。长期来看，更少的政府行政垄断和更为完善的法制环境才更有可能激发企业家精神向生产性活动配置（周方召等，2013）[④]。从这个意义上说，中国改革开放以来，不断推动企业家生产性创新创业精神的发展，从而促进了中国经济快速发展。近几年，中国实施的“负面清单管理模式”等是经济步入良性增长轨道的又一把金钥匙。总之，良好的制度环境有利于

---

① 张海丰、杨虎涛：“制度、企业家精神与长期经济增长”，载于《学习与实践》，2015 年第 5 期。

② Nyström，Kristina.The Institutions of Economic Freedom and Entrepreneurship：Evidence from Panel Data[J].Ratio Working Papers，2008，136（3/4）.

③ 庄子银：“创新、企业家活动配置与长期经济增长”，载于《经济研究》，2007 年第 8 期。

④ 周方召、刘文革：“宏观视角下的企业家精神差异化配置与经济增长——一个文献述评”，载于《金融研究》，2013 年第 12 期。

激发企业家精神更多地配置于创新创业等生产性活动，对企业家精神的培育和长期经济增长具有重要意义。

当然，企业家精神并不完全被动地听任制度安排的指使，它具有自我主动性、创造性和进步性，同时也不否认一些个体出现破坏性。企业家精神的配置也影响着制度安排，在企业家将才能投向带来最大收益的行动过程中，通过不断打破旧平衡和创造新平衡，不断创造新目标和新知识，促使现有制度不断地调整和优化。企业家就是那些不断打破路径依赖、实现路径创造的开拓者。企业家精神配置和制度安排互为因果且具有累积效应。政府可以通过制定旨在保护和培育企业家精神的游戏规则（优化营商环境），逐步形成促进生产性企业家活动竞相迸发的市场环境，不断激发市场活力与企业家创造力，不断促进技术创新和制度创新，使制度、企业家精神与经济增长三者形成良性循环，增进社会整体福利水平（张海丰等，2015）[①]。

实际上，企业家的目的是追逐利润，在制度的约束下，也存在一些企业家铤而走险地做出一些破坏性活动。对于破坏性企业家活动，Desai 和 Acs（2007）[②] 认为，在发达国家相对完善的制度体系中，消极的企业家活动主要集中于恶意诉讼、逃税等非生产性活动，而破坏性企业家活动的比重较小。但在发展中国家，因为市场获利机会和制度演化进度的不匹配，会存在大量的寻租活动，破坏性企业家活动的比重将远高于发达国家。因此，企业家精神是需要不断培育和规正的。企业家的成长并不只凭个人意愿和努力就可以达到的，虽然它受制于社会的政治经济、法律与文化环境，但通过优化营商环境，对培育优秀企业家精神、更好

① 张海丰、杨虎涛："制度、企业家精神与长期经济增长"，载于《学习与实践》，2015 年第 5 期。

② Desai S，Acs Z J. A theory of destructive entrepreneurship[J].Jena Economic Research Papers，2007，85.

发挥企业家作用具有重要意义。同时，尽管企业家的天赋确实存在，但这种天赋的分布是相同的。企业家能力不是天生的，主要是后天经过教育和培训、经过社会实践的不断磨炼获得的。一般的社会成员要成为企业家，需要进行一定的培育养成，需要在实践中不断提高境界，加强修炼，提升修为。当然，企业家的能力是没有止境的，企业家是需要加强学习，包括理论学习和实践学习，不断接受新的知识，迎接新挑战。同时，任何企业家并不能保证经营永远成功，任何企业家都需要经受市场经济的大风大浪考验（鲁传一等，2000）[①]。

六、转换经济增长模式是湾区发展的首要问题

中国 GDP 从 1978 年的 3678 亿元迅速增长到 2020 年的 101.62 万亿元，2008 年超过原先第三的德国，2010 年超过原先第二的日本，2020 年 GDP 相当于美国的 70%，相当于日德英法四国 GDP 之和。人均 GDP 也从 1978 年的 385 美元快速增长到 2020 年的 10504 美元，晋升为中等偏上收入国家，高于中等收入国家平均水平，离 12055 美元以上的高收入国家又迈近了一步。我们知道，“中国奇迹”的取得，一是靠改革，二是靠开放，三是靠创新。然而，从生产要素角度来看，中国经济增长模式的资本积累主要来源是土地财政和土地金融。

① 鲁传一、李子奈：“企业家精神与经济增长理论”，载于《清华大学学报（哲学社会科学版）》，2000 年第 3 期。

（一）房地产业早已成为中国资本积累的主要来源

尽管目前中国各界对土地财政和土地金融以及相应的房地产业褒贬不一，不管人们主观愿望如何，但它客观上早已成为中国经济增长的资本积累主要来源。

1. 发展房地产业自觉不自觉遵循了赫尔希曼“引致投资最大化”原则

实际上，中国改革开放以来自觉不自觉遵循了赫尔希曼“引致投资最大化”原则，优先发展了在产业结构中关联效应最大的产业——房地产业。因为房地产业具有产业链长、波及面广、带动作用明显等特点，35 个产业中有 23 个与房地产业密切关联，且房地产业的带动效应基本上随时间的变迁渐趋增大，对相关产业的影响程度不断加深。总体上，中国房地产业每增加 1 单位产值对各产业的总带动效应为 1.416，其中对金融保险业的带动效应为 0.145，居各产业之首（王国军等，2004）[①]。

2. 房地产业对中国经济贡献巨大，早已成为拉动经济增长的主要动力

陈昌兵（2017）[②] 计算得出，房地产对 GDP 的贡献率由 1990 年的 7.36% 上升到 2016 年的 30.09%；1996 ~ 2016 年房地产投资占总投资比重的平均值达 24.2%，而制造业平均值仅达 26.7%；同期中国房地产投资和基础设施投资之和占总的投资比重多数年份超过 50%，平均值达 52.9%，而制造业和其他所有投资加总后平均值才 47.1%。许宪春等

① 王国军、刘水杏：“房地产业对相关产业的带动效应研究”，载于《经济研究》，2004 年第 8 期。

② 陈昌兵：“房地产、经济结构升级与可持续增长”，载于《学习与探索》，2017 年第 11 期。

（2015）[1]算出2013年房地产业增加值为33295亿元，房地产开发投资拉动的相关行业增加值合计53848亿元，两者总计为87143亿元，占全部GDP的15.3%；房地产业对GDP增长的贡献率为4.6%，房地产相关行业对GDP增长的贡献率为24.8%，两者合计为29.4%。大部分学者研究成果表明，中国房地产业早已成为经济增长的最主要因素之一，其对GDP贡献率达30%左右，占投资的份额很大，基本处于24%左右。

3. 房地产业早已成为中国城镇化资金的最主要来源

中国的土地出让制，主要是借鉴中国香港的土地批租制。自1990年国务院规定土地使用权可以有偿出让开始，土地使用权市场正式出现并建立起来。之后，随着城镇住房制度的改革和城市中工业、商业用地的大规模开发，城市土地使用权出让的市场规模迅速扩大。根据中国土地年鉴，1996年全国土地出让金仅为290.4亿元，到2011年上升到2.7万亿元，到2018年再升至6.5万亿元（占同期财政收入的35.5%），22年翻了223.8倍，增长之快出乎人们意料。究其原因：一方面是城镇化及其城市规模的不断扩大、城市工商业和居民住宅的需求迅速增长所致；另一方面与地方政府以土地征用、开发、出让为支柱的地方经济发展模式有关，也就是说，地方政府通过对土地一级市场的垄断，以低价取得农村用地，进行土地平整后以高价格出让，可以从中获得数量巨大的土地出让金（这个收入被人们称为土地财政）。这实质上是与农产品价格"剪刀差"一样，农产品换成了土地，即农村和城镇在工业化时期的土地"剪刀差"，但这个差距大，金额巨大，可以占到同期财政收入的35%左右。再利用这些资金征用新的土地，并结合金融资金展开城市建设。过

① 许宪春、贾海、李皎、李俊波："房地产经济对中国国民经济增长的作用研究"，载于《中国社会科学》，2015年第1期。

去20年几乎所有城镇都通过卖地支撑城市建设，完成了城镇化建设的原始资本积累，这与西方有显著的差别，西方发达国家基本上是通过殖民、血腥掠夺来取得城市化建设的原始资本积累。

4. 土地已成为工业建设资金的重要来源

土地开发和出让，对地方政府而言，这除了能够大幅度增加政府预算内、预算外的收入外，还能够迅速扩大基础设施投资、吸引外资、改变城市面貌，推动地方经济发展。一方面，地方政府通过土地市场化出让方式以价格“剪刀差”获得高额土地收益，一定程度上可以弥补由工业用地低价出让产生的成本（陶然等，2007）[①]；另一方面，可以“以地引资生税”，即目前地方政府实施的以优惠政策吸引外商直接投资以扩大税基，尤其是对短期内促进经济增长和对预算内财政收入有较大促进作用的制造业倍加青睐（宋小宁等，2008）[②]。因此，各地政府不惜开出优惠条件招商引资，其中土地一度成为地方政府竞争的砝码，一些发达地区甚至出现“拼地价”“让利竞赛”。这实际上间接补贴了工业，大大促进了工业化进程，工业化的成绩单也直接印证了这一逻辑。进入21世纪以来，中国制造业在全球的地位得到显著提升。2007年中国制造业增加值超过日本，2009年超过美国，2012年超越欧盟跃居世界第一（财经豹社,2018）[③]。从中国企业在世界500强排行榜的大幅上升也可以发现，从2008年的26家增加到2018年的107家；而美国则从高峰期2002年

---

① 陶然、袁飞、曹广忠：“区域竞争、土地出让与地方财政效应：基于1999~2003年中国地级城市面板数据的分析”，载于《世界经济》，2007年第10期。

② 宋小宁、杨治国：“农地征用、财政分权与制造业发展”，载于《经济社会体制比较》，2008年第6期。

③ 财经豹社：分析全球制造业现状与发展因素发展“先进制造”中国先要突破哪个行业？http：//www.sohu.com/a/230878168_550734。

的 198 家下降到 2018 年的 126 家；日本则是从 1995 年的 149 家减少到 2018 年的 52 家（刘斌，2018）[①]。

5.“以地生财”曾是中国经济发展模式的资本引擎

目前在财政分权和增长竞赛的双重激励下，地方经济的发展严重依赖土地。据蒋省三等（2010）[②]研究，东部城市建设的资金构成，土地出让收入约占 30%，土地抵押融资约占 60%；中西部的城市建设资金，土地出让收入约占 20%，土地收益权质押融资约占 70%。当前，世界经济增长的资本筹集渠道有股票、债券（包括银行贷款）和土地等三大资本市场。一般来说，股票市场是大多数国家企业融资最主要的资本来源，地方政府则主要通过发行债券获得融资。然而，中国使用了其他国家较少使用的土地市场——土地财政和土地金融来筹集资金，这个土地市场（资本市场），由于各地政府对土地一级市场的垄断，自然而然由各地政府掌握资本市场的主导权。中国目前在科技研发和企业并购上都已经走出了发展中国家需要大量依靠外债的困境。中国的人均收入虽然还没有达到发达国家水平，但无论在对外投资还是对外援助上，都表现得更像一个资本生成大国（赵燕菁等，2019）[③]。

改革开放以来，中国经济一跃成为全球第二大经济体，其中的重要奥秘在于：一是房子对中国居民有着特别的意义，几乎抓住了房子就抓住了人的命根子；二是土地为中国各级政府解决社会资本的积累问题，通过征地和经营土地，筹集了大量建设资金，加快了工业化、城市化和

① 刘斌："中国大企业的成长拐点即将来临——来自世界 500 强和中国 500 强 20 年历史的信号"，载于《企业管理》，2018 年第 9 期。

② 蒋省三、刘守英、李青：《中国土地政策改革——政策演进与地方实施》，上海三联书店 2010 年版。

③ 赵燕菁、宋涛："从土地金融到土地财政"，载于《财会月刊》，2019 年第 8 期。

信息化进程。

（二）土地文章不好再做

“以地生财”的弊端日益显露出来。

1. 城市土地外延扩张，利用粗放

改革开放以来，中国城市快速发展，主要依托土地的外延扩张。根据土地资源战略课题组研究，1996 ~ 2008 年，城镇用地增长了 52.21%，增加的土地主要来自农村。根据《中国统计年鉴》，2009 ~ 2017 年，全国城市建成区面积年均增长率为 4.98%，而人口城镇化率的增速仅为 2.94%，土地城市化速度比人口城市化速度高出 2.04 个百分点。也就是说，土地城镇化的速度高于人口城镇化的速度，实际上大大超过 2.04 个百分点。中国城市人均土地面积，2000 年为 117 平方米，2008 年增加到 134 平方米，远高于一些发达国家平均 82 平方米的水平。外延扩张的结果是土地利用效率低下，城市存量土地大量闲置，土地利用浪费、粗放。中国土地利用率最高的是上海，2006 年工业用地产出约为 20 亿美元 / 平方千米，而中国香港在 1996 年的工业用地的产出是 30 亿美元 / 平方千米。近些年上海工业用地的产出提高到约 80 亿美元 / 平方千米，而中国香港已达 300 亿美元 / 平方千米，日本东京 2001 年达 523 亿美元 / 平方千米。中国工业用地的容积率，低的只有 0.3%，高的也只有 0.6%，而国际平均水平为 1%。因此，中国城市土地的工业用地所占比重普遍较高，为 20% ~ 30%，而国际平均在 15% 以下（刘守英，2010）[①]。城市快速

① 刘守英：“土地制度改革与经济成长”，国务院发展研究中心研究报告，2010 年 8 月。

扩张，不仅导致耕地资源流失，还产生水资源稀缺、能源压力、环境污染以及挤占生态用地等问题。

随着土地有偿使用范围的扩大，在市场拉动和利益驱动机制的作用下，农业用地（尤其是耕地）转化为非农用地的动能日趋强烈。这直接导致了土地供给总量的失控和供给结构的偏差，尤其是“吃饭”（保护耕地）与“建设”（城市化）的矛盾日趋尖锐。

2. 财政风险加剧

“以地生财”具有不稳定性和不可持续性。一方面，人口有限度，城市化也是有限度的，总会出现“天花板”。另一方面，市场有周期性，房地产市场也有周期性变动，这意味着土地价格不可能天天涨。毕竟，“长期看人口、中期看土地、短期看金融”。据人口专家测算，一旦出生率与死亡率出现“黄金死叉”，就可能迎来人口拐点，2025 年后可能出现，而且人口老龄化逐渐严重。因此，当市场发生变化，原来的供不应求就会转化为供过于求，土地流拍、降价就不可避免，土地生财难以为继（汪利娜，2009）[①]。同时，可征用农地是不可再生资源，耕地红线还画在那里，不可无限扩大征用，总会逐步减少。

3. 房地产过热隐藏着巨大的金融风险

由于金融业自身的经营特点使其具有先天的脆弱性，而房地产业又极其容易引发泡沫，两者的结合使金融风险高度集中。房地产泡沫对一国经济造成的危害，很大程度上取决于房地产市场发展对银行

① 汪利娜：“我国土地财政的不可持续性”，载于《经济研究参考》，2009 年第 42 期。

体系的依赖程度（张同耀，2009）[①]。大量资金涌入房地产业增加了房地产开发的盲目性，造成房地产行业投资过热，市场供求失衡。中国的商品房（尤其是居民住房）价格持续上涨，北上广等大城市住房价格上涨得更快，和居民家庭收入严重不成比例，致使房地产业积累了前所未有的风险。一旦房地产经济发生大幅波动，企业的经营风险将转变成银行风险，大量信贷资金将无法收回，必将形成大量银行呆账、坏账等不良款项，使银行系统承担巨大的金融风险。同时，高房价导致居民家庭高杠杆率，提高金融风险。房价上涨不仅受需求、供给、投机等多种非政策性因素驱动（李永友，2014）[②]，而且受地方政府策略性行为的影响，尤其是长期追逐的土地外延扩张策略。土地财政与房价互联互动，高房价有利于获取高额的土地财政，而为了取得土地财政，地方政府会进一步推动和维持房价上涨（宫汝凯，2012）[③]。实际上，不断高企的房价与“高烧不退”的“以地生财”构成了中国式城镇化的重要内容和鲜明特征。总体来看，在经济快速发展期，房价较快上涨有一定合理性，但上涨应有个合理的度。现实的情况正好相反，中国企业、地方政府和居民家庭三大杠杆率均快速上涨。2007 年企业杠杆率大概是 80%，2015 年企业杠杆率则达到 160%；2007 年地方政府杠杆率大概是 20%，2015 年地方政府杠杆率则达到了 42%。[④]申万研报显示，中国居民个人住房贷款余额从 2009 年的 3.5 万亿元暴

---

① 张同耀：“房地产泡沫与金融危机的关联机制及对我国的启示”，载于《经济纵横》，2009 年第 6 期。

② 李永友：“房价上涨的需求驱动和涟漪效应——兼论我国房价问题的应对策略”，载于《经济学（季刊）》，2014 年第 2 期。

③ 宫汝凯：“分税制改革、财政分权和房价水平”，载于《经济理论与经济管理》，2012 年第 4 期。

④ 黄益平：“高杠杆的真正风险是让中国‘失去二十年’”，载于凤凰网，2016-10-14，https://finance.ifeng.com/a/20161014/14936775_0.shtml。

增到2018年的25.75万亿元，十年增幅超过6倍。房贷成了撬动房价的杠杆，以致中国家庭杠杆率猛增。据WIND数据显示，从2004年稳在18%升至2014年的35.9%，2018年涨到53.2%。不仅如此，土地金融还可能会引发金融风险。在土地金融中，有相当一部分城市建设资金是以政府信用而取得的融资。这些融资一般不超过两年，如果土地出让顺利且价格较高，地方政府可以通过丰厚的土地出让金收入来偿还融资，但如果土地出让价格不高，用于偿还融资的能力有限，地方政府就必须用其他方式取得财政收入来还款。实际上，以政府信用为依托的融资规模往往会超过地方政府财政收入规模，金融风险也就容易出现。

4. 快速推高的房价，极不利于产业结构转型升级

"以地生财"鼓励房地产业繁荣的同时，也加速了社会资金从工业或者制造业等实体经济领域的抽离。因为高房价必然导致资源配置的错位，如房地产的"热钱""快钱"赚钱效应，不论是企业还是政府都参与其中。做实业相对艰难，与之相反的是"囤地"、造房子较为轻松，几年下来，就能赚到从前要用十几年才能积累的资本。由于行业利润率的差异，社会资金势必都逃离利润率相对较低的实体经济而涌入房地产相关行业中去。同时，房地产领域吸收了大量的社会资金后，这双重高压导致的结果是推高了实体企业的融资成本、打击了实体企业的创新投入。这样，房地产业的繁荣助推了一些企业放弃实业、一些企业投入炒房大军中、一些企业甚至转型为房地产公司，进而引发实体经济的低迷，这种现象发展到一定程度，有可能使经济结构面临失衡和房地产泡沫化的潜在危险。

2019年房地产算是已经走到了令人纠结的十字路口，房地产一边上涨、一边下跌。也就是说，土地财政和土地金融，在一些地方已经不灵了。近几年各地引发的抢人大战此起彼伏，却挡不住人口继续从三、四线城市向一、二线城市集中，未来城市将出现扩张与收缩的急剧分化，“鬼城”“空城”的出现将加剧房市的“马太效应”。这也预示着中国依靠土地外延扩张推动经济发展的模式需要逐步寻找可替换的模式，否则，目前的经济新常态也难以维持。当然，可以肯定的是，寻找新模式，不是轻而易举的，至少需要 5 ~ 10 年，甚至更长的时间。所以，今后一段时间，土地外延扩张难以完全退出，只能逐步退出。可见，土地外延扩张今后一段时间仍是支撑中国经济增长的中坚力量，只不过是在数量上有一个从大到小的渐变过程。

（三）调整以地生财模式不可避免

中国 2019 年城镇化水平突破 60%，这实际上是人口城镇化率。对照发达国家的城市化历史，中国城镇化似乎还有很大的增长潜力。但是，如果按照城市建成区的面积计算，2017 年中国的城市建成区面积为 56225 平方千米，如果加上矿区 48052 平方千米（陈政高，2016）[①]，达到 10.4 万平方千米。按照发达国家人均 82 平方米的水平计算，可以容纳 126829 万人的中国人口（而 2017 年实际只容纳 81347 万人，城镇化率达到 58.5%），2017 年中国人口总数为 139008 万人，城镇化率可达到 91.2%。这只能说明一方面，中国城镇化土地利用率很低，土地浪费严重；另一方面，土地城镇化率水平较高，而人口城镇化率较低，也就是说，按现有土地城镇化率换算，实际还可以容纳 45482 万人。

如果再按原来的土地使用发展模式运转下去，不仅会造成更大的

---

① 陈政高、亢舒：“建设和谐宜居城市 开创城市现代化建设新局面”，载于《经济日报》，2016-05-06。

土地资源浪费，会继续阻碍人口城镇化进程，还会压抑人的积极性。毕竟，房子是马斯洛需求最底层居住的需要，只有解决了最底层的需求才有动力往上走。这些现实正在倒逼中国如何创造条件进行人口城镇化。虽然中国已有 3 亿人先富起来，人均年收入在 2.5 万美元左右，但中间还有 10 亿人期待富起来，人均年收入在 4000 ~ 5000 美元，仍处于中等收入阶层，10 亿人中还有 5.6 亿人尚是乡村人口。如何创造条件促进 5 亿多人进城共享城市发展成果，这是今后需要解决的一大问题。目前现实的办法是，必须坚持“房子是用来住的、不是用来炒的”的定位，从体制和机制入手，建立市场化长效机制。一方面，通过财政税收政策，解决各地政府过度土地财政的问题，解决企业和个人过度炒房的问题，使房地产重归消费本位；另一方面，明确住房经济属性和民生属性，突出民生属性，针对不同收入阶层，构建多主体供给、多渠道保障、租购并举的住房制度，解决人口城镇化成本过高问题。

1. 以房地产税逐步替代原来模式，但不是完全替代

房地产税早在 2011 年已开始在重庆、上海进行试点，2014 年以来政府工作报告三次提及房地产税，2019 年进一步明确“稳步推进房地产税立法”，说明政府在加快房地产税落实的进程。通过开征房地产税，最重要的是要解决地方政府转型的问题，改变以往依靠土地生财的房地产发展模式，即矫正各地政府的短期行为，遏制房地产的过度投资，打击投机炒房，促使楼市降温，从而实现“房住不炒”，解决房地产调控的长效机制问题，更好地带动实体经济的发展。其次才是部分解决原来依靠土地财政取得的预算外收入。从而真正解决城镇化成本过高的问题，实现农民低成本进城的目的。

2. 租购并举的住房逐步替代独木桥似的商品房市场

在房价高企、流动人口充沛以及可支配收入受限等多因素条件下，城市住房租赁市场开始进入政府和社会公众的视野。实际上，在不少欧美发达国家，住房租赁市场历来是房地产市场不可或缺的主力市场之一，是解决住房问题的重要渠道。在西方发达国家，租房住与买房住的观念冲突并不十分强烈。目前有 1/3 的美国居民家庭租房住，在德国租房住的居民家庭超过了 50%。随着中国城镇化的飞速发展，要解决城镇居民住房难、住房贵的困境，就需要房地产市场和租赁市场齐头并进，共同发挥各自的优势。但长期以来中国以土地财政为核心的商品房开发模式，最终形成了独木桥似的商品房市场，住房租赁市场非常不成熟，与现实需求严重脱节。

从未来趋势看，随着流动人口的大规模增加以及商品房价格的高企，在今后一段时间内中国住房租赁人口将不断增加，住房市场的结构将出现明显变化。据“我爱我家”相关研究，2017 年中国住房租赁市场交易总量约 1.2 万亿元，租房人口 1.94 亿人，占全部人口的 13.9%。预计到 2025 年，租赁市场规模将首次超过 3 万亿元，租赁人口增至 2.52 亿人。到 2030 年，租赁市场规模将达到 4.6 万亿元，有接近 3 亿人通过租房实现“住有所居”。从城镇化角度看，如何解决中国今后 5 亿多人口的城镇化问题，特别是外来务工人员、应届毕业大学生城镇化问题，在目前高房价的形势下，全靠购房解决是不现实的，只能大部分靠租赁住房来解决。但目前住房租赁市场存在相当多的问题，如住房租赁市场长期处于缺规范、缺管理、缺融资的“自然生长”态势，导致房屋租赁市场租赁价格混乱、出租房品质低下、专业规范中介缺失、融资保障缺乏等。更为突出的是，房价高企下的租售比严重失调，高房价下购买的住房用来出租，目前的租金收入减去银行按揭贷款的利息所剩无几，甚至倒挂。要么大幅提高租金，但这样一来，租户又承受不起。在这种两难的困境下，只有政府出面，建立租购并举的制度体系。在租赁住房建设方面，需要政府改变原有土地财政的做法，下调土地出让金，让开发租赁住房的开发商开发出与现有租房者收入相适应的租赁住房，同时，土地金融需要把重点从商品房转向租赁住房，让各相关方各得其所，实现共赢。租赁住房开发的面积还很大，这部分建设对中国经济增长以及财税金融的拉动力还是较大的。

在这次房地产长效机制探索中，被誉为改革先行者的深圳，提出2035年前将新建170万套住房，明确商品房只占40%，60%为公租房、人才住房。一旦深圳试点向全国推广，则将在很大程度上加大保障性用房比重。2015年国家住建部提出租购并举、租购同权，2019年推动《住房租赁条例》立法。最关键是一、二线城市以年轻人为主的租房人群已超2亿人，中国房市的顶层设计需要从商品房一元市场主体向商品房、保障房（包括公租房、共有产权房等）、租赁房三位一体过渡。

3.“先租后售”住房替代部分商品房的买卖

对仍处在4000 ~ 5000美元人均年收入的10亿中等收入阶层而言，要买得起现有的高价房，实在勉为其难。一个好的做法就是“先租后售”，允许有条件的企业或单位为员工建设“先租后售”住房，解决员工原来高房价的住房问题和想扎根城市因收入较低而难以成为城市市民的人口城市化问题。东莞市政府为华为员工制定的“先租后售”住房政策，提供了一个可以借鉴的案例。2015年东莞政府以成本价将土地卖给华为，条件是华为在东莞建工厂。华为可以在这块土地上为企业员工建造住房，并以每个月32元/平方米的价格连续五年租给员工；五年后如果员工还在华为工作，就可以按 8700 元 / 平方米的价格（这一价格远低于周边 30000 元 / 平方米的商品房价格）交付差额获得房屋完整产权[①]。对员工来说，相当于在华为连续工作 5 年即可兑付房屋期权。这是一个多赢的案例，也是各相关方各取所需的均衡。对企业来讲，因为住房成本低，员工容易接受较低的工资水平，控制了工资成本；对政府来讲，看似以成本价将土地使用权转让给华为，但由于华为为东莞市政府创造税收，这一做法实际上是将原来一次性的“土地金融”转换成了长期的税收收入。与房地产开发一样，为住房建设及其配套的基础设施也会带来巨大的贷款需求，从而创造出可观的流动性货币。“先租后售”的宏观经济意义是其能创造大量的需求，进而对冲经济转型期投资的减少。这一做法的本质相当于通过住房将职工未来的劳动贴现，创造出巨大的贷款需求。假设中国每年建设 1000 万套“先租后售”的保障性住房，按照 5000 元 / 平方米的房屋建筑成本和房屋设施设备安装成本，每套 100 平方米的面积，可带动总需求高达 5 万亿元。加上装修及耐用消费品的支出，可以创造出巨大的新增需求。这些需求都会带来巨大的社会融资，从而抵消因商品房市场逐步退出而减少的贷款需求。在城市的资本型增长阶段，投资的机会来自基础设施等“重资产”的建设，商品房就是把这些公共服务未来收益资本化的重要工具；进入城市化运营阶段，投资劳动力可以创造新的需求。“先租后售”的保障房制度就是将劳动力资本化的重要工具（赵燕菁等，2019）[②]。

4. 大力发展和规范股票市场

如前所述，“以地生财”已经到了不得不调整转型的阶段，即中国

① “华为东莞拿地分房 3 万套留人才 华为能否优雅转身？”载于《新浪财经网》，2018-01-08，http://finance.sina.com.cn/chanjing/gsnews/2018-01-08/doc-ifyqiwuw8266423.shtml。

② 赵燕菁、宋涛：“从土地金融到土地财政”，载于《财会月刊》，2019 年第 8 期。

资本市场中房地产市场的比重会逐渐降低，而股票市场的比重则应逐渐提高。一般而言，政府能够通过土地市场融资，但企业更适合通过股票市场融资。改革开放 40 多年以来，虽然中国资本市场从无到有，目前已经成为世界第二大资本市场，这在推动国有企业、民营企业的股权改革中发挥了重要作用，但中国股票市场“先天不足”已是有目共睹。长期以来，股市表现很难当作宏观经济的“晴雨表”，更多的时候反倒成了不理性情绪的“放大器”，因而中国的股市也被诟病“政策市”“情绪市”、熊长牛短、暴涨暴跌，长期存在股票价格与公司价值扭曲、股市指数与宏观经济扭曲、积极投资与投资绩效扭曲的局面。投资者对公司的预期只是随着股价而波动，追涨杀跌，投资者过度乐观和过度悲观的情绪随着盈亏急剧放大，从而加大了市场波动的幅度和速度。其背后的原因是缺少长期投资资本，缺少机构投资者的力量，市场投资散户占主导地位，而且机构投资者大多是顺应市场特征，并未起到市场稳定器作用，其投资行为也呈现短期化特征。以主动型股票和混合公募基金为例，基金经理们在短期考核压力下投资风格日益呈现散户化特点，换手率从 2004 年的平均 113% 提高到 2013 年的 334%；而美国股票型基金 1980 ~ 2013 年的平均换手率为 61%，2013 年为 41%，2013 年 A 股股票基金的换手率为美国的 8.14 倍（国泰君安证券研究所,2015）[①]。而美国股市上占主导地位的投资者则是机构投资者，投资行为价值化、长期化，很好地起到了稳定市场的作用。美国至少自 2005 年起美国机构投资者（保险公司、养老基金、共同基金）市值占比更大，达 47.3%，而个人投资者当年的占比为 38.9%，此后机构投资者一直处于优势地位。

① 国泰君安证券研究所：“中美牛市比较：如何从快牛疯牛变成慢牛长牛”，载于《上海证券报》，2015-05-21。

因此，中国资本市场应进一步引入养老金、企业年金、社保基金等长期机构投资者，降低市场的长期波动性。特别是让养老金和企业年金等公众基金拥有保荐企业上市的垄断权。首先，一般保荐企业上市利润丰厚，投行和券商不能代表公共利益，由它们保荐的结果会导致巨量财富向少数人集中；其次，一般保荐企业上市也存在较大风险，一旦发生金融危机，需要用财政拯救金融市场时，就会产生巨大的道德风险。而如果采用包含个人账户的公共基金（比如公积金），就可以有效规避上述问题（赵燕菁等，2016）[①]。

5. 大力培育科技金融

当今世界是科技创新的时代，科技竞争成为国家核心竞争力的重要因素。把科技和金融紧密结合起来，联动发展，是促进生产力发展的强大动力，是促进科技成果转化、培育战略性新兴产业、催化创新驱动的重要举措。全球科技战的比拼已愈演愈烈，虽然中国在量子通信、航空航天等方面取得较大发展，但仍主要集中在应用科技而弱于基础理论。从中美两股市的利润点看，美国集中在信息、科技、医疗等，而中国企业利润却集中在金融和房地产上，因此，必须采取市场化的系统措施，纠正原来发展模式的偏态，培育更多科创企业，推动中国创新发展。正如党的十八届三中全会强调指出，“改善科技型中小企业融资条件，完善风险投资机制，创新商业模式，促进科技成果资本化、产业化”，这为加速推进科技与金融结合，促进中国战略性新兴产业发展提出了明确要求。上杭宁大湾区作为先行者，土地使用这方面的问题更先遇到，遭遇的困难更大，解决的必要性和紧迫性更加重要，因而更需要对土地财政

---

① 赵燕菁、周颖刚：“中国资本市场再设计：基于公平效率、富民强国的思考”，载于《财经智库》，2016 年第 2 期。

和土地金融进行调整和转型，以适应世界竞争的需要。

然而，科技创新具有投入大、周期长、风险高等特点，新兴企业从种子期、初创期、成长期到成熟期整个生命周期的每一个阶段特征迥异（见表 4.4）。科技创新离不开金融的催化和引领。如何将金融与科技创新接合起来，对传统金融是一个重大挑战，也只有创新才能开创科技金融的新天地。近几年来，一些地方和金融机构就科技金融做了不少有益探索，但到目前为止，还没有找到一个成熟的可复制的模式，在实际操作中遇到不少难题。如存在信贷资产质量低下与新兴产业资金短缺的矛盾，一方面效益相对低下的传统企业占用大量贷款，另一方面科技企业受资金限制形不成规模效益；存在科技投入高风险与收益周期长的矛盾，使得金融业担心新兴产业科技贷款投入时间长，贷款风险大，对科技开发信贷信心不足、支持动力不足。总之，由于科技企业的特点，使得金融机构往往无法准确及时获得科技创新信息，从而很难对科技创新的风险进行评估，科技和金融的对接很难自然完成。

表 4.4　　科技型中小企业在不同成长阶段的融资需求特征

	种子期	初创期	成长期	成熟期	衰退期 / 蜕变期
财务状况	大量投入，无收入，存在亏损	大量投入，少量收入，亏损为主	大量投入，大量收入，开始赢利	投入稳定，收入稳定，利润稳定	两极分化，发展好的企业或找到新的利润点，或节省成本；发展差的企业则收缩投入，收入下滑
融资需求	以自有资金和国家直接投资为主	以自有资金、国家直接投资为主，风险投资开始参与	以风险投资为主，兼以贷款和留存收益	以股权投资、贷款与留存收益为主	两极分化，发展好的企业以股权投资、贷款和留存收益为主；发展差的企业则以留存收益和自有资金为主

资料来源：韩杰："科技型中小企业融资需求分析及政府政策供给模式"，载于《上海管理科学》，2010 年第 1 期。

但这一关必须过。因为科技金融对推动科技创新和创新驱动具有重大战略意义，一方面，科技金融可以通过引导资本流向新技术而催生出具有关键核心技术的新兴企业，并以此形成新的经济增长点；另一方面，发展高科技企业必然要求提高单位投入产出的技术经济效率，这既需要企业自身不断增加研发投入，提高自主创新能力，也需要政府强化金融支持，引导科技成果的开发、转化和产业化。2019年7月22日，科创板正式开市，中国资本市场迎来了一个全新板块，这个板块充分利用市场机制，即重在要素优化配置，而非市场投机炒作；从倾斜于上市企业“圈钱”转向均衡于投资人利益的保护；因而这是科技金融的一大制度创新，是实现资本市场和科技创新更加深度的融合，以科创板的增量改革推动整个资本市场改革，落实创新驱动和科技强国战略、推动高质量发展、支持上海国际金融中心和科技创新中心建设的重大改革举措，是完善资本市场基础制度、激发市场活力和保护投资者合法权益的重要安排。

科创版“试水”仅仅是开端，更多更重要的创新也需要推进。当前还需要深化金融改革和科技体制改革，引导金融资源向科技领域配置。如充分发挥政策性资金的导向作用，通过设立创业投资、科技贷款、科技保险、科技担保等政策性专项引导基金，提供风险补偿和费用补贴，引导更多的民间资本进入创投领域，引导商业银行和其他金融机构向新兴产业企业融资。根据科技新兴企业从技术开发、产品研制到成果产业化不同阶段的风险特征，完善相应的科技保险机制、融资担保机制、违约贷款补偿机制、科技金融人才激励机制。成立类似于美国硅谷银行的科技银行等专业金融机构，实行“银行+担保+额外风险补偿”的运作模式，允许专利等知识产权作为抵押物，同时根据企业的特点制定差别化的贷款利率。鼓励和扶持风险投资机构与创业投资机构的成长，培育多元化的战略性新兴产业科技金融投资主体。

七、协调强大的城市群是湾区发展的有机空间载体

随着工业化和城镇化进程的加速，城市群作为城市化发展到相对高级阶段的地域空间组织形式，已成为21世纪中国区域经济发展的重要载体，传统的省域经济逐步转向城市群经济。城市群不仅是未来中国经济的核心增长极，也是中国参与国际经济合作与竞争的主要平台。进入新型城镇化阶段，中国在城镇化空间布局上正在形成“城市群—都市圈—中心城市—大中小城市协同发展”的空间格局，区域一体化加速推进。

（一）城市空间载体变化是一个不断适应生产力发展的有机演化过程

人类发展史在一定程度上可以说是城市演化史。城市发展是一个不断适应生产力发展而又促进生产力发展的自然历史过程，有其自身规律和演化逻辑。一个城市的形成和发展的影响因素可能很多，但主要是经济、地理、历史、政治等，但其中起核心决定作用的是生产力发展水平。城市群的形成和发展是一个各城市之间由竞争变为竞合的自然过程。与全球城市群形成发展过程一样，中国城市群是工业化和城镇化发展到相对高级阶段的产物，是高度一体化和同城化的城市群体。城镇化是现代化的必然趋势，也是经济结构、社会结构和生产生

活方式的根本性转变，因而是长期积累和长期发展的渐进式过程（方创琳等，2018）[①]。

20世纪50年代以来，随着全球城市化的加快，城市地域空间及其影响范围发生了很大变化。在许多经济较发达的地区，由大城市向周围扩散带来城市郊区化，并逐步发展成规模庞大的城市群（又称为大城市圈、大都市连绵区），即在特定的地域范围内具有相当数量的不同性质、类型和等级规模的城市，依托一定的自然环境条件，以一个或几个超大或特大城市作为地区经济的核心，借助现代化的交通工具和综合运输网的通达性，以及高度发达的信息网络，形成城市个体之间相对紧密的内在联系，共同构成一个相对完整的城市"集合体"，形成了一批世界城市群。

最早出现城市群的是美国东北海岸，之后，欧美发达国家许多地区都形成城市群。城市群是工业化、城市化进程中，区域空间形态的高级现象，能够产生巨大的集聚经济效益，是经济快速发展、现代化水平不断提高的重要标志之一。目前国际上比较公认的最先明确提出城市群概念的当属美籍法国地理学家戈特曼（Jean Gottman），1957年戈特曼在《大城市群：东北海岸的城市化》中把这种巨大的城市空间形态用原意为巨大的城邦的希腊词"Megalopolis"来命名，并在1961年出版的《大城市群：城市化的美国东北海岸》一书中把美国东海岸5个大城市圈连接成了一个有3000万人口的地区，总称为大城市群。他认为城市群是城市发展到成熟阶段的最高空间组织形式，是在地域上集中分布的若干城市和特大城市集聚而成的庞大的、多核心、多层次城市集团，是大都市区的联合体，并提出大城市群的形成有五个基本条件或标准：①区域内有比较密集的城市；②有相当多的大城市形成各自的都市区，中心城市与都市圈

---

① 方创琳、王振波、马海涛："中国城市群形成发育规律的理论认知与地理学贡献"，载于《地理学报》，2018年第4期。

外围地区有密切的社会经济联系；③有联系方便的交通走廊把核心城市连接起来，各都市区之间没有间隔，且联系密切；④必须达到相当大的规模，人口在 2500 万人以上；⑤属于国家的核心区域，具有国际交通枢纽的作用。戈特曼将城市群归纳为两大功能，即枢纽功能和培养功能。枢纽功能主要是指城市群的内外联系网络和各种流的汇集就如同干道和交通的交汇路口一样，促进了城市群的地域扩张，提高了其在国内乃至全球经济活动的地位，由枢纽功能引致各种流的汇集；培养功能主要是指通过汇聚的不同行为方式的相互影响，产生了新思想、新方法、新技术和新产品，成为城市群发展的主要动力。城市群便成为社会进步和创新的重要区域，并推进了国家乃至全球经济的繁荣和社会文化的发展。他预言，城市群是城市化高级阶段的产物，若干都市区的空间聚集是城市化成熟地区城市地域体系组织形式演进的趋向，在 20 世纪和 21 世纪初将成为人类高级文明的主要标志之一。他还将美国东北部大西洋沿岸城市群、北美五大湖城市群、日本太平洋沿岸城市群、欧洲西北部城市群、中国长三角城市群、英国中南部城市群列为世界六大城市群。

作为被世界公认的美国东北部大西洋沿岸城市群是以纽约为中心的城市群，是通过大都市区的管制、规划与分工合作，逐步适应生产力发展要求而孕育出的世界城市群。20 世纪 90 年代初，中心集聚为主的城市化使中心城市与郊区的矛盾十分普遍，而全球经济一体化迫切需要诸多功能性的城市网络去支配其空间经济运行和增长。美国首先产生了基于区域利益协调的大都市区管制模式，这一模式是社会各种力量之间的权利平衡，通过各种集团的对话、协调、合作以达到最大限度动员资源的调配方式，以补充市场经济和政府调控之不足。1921 ~ 1996 年，为有针对性地解决城市发展中的问题和可持续发展，纽约大都市区分别经历了以“再中心化”“铺开的城市”“3E〔Economy（经济）、Equity（公平）、Environment（环境）〕先行”为主题的三次大都市区规划，从疏散中心城区办公就业，到把纽约改造成为多中心的大城市，再到提高地区的生活质量，使大都市区逐步具有了着眼全球以及经济、社会与环境并重的发展理念（董晓峰等，2006）[①]。总之，纽约从港口商业城市转变为工商并举城市，进一步发展成为以第三产业为主的世界金融中心，与该大城市群成熟的分工合作、有机整体的孕育密切相关。其每个主要城市都有自己特殊的职能，都有占优势的产业部门，在发展中，彼此间又紧密联系，在共同市场的基础上各种生产要素在城市群中流动，促使人口和经济活动更大规模地集聚，形成大城市群巨大的整体效应（赵娇，2010）[②]。

在纽约这个世界级中心城市的带动下，美国形成了东北部大西洋沿岸城市群或者叫大纽约区，这是世界上首个被认可的城市群。它以纽约为中心城市，从北向南跨越10个州，由波士顿、纽约、费城、巴尔的摩、华盛顿和40多个中小城市组成，几乎囊括美国东北部大城市以及部分南部城市。东北部大西洋沿岸城市群是当前世界上发育比较完善的典型世界级城市群之一。它有着高度发达的分工与协作，在金融、贸易、运输和科技等方面的作用突出，其中纽约是世界上最重要的金融中心之一。

从城市的发展规律来说，以城市群为主体引领城镇化发展是必然的选择。20世纪70年代开始，许多发展中国家包括中国的经济发达、工业化和城市化水平较高的地区也出现向城市群发展的趋势（苏雪串，2004）[③]。在改革开放进程中，中国经济快速发展的原因曾被解释为地方“锦标赛”。如前所述，地方为吸引资本、技术和人才等生产要素，可

① 董晓峰、成刚：“国外典型大都市圈规划研究”，载于《现代城市研究》，2006年第8期。

② 赵娇：“世界城市空间形态动态演进及对北京的启示”，载于《世界城市北京发展新目标——2010首都论坛论文集》，2010年。

③ 苏雪串：“城市化进程中的要素集聚、产业集群和城市群发展”，载于《中央财经大学学报》，2004年第1期。

以在税收、土地等方面采取优惠政策的招商引资，开展的跨区域竞争，堪称“八仙过海，各显神通”，甚至被经济学家张五常赞为“历史上最好”的制度。复旦大学经济学院张军教授也认为，“没有什么因素可以比地方政府之间的竞争更能解释中国经济的奇迹”。但是，长此以往的单打独斗，导致地区之间画地为牢、各自为政、以邻为壑、产业同构、资源浪费、千城一面等现象，并在更大范围内加剧区域发展不平衡。尤其是在当前二次城市化、区域一体化、交通便捷化和信息化的共同作用下，“抢人”“抢钱”、抢产业在各地白热化。然而，随着粤港澳大湾区和长三角一体化上升为国家战略，地方原来的单打独斗竞争模式需要转向协同发展和区域发展大联动。中国最著名的长江三角洲、珠江三角洲、京津冀三大城市群就在这个时期不断适应发展形势，按照生产力发展的需要，打破“一亩三分地”的行政藩篱，将一定区域内的各个省份和地区联系在一起，通过人流、物流、信息流等资源的整合汇集，推动生产要素有序自由流动与优势互补，形成区域内的更大规模效应、聚焦效应，与单一的城市相比，城市群既可以广泛进行专业化分工和协作，充分发挥规模效益，又可以有效降低特大城市的交通拥堵、环境污染等问题，使经济效益、社会效益和环境效益得以较好地协调统一、相互促进，由“强相互作用”而“连锁反应”式的产生可持续发展的力量，从而促进区域协调发展。目前，中国这三大城市群以 2.8% 的国土面积集聚了 18% 的人口，创造了 36% 的国内生产总值，成为带动中国经济快速增长和参与国际经济合作与竞争的主要平台。《国家新型城镇化规划（2014 ~ 2020 年）》指出：城市群是支撑国家经济增长、协调区域发展、参与国际竞争合作的重要平台。“抓住城市群，就抓住了中国经济的根本”。

（二）城市群必然是推动先进生产力发展的协调而强大的经济发展载体

城市群是区域空间的一个重要子系统，任何一个城市群都必须从属于一定的地域空间范围之内。城市群是由不同等级城市及其腹地通过空间相互作用而形成的城市联合体。城市群的出现是生产力发展、生产要素逐步优化组合的产物，是工业化、城镇化和信息化发展的高级形态，也是现代化水平不断提高的重要标志之一。

城市群是区域空间发展过程中的一种特殊的社会经济现象，它的形成和发展是区域一体化发展的必然要求，但并不是所有的区域空间内都能够产生城市群。城市群的形成是城市发展到一定阶段后的必然产物，城市群形成也代表着更高的生产力区域的形成。这是因为，由于自然地理优越，气候、土壤、港口、交通、植被等条件形成了人口集中区域，随着工业化快速发展和全球化的推进，工业、金融、交通、城市建筑等又促进了人群集中在城市中心和周围。也就是说，城市群只是生产力发展到城市经济占主导地位时期，在某些具有较好综合资源条件的区域（例如长三角、珠三角等）才有可能出现，表现为逐渐形成在地域上相邻近，经济联系紧密频繁的多个城市集合体。而且，随着生产力的进一步发展，人类的生产活动日益集中在城市，客观上造成了城市数量的增加，城市规模的扩大，城市功能、经济结构和社会结构的多样化。同样，生产力的发展也导致了城市生产活动的专业化、社会化、一体化，城市间的社会经济联系得到强化，特别是城市群的关系网络日益密切，城市群地域结构也就变得更加复杂与多样。更为突出的是，随着城市群的不断发展壮大，在规模经济与集聚经济效应下，城市群内的人口、资源、基础设施、技术工艺及经济活动等也不断集中，促使中心城市或整个城市群人口规模扩大和空间范围扩张；同时集聚经济产生的知识外溢，有助于劳动者彼此学习，进一步吸引有技术的劳动力，城市群形成不断自我增长的机制；与此同时还会向周边区域不断渗透，产生外部经济和扩散效应，带动周边城市的发展。很明显，城市群既是不断适应先进生产力而形成和发展的，又是促进先进生产力得到进一步发展的空间载体。

城市群作为先进生产力的承载地，是其所处区域内经济增长速度最快、最具活力、潜力最大的地区，自然是一个国家最重要的经济承载体和增长极，还是国家参与全球竞争和世界经济重心转移以及国际分工的重要承载体。例如，美国 67% 的 GDP 集中在大纽约区、大洛杉矶区和五大湖区三大城市群地区；日本的东京、阪神、名古屋三大城市群，集中了全国 65% 的人口和 70% 的 GDP。美国东北部大西洋沿岸城市群在 2% 的国土面积上，容纳了全美 20% 的人口。日本太平洋沿岸城市群集中了日本 80% 以上的大型企业和全国 50% 以上的人口。可以预见，未来国家间的竞争，必然在这些世界级城市群中展开（石颖，2019）①。

城市群发展历史表明，每一次转移都带来了大规模的工业化和城市化，进而催生出一批又一批城市群。具体表现为，18 世纪后的工业革命使英国成为世界经济增长重心，推动形成了以伦敦至利物浦为轴线的英国伦敦城市群；19 世纪，世界经济增长重心转移到欧洲，推动形成了法国大巴黎城市群和欧洲西北部城市群；进入 20 世纪初期，世界经济增长重心从西欧转移至北美，推动在美国东北部地区和中部地区分别形成了美国大西洋沿岸城市群和北美五大湖城市群；进入 21 世

---

① 石颖："推动长江经济带城市群建设的战略思考"，载于《中国经贸导刊》，2019 年第 7 期。

纪初期，世界经济增长重心向亚洲太平洋地区转移，日本首先在东部地区形成了以东京—大阪为轴线的日本太平洋沿岸城市群，中国正在形成和崛起长三角城市群、珠三角城市群与京津冀城市群等世界级城市群和一系列国家级与地区级城市群（方创琳等，2018）[①]。

中国城市群演化的历史表明，城市群是不断适应先进生产力的发展而又促进先进生产力的发展，形成自我内生增长机制，从而不断推动城市化的发展和城市群的发展。中国传统的省域经济，也开始向中心城市群经济转变。据中国发展研究基金会 2019 年发布的《中国城市群一体化报告》，京津冀、长三角、珠三角、成渝、武汉、长株潭、辽中南、哈长、关中、中原、海西及山东半岛城市群等 12 个城市群占全国 GDP 的比重达到 80% 以上。其中，长三角、珠三角、京津冀三大城市群的经济份额超过 40%。城市群一体化成为高质量发展、区域均衡发展的重要驱动力。

随着城市生产力的不断发展，城市产业和经济活动的集聚是一个必然的过程。按照世界银行 2009 年的研究，在一个国家范围内，经济活动集聚的第一个层次是向城镇集中；第二个层次是向国家范围内经济比较发达的地区集中。在一个国家的人均收入达到 3500 美元（2000 年的不变价）之前，集聚主要表现为向城镇集中；当一个国家的人均收入达到 1 万 ~ 1.5 万美元（2000 年的不变价）之前，集聚则主要表现为向发达地区集中。2018 年中国人均国民总收入达到 9732 美元（当年价）即 4207 美元（2000 年的不变价），已超过人均收入达到 3500 美元（2000 年的不变价），但明显小于 1 万 ~ 1.5 万美元（2000 年的不变价），显然中国整体上还处于各种生产要素和资源向发达地区集中的阶段。在这一

---

① 方创琳、宋吉涛、张蔷、李铭："中国城市群结构体系的组成与空间分异格局"，载于《地理学报》，2005 年第 5 期。

发展阶段，中国城市群还处于快速发展阶段，特别是有利于长三角、珠三角等相对发达城市群的发展，也就十分有利于上杭宁大湾区的集聚发展和创新发展。特别是目前世界经济重心正在向亚太地区转移，迫切需要将城市群作为世界经济发展的承载地。同时，在考虑中国未来的城市群发展时，还需要特别关注未来人口合理的空间分布格局。根据国务院 2017 年印发的《国家人口发展规划（2016 ~ 2030 年）》，人口总量将在 2030 年前后达到峰值，2030 年人口总量将达到 14.5 亿人左右，常住城镇化率将达到 70%，即城镇人口将达到 10.15 亿人。这就决定了中国城市群发展空间还很大，对中国三大城市群而言，还需要夯实城市群基础，明确城市群内各城镇的主体功能定位，加强分工协作和优势互补，促进整合，增强城市群的综合竞争优势。还有专家认为，21 世纪将是城市群的世纪，经济的主要动力将越来越源于城市群特别是大城市群。城市群之间的分工、合作和竞争，将决定新的世界经济格局。

国务院在《上海市城市总体规划（2017 ~ 2035 年）》批复中指出，要“从长江三角洲区域整体协调发展的角度，充分发挥上海中心城市作用，加强与周边城市的分工协作，构建上海大都市圈，打造具有全球影响力的世界级城市群”。根据 2019 年国家发展和改革委员会发布的《关于培育发展现代化都市圈的指导意见》，“城市群是新型城镇化主体形态，是支撑全国经济增长、促进区域协调发展、参与国际竞争合作的重要平台”，而“都市圈是城市群内部以超大特大城市或辐射带动功能强的大城市为中心、以 1 小时通勤圈为基本范围的城镇化空间形态”。因此，上杭宁大湾区既要不断适应世界先进生产力发展的需要，又要以此为契机，肩负起世界经济重心转移的重要承载地的这一历史使命，促进世界先进生产力的发展，引领世界经济的高质量发展。

（三）产业集群和城市群相互作用推动着经济发展

产业集群与城市群是经济发展的两个不同侧面。随着全球化和一体化的深入发展，以及区域经济发展由行政区经济向城市群经济转变，以城市群为核心的空间发展格局正在日益形成，城市群对经济增长的推动作用不断显现，与产业集群共同成为推动区域经济发展的重要引擎（吴福象等，2008）[①]。

1. 产业集群推动经济发展

20 世纪 80 年代中期以来，产业集群在全球产业分工和信息技术革命条件下出现了产业地方化现象。1990 年迈克尔·波特教授在其《国家竞争优势》[②] 一书中首先提出了产业集群的概念。他认为，产业集群是指在特定区域中，具有竞争与合作关系，且在地理上集中，有交互关联的企业、专业化供应商、服务供应商、金融机构、相关产业的厂商及其他相关机构等组成的群体。克鲁格曼（kragman，1991）[③] 认为产业集聚是由企业的规模报酬递增、运输成本和生产要素移动通过市场传导的相互作用而产生的，本地化的报酬递增和空间距离带来交易成本之间的平衡。产业集群是工业化过程中的普遍现象，随着工业革命的深入发展，其作为一种能够显著增强区域产业竞争力的经济组织形式，展现出了自身强大的竞争优势。

产业集群的发展可以有效地提升区域竞争优势。一个国家或地区

---

① 吴福象、刘志彪："城市化群落驱动经济增长的机制研究——来自长三角 16 个城市的经验证据"，载于《经济研究》，2008 年第 11 期。

② [美] 迈克尔·波特：《国家竞争优势》，李明轩、邱如美译，华夏出版社 2002 年版。

③ Krugman，P.，Increasing Returns and Economic Geography[J].Journal of Political Economy，1991，99（3）.

在经济增长中竞争优势的获得来源于产业在其内部集聚过程中所获得的优势。产业集群中的大量中小企业，彼此之间通过分工与合作而结成细密的区域网络组织，共同面对快速变化的外部市场环境和技术条件，这些专业化的产业集群内部的生产率不断提高，创新活动不断涌现，从而呈现很强的区域竞争力，如意大利东北部与中部地区、美国的曼哈顿与硅谷、德国的南部地区等。从中可以发现：在工业化初期，区域经济相对独立，除了资源争夺外，相互之间的联系较少，企业追求的是个体利益的最大化；而到了信息化时代，现代交通通信技术极大地削弱了地理空间对区域经济联系的影响，资源、技术、信息的全球性流动增强，区域成为全球生产网络下的一个个节点，相互联系密切。在区域经济联系网络化的推动下，企业不仅仅追求个体利益最大化，更重要的是在合作中追求整体利益最大化，然后从整体利益中分成，企业之间的合作也不断加强，形成了联系密切的产业集群，成为增强区域竞争力的主要方式（毛佳，2009）[①]。多个产业集群的发展，在各个区域形成增长极和增长点，其辐射和带动效应，促进整个经济环境的优化，将使整个国家或地区的经济快速增长。

实际上，产业集群对于推动经济增长作用巨大。意大利 70 % 以上的制造业、30% 以上的出口额都是在产业集群充分发育的专业化经济区内实现的。美国以底特律为核心的五大湖汽车产业集群集中了全国最大的 3 家汽车公司，整车厂与众多的零部件配套厂商结成垂直分工协作关系，生产了全国 70 % 以上的汽车；以休斯敦和西雅图为中心的航空航天产业集群，产业集中度达到了 80% 以上；硅谷的产业集群更加突出，已成为世界上最大的软件和电子信息技术中心。印度班加罗尔已成为发

① 毛佳："发展产业集群 推进经济增长"，载于《工业技术经济》，2009 年第 9 期。

展中国家最大的IT产业集群，为印度成为软件大国做出了突出贡献（毛佳，2009）[①]。可见，产业集群已成为国家或地区参与世界竞争、带动整个经济增长的重要动力来源。

产业集群是推动产业发展、提升国际竞争力的主要推动力，它在“中国崛起”中扮演着非常重要的角色。经济全球化导致产业链、价值链的分解和集聚是中国产业集群成功的重要因素之一。全球化的本质是产业、资本、技术、信息等要素的流动和转移，起初体现为发达国家的产业、要素向全球范围内的流动，集中地表现为从欧美日发达国家向中国等发展中国家的流动。这种资源要素的频繁流动极大地促进了国际化分工与协作发展，带动产业从一个区域转移到另一个区域内集聚发展，形成产业集群化趋势。中国改革开放后，大量的外商直接投资先后进入长三角、珠三角等地区，利用当地的资源要素优势和政策优势建立生产基地。与此同时，围绕外商直接投资的产业链环节，不断涌现出来一系列配套企业，从而长三角、珠三角等地区率先发展起来一大批参与全球产业分工的产业集群，成为全球意义下的制造中心，这是20世纪90年代以来中国参与国际分工的最大亮点。产业集群在中国的成功主要得益于全球化条件下的产业分解和集聚、中国地方政府的积极有为以及民营经济的迅速发展这三个重要因素。其中，经济全球化是中国产业集群成功的大环境，地方政府是中国产业集群成功实践的决策者，民营经济是中国产业集群蓬勃壮大的主体（陈文丰等，2012）[②]。

① 毛佳：“发展产业集群 推进经济增长”，载于《工业技术经济》，2009年第9期。

② 陈文丰、史芬芬：“产业集群——经济增长的诀窍”，载于《高科技与产业化》，2012年第4期。

2. 城市群带动经济发展

城市群作为新的增长极在带动本国或区域经济发展中的作用越来越明显，日益成为促进区域和城乡一体化、参与国际竞争合作的重要平台。

一是城市群比单个城市具有更高的技术溢出效应。知识和技术溢出与空间距离有关，从地理范围来看，集聚带来的技术外部性与空间距离密切相关（Fujita 等，2002）[①]。当空间距离扩大时，知识传递会逐渐消散，表明具有越集聚的空间环境越有利于知识传递和学习，城市不但是空间紧密的实体，而且是产业集聚的区域，从而成为知识溢出的良好平台。城市群比单个城市区域具有更大的空间弹性，有更完善的产业体系和基础设施，这些对于技术溢出而言不但提供了渠道，而且提供了承载的平台，城市规模扩大与城市群发展的过程伴随着知识和技术的溢出（Black 等，1999）[②]。技术溢出效应的提高，有利于激励创新，推动产业发展。

二是城市群使各种要素可以“用脚投票”进行优选，推动各种要素效用的最大化。城市群是由不同层次的产业链将不同规模、等级的城市联结而成的城市体系。“用脚投票”或者叫“蒂伯特选择”是美国经济学家蒂伯特（Tiebout，1956）[③]提出的，它主要是指资本、人才、技术流向能够提供更加优越的公共服务的城市。在市场经济条件下，不同规模、等级的城市比单个城市更具有“用脚投票”挑选的条件。同时，在市场经济条件下，生产要素能自由流动，城市群内政府可以运用“蒂伯特选

---

① Fujita Thisse J F. Economics of Agglomeration: Cities, Industrial Location, and Globalization[M].Cambridge University Press，2002.

② Black D.，Henderson V.，A Theory of Urban Growth[J].Journal of Political Economy，1999，107（2）.

③ Tiebout C M. A Pure Theory of Local Expenditures[J].The Journal of Political Economy，1956，64（5）.

择”机制，比如完善营商环境，加大基础设施建设，降低交通运输成本，吸引城市群外的企业和产业，强化需求关联的循环积累效应和投入产出联系，促进城市群的经济增长。

三是城市群比单个城市更有利于产业结构优化。大城市在城市集聚过程中能够疏解落后产业、吸纳高端产业尤其是第三产业，而中小城市在城市集聚过程中可以找准定位、吸纳本地优势产业进行专业化生产（原倩,2016）[①]。总的来说，城市群对产业链和产业布局的影响主要表现为两种经济效应，即集聚效应和溢出效应。城市功能正是在这两种效应基础上得以实现。即城市将一定地区的人流、物流、知识流、资金流、信息流聚集起来，通过城市活动满足城市内部需要并向其他地区扩展，从而推动城市群内产业结构优化。

四是城市群比单个城市对于区域发展的作用更为显著。城市间的联系与城市内部经济主体之间的联系具有本质的不同。当不同规模的城市具有不同市场潜能时，市场潜能和产业向城市的集聚会显著地影响地区的劳动生产率，进而影响地区经济发展（谢长青等，2012）[②]。在城市群中不同的城市间具有不同的经济联系，受城市规模、距离、交通网络、产业联系等的影响，由于中心城市的增长与其获得要素的能力有关，当中心城市间具有良好的经济联系时，就能够加速要素集聚，并扩大经济增长的外部性效应（李煜伟等,2013）[③]。何骏（2008）[④]认为，城市群通过区域内城市整合，强化城市间的功能互补和深度合作，能拓宽发展空

① 原倩：“城市群是否能够促进城市发展”，载于《世界经济》，2016 年第 9 期。

② 谢长青、范剑勇：“市场潜能、外来人口对区域工资的影响实证分析：以东西部地区差距为视角”，载于《上海财经大学学报》，2012 年第 3 期。

③ 李煜伟、倪鹏飞：“外部性、运输网络与城市群经济增长”，载于《中国社会科学》，2013 年第 3 期。

④ 何骏：“长三角城市群产业发展的战略定位研究”，载于《南京社会科学》，2008 年第 5 期。

间，为工业化、信息化提供高效率的环境，挖掘区域经济更为强大的发展功能，从而加快整个区域和国家的经济发展。特别是当要素在区域间能自由流动时，一些优质要素主动向营商环境好的大城市集聚，特定要素向具有与之相适应的特别环境的城市集聚，而一般的普通要素则选择向中小城市集中，结果提高了城市群要素集聚的外部经济性，提高了城市群研发创新的效率，促进了经济增长。

吴福象等（2008）[①]认证了在长三角城市化群落中城市化率与经济增长之间具有显著的正相关关系，城市群对经济增长也正发挥着越来越重要的新引擎作用。总之，城市群主要是通过要素集聚、辐射、网络和结构优化等效应机制推动经济发展。

3. 产业集群与城市群互动作用

林先扬等（2003）[②]认为，城市群发展的核心是拥有国际竞争力的产业与产业集群，它是城市群发展的强有力支撑，城市群正是通过这些产业及产业集群的发展来影响和控制周边地区发展的。有竞争优势的产业或产业集群是城市群经济持续、稳定、健康发展的内在要求，它在不断增强城市群竞争力和巩固其在全球经济体系中的核心地位起着决定性的作用。

一是产城动态融合和内生互动。产业集群既是城市产生的根源，又是推动城市从兴起到扩张的基本动力。城市通过自身的集聚功能和扩散效应来提高生产效率与交易效率，并得以相互催化，不仅能够增强区域活力，还能将城市群内高质量的资源要素有效融合起来，从而形成强大的产城融合和互动效应，形成自身独特的、其他区域无法复制或效仿的

---

① 吴福象、刘志彪："城市化群落驱动经济增长的机制研究——来自长三角 16 个城市的经验证据"，载于《经济研究》，2008 年第 11 期。

② 林先扬、陈忠暖、蔡国田："国内外城市群研究的回顾与展望"，载于《热带地理》，2003 年第 1 期。

动态竞争优势。产业集群是城市群发展的重要驱动力，推动着城市规模的扩张、城市建设的发展以及城市之间人口、资本等资源的“蒂伯特选择”流动；城市群是产业集群的空间载体，反过来又为产业集群提供优质的基础设施、廉价而高效的生产要素以及各种科技和制度的创新。产业集群通过产业链延伸、耦合与创新，与城市群形成生产要素、市场交易、创新与服务等方面的多维度相互作用，最终实现三者的耦合协同内生发展。

二是集聚效应和规模效应。城市优越的产业配套环境和城市功能所构成的产业生态系统，不但有利于城市群内企业的发展壮大，而且具有强大的聚集效应和规模效应，吸引城市群外更多生产要素或企业进入，推动城市群经济体不断内生发展。这些互动促使城市群内的产业和城市突破固有的地理界线和行政限制，为产业跨地区配置和互补提供更为便利和优越的条件，促进产业由分散转向集聚、城市由相对独立转向融合，并逐渐实现区域一体化的合作模式和运行机制。

三是疏解和共生效应。“城市病”是现代城市发展过程中一个不可忽视的现象，虽然它不一定会产生，但防范之心一定不可无。如前所述，产城动态融合和内生互动，使产业集群和城市群之间形成良性互动的生态系统。这种生态系统能够将城市群的多中心、多层次组织形式与产业集群专业化分工有机和谐地结合起来，加速中心城市的产业、人口与外围地区良性互动，高端向中心聚集，中低端向外围转移，进而缓解“城市病”问题，形成宜居宜业的空间经济体，实现城市经济的可持续发展（张治栋等，2019）[①]。

① 张治栋、王亭亭：“产业集群、城市群及其互动对区域经济增长的影响——以长江经济带城市群为例”，载于《城市问题》，2019 年第 1 期。

乔彬等（2006）[①] 认为，城市群的本质是聚集经济，聚集经济的本质是规模经济和范围经济，各种产业效应是规模经济和范围经济的载体。其中，产业关联效应、产业聚集效应、产业技术扩散效应、产业转移效应是城市群不断演变的动力；各种产业效应间存在相互作用的机制，城市聚集经济形成和发展反过来又会不断加强各种产业效应，形成城市空间的不断演进的自增强机制。苏雪串（2004）[②] 认为，产业集群、城市聚集经济作用的同时发挥才能加速中国的城市化进程。总之，产业集群和城市群的良性互动和谐发展是促进区域经济持续稳健增长的强劲动力，是协调区域经济发展进而促进中国经济高质量发展的基础和关键。目前，产业集群与城市群的耦合发展正在各国各区域之间演进，城市群和产业集群的良性互动和谐发展预示着今后经济社会发展的演化方向。

（四）湾区必然是区内各城市的互联互通、一体化不断升级的有机成长

湾区的发展不是单个核心城市发力的结果，而是湾区内各城市的互联互通、联动合作促成的。从世界三大湾区的发展演进路径可以看出，世界级湾区首先都是依靠港口起家的，通过以港区运输和装卸等为主导的经济活动，促进港口经济的发展；然后，以临港工业为主导，使经济活动范围从港口内延伸至港口外围，进而促进湾区城市迅速成为较为发达的制造中心；在制造中心作用的推动下，伴随航运、金融、服务业等

① 乔彬、李国平："城市群形成的产业机理"，载于《经济管理》，2006 年第 22 期。

② 苏雪串："城市化进程中的要素集聚、产业集群和城市群发展"，载于《中央财经大学学报》，2004 年第 1 期。

快速发展，经济活动边界拓展至环港口城市，形成了以港口城市为核心的湾区城市群，再凭借现代金融、信息经济、装备制造实现产业的转型升级，使城市群从区域增长极逐步演化成为创新中心，集聚和辐射能级显著增强。

实际上，大湾区本身就是以城市群为基本骨架的。在国内，不管粤港澳大湾区还是上杭宁大湾区，都是以湾区内各城市不断融合、一体化不断推进的结果。湾区内各城市发展的综合体即城市群，甚至是世界级城市群，既是中国改革开放巨大成果的结晶，更是支撑今后发展的世界级平台。

从国际比较的横向视角看，全球经济最发达的地区往往位于港湾海岸线附近。世界上最多的人口、资源、财富，资金流、商品流、信息流、技术流、人流等生产要素在港湾地区进行密集交易，成为世界经济最活跃的区域，形成经济发展的增长极。从历史演变的纵向视角看，国际经济发展路径总是在既合作又竞争的相互制约发展过程中不断达至新的动态平衡以及可持续发展。

如第二章所述，湾区作为一种区域，又不同于其他区域。湾区的最大特点就是“拥海、抱湾、通江、聚城”的区位优势，是连通大陆和海洋的关键点、桥头堡、枢纽站。开放性、创新性、宜居性、国际化等是湾区的最主要特征。湾区的独特区位优势及其发展的巨大成效使其成为当今国际经济版图上的一个突出亮点。国际一流湾区如纽约湾区、东京湾区、旧金山湾区等已成为全球举足轻重的经济中心。上杭宁大湾区、粤港澳大湾区在国家战略的推动下，将成为世界湾区经济的强有力新秀。

目前，区域经济合作及其一体化已经成为全球经济发展的趋势。在国际层面表现为次区域合作组织的大量涌现，如欧盟、北美自由贸易区和中国—东盟自由贸易区的建立、东盟合作组织的成立以及大湄公河次区域合作的深入开展等；在国家层面表现为城市群的不断出现，如全球六大城市群，这些已成为地区甚至全球经济发展的引擎。在这些城市群内部，经济发展的一个明显特征是产业集群，发展产业集群已成为提升区域竞争力的最有效途径。在这个发展进程中，沿海地区面临更大的发展机遇，其原因主要在于沿海地区在沿海城市群、产业群和港口群之间形成良性互动、内生发展的更大优势，如美国东北部大西洋沿岸、日本东海道太平洋沿岸等地区，不但城市联动、产业协同和港口合理分工有序开展，而且形成了城市群、产业群和港口群良性互动发展的格局，互动与协同发展成为城市群推进区域经济一体化、增强区域竞争力和国家竞争优势的重要手段。吴璟桉等（2017）[①] 根据世界级湾区城市群、产业群和港口群互动发展的经验，提出了湾区发展需要遵循三大规律，即临港经济和港口发展互动的规律、产业集聚和区域优势互为表里的规律、产业功能和社会功能互为支撑的规律。实际上，这些规律揭示了港口群、产业群、城市群之间及其内部良性互动、内生发展的规律。

同时，湾区一体化还包括群体内部互联互通和群体间的协调互动发展。这实际上是一个从微观到中观的过程，即协同发展涉及群体内部的协调，及群体间的互动。在这个过程中，产业协同互动方面，产业分工和生产分工比较明确，比较优势得到较好利用和推广，竞争优势得到较好提升和发挥；城市间协同互动方面，城镇结构比较合理，城市体系呈现规则等级结构，并且城市定位明确，注重塑造城市特色，形成了良性协同内生的城市群生态系统；港口间协同联动方面，港口分工合理，错

---

① 吴璟桉、万勇、吴永康：“长三角深度一体化背景下环杭州湾大湾区经济发展战略研究”，载于《上海经济》，2019 年第 2 期。

位发展，通过港口资源整合，形成综合优势和群体优势。而产业群、城市群和港口群的协同互动，即产业链、城市链和港口链的有机链接和耦合，生产力空间布局、城市空间布局和港口空间布局也有机结合在一起，进一步增强产业群、城市群和港口群的耦合度，从而形成强有力的三者叠加效应，促进湾区形成强劲的世界竞争优势。

中国两大湾区要成为世界级城市群，就意味着大湾区将不仅是众多国际机构的所在地，还是各类专业性组织和工业企业总部所在地；不仅拥有大型的国际海港、大型国际航空港，还集中拥有大型医院、大学、科研机构、图书馆和博物馆，是国家最主要的金融和财政中心、信息汇集和传播的中心，同时也是相当比例的富裕阶层人口聚集之地（吴璟桉等,2019）[①]。特别是全球高端要素的聚集之地，如顶尖大学、研究机构、实验室、风险与创业投资公司、基金、顶尖科技企业等高度集聚。这就需要学习世界级湾区的先进经验，使湾区形成开放的经济结构、高效的资源配置能力、强劲而持续的经济发展、便捷高效的交通系统、优美宜人的生活环境、多元包容的文化氛围、强大的集聚外溢功能和发达的国际交往网络，从而形成良性累积的"马太效应"，增强湾区的世界竞争优势。

近几年来，美国主导的逆全球化，必然导致区域经济的重新整合，贸易集团化、经济区块化、金融管制化将成为各国经济政策的主要取向，区域和次区域的融合发展主导之下的双边及多边经贸合作将成为世界经济发展模式的重要形式。在这种形势下，中国强化湾区建设，不仅仅是当前的一种强有力的应对之策，还是中国现代化建设的战略举措。

---

① 吴璟桉等，"长三角深度一体化背景下环杭州湾大湾区经济发展战略研究"，载于《上海经济》，2019 年第 2 期。

对照世界级湾区城市群，上杭宁和粤港澳城市群的建设都还有较大差距。要成长为世界级一流的湾区不是一蹴而就的，需要较长一段时间破解当前湾区高质量的瓶颈和阻碍，依托发达的基础设施网络，形成经济联系紧密、空间组织紧凑、构建同城化和高度一体化的城市群体（方创琳等，2011）[①]。毫无疑问，城市群的高度一体化是城市群范围内各城市有机融合、各要素分工协作的结果，也是区域经济保持繁荣增长的基础。因而，在总体上强化产业群、城市群和港口群之间及其内部之间的良性互动、协同和谐发展，从而强化湾区的深化改革、扩大开放、引领创新、协同区域、聚集辐射的功能，使湾区内产业群、城市群和港口群相互间能够形成良性交互累积的耦合机制，从而形成更高能级的世界竞争优势。

（五）防范“城市病”是湾区城市群快速发展中的必然课题

城市群是中国现阶段和未来城市化发展的主要方向，也是必然经过的阶段。然而，中国在城镇化进程中同样遇到了西方国家在城市化过程中遇到的“城市病”问题。“城市病”是指在一国城市化发展的某个阶段，因城镇化进程的加快与经济、社会、生态等方面发展不协调所导致的对城市整体发展和城市生活的负面效应。城镇化是一个涉及经济、社会、生态环境等多方面的综合性现象，因此，“城市病”表现在城市的经济病、社会病和生态病等三个方面（向春玲，2014）[②]。

① 方创琳、姚士谋、刘盛和：《2010 中国城市群发展报告》，科学出版社 2011 年版。

② 向春玲：“中国城镇化进程中的‘城市病’及其治理”，载于《新疆师范大学学报（哲学社会科学版）》，2014 年第 2 期。

根据发达国家城市化的历程，英国城市化水平从 26% 上升到 70% 用了 90 年的时间；法国城市化水平从 25.5% 上升到 71.7%、美国城市化水平从 25.7% 上升到 75.2% 分别用了 120 年。中国城镇化率从 23.7 % 提高到 59.6% 只用了 36 年，且以年提高 1% 的速度递增，到 2035 年将达到 76%。中国只用了英国 1/2 的时间、法国和美国 1/3 的时间，就走过了发达国家同样的城市化进程，具有“浓缩发展”的特征（亨廷顿，1988）[①]。如前所述，世界三大湾区在城市化进程也出现了一些“城市病”，比如，交通拥堵严重、住房紧张、老龄化、能源资源短缺、生态环境恶化、安全基础薄弱等问题。根据世界城镇化发展普遍规律，中国仍处于城镇化率 30% ~ 70% 的快速发展区间，如果延续过去传统粗放的城镇化模式，会带来产业升级缓慢、资源环境恶化、社会矛盾增多等诸多风险，还有可能落入“中等收入陷阱”，影响中国梦的实现。

城市群是城市化和城市发展的必然结果，但城市群未必一定会产生“城市病”。一般认为，城市病是在城市化发展到一定阶段，城市人口的过度集聚超过工业化和城市经济社会发展水平所造成的，所以被人们称为“过度城市化”。但实际情况并不完全如此。

并不是所有城市都出现明显的“城市病”。如前所述，发达国家的城市也往往出现交通拥堵、住房紧张、环境污染等一些“大城市病”，但由于这些城市集聚的经济效益仍明显大于其“大城市病”所带来的负效益，所以这些大城市仍将继续发展。所以，即使在这种情况下，也不能片面以“城市病”来否定和阻止城市的发展。目前，从全球范围来看，有 54%的全球总人口居住在城市，这种趋势依然会持续。联合国预测，到 2035 年，全球城市化率将达 62.5%，大城市和大都市圈人口继续

① [美] 塞缪尔·亨廷顿:《变革社会中的政治秩序》，李盛平、杨玉生等译，华夏出版社 1988 年版。

快速集聚，但50万人以下城市人口年均增速将降至1%、略高于0.9%的自然增长水平，要素必然向大都市涌入。2045年，居住在城市的人口将达到60亿人左右。研究还表明，一国人口规模与其最大城市人口规模之间存在明显的正相关关系。就人口而言，世界上最大的城市是东京，有3700万名居民之多，首尔都市圈有2300万名居民，而且还在增长中。中国人口是日本的10倍、韩国的27倍。未来或许需要以北上广深为中心发展三个都市圈，同时也需要让二线城市进一步扩容（梁建章，2018）[①]。

在发展中国家的一些大城市即使一时出现“大城市病”，也可以通过治理改造而得到克服。以上海为例，在20世纪七八十年代，由于长期的历史欠账，城市基础设施建设不足，不能适应改革开放以来新形势的发展，曾一度与墨西哥、巴西等发展中国家的大城市一样，出现了严重的人口稠密、交通拥堵、住房紧张、就业困难、环境恶化等一系列所谓“大城市病”。随着改革开放和经济的快速增长，上海加快了城市改造和发展步伐，疏散市中心人口稠密地区的人口，大力推进交通基础设施建设，使以往的大城市病得到明显改善，虽然人口规模快速增大，但上海城市发展的各项持续性指标均呈“单调递增”发展态势，显示出二者之间密切的正向互动关系和上海城市发展的良好的持续性（王桂新，2011）[②]。

可见，发展大城市是经济社会发展的必然规律，但大城市未必一定产生“大城市病”。“城市病”发生的共性是经济社会生态发展的不协调造成的，但也有发展方式和城市规划、建设、管理等方面的原因。

首先，“城市病”只是一个国家或地区经济社会发展到一定阶段的产物。曾经一个时期，中国有些城市急功近利，大搞形象工程、政绩工

① 梁建章：“各大城市抢人可加强集聚效应”，载于《经济观察报》，2018-03-30。

② 王桂新：“中国‘大城市病’预防及其治理”，载于《南京社会科学》，2011年第12期。

程，出现了经济社会发展不平衡，大城市和中小城市之间、城市和乡村之间发展不协调；对与老百姓生活息息相关的基础设施建设、环境保护等不够重视，出现了城市交通拥堵和生态污染等问题。华丽而羸弱，成了我们许多城市的通病（荆宝洁,2011）[①]。历史表明，世界上很多国家在城镇化进程中都曾经遇到过“城市病”问题。由于城市建设效果的滞后性和难变性，“城市病”从显现、发作直到康复都有其内在的客观规律，而这一规律又直接地与城市化的生命周期密切相连。城市化具有呈“S”形的上升规律，而“城市病”则具有倒“U”形的升降规律。城镇化率在30%～70%时，城镇化处于快速发展阶段。城镇化率在30%～50%时，“城市病”处于显性阶段；城镇化率在50%～70%时，“城市病”有可能集中爆发（周加来,2004）[②]。中国40多年来的工业化、城镇化进程，浓缩了西方发达国家上百年的现代化历程，“历时性矛盾、共时性承受”催化产生并堆积着大量可以预料和难以预料的问题、矛盾和风险。“新兴+转轨+转型+快速城市化”使中国“城市病”问题更具复杂性、综合性。中国城市的“急症、慢症、并发症”存在共发的可能（中国社科院，2012）[③]。

其次，“城市病”与市场的“失灵”和政府的“失灵”密切相关。城市规划建设是复杂的系统工程，然而，市场调节的滞后性和短期性，使城市决策者可能只看到市场对城市公共设施和生活设施的眼前需求，这往往使城市建设决策忽视一些重要因素，从而忽略了城市建设的长远需求和长远利益，要么使城市建设满足不了城市化的需求，要么使城市

① 荆宝洁：“城市规划矛盾引发‘超级城市病’”，载于《今日国土》，2011年第2期。

② 周加来：“‘城市病’的界定、规律与防治”，载于《中国城市经济》，2004年第2期。

③ 中国社科院《国际城市发展报告2012》：“大城市步入‘城市病’爆发期”，载于《京华时报》，2012-02-10。

规模过大。这在一定程度上造成或加剧“城市病”（王桂新，2011）[①]。同时，由于政府决策者往往受认识水平局限，政府短期行为可能造成“城市病”，例如，一些城市重 GDP 轻环保，可能使城市生态环境恶化。

再次，“城市病”与城市规划和建设问题密切相关。大城市自身内部的空间结构和大城市所处城市群的空间结构，是决定城市发展潜力和发展持续性的重要因素。从大城市自身内部空间结构来看，合理的空间结构不仅可以改善环境、有利低碳，还可以扩大城市容量，有利于人口、经济增长。这种城市规划是建设美好城市的基础，但是，多年来在这方面却存在诸多问题。比如，很多城市没有成熟完善的规划体系，特别是对各行业的地下管线尚未有整合的城市规划设计；城市规划的执行情况不理想，缺乏连续性和严肃性。有的城市“一届市长、一轮规划”导致城市无序发展；城市规划理念落后，片面强调功能分区的城市规划导致城市建设的“摊大饼”和居住点、工作点、活动点的远距离分离，让不少市民几乎每天都要受“钟摆式”流动之累。大量人流每天在城郊之间奔涌，必然增加市民活动的时间成本和经济成本，加重对交通和资源环境的压力（王格芳，2012）[②]。

最后，“城市病”与城市管理欠科学密切相关。多年来，一些城市重建设轻管理，重管制轻协商，重收费轻执法，习惯于依靠行政手段而不善于运用市场机制。城市管理部门没有更多地去提高服务质量和管理水平，而总是在想办法限制市民，限制各种服务对象，这种简单粗暴的传统管制思路不仅不能“治病”，还是很多城市不断“生病”的原因所

① 王桂新：“中国‘大城市病’预防及其治理”，载于《南京社会科学》，2011 年第 12 期。
② 王格芳：“我国快速城镇化中的‘城市病’及其防治”，载于《中共中央党校学报》，2012 年第 5 期。

在（唐子来等，2012）[①]。更为严重的是，城市智能化管理和应用严重不足，虽然新一代信息技术不断发展为城市智能化管理提供了技术基础，但城市管理大多数依然习惯老一套管理办法，而忽视现代先进技术对城市管理的质的促进。

因此，城市与“城市病”之间并没有必然的关系，城市可能产生“城市病”，但城市未必一定产生“城市病”；发展中国家一些城市之所以产生“城市病”并不在于其“大”。一些城市的“城市病”可以通过改造而得到很好的克服和治理；一些大城市的所谓“大城市病”只是城市发展中的问题，只要其带来的负效应并未超过人口集中、城市发展所带来的集聚经济性，大城市仍会持续发展，无须片面以“大城市病”来否定和阻止大城市的发展（王桂新，2011）[②]。

不能因为城市特别是大城市可能出现“城市病”而限制城市化和城市群发展，也不能无视“城市病”而忽视预防或治理。帕拉格·康纳认为，“城市是文明体系集合中的突出部分，城市越是归属于世界，就越可按全球模式重新配置基础设施和分配资源。如今世界上排名前 20 的富裕城市已经打造出基于资本、人才和服务的超级体系；全世界 75% 的大企业都位于这些城市，这些大企业会反过来加大城市投资并增强城市间的互联程度。”（帕拉格·康纳，2016）[③] 显然，需要遵循城市化和城市群的发展规律，顺应中国尚有 10 亿人的城市化和工业化的需求，既不能照搬西方城镇化的“高消耗”模式，也不能像西方国家那样走大城市集中式或郊区化蔓延式的城市化道路，而是需要探索出一条既适合中国国

① 唐子来、马向明、刘青昊、相秉军、刘佳福、宋劲松：“‘美好城市’VS‘城市病’”，载于《城市规划》，2012 年第 1 期。

② 王桂新：“中国‘大城市病’预防及其治理”，载于《南京社会科学》，2011 年第 12 期。

③ [美]帕拉格·康纳：《超级版图——全球供应链、超级城市与新商业文明的崛起》，崔传刚，周大昕译，中信出版集团 2016 年版。

情，又能代表历史发展方向的城市化和城市群发展的路径。

八、高效一流的营商环境是湾区融入全球经济平台的根本性要求

近几年，营商环境问题备受关注。2017 年 7 月，习近平总书记在中央财经领导小组第十六次会议上强调，要营造稳定公平透明、可预期的营商环境，加快建设开放型经济新体制，推动我国经济持续健康发展[①]。随着全球化的发展，生产要素尤其是市场、资源、人才等方面的竞争日渐激烈。一国、地区或城市要在更加激烈的竞争中取得主动权和主导权，营造良好的营商环境，尤其市场化、法治化、国际化、便利化营商环境是关键。营商环境的优劣决定高端要素的流向和集聚，也是城市综合实力和国际竞争力的构成要件。

（一）优化营商环境的政府作用

1. 营商环境具有特殊的公共属性

营商环境概念来自世界银行集团的营商环境项目（Doing Business Project），该项目启动于 2002 年，旨在对一个国家内部的中小企业进行考察，并对企业经营周期内所使用的法规进行评估，主要就改善或者阻

---

① 习近平：营造稳定公平透明的营商环境 加快建设开放型经济新体制，载于新华网，2017-07-17，http://www.xinhuanet.com/politics/2017-07/17/c_1121333722.htm。

碍企业经营活动的法律法规问题进行调查，探讨企业法律监管与调控对社会生产力、事业、经济增长和贫困等问题的效应。

随着营商环境的概念传入中国，国内对于营商环境的概念也进行了研究与界定。目前，对营商环境的理解存在狭义与广义之分。狭义观点以世界银行的观点为代表，认为一个企业在开办企业、经营、贸易活动、纳税、企业破产及执行合约等方面遵循政策法规所需要的时间和成本等条件。这种定义便于制作世界各国营商环境指标，更便于营商环境的量化和比较。狭义营商环境评价指标主要涉及影响企业投资、经营的政务事项与制度内容。如世界银行选取“开办企业、办理施工许可证、获得电力、登记财产、获得信贷、保护中小投资者、纳税、跨境贸易、执行合同和办理破产”等 10 个领域，并将所需的时间、成本以及服务质量等作为评价依据。广义观点认为，营商环境是影响企业投资、经营等活动的所有环境的总和。倪鹏飞（2008）[①] 将营商环境概括为市场和基础设施等硬环境，以及政府的政策、服务和司法、行政、税收体系等软环境。张威（2017）[②] 认为，营商环境是指在一定时间内，特定区域或行业所拥有的政治、经济、法治、社会、生态等一般环境与政企关系、劳动力市场、金融机构等环境的复合有机体。营商环境的构成要素主要包括经济政策、要素供给、政府服务、法治体系、要素资源、市场体系及市场准入。娄成武等（2018）[③] 认为营商环境是一个区域的市场主体所面临的包括政务环境、市场环境、社会环境、基础设施环境等要素构成的综合发展环境，是政府与市场、社会共同提供的一种具有制度特征的特殊公共产品。

① 倪鹏飞：“中国城市拿什么吸引投资者——《2008 年中国营商环境报告》摘要”，载于《资本市场》，2008 年第 5 期。

② 张威：“我国营商环境存在的问题及优化建议”，载于《理论学刊》，2017 年第 5 期。

③ 娄成武、张国勇：“治理视阈下的营商环境：内在逻辑与构建思路”，载于《辽宁大学学报（哲学社会科学版）》，2018 年第 3 期。

总体上，狭义营商环境更注重评估与企业投资、经营等日常活动直接关联的制度“软环境”，特别是政务环境、法治环境等。广义营商环境更注重评估吸引企业投资、促进投资经营、降低企业风险、支撑企业发展等各方面综合环境。它既包括“软环境”，也包括“硬环境”，既有直接关联的因素，也有间接影响的因素。因而广义营商环境评估指标除涉及狭义营商环境评价指标外，进一步拓展到基础设施建设、市场规模、劳动力市场效率等“软硬环境”方面。

很明显，营商环境作为与企业密切相关的外部要素综合，是一个动态有机的系统，它具有公共产品的基本特征。

一是一种特殊的公共产品。按照经济学界定，政府的职能是提供公共产品。经济学界公认的是萨缪尔森对公共产品的界定：具有非排他性和非竞争性等基本特征的产品即为公共产品。随着社会科学技术的进步，公共产品的范围逐步扩展。当代美国著名经济伦理学家乔治·恩德勒（Enderle）[①] 从经济伦理的角度提出了广义的公共产品界定，即“社会和个人生活以及追求经济活动可能性的条件”，并指出定义公共产品的两条原则：非排斥原则和非敌对原则。其中，“非排斥原则是指与私人物品比较，对受公共产品影响的和受个人或集团权力限定的‘消费’不排斥其他人的消费，无论是出于技术的原因、效率的原因，还是出于法律或伦理的原因。非敌对原则是指一个消费者与其他消费者之间缺乏敌对性或竞争性”（潘同人，2017）[②]。按照这一界定，营商环境与其他公共环境（如法治环境等）类似，是一种公共产品，其非排他性原则体现在，营商环境不能被特定企业所占

---

① Enderle G. A Rich Concept of Wealth Creation Beyond Profit Maximization and Adding Value[J]. Journal of Business Ethics，2009，84（suppl.3）.

② 潘同人：《嵌入关系：中国招商引资中的政府与市场》，上海人民出版社 2017 年版。

有，是面向特定区域内所有企业的系统环境，排除特定企业或存在技术困难，或导致效率损失，或违反相关法律或伦理，具有较高的代价；其非敌对性（或非竞争性）原则体现在一些企业享有并受益于营商环境并不会影响另一些企业的享有与受益，即营商环境受益对象之间不存在利益冲突。“非排他性与非竞争性，抑或非排斥性原则和非敌对性原则是公共产品的技术性特征，社会公共需求才是公共产品的本质特征。”公共产品是以政府为代表的国家机构——公共部门供给的，用来满足社会公共需要的商品和服务的统称。在现实生活中，公共产品表现为由政府直接或间接地提供，免费或者以极低的收费存在，具备消费的非竞争性和非排他性特征。公共产品在本质上是“满足社会共同需要的产物”（秦颖，2006）[①]。因而，营商环境也是一种公共产品，是一种兼具物质形态（如基础设施）和制度形态（如法规政策）的特殊公共产品。基于此，政府应被视作营商环境的最主要生产者，是营商环境建设的责任主体。营商环境是政府和社会、市场合作生产的一种公共产品，具有“公共性”的价值特性，本质上也是为了满足社会的公共需要（娄成武等,2018）[②]。

二是一系列制度的集成。营商环境是由一系列制度构成的，是制度的有机组合，直接规范、约束着特定区域内各种市场主体的行为活动，其中正式的制度是其主要构成。制度既包括权威机构如政府制定的正式的制度，如政策、法律规定等，也包括历史的、社会的各种非正式制度，如风俗习惯等。制度的建立是为了减少人们交易中的不确定性，再加上技术的采用，两者共同决定交易成本（和生产成本）（道格拉

① 秦颖：“论公共产品的本质——兼论公共产品理论的局限性”，载于《经济学家》，2006年第3期。

② 娄成武、张国勇：“治理视阈下的营商环境：内在逻辑与构建思路”，载于《辽宁大学学报（哲学社会科学版）》，2018年第2期。

斯·诺斯等，2002）[①]。作为经济运行和经济发展中的内生变量，制度能够降低交易费用从而优化资源配置和提高经济效益。另外，在世界银行营商环境报告中强调最多的是政府规制，也就是常说的政府管制。规制作为政府的一种政策工具和介入市场领域的管理方式，是政府运用公共权力和具体规则通过约束微观经济主体的市场进入、退出、价格、质量、信息等以及对安全生产、环境保护、国民健康等行为现象的调整和限制，所以有学者指出营商环境从本质上讲就是政府的管制环境（武靖州，2017）[②]。

三是公共治理活动的产物。治理是作为政府的公共部门和作为市场主体、社会主体的私营部门相互合作共同管理社会公共事务的持续性活动和过程。从空间上看，营商环境是从市场主体角度出发界定的整个社会的发展环境，包括政治环境、经济环境、社会文化环境等，是市场与政府、社会相互作用的结果。从时间上看，营商环境是在政府和市场、社会的职能分工发展到一定程度与商品经济和公共领域相伴产生的，并随着政府与市场、社会职能的进一步完善而不断发展。营商环境是包括政府在内的多种社会主体共同构建的产物，营商环境的建设作为一项公共治理活动，离不开政府与市场和社会对公共事务的合作治理，是公共治理的产物之一（娄成武等，2018）[③]。

因此，不管是广义的还是狭义的营商环境，都具有特殊的公共产品属性。政府是优化营商环境的主体，而“放管服”是政府优化营商环境的核心。“放管服”改革的目的是降低经济发展中的制度性交易成本，即因体制机制问题而导致的经济、时间和机会等各种成本（厉以

---

① ［美］道格拉斯·诺斯、路平、何玮：“新制度经济学及其发展”，载于《经济社会体制比较》，2002年第5期。

② 武靖州：“振兴东北应从优化营商环境做起”，载于《经济纵横》，2017年第1期。

③ 娄成武、张国勇：“治理视阈下的营商环境：内在逻辑与构建思路”，载于《辽宁大学学报（哲学社会科学版）》，2018年第2期。

宁，2016）[①]。从早期的招商引资到优化营商环境概念的提出，反映的是由传统政府主导的计划经济体制下政府管制模式向由市场决定资源配置的市场经济条件下现代治理模式的转变，即反映了中国治理方式不可避免地出现从政府主导向市场主导转变。但这种转变不是不需要政府作用了，而是对政府作用提出了更高要求，即适应市场经济不断完善的需要，既当市场经济完善的促进派，也当市场经济的“守夜人”。对营商环境而言，作为公共产品和服务，政府有义务和责任提供。特别是高质量发展的呼唤，对公共权属性机制以及非权属性享用的保障（例如良好环境）提出了更高要求。因此，政府必须更好地发挥作用，即在对市场的治理规制、进行重大规划特别是区域规划、提供公共服务、保护生态环境、调节收入分配、构建社会安全网和援助弱势群体等方面发挥积极作用。而这些方面也都直接体现了经济发展质量的高低。因此，更好地发挥政府作用，是实现高质量发展不可或缺的重要条件和治理手段（金碚,2018）[②]。不仅如此，在现代社会中，政府所提供的公共服务的有效性，在于及时恰当，在于精准高效。政府是否设置了过多的障碍（表现为安全、环境保护、业务许可等各类规制措施），都会直接影响企业和投资者生产经营活动的开展。总之，尽管不同类型的企业和投资者会对政府提出不同的要求，但总体上看它们所呼唤的还是更好地发挥政府作用，这些需求只有通过加快国家治理体系和治理能力现代化才能得到改善和健全。

2. 转型中还存在“四重失灵”的特殊性

在现代市场经济体系中，市场调节与政府干预，自由竞争与宏观调

---

① 厉以宁:《中国道路与简政放权》，商务印书馆 2016 年版。

② 金碚:“关于‘高质量发展’的经济学研究”，载于《中国工业经济》，2018 年第 4 期。

控，是紧密相连、相互交织、缺一不可的重要组成部分。中国尚处在向完善的市场经济转型中，还存在转型中的市场失灵、市场机制本身功能失灵以及转型中的政府失灵和政府本身功能失灵的“四重失灵”。

所谓市场制度本身功能性失灵，是指由于市场制度本身的功能性缺陷及其可能引致各种利益冲突和问题。从市场经济的发展历程和政府职能的演化轨迹看，市场调节这只“看不见的手”也有其可为、其不可为的地方。一方面，市场经济是迄今为止最具效率和活力的经济运行机制和资源配置手段，它在一定历史时期有任何其他机制和手段不可替代的功能优势，即“市场最了解”，因而表现为“市场最正确”。但是另一方面，市场经济也有其局限性，尽管在完善的市场制度下市场调节是很有效的，但并非在所有领域都能确保“市场最了解”，因而表现为“市场最正确”。也就是说，在一些方面和领域，特别是当经济发展涉及公共产品和服务等领域，市场可能“难以了解”，具有盲目性，因而可能发生调节失灵的现象。所以，市场功能缺陷是固有的，光靠市场自身是难以克服的。这些缺陷或失灵主要表现为：一是市场调节是微观调节，往往具有相当程度的自发性、盲目性和滞后性，这使市场不能保持宏观经济的综合平衡和稳定协调发展；二是自由放任的市场竞争最终必然走向自己的反面——垄断；三是市场机制无法补偿和纠正经济外在效应；四是市场机制无力组织与实现公共产品的供给；五是市场分配机制会造成收入分配不公和贫富两极分化；六是市场不能自发界定市场主体的产权边界和利益分界，维护经济秩序。这些市场调节机制的缺陷和失灵，是市场机制固有的功能缺陷，完全靠市场自身是难以克服的，完全摒弃政府干预的市场调节在现实中是行不通的。因此，市场经济固有的功能缺陷为政府干预经济活动给出了必要性，让出了空间。政府对经济的宏观调控已经成为现代市场经济体制的有机组成部分（金太军，2002）[①]。

所谓转型中的市场失灵，是指市场经济体制改革不到位、发育不完善而引起的市场缺陷，而市场机制的完全有效性只有在严格的假说条件下才成立。转型中的失灵既包括市场功能性失灵，又包括由市场经济不完善引致的市场失灵。中国正处于向完善的市场经济转型中，市场体制机制还存在一系列不足和问题。一是市场体系不完善，包括市场体系不完整、市场结构不完善、市场规则不完善、市场保障体系不完善和市场中介组织不完善等，离建立比较成熟的社会主义市场经济体制还有相当大的距离；二是市场经济主体缺失，国有企业独立决策的主体地位还没有完全确立，市场主体在市场竞争中在融资、上市等资源配置方面还存在不公平竞争等问题；三是市场监管体系的滞后，政府在市场规则供给和实施方面明显滞后。这些方面的不完善或不健全必然影响市场对资源配置上的决定性作用。当然必须看到，市场机制不完善，一方面，市场发育和市场机制的完善本身是一个漫长自然过程，有其客观性；但另一方面，政府在培育和完善市场体系和市场机制，提供市场游戏规则方面还需要加大工作力度。

所谓政府本身功能失灵，一般是指政府在弥补市场经济缺陷的过程中产生另一种缺陷，其实质是政府活动的非市场缺陷。政府失灵同市场失灵一样也是客观存在的一种社会现象。理论上政府干预的完美无缺也仅仅与“理想的政府”相联系，但现实中政府干预并非万能，同样存在着政府失灵的可能性。比如政府的无效干预，即政府宏观调控的范围和力度不足或方式选择失当，不能够弥补“市场失灵”和维持市场机制正常运行的合理需要。如对生态环境的保护不力，缺乏保护公平竞争的

① 金太军：“市场失灵、政府失灵与政府干预”，载于《中共福建省委党校学报》，2002年第5期。

法律法规和措施，对基础设施、公共产品投资不足，政策工具选择上失当，不能正确运用行政指令性手段等，结果也就不能弥补和纠正市场失灵；政府的过度干预，即政府干预的范围和力度，超过了弥补市场失灵和维持市场机制正常运行的合理需要，或干预的方向不对路，形式选择失当，其中不合理的限制性规章制度过多过细，公共产品生产的比重过大，公共设施超前过度；对各种政策工具选择及搭配不适当，过多地运用行政指令性手段干预市场内部运行秩序，结果非但不能纠正市场失灵，反而会抑制市场机制的正常运作。存在这些问题的缘由有：一是政府机构存在谋求内部私利而非公共利益的所谓"内在效应"的可能，这使政府干预的公正性并非必然。二是由于政府干预的公共性、垄断性和协调性，往往使政府的一些干预行为效率较低。三是由于政府具有一种天然的扩张倾向，特别是其干预社会经济活动的公共部门在数量上和重要性上都具有一种内在的扩大趋势，这被西方经济学界称为"公共活动递增的瓦格纳定律"。政府的这种内在扩张性与社会对公共产品日益增长的需求更相契合，极易导致政府干预职能扩展和强化及其机构和人员的增长，容易引发政府规模的膨胀。四是个人或团体为了争取自身经济利益可能对政府决策或政府施加影响，这种政府干预为寻租和设租行为的产生提供了可能性。五是政府决策的依据和决策的水平和判断等，可能使政府决策产生失误。由于政府的干预存在这些缺陷，需要政府从最大限度地消除导致政府失灵的根源入手，在克服和矫正市场失灵的同时，更要防止和纠补政府失灵，这也决定了政府干预必须及时、精准、适度、高效。

所谓转型中的政府失灵，特指中国正处于经济转轨时期，市场不能调节或调节不好的事情，政府并不必然就能调节或比市场调节得更好，政府在调节过程中也会出现失灵的现象。政府失灵在发达国家和发展中国家的表现具有很大的差异，但对正处于体制转轨、社会转型、市场规则及政府改革并不完善的中国而言，有着更为突出的政府失灵表现：一是由于行为能力和其他客观因素的制约，政府干预经济活动达不到预期目标；二是政府干预虽达到了预期目标但成本高昂，效率低下，导致资源并未充分有效地利用；三是政府干预活动达到预期目标且效率较高，但引发了负效应。这些政府失灵直接限制了政府机构的内部工作效率、政府对市场经济的干预和调节、政府对社会资源的调配等行为，即“政府经济行为”的顺利实施。一般而言，只要是市场经济，政府失灵都可能是政府功能性失灵的原因（如前所述的政府低效率、政府偏好有误、政府寻租与设租行为、政府在培育市场方面存在缺陷）或其中的部分原因所造成。中国正处在经济转型时期，中国政府失灵还有其特殊的原因：一是政府在规制作用的发挥方面有制度障碍；二是缺乏对政府的有效监督机制；三是地方保护主义严重；四是政府过多地参与资源配置；五是设置过多的企业管理权限；六是政府的多重角色冲突或错位。比如，政府既是国有企业的所有者又是国有企业的规制者。作为企业的所有者，它要求企业资产能保值增值，追求企业利润最大化。作为规制者，它是以社会经济管理者的身份出现的，代表社会公共利益，对有损社会经济机体健康和公共利益的行为进行限制或纠偏。当两者利益发生矛盾时，往往首先考虑作为企业所有者的利益，而忽视公共利益；在对不同所有者企业进行规制时，也往往保护、偏袒国有企业的利益。

在市场发育程度不高、经济发展水平相对较低的发展中国家，政府在市场经济中的地位和作用比较突出。杜人淮（2006）[①] 认为，根据政府与市场的作用特点和规律，把政府与市场之间的关系概括为相互替代、

① 杜人淮：“论政府与市场关系及其作用的边界”，载于《现代经济探讨》，2006 年第 4 期。

相互补充、完全排斥和共同失灵四种情况，并分别揭示了政府与市场的作用边界。他针对政府与市场共同失灵区分了两种情况，即有时可能是政府或市场的不完善所致（即中国转型中存在的政府失灵和市场失灵），有时可能是政府和市场本身存在难以克服的缺陷所致。如果是因为政府或市场的不完善而引起的“双失灵”现象，就可以通过完善政府职能或市场机制来解决“双失灵”问题，以发挥政府或市场的调节作用。如果是因为政府和市场自身存在的难以克服的缺陷所引起的“双失灵”现象，只能通过非市场和非政府的制度安排来弥补政府和市场的缺陷，即通过“第三部门”对社会经济活动进行调节。第三部门又称为“非政府组织”“非营利性组织”等，它是和政府部门、市场部门相对而言的另一个部门。中国官方通常将其称为“民间组织”。根据莱斯特·M. 塞拉蒙（Lester M. Salamon）教授（2002）[①] 的定义，一般将具有组织性、民间性、非营利性、自治性、志愿性、非政治性和非宗教性特征组织称为“非政府公共组织”，即第三部门。关于政府、市场和“非市场、非政府”组织，查尔斯·沃尔夫（1994）[②] 进行了必要的区分：“市场与非市场之间的基本区别在于，市场组织的基本收入来自于市场出售产品的价格。在那里，购买者决定他们要买什么或者是否要买。而非市场组织的收入则主要来自税收、捐赠或其他非价格性的来源。尽管政府很明显是非市场的最大组成部分，但非市场领域还包括基金会、国家资助的大学、教会等。”民间组织、中介组织、基金会等第三方组织，能够比较好地解决政府失灵和市场失灵问题。比如，日本“协商委员会”在通过协助信息交换以解决可能的市场协调失灵问题，实现信息不对称条件下的信用配置以及降低多边

① [美]莱斯特·M. 塞拉蒙:《全球公民社会——非营利部门视界》，贾西津译，社会科学文献出版社 2002 年版。

② [美]查尔斯·沃尔夫:《市场或政府——权衡两种不完善的选择 / 兰德公司的一项研究》，中国发展出版社 1994 年版。

分散谈判的高成本等方面就扮演了重要的角色（杜人淮，2006）[①]。

因此，中国不同程度地存在市场失灵和政府失灵的“四重失灵”，不管是市场失灵还是政府失灵，市场和政府都是市场经济的调节机制，只不过市场对资源的调节要发挥决定性作用，同时要更好地发挥政府的调节作用。特别是对于人口众多、资源相对贫乏的大国，要逐步解决“四重失灵”，实现高质量发展和中国梦，那种极端市场主张的新自由主义是站不住脚的。当前和今后一段时期，强政府模式是中国的必然选择，即政府既要防止缺位，又要防止错位和越位，而且必要时能够及时补位；既有高效而有力的弥补市场失灵的功能，又有机动而灵活的适应形势变化的应变性，而且对政府自身失灵有充分的警觉和预防措施。因为对于还处于发展中的大国，那些已经遇到的问题如资源的稀缺性、环境矛盾、利益冲突、营商环境、新旧动能转换等，有些可以预见、还有一些未能预见的问题（如这次出现的新冠肺炎疫情）和矛盾将需要政府补位，通过运用市场机制等办法解决，而又能很好解决可能出现的“四重失灵”，从而推动中国较为顺利地实现中华民族的伟大复兴。当然强政府模式，并不意味着政府不用进行机构改革，而是要根据目前的改革发展进程和形势进行改革，强化其公正性，如不忘初心、牢记使命，强化其功能性，服务改革发展稳定等。直到经济相当发达，市场经济相当完善，能够充分利用国内和国外两个市场，政府才可能进入次强模式，实现李晓所说的市场替代（李晓，1996）[②]。

至于如何选择政府、市场和第三部门的作用边界问题，这要具体问题具体分析。在现代市场经济下，多用些政府调节并不是回归计划性，

---

① 杜人淮：“论政府与市场关系及其作用的边界”，载于《现代经济探讨》，2006 年第 4 期。

② 李晓：《东亚奇迹与强政府》，经济科学出版社 1996 年版。

那是形势使然，即任由市场调节可能会出现严重后果，如近几年的房地产调控政策；多用些市场调节也不是自由放任，如家电市场，除了市场是到目前为止人类发现的最为有效的调节机制外，还由于这一领域内市场体制机制发育得较为完善；多用些第三部门调节，也不意味政府不管、市场机制不发挥作用，而是在政府制定好规制后由第三部门运用市场机制进行调节。事实上，对一个国家而言，每一时刻，既是前一时刻的结果，又是未来时刻的起点，即发展的起点是既定的，不是假设的。因而，现代市场经济是网状经济，市场、政府和第三部门在网络中那部分发挥作用，则要视各个网络结节的情况而定。国别比较也只可能是粗线条的，因此，发展的起始条件不同，运用的具有调节机制会不同，甚至完全相反，因而盲目参照西方也不一定正确，而要结合中国实际，走自己的路。

（二）营商环境就是竞争优势

营商环境是一个国家或地区开展国际交流与合作、参与国际竞争的重要背景环境，良好的营商环境，尤其是市场化、法治化、国际化、便利化的营商环境是一个国家或地区经济软实力的重要体现，其包含影响企业活动的社会要素、经济要素、政治要素和法律要素等方面，是涉及经济社会改革和对外开放众多领域的系统工程。一个地区营商环境的优劣直接影响着招商引资的多寡和区域内企业的经营绩效，并对经济发展、财税收入以及社会就业等情况产生重要的影响。

1. 竞争优势与营商环境的关系

迈克尔·波特在《国家竞争优势》中强调，一国的竞争力取决于国家应该创造一个良好的经营环境和支持性制度，以确保投入要素能够高效地使用和升级换代。在现代全球经济下，繁荣是一国自己的选择，竞争力的大小也不再由先天继承的自然条件所决定。如果一国选择了有利于生产率增长的政策、法律和制度，比如升级本国所有国民的能力、对各种专业化的基础设施进行投资、使商业运行更有效率等，则它就选择了繁荣。

对政府而言，旧的对无政府主义和干预的区分已经过时。政府的首要任务是要尽力去创造一个支撑生产率提升的良好环境，这意味着政府在有些方面（诸如确保强有力的竞争，提供高质量的教育和培训）则要扮演积极的角色。政府可以用许多方式来改善企业经营环境，但切不可限制竞争，或人为地降低安全和环境标准。

对公司而言，一个公司的许多竞争优势不是由公司内部决定，而是来源于公司之外，亦即来源于公司所在的地域和产业集群。政府和企业在国家生产率提升上应该相互依赖、积极对话、清除障碍、降低不必要的成本，共同创造合适的投入要素、信息和基础设施。当国家环境有助于某些产业发展适当的战略时，国家便会随企业而兴盛。

企业的竞争优势更与国家环境息息相关，像能否自由运作、特定技术人力的供应、本地市场需求、本地投资者的目标等因素，都与国家脱不了关系。大环境的各种行为必然影响企业发展战略的难易。产业创造竞争优势的过程中，政府的角色是正面还是负面，要看它对钻石体系的影响（迈克尔·波特，2002）[①]。

波特虽然没有像世界银行营商报告那样把营商环境写得特别细致，但他明白无误地告诉我们，经营环境与一个国家或地区的企业、产业和国家的竞争优势密切相关，对钻石体系的四大要素，即生产要素，企业

---

① ［美］迈克尔·波特:《国家竞争优势》，李明轩、邱如美译，华夏出版社 2002 年版。

战略、企业结构和同业竞争，需求条件，相关与支持性产业等能起正面作用的，才能提升企业、产业和国家竞争优势。

2. 经济发展与制度软环境的关系

经济学上有一个著名的"莱索托实验"。1983 年，美国经济学家莱索托将他的学生分成两组，分别在 A 地和 B 地建服装厂，要求他们不到万不得已不能行贿。实验结果是，在 A 地用了 289 天、经过两次行贿才获批准；在 B 地仅用 4 个小时、无须任何打点就办妥了一切手续。最终他们得出一个结论：在无限政府的经济环境中，制度性的交易成本要远高于契约经济社会。

制度经济学一直强调制度在经济发展中的根本性作用，如诺斯强调有效的制度安排能够降低交易成本、缩小个人行为的私人收益与社会收益间的差距，从而使社会产出最大化。实证研究也证实了这一结论。克拉帕尔等（2009）[①] 对 112 个发展中国家进行调研，认为稳定的政治环境、良好的治理、现代化商业注册等要素对企业进入意愿有较大影响，政府应从这些变量入手提升营商环境治理能力；巴・艾哈迪等（2015）[②] 认为监管环境、犯罪、腐败、基础设施可及性、金融发展等因素对营商环境有重要影响，是营商环境建设的关键要素。徐现祥等（2005）[③] 在实证研究中发现制度基础设施（由制度、政策等构成的经济发展的软环境）的

---

① Klapper L Delgado J.M.Q.. The impact of the business environment on the business creation process[J]. Policy Research Working Paper, 2009.

② Bah E，Fang L.. Impact of the business environment on output and productivity in Africa[J]. Journal of Development Economics，2015（114）.

③ 徐现祥、李郇："中国省区经济差距的内生制度根源"，载于《经济学（季刊）》，2005 年第 4 卷增刊。

差异对区域经济发展有显著影响；方颖等（2011）[①]认为制度对于中国经济增长的边际贡献显著为正，产权制度实施的完善程度每提高0.01个单位，该地区人均GDP可提高4.23%。在控制初始经济发展水平、历史上的人力资本、各类地理变量和经济政策变量后，制度对于经济增长的贡献仍然显著为正，而且其估计值表现出一定的稳定性。也就是说，中国在大的政治法律等背景体制相同的情况下，各地也可以因政府的政策、规制和法律实施等方面的差异，形成营商的制度和政策“软环境”之差异。从总体看，具有更好的制度、更有力的产权保护、更少的政策扭曲的国家，将比其他国家更富裕。

事实上，自改革开放以来，中国各地政府无不把招商引资视为当地政府的重要工作任务，并为此积极改善投资环境。董志强等（2012）[②]以世界银行提供的中国30个大城市的营商环境数据证实了地方政府此种做法的经济理性，即良好的营商软环境有助于促进经济发展。这种促进作用至少可以通过两种渠道来实现。一是促进生产性私人投资。营商环境的改善有利于吸引外资，外资的流入有利于促进增长（姚树洁等，2006）[③]；更重要的是，营商环境的改善有助于国内私人投资的增加，几乎所有的国家，国内私人投资都远远多于外商直接投资（World Bank，2004）[④]。世界银行对80个国家的研究表明，仅仅提高政策的可预见性，就可以使企业增加新投资的可能性提高30%

---

① 方颖、赵扬："寻找制度的工具变量：估计产权保护对中国经济增长的贡献"，载于《经济研究》，2011年第5期。

② 董志强、魏下海、汤灿晴："制度软环境与经济发展——基于30个大城市营商环境的经验研究"，载于《管理世界》，2012年第4期。

③ 姚树洁、冯根福、韦开蕾："外商直接投资和经济增长的关系研究"，载于《经济研究》，2006年第12期。

④ World Bank，Doing Business in 2005：Removing Obstacles to Growth[M].Washington，D.C.，World Bank 2004.

（World Bank，2004）[①]。二是增加创业活动。良好的营商软环境有助于把创业的开办成本降下来，从而为各种商业创意提供更多的实现机会和激励机制，也有助于帮助企业家用更好的方法来组织生产和销售产品；同时，如前所述，活跃的创业活动有利于促进市场竞争，从而推动经济增长。影响营商软环境的因素很多，包括自然的、地理的、历史的、经济的等许多因素。但无论如何，政府的影响力量不可忽视。虽然政府对地理、历史等因素的影响有限，但对于产权保护、市场监管、税费征收、基础设施提供、土地市场和金融市场及劳动力等市场运行、政府管理等方面却可以产生举足轻重的影响，因而在打造营商软环境中发挥着非常关键的作用。

3. 营商环境与“蒂伯特选择”的关系

作为综合实力和竞争力的重要体现，营商环境在一定程度上反映着政府治理能力的高低，是经济社会可持续发展的关键影响因素。如前所述，城市之间存在“蒂伯特选择”，也就是说，人才、资金、项目等要素就像候鸟，哪里环境好“蒂伯特选择”就存在。当前区域之间的竞争已经成为改革的竞争、营商环境的竞争。尤其随着现代交通、互联网等技术的发展，“蒂伯特选择”效应更强，区位、分工、自然条件等优势的作用已经不再像过去那样至关重要，而政策的日益趋同也让拼优惠政策等方法所产生的吸引力大不如前；相反，经济发展新常态下，谁能在优化营商环境改革上赢得先机，就能形成更强“蒂伯特选择”效应，就能取得发展的主动权，这才是集聚各种优质要素、激发地区发展内生动力的必由之路。可见，营商环境与“蒂伯特选择”密切相关，营商环境

① World Bank，World Development Report 2005：A Better Investment Climate for Everyone[M]. Oxford University Press，2004.

越好，“蒂伯特选择”效应就越强，越有利于集聚较好的生产要素，促进创新创业，促进企业成长。因而，从这个意义上看，营商环境是吸引力、集聚力，创造力、驱动力，更是竞争力、生产力，是一个国家或地区综合竞争力的重要内容。优化提升营商环境就是营造“蒂伯特选择”效应，就是解放和发展生产力、推动高质量发展。

（三）市场化、法治化、国际化、便利化是建立开放型经济的重要要求

全球化竞争日益激烈的当下，营商环境建设已经成为世界各国关注的重心。对营商环境进行评价的机构和体系应运而生。世界银行自 2003 年至今每年发布一份《全球营商环境报告》，覆盖全球 190 多个经济体，描述这些经济体商业竞争能力，并对这些经济体的相关经济指标进行衡量和比较。这已为世界绝大多数国家所认可，也引起中国各级的高度重视。

改革开放以来，上杭宁大湾区和全国一样不断优化营商环境。与改革开放初期相比，上杭宁大湾区的营商环境已有较大改善。近几年世界银行发布的《全球营商环境报告》表明，党的十八大以来，中国营商环境全球排名从 2012 年的第 91 位提升至 2019 年的第 31 位，6 年间全球排名上升了 60 位。特别是从 2018 年到 2019 年短短一年时间，从第 46 位大幅跃升至第 31 位，较上一年度上升 15 位，首次进入前 40 名，进步幅度明显。在世界银行 10 项评估指标中，中国有 8 项指标排名上升，比去年多 1 项。其中，办理建筑许可排名提升 88 位至第 33 位，保护中小投资者排名提升 36 位至第 28 位，获得电力提升 2 位至第 12 位，执行合同排名提升 1 位至第 5 位，开办企业排名提升 1 位至第 27 位等。这

说明中国推进的简政放权、减税降费和深化“放管服”等一系列优化营商环境的改革措施取得了较明显的成效。但是，当前的营商环境排名与第二大经济体地位不相称，与主要发达经济体相比，甚至跟一些新兴国家相比，仍有较大的改进空间，与市场主体期待还有差距。一是国际标准方面“短板”明显。中国在纳税（排名第105位）、获得信贷（排名第80位）和跨境贸易（排名第56位）等领域仍显滞后。中国的出口边境合规耗时为21小时，成本为256美元，远比经合组织高收入经济体耗时较长，成本较高。中国企业财税合规年平均耗时138小时，而新加坡仅为64小时。从整体看，中国的市场活力，特别是民资和民营经济的活力尚未完全释放。企业手续简化不到位、优化审批制度不到位、企业开办便利度不到位；在商事服务领域，政府部门缺乏内部协同的情况仍然非常严重。企业缺乏获取政府部门相关信息的畅通渠道，生产要素的有序流动无法实现，重复性浪费仍然较明显，政府监管理念滞后，对于监管流程仍不清晰、不可预期；市场准入门槛高，准入不准营，行业隐性壁垒较多等问题仍然突出（张威，2017[①]；杨继瑞等，2019[②]）。二是贸易管理和外汇管理仍不便利。三是规制稳定性有待提升。一些政策的出台往往是针对新情况出现而做出的临时性对策，是应急性的，容易缺乏稳定性和连续性。而且政策透明度有待提升，周知度不高。四是在要素供给上，劳动力成本上涨，人员流动仍存障碍；获得贷款便利性差，融资成本高；电力获取时间长，电价高。工业用电价格约为美国的两倍。整体税费水平较高，其中税负结构中非税收负担重，综合税负高于其他经济体。五是政府行使权力过

---

① 张威：“我国营商环境存在的问题及优化建议”，载于《理论学刊》，2017年第5期。

② 杨继瑞、周莉：“优化营商环境：国际经验借鉴与中国路径抉择”，载于《新视野》，2019年第1期。

程中自我法律约束力不强，政府与市场关系尚未理顺，部门之间的关系尚未理顺，服务型政府建设水平有待提升，审批便利化程度有待提高。六是法律制度体系建设滞后，仍存在行政执法不公和选择性执法现象，不同所有制经济主体的市场待遇不平等，企业财产和知识产权保护制度不够完善。七是诚实守信的契约精神还不够自觉。八是当前还存在认识上的差距，抓投资、技术、人力等生产要素才能有效促进经济增长，营商环境不必急着去抓，即使着力抓也难以马上取得实效。上杭宁大湾区目前的营商环境包括其不足和问题的原因是多方面的，包括新中国成立以来计划经济的遗留问题，以及改革开放以来重规模轻质量的粗放型增长模式所致。一是长期以来各地习惯于抓项目、重投资、搞建设，即形成的各地“锦标赛”，这很容易在短期内上规模、出速度。然而，这种模式容易形成遇到问题见子打子、头痛医头脚痛医脚、碎片化地抓重点项目、重点企业的做法，而忽视了对营商环境的通盘考虑和系统集成。这种做法所形成的营商环境，容易忽视中小企业的发展，因而容易出现“旋转门”“玻璃门”和“弹簧门”等问题。二是对目前经济新旧动能转换的方向和经济新动能定位的认知还不到位。当前，湾区各地并不完全立足本地既有的要素禀赋优势和产业基础，多数是偏好于简单地照搬国家制定的总体发展战略，片面地使用各种违背市场公平竞争机制的政府优惠政策以及各种类型的产业政策，将战略性新兴产业以及第三产业的发展优先定位为本地区的主导产业以及经济新动能的发展方向。这极不利于优化营商环境，如在一些扭曲性政策激励效应下，可能会对本地原先具备产业发展基础以及遇到暂时性发展困局的产业所面临的营商环境产生进一步的扭曲效应甚至恶化效应，使本来可以通过改善营商环境来重新获得发展条件、发展优势以及转型升级机会的传统制造业，面临更为不利的营商环境，甚至使这些本来具有竞争优势的传统制造业过早过快地出现产业空洞化现象。同时，对于那些采取特定优惠政策激励的产业，如果这些高端产业并不具要素禀赋的根植性以及营商环境的匹配性，会进一步加剧产业的空洞化现象（张杰等，2018）[①]。三是湾区各地对现阶段中政府、市场和第三部门各自功能边界的认知不清，对如何有效发挥政府、市场和第三部门各自功能的有机结合机制把握不准。这是造成各地营商环境不理想的隐性行政体制壁垒的内在原因。中国宏观调控、各地产业政策等往往"一抓"不是规范促进，而是损伤甚至破坏；"一放"不是激励促进，而是大干快上、无序混乱。这些都涉及各地如何把握好政府、市场和第三部门作用的问题。实质上，各地很多政策和调控的初心和设想都很好，但执行起来就容易出现问题。之所以会产生这种扭曲的认知和操作思维，本质上在于对目前政府、市场和第三部门的合理定位和边界的认识存在偏差和不到位。

因此，上杭宁大湾区要瞄准市场主体集中反映的突出问题，着力打造市场化、法治化、国际化、便利化的营商环境。

1. 优化营商环境核心在市场化

如本章第二节所述，市场经济是迄今为止人类找到的发展经济的最有效手段。这不仅得到了世界大多数国家的公认，更得到了世界大多数国家的实践检验。这是优化营商环境的核心。离开了市场经济讲营商环境就成了无稽之谈。中国在发展社会主义市场经济的进程中，已经明确了市场在资源配置中起决定性作用，政府更好地发挥作用。当前中国市场经济的体制机制还不够完善，在优化营商环境中还需要继续围绕完善社会主义市场经济体制。如建设高标准市场体系，完善公平竞争制度，

① 张杰、宋志刚："当前中国制造业营商环境的突出问题、形成机制与解决思路"，载于《人文杂志》，2018 年第 2 期。

全面实施市场准入负面清单制度，改革生产许可制度，强化竞争政策基础地位；健全以公平为原则的产权保护制度，推进要素市场制度建设，实现要素价格市场决定、流动自主有序、配置高效公平；加强资本市场基础制度建设，健全具有高度适应性、竞争力、普惠性的现代金融体系；健全推动发展先进制造业、振兴实体经济的体制机制；强化消费者权益保护，构建区域协调发展新机制，健全城乡融合发展体制机制，形成促进高质量发展的市场机制。

2. 优化营商环境关键在法治化

经济增长背后的真正力量是法治。市场经济本质上是基于契约精神的法治经济。政府与企业、企业与企业之间等一系列契约是营商环境的最重要组成部分。比如，健全、完备的商业（务）法规体系、系统科学且针对性强的税收政策、强有力的知识产权保护体系、全面且针对性强的激励机制和完善社会信用体系等。中国政府的“放管服”举措，实际上也是从制度层面进一步履行企业便利化等社会契约。从这个意义上讲，优化营商环境的关键是“法治化”，即要以法治化来强化政府和企业的契约精神。

3. 优化营商环境标准在国际化

上杭宁大湾区是中国参与全球竞争的世界级平台，但与国际化水平的现实差距使大湾区打造国际化营商环境变得更加必要和紧迫。全球化背景下的大湾区，绝不会因为营商环境这一问题而被世界级企业所宽容。因而需要借鉴世界三大湾区的经验，对标世界银行《全球营商环境报告》核心评价标准，以压缩办理时间、降低收费标准为硬指标，帮助企业降低各类交易成本，特别是制度性交易成本。同时，应看到许多国家，特别是美国也纷纷推出放松管制，降低税负等举措，以增强本国企业的竞争力。面对当前国际竞争激烈的新形势，要让产品具有国际竞争力，必须对标国际化营商环境，按照国际先进理念、最高标准和最佳实践，扩大对外开放领域，积极构建多边贸易体系、市场执行的标准与惯例充分国际化，营造浓厚的创新创业氛围，打造国际高效一流的营商环境。

4. 优化营商环境落脚点在便利化

中国早就提出了建设服务型政府，建设人民满意的服务型政府。对于政府而言，“管理就是服务”“行政就是服务”。在“放管服”改革中，简政放权，放管结合，最终将落脚点落在服务上。因此，优化服务是行政改革的价值所在。而便利化服务更是优化营商环境的重要考量指标。企业是最重要的市场主体，要优化企业从创立到壮大的全流程服务体系，为企业提供有针对性的各项服务，让企业在优质高效的营商环境中发展壮大。上杭宁大湾区各地政府服务总体很好，但也应该看到有些部门对政府服务的认识不足、服务意识不强、服务内容不足、服务方式不便、服务水平不高等“短板”仍然存在；服务资源整合还不足，信息化智能化服务不够，线上线下服务“两张皮”现象仍然存在，网上政务服务大厅实用性不高等问题仍然存在。因而，优化营商环境需要坚持以市场主体和人民群众需求为导向，继续降低门槛、畅通准入、提高效率，着力解决人民群众办事创业的堵点、难点、痛点，大幅降低制度性交易成本，包括长期形成的垄断性成本；让人民群众办事创业“最多跑一次”或“一次不用跑”，让人民群众办事和生活更方便、更快捷、更高效，更满意，让“大众创业、万众创新”的活力充分涌流。

第五章

打造世界最强大湾区

需要博采众长，借鉴纽约湾区金融创新、旧金山湾区科技创新、东京湾区产业发展的经验，加装制度创新和科技创新两个强大“内生发动机”，推动大湾区经济迈入Ⅱ路径发展，就是要坚持改革创新，充分发挥市场的决定性作用，加快构建开放型经济新体制，积极推动金融改革创新，实施“科技强湾”战略，加快推进世界级产业集群建设，使大湾区成为治理体系和治理能力现代化的示范区，成为具有全球主要影响力的国际资源配置中心、国际金融中心、国际科技创新中心、国际高端产业基地。

一、坚持改革创新，加快构建新型跨区协调发展新机制，打造治理体系和治理能力现代化示范区

（一）坚持战略引领，共绘大湾区建设蓝图

2019 年，国务院印发了《长江三角洲区域一体化发展规划纲要》（以下简称《规划纲要》），把长三角一体化发展上升为国家战略。2020 年 4 月，国家发展改革委和交通运输部印发了《长江三角洲地区交通运输更高质量一体化发展规划》。上杭宁大湾区作为长三角的核心区，需要以《规划纲要》和国家相关专项规划为战略要求，绘制大湾区建设蓝

图，研究出台《大湾区总体方案》《大湾区发展规划纲要》等，加强战略协同，明确发展的重大思路和战略措施。

1. 更高标准紧贴现代化强国目标

党的十九大报告为我们党带领全国各族人民奋力实现中华民族伟大复兴的“中国梦”勾勒出一幅前景光明的宏伟蓝图。上杭宁大湾区作为长三角的核心区，是中国经济最发达、创新能力最强的区域之一，制定大湾区建设蓝图必须以现代化强国战略为引领，明确自身的战略任务和目标，才能在全国现代化强国建设中贡献大湾区的强大力量，起到标杆引领作用。

2. 更高标准服从服务多重国家战略

多重国家战略是国家着眼世界竞争格局、全国发展大局和区域合作全局，在新形势下推进更高起点的深化改革和更高层次的对外开放、完善中国改革开放空间布局作出的重大战略决策。这意味着，长三角可以更多地从全球的视野和全国的大局来谋划和落实改革发展的各项目标任务。

3. 更高标准对标世界三大湾区发展水平

如第二章所述，世界三大湾区是全球众多湾区发展最好的典范。尽管世界三大湾区的发展也不是尽善尽美，但它们的发展经验和教训，值得上杭宁大湾区学习和借鉴。对标世界三大湾区不是照抄照搬，它们的特色和成功之处都值得挖掘、值得借鉴；它们所经历的曲折和痛点，如环境污染、资源浪费、金融风险等都必须引以为戒；它们的发展广度和深度都站在世界最前沿，如它们的人均水平、科技创新等都值得奋起直追。历史的车轮虽不会重复，却给人以启迪。

4. 更高标准紧扣高质量发展要求

上杭宁大湾区需要紧扣高质量发展，始终把创新作为引领发展的第一动力，加大制度创新、协同创新和科技创新力度，提高投入产出效率，坚持调整存量做优增量并举，加快传统产业转型升级，大力培育战略新兴产业，进一步做实做强做优实体经济。

5. 更高标准统筹推进一体化进程

上杭宁大湾区建设过程本身就是长三角核心区 16 个城市更高能级、更高质量的一体化过程。这种一体化不是指各城市之间无竞争、无冲突的一致性行动，而是各城市发挥比较优势，立足优势错位发展，进一步强化战略协同，从而释放更巨大的乘数效应。通过改革和开放，逐步清除各种阻碍资源和要素有序自由流动的体制障碍，统筹推进基础设施协同、产业协同、创新协同、治理协同等，通过相互合作、竞相开放和充分竞争，整合资源，激活动力，实现湾区高质量发展。

6. 更高标准满足人民对美好生活的向往

上杭宁大湾区作为中国发展的先行区，必须牢牢把握人民群众对美好生活的向往，以新的思路、新的战略、新的举措来落实多重国家战略，突出抓重点、扬优势、补短板、强弱项，推动大湾区更高能级、更高质量的发展，努力实现人民群众对美好生活的新期盼、新需求；必须走前列，树样板，走出一条可复制、可推广的为人民谋幸福的现代化强国道路。

上杭宁大湾区作为中国最发达的大湾区，也是人口最多、经济总量最大的湾区，但总体上大而不优、大而不强，只有率先改革开放，率先创新驱动，才能把大湾区建设成为“一极三区一高地”，成为引领全国高质量发展的强大引擎，面向全球、辐射亚太、引领全国的世界最强大湾区。

（二）坚持规划先行，充分发挥湾区的协同效应

保护地盘的本能和跨领域共同政策及行政活动的需求相冲突，重叠交叉和覆盖不足的问题将一直困扰着治理体制（马丁·洛奇等，2019）[①]。区域协调是世界经济发展必须面临的课题。对于世界三大湾区，它们在区域协同方面走的是市场化、法治化、程序化、规范化治理，由政府部门或民间机构定期出台发展规划，推动区域健康发展。显然，上杭宁大湾区的建设需要坚持规划先行，统筹推进湾区建设。

1. 优化构建“一核四圈四带两走廊”，打造具有全球影响力的世界级城市群

世界三大湾区都具有开放的经济结构、高度发达的经济、高效的资源配置能力、完备的基础设施和强大的集聚外溢功能等。上杭宁大湾区具备成为一流湾区、向世界级城市群迈进的良好条件。现有的长三角核心区规划，基本明确了构建“一核四圈四带两走廊”城市群方向。当前还需要积极构建上海大都市圈，将上海打造成为全球顶级城市或叫全球

---

① ［英］马丁·洛奇、凯·韦格里奇：《现代国家解决问题的能力——治理挑战与行政能力》，徐兰飞、王志慧译，中国发展出版社 2019 年版。

特强城市；高标准做强“四圈”，打造国际一流的世界级城市群；高标准促进“四带”聚合发展，形成强大的城市群网络；高标准打造“两走廊”，以世界级航运枢纽为目标，构建世界级机场群和世界级港口群。

2. 基础设施一体化，实现互联互通、便捷畅通

大湾区需要继续推进基础设施互联互通，推进大湾区重点规划“多规合一”，形成大湾区规划“一张图”；加强“十四五”基础设施有关专项规划对接，确保区域性重大交通、能源、信息、水利、环保等项目同时纳入相关省市规划。立足于建设“卓越的世界级城市群”，提高基础设施规划的前瞻性、系统性和科学性，着眼于大湾区及广阔腹地的协同发展，补齐基础设施“短板”，解决湾区外联内通的问题，尽早形成通达、快捷、经济、安全的综合立体交通体系；进一步打造世界级港口群、机场群，以及建设高效密集轨道交通网和便捷畅通的高速公路、高速铁路、城际铁路等海陆空立体交通网络，分流拥挤干道，疏通堵点，打通断点；以智慧城市为目标，在完善硬件基础上，充分运用现代信息技术加强城市软件的适度超前布局，进一步深挖城市基础设施的潜力，为推动经济向中高端转型提供基础性支撑。交通一体化发展需要加强资金保障，建议成立包括大湾区在内的长三角交通一体化等专项基金，为建立可持续的成本收益合理分配与良性循环机制打下坚实的基础。

3. 落实新发展理念，推进生态环境的协同保护

根据宜居、宜业、宜学、宜游的原则，加快构建区域生态保护联盟，抓好长江、太湖、大运河等生态重点功能区的保护，实现长三角区域生态共治共享，协同建设长三角区域发展绿色新空间；坚决摒弃产能过剩行业、社会效益差的产业和生态影响看不准的项目；坚持江海统筹、陆海统筹联动发展，联合开发和保护，统一配置各类要素和公共资源，避免重复建设、资源浪费，清理保护盲区；建立江海、陆海统筹的生态修复和污染防治区域联动机制，促进江河、海洋环境保护与流域污染防治有效衔接，打造与世界级城市群相适应的美丽大湾区。

4. 分层统筹推动大湾区建设，不断增强集聚力和辐射力

长三角大湾区整体构架可分为四个层次。第一个层次为上杭宁大湾区，包括江浙沪 16 个主要城市，即长三角核心层；第二个层次为江浙沪皖 26 个主要城市；第三个层次为江浙沪皖三省一市；第四个层次为长江经济带。这四个层次是一个有机的联系整体，这样的分层只是遵循经济规律，为有针对性的研究分析提供一种研究框架。

（三）构建新型跨区协调发展新机制，打造治理体系和治理能力现代化示范区

肖万春教授（2016）[①] 指出：要实现城市功能分区的持续发展，关键是加强城市协同管理组织体制创新。

（1）建议在长三角一体化发展领导小组中设立常设办事机构“大湾区发展领导小组办公室”，专责落实领导小组对大湾区的决策部署和相关日常事务。

（2）江浙沪层面成立具有权威性、独立性、综合性的大湾区发展管理机构及办公室。既专责推进大湾区统一规划与科学管理，又能有效对接国家与地方、地方与地方，使江浙沪互相配合，最终形成合作协同发

① 肖万春：“立足于现代圈域城市功能分区加快城市协同管理组织体制创新”，载于《经济界》，2016 年第 2 期。

展的良好态势。

（3）在人大、政协层面建立江浙沪合作协调机制。国家层面和江浙沪人大、政协可分别成立专门机构，引导代表、委员积极参与大湾区的地方立法和协商工作，积极主动协同研究重点领域和项目、探索协同的方式方法等。

（4）在民间层面成立相应的研究机构，可借力长三角相关的科研院校的特点和专长，成立相应的研究机构，推动有关大湾区高质量发展和一体化问题进行深入研究和探讨，定期发布相关报告，凝聚集体智慧，共同建设最强大的大湾区。

二、充分发挥市场的决定性作用，加快构建开放型经济新体制，打造具有全球主要影响力的国际资源配置中心

（一）加快政府职能转变，实现从全能型政府向公共服务型政府的转变

党的十九届四中全会明确提出：“完善政府经济调节、市场监管、社会管理、公共服务、生态环境保护等职能，实行政府权责清单制度，厘清政府和市场、政府和社会关系。”[①]因而与现实对比，中国还需要积极稳妥地从广度和深度上继续推进市场化改革，大幅度减少政府对资源的

① 《中共中央关于坚持和完善中国特色社会主义制度 推进国家治理体系和治理能力现代化若干重大问题的决定》，载于《人民日报》，2019-11-06。

直接配置，推动资源配置依据市场规则、市场价格、市场竞争实现效益最大化和效率最优化。在市场经济条件下政府职能主要是：宏观调控，用法律、政策的手段来调控经济运行，通过宏观调控解决经济中存在的如过热或过冷等问题，调控办法并不都是采取行政手段直接插手，而是主要通过金融、财政、税收、法律等手段进行间接调控；制定并遵守规则，维护市场竞争秩序，营造法制诚信的社会经济环境。政府要充当市场公平竞争的裁判员，而不能直接下场踢球当运动员。这就要求政府职能“归位”，从过去的无所不包、无所不能转到公共服务和弥补市场失灵上来，把那些不该由政府管的统统放给社会、企业、中介组织，放给市场去管，转到为社会创造良好的社会环境，为企业创造良好的营商环境。需要理解的是，中国作为发展中国家，会更强调经济社会发展的长远利益，会更强调经济社会的前瞻性、科学性和系统性；在转型时期，由于市场机制不完善或政府本身改革不到位，可能会更强调通过相关规划、政策来进行有计划的调节，引导国民经济的发展方向，减少经济发展的盲目性，在政府干预的广度和深度方面可能会远远超过发达的市场经济国家。加快政府职能转变，上杭宁大湾区应走在前列，树立样板。

1. 加强宏观经济的有效调控和国家层面的规划指导，更好地发挥政府作用

随着市场机制的逐步建立与完善，政府对经济的干预由原来的完全计划指导转变为宏观调控，且调控的科学性、有效性明显提高。在目前复杂的国内外经济形势下，政府可以重点加强宏观规划政策的制定和监督管理，减少微观管理和具体的审批事项，实现从“项目管理”向“规划管理”的转变，把主要精力放到制定国家宏观经济管理的政策方针上来。国家规划与宏观调控不可分，国家规划的长处就是集中力量办大事，对经济发展方向和战略及时做出重大调整，还可以调节社会分配，保持社会的和谐与公正。中国作为一个经济发展不平衡的大国，国家各部门和各级政府必须要有一个国家层面的、相互衔接配合的中长期规划（比如2019年12月中共中央、国务院印发的《长江三角洲区域一体化发展规划纲要》）来指导发展，有效规范和协调好中央与地方、地方与地方的利益关系，使国家未来经济发展战略和各项方针、政策得到更好的贯彻和执行，这也是弥补市场缺陷的必要手段。

2. 围绕政府职能的转变，进一步推进政府机构改革

目前，社会主义市场经济体制改革的大政方针已定。因此，需要紧紧围绕政府职能的转变，从机构到人员、从岗位到职责全方位、根本上改变政府在经济管理活动中的“归位”“越位”“缺位”和“错位”问题，缩小政府对经济的不必要的干预范围，提高政府驾驭市场经济的能力。“推进机构、职能、权限、程序、责任法定化，使政府机构设置更加科学、职能更加优化、权责更加协同。”[①] 进一步完善行政管理体制改革，完善决策、执行、监督的体制分权，逐步实现政府部门的依法行政，是改变政府主导型经济增长的组织基础。这就需要削减那些可有可无的机构，撤并那些职能交叉和职能相近的部门，从根本上解决政府机构偏大、职能偏宽、人员偏多、干预偏深、审批色彩偏重、吃饭财政等严重问题。这样才能从政府主导型经济走出来，构建市场主导型经济。

3. 建立符合高质量发展的政绩考核体系

推动高质量发展必须施以科学的政绩考核等激励与约束，双管齐

---

① 《中共中央关于坚持和完善中国特色社会主义制度 推进国家治理体系和治理能力现代化若干重大问题的决定》，载于《人民日报》，2019-11-06。

下，以共识和指挥棒推动各地高质量发展。进一步完善政绩考核制度，纠正“重经济指标，轻公共服务”的倾向，不能把 GDP 总量增长作为唯一的考核目标。应该用人民的福祉、健康、教育、环境保护等多维度来衡量地方政府的绩效。政府需要逐步改变原来直接干预微观经济活动和直接干预经济建设的做法，转到运用市场机制和市场法则。比如，抓市场培育和完善，搞开发、抓招商引资、上项目、搞资本运营和企业重组等都需要更多地用市场的办法，这样才能充分发挥市场在资源配置中的决定性作用。同时需要注重发挥政府公共服务职能，从而平衡公共利益、实现社会公平正义，更好发挥政府作用。

（二）优化财政结构，使之与公共服务型政府相适应

1. 推动从“吃饭财政”“建设财政”向公共财政转型，逐步实现财政平衡稳定

从中国财税收支现状来看，地方财政体制基本上仍然是“吃饭财政”和“建设财政”（陶然等，2017）[①]。因此，随着改革的深化，必须逐步把地方财政支出转变到主要维护社会公平正义，培育和完善市场机制，营造良好的营商环境，激励创新创业，做好社会保障，为社会构建安全网，为社会提供公共产品、公共管理、公共安全和公共服务，这才是市场经济条件下财政支出的基本方向。虽然财政支出结构具有一种历史的惯性，在短时期内很难随意改变。但是，如果不断地往这个方向努

① 陶然、瑞民、刘明兴：“中国地方财政体制演变的逻辑与转型”，载于《中央社会主义学院学报》，2017 年第 6 期。

力，就可以缩短这个转型的时间、减轻转型的阵痛，就可以早日向公共财政转型。

2. 逐步改变政府“以地生财”的财政模式

推动大湾区一体化，其突破口还是改变政府垄断用地供应，从根本上转变“以地生财”的财政模式，允许农村集体建设用地直接用于房地产开发，减少政府利用对土地资源垄断性经营权获取利益；推动开征房地产税，通过房地产税等财产税收，实现土地财政模式向财产纳税模式平稳过渡。如果不提前布局，随着大湾区人口老龄化的提高，特别是全国总人口从净增到负增的转折点的到来，房价的波动将不可避免。需要分析的是，如果允许集体建设用地进入房地产市场，在人口净迁入城市城乡接合部允许城市郊区农村与相关房地产商在履行相关手续和满足相关条件的前提下，进行联合开发，这样减去大部分高价的土地成本，只有相关的建安成本和相应的利润，无疑可以大幅度下调房价。这样显然可以大幅度降低人口城镇化的成本。这是多赢的举措，不仅有利于降低人口城镇化的成本，而且由于房地产项目的开发销售，会增加因建筑拉动原材料销售的税收和房地产销售的税收，加上人口城镇化对经济拉动，财税收入也会相应增加一部分。这样可以弥补一部分甚至完全弥补土地财政的缺口。这种城市的繁荣远比短期的房地产繁荣更具有基础性和根植性，更有利于城市的持久繁荣。

3. 整体设计税制改革，全面减税降费

中国是大国，公共服务具有规模效应，具备轻税条件。通过整体设计税制改革，全面减税降费，有利于中国在供给与需求方面向中高端水平达到新的均衡，否则容易使这种平衡长期陷入低端而难以转型升级。

4. 允许必要的工业用地转性，逐步弥补部分土地财政的缺口

如果允许城市存量土地节约集约利用的政策，进行更集约化利用存量土地，完全可以在未来 5 ~ 10 年乃至更长的过渡期内为地方政府提供一定的财源保障。比如，对存量工业用地和开发区进行重整，同时腾出空余土地逐渐转化为商住用地。这样，不仅可以增加住宅用地供给、逐步化解现有城市房地产风险，而且可为地方政府筹集数额可观的土地出让金和各类房地产开发税收，并用于地方建设融资和巨额存量债务偿还（国务院发展研究中心和世界银行联合课题组，2014）[①]。调整工业用地结构给地方政府带来的财政收入潜力，不仅包括工业用地逐年转商住后获取的土地出让金收入，还包括这些土地释放入市后商住房地产建设为地方产生的各种税收。

5. 深化地方债发行体制改革，逐步弥补部分土地财政的缺口

既然“吃饭财政”与“建设财政”是中国当前地方财政的主要特点，考虑到目前地方财政中“建设财政”摊子已铺得很大，并通过银行与影子银行给金融系统带来了一定的风险。因而，当前迫切需要建立有约束力与可持续的地方政府融资机制。可以探索推动市场化定价的地方债发行来控制地方建设规模，既控制债务风险，又支持地方稳健可持续转型。

---

① 国务院发展研究中心和世界银行联合课题组，李伟等：“中国：推进高效、包容、可持续的城镇化”，《管理世界》，2014 年第 4 期。

（三）深化国有经济改革，推动各种所有制经济优势互补、混合多元发展

1. 坚持“两个毫不动摇”为各种所有制经济营造平等竞争的营商环境

以公有制为主体、多种所有制经济共同发展，是中国社会主义初级阶段的基本经济制度。而且，各种所有制在相关领域均具有更适合生产力发展的比较优势。这就要求：适合中国现阶段生产力发展水平的各种所有制经济都需要在平等竞争的条件下得到发展，国有企业与其他所有制企业同样是平等竞争的市场主体（肖泽群，2007）[①]。一方面，应当毫不动摇地巩固和发展公有制经济、发挥国有经济的主导作用，向需要加强的涉及国家安全和关系国民经济命脉的重要行业和关键领域集中，使国有经济从低效的劣势企业向高效的优势企业集中，从过度分散的中小企业向需要符合国家战略、需要参与国际竞争的大型特大型企业或企业集团集中，达到增强控制力的目的。特别是上杭宁大湾区需要对地方国有经济进行战略性重组，或在大湾区层面进行混合所有制改革，从而推动地方国有经济走向世界，培育具有全球竞争力的世界一流企业，以更有效满足世界需求，提高国际竞争优势。另一方面，应当充分发挥民营经济在市场有效领域促进生产力发展的强大优势，毫不动摇地鼓励、支持和引导个体、私营等非公有制经济发展。当前，不仅要在竞争性领域打破行政性垄断，而且要积极推行股份制，发展混合所有制经济；不仅要推动现有的个体、私营经济健康、稳健发展，而且还需要鼓励新的个体、私营经济的建立和发展。特别需要为各种所有制经济营造一个

① 肖泽群:《新阶段中国经济发展战略的调整问题》，中共中央党校出版社 2007 年版。

与市场经济体制相适应的平等竞争、相互促进、共同发展的市场环境。比如放宽市场准入，加快推进和完善对垄断行业的改革，允许非公有资本进入法律法规未禁止的基础设施、公用事业及其他行业和领域。

2. 推动各种所有制经济优势互补、混合多元的发展

根据国有经济和非国有经济在市场经济条件下的比较优势及其局限性，竞争性领域应该是民营经济的主要经济领域；国有经济应调整竞争性领域，保持一定比例的国有经济在竞争性领域，以保持国民经济活力、推动国民经济健康运行、满足人民对美好生活的向往，增强国有经济的竞争力、创新力、控制力、影响力、抗风险能力为基本界线。这也不是人为画线，规定一定比例，而是要在平等的市场竞争中形成。从中国经济发展阶段的内在要求出发，一方面各种所有制经济可以在创新链、价值链、产业链的不同环节，进行优势互补、合作共赢；另一方面可以发展混合所有制，打造“国有＋民营”或“国有＋民营＋外资等”协同合作的新格局，促进各种所有制经济共同发展，为实现“中国梦”贡献力量。

3. 在竞争性领域坚持竞争中性原则推进国有企业改革

在竞争性领域营造公平的竞争环境是社会主义市场经济的内在要求。因此，需要在竞争性领域坚持竞争中性原则推进国有企业改革，逐步取消政府在竞争性领域对国有经济的特殊倾斜政策。一方面，可以对国有经济进行战略性的改组，根据现阶段国有经济在市场失灵领域具有更适合生产力发展的比较优势，加快竞争性领域中的国有经济的战略性调整，向资本额大、技术要求高的大型、特大型企业，以及对国家的发展具有重要战略意义的产业集中。同时，完善国有资本有进有退、合理流动的机制，着力推动混合所有制经济的发展，完善试点经营层招聘模式，激发国企发展和创新活力，培育具有全球竞争力的世界一流企业。另一方面，坚决反对各种形式的“所有制歧视”，构建国有企业、民营企业、外资企业等依法公平参与市场竞争的市场环境。不能陷入“国进民退”或“国退民进”的简单纠结思维，而是需要正确理解民营企业等各种经济形式对国有企业快速扩张和竞争力提升的竞争压力感，着眼中国和平崛起与建设现代化强国的战略部署，进行新的战略性思考和突破性改革，促进国有经济和其他各种经济形式共同发展。对于大湾区而言，需要聚集全国及全球高端要素，大力发展富有全球影响力和竞争力的庞大的各种所有制经济，从而建立起坚固的、庞大的社会主义市场经济的“综合经济基础”。

4. 加快完善国有股东分红体制机制

股东财富最大化是企业作为一种生产经营机制的本质属性的体现，是目前国际企业界普遍采用的一个科学、合理的理财目标。股东分红作为股东财富最大化的一个重要机制，无论是国有独资企业、国有控股企业还是参股企业中的国有股东均享有分红的权益。国有资本是国家投资所形成的，属于全民所有，因而国有资本经营所获得的利润完全归国有股东，即原则上应由全民共享。从这个意义上讲，国有股东分红收入不是严格意义上的财政收入。从实践上，中国在不同阶段把国有股东分红收入基本上等同于财政收入，这是中国改革开放过程中的现实需要。但国有资本发展到今天，国有规模和实力显著增强，经济效益和运行质量明显改善，以股东财富最大化为目标进一步完善国有股东分红制度的充分必要条件已经具备。实质上，国有股东分红关系到中国特色社会主义制度的优越性，关系到国计民生。因此，需要将国有股东分红作为发展国有资本、约束并促进国有资本和国有企业长期可持续发展的体制机制；需要分级分类合理确定国有股东分红的比例；需要完善国有股东红利收益的分配体制机制，加强预算管理和监督，综合权衡长远利益和当前利益以及轻重缓急，发挥最大的经济效益和社会效益；在确保社保基金等重大民生项目的基础上，国家和各级需要逐步推行直接分红。

（四）大力建设统一开放、公平竞争、自由有序的现代市场体系

中共十九大报告强调经济体制改革必须以完善产权制度和要素市场化配置为重点，实现产权有效激励、要素自由流动、价格反应灵活、竞争公平有序、企业优胜劣汰，并将其作为今后一个时期深化改革的重要目标。

1. 继续培育和完善包括各类生产要素市场在内的市场体系

健全完善的市场体系，是市场机制充分发挥作用的基本前提。如前所述，中国要素市场还不够完善，还存在许多有形无形的壁垒。因此，需要加快重点领域市场建设，尤其是完善竞争性要素市场体系，加快要素价格市场化改革，优化供给结构，着力提高供给质量。大湾区各地需要进一步深化资本市场改革，发展多层次资本市场；深化劳动力市场改革，依法保障平等就业；深化土地市场改革，加快建设城乡统一的建设用地市场；继续大力培育和发展技术市场及加强商品市场建设。积极推动上海“国际四中心”和“科创中心”建设及自贸区建设，加快制度创新和先行先试，不断增强经济增长的内生动力，把大湾区建设成为具有市场化国际化法治化制度体系的国际资源配置中心。

2. 建立健全负面清单管理体制，实现从理念到实践的根本转变

正面清单就是允许搞的，鼓励搞的，要列出一个单子，并经过政府审批。实行负面清单制度，最大的意义就是给创新留下了空间，给不确定性留下了空间，也就是说，给市场在更大范围内发挥决定性作用留下了空间。只有负面清单的内容“少而精”，才能真正激发市场主体活力，从而体现供给侧结构性改革的精髓。因此，需要继续深化“放管服”改革，减少行政审批，让市场在资源配置中更广泛更深层次地发挥决定性作用。对于可以发挥市场机制作用的竞争性业务和环节，需要尽快移至负面清单之外。对于仍具有垄断的业务和环节，只要不涉及国家安全和生态安全、全国重大生产力布局、战略性资源开发和重大公共利益等项目，一律由企业依法依规自主决策，政府不再审批。在制定负面清单基础上，实行统一的市场准入制度，各类市场主体可依法平等进入清单之外的领域。健全外商投资准入前国民待遇加负面清单管理制度，推动规则、规制、管理、标准等制度型开放。

3. 强化市场监管法治体系建设，进一步营造公平竞争的营商环境

一是放宽市场准入，对于凡是非自然垄断性业务，需要进一步放松管制。同时切实维护市场秩序，实行公平竞争，如建立公开、透明的市场准入制度，公开决策程序。二是打破行政性垄断，攻克部门或区域分割的“堡垒”。切实规范市场竞争秩序，削弱信息不对称、负外部性等市场失灵和各类行业垄断、行政垄断引致的负面影响，提高市场运行效率。对自然垄断业务加强监管，既要加强安全、环保、普遍服务等管制，也要强化对价格和服务收费的管制。特别是关系群众切身利益的公用事业价格、公益性服务价格等，应当通过价格听证制度，力求价格合理可行。开展统一的市场监管稽查活动，重点清理各种与市场公平竞争、公共安全目标相违背的“土政策”及干扰统一执法的“保护伞”行为，着力强化基层执法的一致性与威慑力。三是继续整合各地分散的工程项目招投标、土地使用权和矿产权出让、国有产权交易、政府采购等公共平台，提升公共资源交易平台的统筹层次和覆盖范围，增强公共交易平台的活跃度与运行效率。四是清理各地阻碍商品和要素自由流动、企业自由迁移的政策。废除围绕规模、资产、资质设置的阻碍并购和连锁经营的限制性的不合理规定或行为，引导和激励各种所有制企业自主经营、自愿选择参与旨在提高运行效率的兼并重组，支持并鼓励企业根据市场竞争需要跨区域迁移，切实解决跨地区经营企业汇总纳税等一揽子问题。加快完善全国统一的商品技术标准体系，防止地方标准构成市场准入与流通的技术壁垒。五是继续制定和完善相关的法律法规，以便将垄断行业和自然垄断业务的监管纳入法制轨道，使监管机构的职能、监管方式、决策过程等都能够有法可依，做到依法监管。六是培育和发展中介组织和行业协会。积极推进政会分开，推动中介组织和行业协会的改革；着力促进新型行业协会的组建，优化布局结构；完善运行机制，理顺中介组织和行业协会管理体制。充分发挥各种商会、行业协会和其他中介组织的作用，教育、监督、约束企业遵守法律法规，完善自律机制。此外，建立健全社会信用体系。加快建设完善企业和个人征信系统，完善政府信用管理和服务系统，培育信用中介机构；将信用评价依据从银行信贷拓展至法院执行、食药安全、环境保护、安全生产、税收征缴等各个领域，强化重点领域失信黑名单和禁入名单的互联互通。强化全社会信用意识和诚信行为，营造诚实守信、公平竞争的市场环境。

（五）以推动自贸区和新片区升级为自由贸易港为导向，积极营造国际一流营商环境

中国作为发展中大国，培育国际一流的营商环境就是要按照社会主义市场经济要求，进一步优化政府管制环境，从根本上改变政府的越位、缺位与错位、不到位问题。对大湾区而言，把上海自贸区和临港新片区作为中国营造国际一流营商环境的试验田，对标自由贸易港即全球经济规则“高标准”和“高质量”要求，探索“湾区 + 自贸区”的经济发展新模式，推动大湾区实现更高层次的市场化、法治化、国际化、便利化，形成接轨国际规则体系、国际一流的营商环境。

1. 对标国际先进水平，营造国际一流的政务环境

一是进一步界定政府和市场、社会的关系，明确政府事权范围，强化政府在公共服务、市场监管、社会管理、环境保护等方面的公共服务职能，形成以负面清单管理为核心的投资管理制度，以贸易便利化为重点的贸易监管制度，以服务实体经济发展为主的金融开放创新制度。二是加快建设人民满意的服务型政府，营造便利化营商环境。推动政府服务标准和服务流程再造。以最大限度便利企业为导向，优化政府工作流程，全面推行行政许可和公共服务标准化、制度化、公开化，公开涉企服务事项及办事流程，编制发布办事指南，为各类企业办事提供明确指引，实行首办责任、限时办结，提升服务能力。提升政府管理和服务的智能化水平，全面推行“单一窗口”模式。推广 App 信息推送及网上事项办理等服务。在网上不能办理的，需要推广“最多跑一次”改革经验，对企业的各种审批实行“单窗通办”“全网通办”，让企业在一个服务窗口办理完毕相应审批事项，并限期办结。拓展国际贸易“单一窗口”功能，将涉及国际

贸易业务的所有部门和事项接入网上服务平台，实现各地各部门信息共享和业务协同，实时掌握申报各环节状态。积极与周边国家开展一站式服务对接，用好世界银行、联合国贸发会议等有关组织出版的实践指南，借鉴一站式服务的先进经验，向一站式服务的更高标准看齐。牢固树立“店小二”理念，聚焦企业反映最集中的痛点、堵点、难点问题，寻求各项需求的最大公约数，并加以高效解决。三是全面清理和减少涉企收费，切实降低企业生产经营的制度性交易成本，全面降低企业开办和运营成本。以“权力清单”和“责任清单”推进事中事后监管过程的规范化、法治化和社会化。制定营商环境优化提升规划，组织相关智库研究适合大湾区特点的营商环境评价体系，为各地改进营商环境提供决策参考。

2. 对标国际先进水平，营造国际一流的法治环境

一是出台有关风险防范、创新升级、品牌创造、制止恶性竞争等方面的政策法规，建立统一、透明、完备、可操作的法治体系。同时，完善电子商务法律法规，完善金融服务贸易、运输服务贸易、旅游服务贸易、专有权利使用与特许服务贸易相关立法。二是健全法律制度落实机制。加大立法工作进程，让市场主体及利益相关方广泛参与立法，听取各方立法意见及诉求表达。在法律框架内处理政商关系，用法律规范政府行为与企业行为。三是进一步完善法律救济途径，健全矛盾预警机制、利益表达机制、协商沟通机制、救济救助机制，以畅通市场主体及相关各方利益协调及权益保障的法律渠道，保障和推动合理合法诉求得到合法合理的解决。改革商事仲裁和劳动仲裁制度，完善公司律师制度和法律顾问制度，探索巡回法庭与专业法庭制度，降低企业纠纷解决成本。加大行政部门和司法部门的信息共享平台建设力度，完善人民调解、行政调解、司法调解联动工作体系。四是依法平等保护各种所有制经济产权，加大企业自主经营权和合法财产所有权保护力度。着力健全与国际惯例接轨的知识产权保护机制，加大对知识产权侵权行为的惩治力度。

3. 对标国际先进水平，营造国际一流的国际化市场环境

一是建立以企业为中心的市场环境优化机制。设立类似 12345 市民服务热线的统一的营商环境企业服务平台，建立企业需求清单和问题清单，并将其打造成为服务企业的重要平台、检验营商环境的重要窗口。全面提高营商环境优化的企业参与度，全方位提高企业的获利感和满意度。二是接轨国际规则、国际惯例，引入国际通用的行业规范和管理标准，积极引导和鼓励支持企业参加国际化标准活动和制定国际标准。积极对接“一带一路”国家或地区建设，坚持“引进来”和“走出去”并重，推动企业加快适应全球贸易投资的竞争规则，遵循相关的国际公约和相关协定，形成各种类型企业都能较为活跃且平等参与市场竞争。三是按照国际通行标准，建立开放透明的市场准入体系。进一步降低市场准入门槛，积极消除各种隐性壁垒，消除市场主体歧视，保障企业平等参与，建设公平竞争环境。

4. 对标国际先进水平，营造国际一流的和谐稳定温馨包容的社会环境

一是对标世界三大湾区，使城市规划建设更加科学合理，使城市生态始终与绿色、低碳、健康相配套，人与自然更加和谐，天蓝地绿水清的生态环境更加美丽怡人，打造宜居、宜业、宜游、宜学的绿色美丽生态环境。二是充分应用现代信息化手段，提高社会管理科学化水平，打造和谐稳定温馨的公共环境。始终保持城市的温度，使群众的幸福指数跑赢经济增长指数，让“学有所教、劳有所得、病有所医、老有所养、住有所居”成为体现共享发展成果的实实在在的落脚点，让所有生活、工作在大湾区的人都能感受大湾区带给大家的安全感、归属感和幸福感。三是营造创新包容多元的创业环境，在全社会构建亲商尊商重商的文化氛围，打造鼓励创新、尊重知识、尊重人才的良好文化环境。

（六）推动出口导向型经济向开放型经济转变，建设具有全球主要影响力的国际资源配置中心

中国当前正处于加快构建开放型经济新体制的时期，对大湾区而言，需要积极发展更高层次的开放型经济，积极参与国际分工，推动国际竞争由比较优势转向比较优势和竞争优势并重。利用好“第二次机会窗口”，在增量上不能主要依靠原有的比较优势嵌入全球价值链，而是更多地依靠技术、质量、标准、管理等方面的竞争优势参与国际竞争，并嵌入全球价值链中高端。尤其是依靠创新驱动形成具有自主知识产权的核心技术和关键技术，攀升全球价值链中高端，并且争取在价值链中的主导地位。这就需要积极推动出口导向型经济向开放型经济转型，加快形成以国内大循环为主体、国内国际双循环相互促进的新发展格局。

1. 实现消费结构的转型，必须推动从出口导向为主向外需与内需相协调转变

当中国经济发展到一定阶段后，从根本上讲，还是需要靠国内市场的繁荣来带动，这是避免陷入依附性发展格局的战略需要。因此，需要按照高质量发展的战略要求，围绕国际收支基本平衡和宏观经济基本平衡，实施内外贸易相结合、外需与内需相协调的均衡发展战略。建立扩大内需的长效机制，在扩大内需规模的基础上，加快建立内外需求协调发展机制、投资消费良性互动机制、消费持续稳定增长

机制。当然，从经济现实条件来看，上杭宁大湾区当前需兼顾内外需求，逐渐实现由外需依赖向内需主导的过渡，加快构建新发展格局。

2. 实现贸易结构的转型，必须推动出口与进口平衡的外贸格局

坚持进口与出口并重，更加积极地参与国际分工合作，促进二者协调有序发展。发挥好超大规模的市场优势，积极扩大进口。以质量变革为核心，鼓励高端装备制造等设备进口，引进先进技术设备、关键零部件等商品以及高端生产性服务等，促进产业结构转型升级并转变经济发展方式，发挥进口对中国经济增长的巨大拉动作用。通过扩大进口，使更多优质产品进入上杭宁大湾区，实现更高水平的供需平衡，不断满足人们对美好生活的向往和追求。进一步放宽服务贸易进口，加大对“服务型制造”和“制造业服务化”等“服务 +”产品的进口，通过竞争倒逼服务业对标国际先进水平，不断提高供给能力，在实现服务业的高质量发展的同时，促进制造业转型升级。适应国际竞争新形势，推动创新链、产业链、价值链迈向中高端，在促进国内大循环的基础上，深入参与国际大循环，不断提高商品出口竞争力。

3. 实现投资结构的转型，必须推动从以吸引外资流入为主向“引进来”与“走出去”并重转变

一是推广复制自贸区建设管理经验，强力助推“引进来”。借鉴新加坡在促进投资自由化方面的有益做法，给予企业在投资、雇工、经营、人员出入境等方面更大自由，优化负面清单，形成良好的投资环境。学习旧金山湾区先进经验，建设高品位、大容量、功能齐全、结构合理、流通顺畅的城市，营造优美宜居宜业环境。有步骤地规划建设好各类经济园区，使之成为企业发展的高地。二是创新“引进来”和“走出去”的良性互动模式。一方面，通过外商投资的水平溢出、前向溢出与后向溢出效应，提高本土企业科技水平、经济实力，进而提高企业“走出去”的能力；另一方面，通过“走出去”的逆向技术转移机制、研发资源共享机制、研发成果反馈机制和海外市场竞争机制，有效提升中国技术水平，进而为高质量“引进来”奠定基础。

4. 提升开放型经济能级，必须把上海建设成为全球资源配置的重要国际门户

（1）积极参与“一带一路”国家或地区建设，完善形成全球资源配置中心的战略通道。上海需要以产业衔接与贸易自由为抓手，聚焦全球高端资源，吸引“一带一路”沿线国家和地区的投资者在上海等城市投资高端产业，尤其吸引企业在自贸区落户，提高大湾区特别是上海的经济能级；鼓励更多有实力的大湾区企业“走出去”进行全球布局，投资基础设施和经贸园区，拓展新兴地区市场。同时，加强与“一带一路”沿线国家和地区的经济、科技、人文的全方位交流，把“上海服务”“上海制造”“上海购物”“上海文化”品牌优势充分展现出来，助推全球资源配置，增强上海全球资源配置的话语权。

（2）加强自贸区建设，增强上海集聚全球资源的能级。大湾区形成了由三个自贸区组成的“金三角”集群，特别是上海自贸区临港新片区可以“参照经济特区管理”，赋予新片区更大改革自主权。大湾区需要以构建全球对外开放大平台、提升全球资源配置能力为支撑，推动自贸区成为服务内地、面向全球的对外开放新高地，成为全球经济、金融、航运、贸易和创新资源配置的中心，以及具有世界先进水平的综合服务枢纽，进一步增强上海作为国家中心城市的龙头带动作用，增强资源配置中心的能级。特别是通过上海自贸区临港新片区建设，全方位提高统筹利用全球市场的能力，大力发展高能级的总部经济，加快培育和引进高质量的市场主体，鼓励吸引外商投资高端制造业和现代服务业，加快集聚一批具有全球资源配置能力的功能性机构，引进一批国际组织和跨国公司总部，支持跨国公司地区总部提升能级，鼓励国内外企业在沪设立研发中心，助推上海更好地发挥更高能级的聚集和辐射作用。

（3）推进枢纽型城市建设，提升上海全球资源配置的能级。长期以来，国际黄金市场定价权和话语权掌握在伦敦、纽约等老牌市场手中。如今，“上海金”已经在国际金融市场贴上了“上海价格”的标签。“上海油”的交易量已超过迪拜交易所的阿曼原油期货，达到世界第三。不仅如此，在日益壮大的“上海价格”方阵中，还有诸多“价格指数”，如上海证券交易所的上证指数、上海航运保险指数、国际清算行业标准等。因此，上海和大湾区需要高质量一体化联动发展，形成强有力的叠加效应。上海需要以全球卓越城市为目标，全力实施“枢纽+”战略，打造辐射全球、面向未来、功能强大、高效智能的世界级综合型枢纽，成为世界高端要素吸附器和辐射源。加快推进基础设施建设，打造通达全球、功能强大、高效智能的国际交通枢纽，大力提升虹桥国际开放枢纽能级，建设最具影响力的世界级航空枢纽。统筹完善新一代信息基础设施，提升枢纽型国际信息港功能，建设适应未来智能社会的国际信息枢纽，形成多元包容、汇融世界的国际交流网络；建设引领新科技革命的全球创新网络枢纽，形成连接国际资源市场的全球服务网络，提高全球创新与服务能力，强化上海作为国家中心城市的集聚辐射和综合服务能力，增强上海全球城市的影响力和竞争力。以打造世界级城市群为目标，加快推动大湾区基础设施一体化进程，推进港口群、机场群、城市群和产业群协同规划和建设，实现湾区各地优势互补和资源共享，深化大湾区分工与合作，推进城市间的协同发展和错位发展，把大湾区建设成为参与国际合作与竞争的世界级平台。并以上海的高端国际化引领大湾区城市群高质量一体化，持续增强大湾区国际竞争力和辐射力，把上海建设成为全球资源配置的重要国际门户。

三、积极推动金融改革创新，加快金融市场国际化进程，打造具有全球主要影响力的国际金融中心

（一）加强顶层设计，优化金融规划

上海国际金融中心建设是一项战略性、综合性和系统性工程，必须遵循资本逻辑，加强顶层设计，优化金融规划，以适应国际金融中心建设的战略需要。

1. 以提升上海以人民币为核心的国际金融中心能级为目标，优化金融规划

以“十四五”规划为契机，加快产品创新、模式创新，紧紧围绕“六大中心”——建设全球资产管理中心、跨境投融资服务中心、金融科技中心、国际保险中心、人民币资产定价与支付清算中心、金融风险管理与压力测试中心和“一个系统”——国际一流的优良金融生态系统，在金融全球化中推动上海以人民币为核心的国际金融中心能级大提升。

2. 发挥整体优势，优化大湾区金融一体化规划

按照“一核四圈四带两走廊”对大湾区进行金融功能定位，加强与国

家层面的沟通协调，推动国家在顶层设计方面的指导和协调，强化上述六大中心功能，形成以上海国际金融中心为龙头，功能互补、分工有序、优势叠加的大湾区金融集聚生态圈，综合提升长三角金融竞争力。首先，上海作为龙头与中心，需要围绕上海国际金融中心建设和上海自贸区与新片区建设，着力金融资源配置功能，把上海打造成为金融“六大中心”，成为金融深化改革的高地和金融对外开放的窗口；发挥金融制度创新的示范作用，带动长三角的金融资源进行有效合理流动，实现共同发展。其次，江苏在积极配合上海国际金融中心建设的基础上，努力成为上海北翼金融腹地，并借助上海强大的金融辐射力，做强南京作为区域金融中心，并结合制造业和外向型经济的亮点和优势，在匹配自身产业结构调整升级的金融功能上下功夫，重点发展新金融和保险创新等金融领域；把苏州规划建设成为服务先进制造业和科技创新的金融创新合作试验区、台资金融机构集聚区和科技保险创新试验区；把无锡规划建设成为产业转型升级与金融紧密结合的示范区。最后，浙江省需要积极对接上海国际金融中心建设，发挥互联网和私募基金的优势，把杭州定位为中小企业金融服务中心，以及数字金融中心和私募基金中心；把宁波规划建设成为长三角南翼区域金融中心，积极构建长三角特色海洋金融创新中心和特色财富管理中心，积极完善保险服务和非银行类投融资服务等金融服务体系。同时，探索联合各地设立大湾区一体化发展银行、投资专项资金等金融机构，主要用于重大基础设施建设、生态经济发展、盘活存量低效用地等投入。

（二）充分发挥上海国际金融中心的作用，助推实体经济发展

上海国际金融中心的建设，最根本的目的就是应用国内外资源，加

速长三角和全国实体经济的发展，以服务“中国梦”的早日实现和人类命运共同体的打造。

1. 服务全国实体经济实力的提升

需要构建上海国际金融中心建设与实体经济发展之间的协调机制，构建基于企业主体的金融需求为核心金融创新机制。一是对接上海产业高端化的金融需求。需要致力于金融市场建设，强调由间接融资向直接融资模式的转变，由简单资金动员和分配向更加复杂金融功能的转变，通过金融市场的发展内生出与实体经济相匹配的金融组织形式和金融产品，为实体经济转型发展和创新发展提供金融支持。引导资金进入上海“五个中心”①与国际大都市建设的相关产业和环节，为这些产业的转型和相关基础设施建设提供资金支持，为相关企业“走出去”和“引进来”及商品和服务贸易提供资金支持等金融服务；通过支付清算、保险、兑换、财务管理等功能，为相关产业的运行提供金融业务支持；通过金融市场和金融中介来抑制相关产业项目融资与运营当中的逆向选择与道德风险，确保资金和其他资源的高效配置，并且为管理人员提供充分的激励。二是对接长三角和全国产业转型与升级的金融需求。企业上市和发债以及股票和债券的流通等，都需要证券市场来服务和支持。金融中心提供金融服务，其中最基本的一项功能就是融资功能，即企业主体能在这一金融中心的市场上便捷地发行股票或债券，低成本地融得资金。大宗商品交易及为制造业、贸易和农业企业提供有效的套期保值服务和价格信号服务，都需要完善的商品期货市场。上海的期货市场有这方面的基础和实力，但还需要做精

① “五个中心”，即包括国际经济、金融、贸易、航运、科技创新中心。

做强现有期货品种，并有序推出新的能源和金属类大宗产品期货。今后，金融在经济中的主要功能将由储蓄动员和资金配置变得更为丰富和多元化，这不仅为上海国际金融中心提供了新的金融需求，而且提供了更高端更细分的金融需求。因此，在上海国际金融中心的建设中，一方面，需要大力发展传统金融市场，通过丰富金融产品吸引投资者，同时为实体经济转型发展和创新发展提供更加精细而高效的金融支持；另一方面，需要大力发展有监管的民间资本市场，如互联网金融、第三方支付、私募基金等新兴金融市场，使之成为辅助金融中心建设和实体经济转型与创新发展的重要力量。

2. 对接“一带一路”沿线国家或地区等全球的金融需求

“一带一路”沿线国家或地区的交通运输等基础设施和高端制造、生物医药、节能环保、现代农业等合作领域的项目，需要以融资成本低、周期更长远等优点的债权、股权等直接融资，需要上海金融机构跨境业务的支持。同时，伴随着中国企业“走出去”，中国金融服务“走出去”，需要以“一带一路”沿线国家或地区为重点，逐步总结和积累经验，不断把上海国际金融中心的金融服务推向全球，不断增强上海金融服务的国际影响力和竞争力。

（三）以上海自贸区制度创新为动力，提升国际金融中心能级

1. 加快全球资产管理中心建设

建设全球资产管理中心是未来国际金融中心发展的重要方向。上海需

要把握全球财富增长向亚洲转移的新趋势，抓住中国国民财富快速增长的新机遇，以提升全球金融资源配置能力为核心，加快建设全球资产管理中心的步伐。积极贯彻落实国家新一轮金融服务业扩大开放的重大部署，加大上海自贸区和新片区改革开放，集聚和培育壮大一批具有重要市场影响力的全球顶级的资产管理机构和各类总部型、功能性金融机构，鼓励和支持外资金融机构发展，吸引外资金融机构将区域性乃至全球性总部设在上海。积极争取更多银行、保险、证券等金融机构的资管子公司落户上海，吸引世界银行下属国际金融公司、亚洲开发银行、亚洲基础设施投资银行、伊斯兰开发银行、美洲开发银行、欧洲复兴开发银行等多边政策性或开发性金融机构，以及沙特主权基金、新加坡淡马锡等主要主权基金在上海自贸区或新片区设立分支机构或办事处（尹晨等，2018）[①]。积极培育和发展本土资产运营、财富管理等功能性金融机构，推进上海跨境资管业务加快发展。同时，引导和鼓励现有交易平台创新交易模式与业务产品，建立包括黄金、外汇、证券、期货、金融资产等在内的面向国际的交易、清算、结算平台，增强上海对大宗商品和金融产品定价的国际影响力；依托国际能源交易中心，推动原油期货、天然气、船用燃料油、成品油等期货产品的上市，适时推出人民币期货；鼓励中国外汇交易中心、上海黄金交易所、上交所、上期所、上海清算所等金融市场构建国际金融资产交易平台，使得境外投资者参与境内金融市场的渠道得以拓宽（叶亚飞等，2017）[②]。在加强风险管理和效率管理的基础上，努力开发自贸区新型服务系统，利用FT账户体系，为自贸区金融市场、上海金融市场乃至全球会员单位提供一站式、全方位的金融服务。

---

① 尹晨、周薪吉、王祎馨：“‘一带一路’海外投资风险及其管理——兼论在上海自贸区设立国家级风险管理中心”，载于《复旦学报（社会科学版）》，2018年第2期。

② 叶亚飞、李一石：“‘十三五’上海自贸实验区服务国际金融中心建设路径分析”，载于《上海经济》，2017年第4期。

2. 加快人民币离岸中心建设

上海可依托自贸区平台建设人民币离岸中心，加快发展离岸金融业务，在做大做强离岸银行业务和期货保税交割等业务的基础上，逐步把离岸金融业务拓展至离岸保险、离岸证券、离岸基金、离岸信托、离岸货币、离岸同业拆借等；加快人民币离岸市场产品创新，不断丰富跨市场、跨币种的金融业务和产品。丰富人民币投资产品，提高境外人民币在离岸市场的流动性，实现人民币的国际投资、国际储备的货币职能。完善风险对冲工具，大力推进衍生工具创新和市场建设，积极发展各类金融衍生产品，有序推进人民币资本项目可兑换，加强在岸和离岸金融市场的互动（易纲，2019）[①]。对离岸金融业务收入进行税收减免，对经认定的高端金融人才给予税收优惠，构建适应离岸金融中心的税制环境。积极推动上交所、中金所、上海黄金交易所、上期所、上海清算所等平台与法兰克福、伦敦、纽约、新加坡、首尔等当地交易所和大型金融机构合作成立更多的国际交易公司，交易双方金融基础产品及衍生品，并以此为依托逐步发展人民币离岸中心，充分发挥各自优势，共同推进人民币国际化进程，把上海建设成为辐射长三角到东亚地区再到全球的功能型离岸金融中心（叶亚飞等，2017）[②]。

3. 打造人民币全球支付清算中心

在央行人民币跨境支付系统基础上，需要借力上海清算所，将境内大宗商品金融衍生品中央对手清算体系延伸至自贸区；按照有限渗透原则，推动跨境人民币资金投资国内银行间债市，为境内外机构提供人民币清算、

---

① 易纲："大力支持上海加快国际金融中心建设"，载于《中国金融家》，2019 年第 7 期。

② 叶亚飞、李一石："'十三五'上海自贸实验区服务国际金融中心建设路径分析"，载于《上海经济》，2017 年第 4 期。

结算服务。在FT账户体系下，推动上海清算所为自贸区及境外的金融机构提供中央对手方清算服务；在与中国澳门人民币即时支付结算系统对接基础上，推动CIPS与中国香港、新加坡、伦敦等人民币离岸中心的支付结算系统对接，与境外清算机构合作推动人民币汇率、利率衍生品的国际联合清算（马骏，2012）①。积极做好与SWIFT及其他清算系统的合作研究，进一步拓展人民币全球清算服务。积极稳妥运用现代信息技术，创新支付服务，推动支付产业链高效发展。推动全球清算对手方协会（CCP12）发挥作用和在沪清算机构发展，不断完善人民币全球清算体系，确立上海在全球的人民币资产交易、定价和清算中心地位，把上海打造成为功能完备、实时高效、安全便捷、风险可控的人民币全球支付清算中心。

4. 在风险可控前提下率先实现资本账户开放

在监管机构支持下，逐步提高资本项下可兑换程度，推动在上海自贸区和新片区率先实现人民币资本项下可自由兑换，允许其企业和个人都能开设离岸账户，允许其符合条件的个人到境外进行投资；逐步放开无条件换汇额度，让其居民自由到境外进行移民投资、房地产投资、证券投资和实业投资。需要特别注意金融市场开放的渐进性，按照资本账户开放“境内自贸区—周边化—区域化—泛区域化—国际化”的空间布局逐步循序推进，并对人民币金融项目实行“审慎管理”（方显仓，2014）②。自由贸易账户要严格遵循“一线放开、二线有限渗透”的原则，加强对洗钱、逃税、非常态资金流动的监测与控制，将自由贸易账户建设成为金融电子围栏，保护区内及国内金融市场的安全，在宏观审慎原则下实现自由账户内的本外币自由兑换，推动上海金融中心进一步

① 马骏：“人民币离岸市场与资本项目开放”，载于《金融发展评论》，2012年第4期。
② 方显仓：“上海建立人民币离岸中心的动力机制”，载于《社会科学》，2014年第12期。

融入全球贸易、金融市场（黄礼健等，2014）[①]。

5. 更加“给力”陆家嘴优化升级

陆家嘴需要继续推动高端金融产业聚集、金融创新以及城市精细化管理。陆家嘴可以推广和复制上海自贸区行政管理模式，打造市场化、法治化、国际化、便利化的国际一流的营商环境，制订金融产业发展规划、金融高端人才引进等相关扶持政策；大力引进法律、会计、审计、咨询、知识产权、资信评估与认证、技术与产权交易等国际顶级专业服务机构、行业内领军服务企业等，完善金融配套服务；以宜居宜业为要求，配套便捷交通出行、人才公寓等舒适的生活环境，配套餐饮、网络、文化等良好的软环境服务，完善生活配套服务。继续推进金融创新，助推更多的全球高端金融机构落户陆家嘴。

6. 打造金融风险管理与压力测试中心

上海需要积极探索建设智能化金融风险管理体系，加强金融风险监测和管理，及时量化掌握可能产生的金融风险和谋划政府的相应对策。鼓励和支持在沪金融机构设立金融产品测试中心，对在申请新产品投向市场之前，在模拟环境下，运用不同的风险计量方法对拟投产发行销售开发产品进行风险识别、评估，对新发行的产品实施正向赢利水平测试与反向风险承受压力测试，分析判断产品的投产可行性。分不同产品、不同时期、不同区域定期开展经营分析测试工作，量化分析产品和区域等风险，科学提供业务发展的参考建议及相应控制措施。积极推进监管沙盒实验、金融监管协调、金融综合统计、金融风险监测等方面的工

① 黄礼健、岳进：“上海自贸区金融改革与商业银行应对策略分析”，载于《新金融》，2014年第3期。

作，丰富监管科技手段，探索基于大数据等技术的穿透式监管和智能监管方法，设立金融风险监测中心，有效监测金融领域风险，切实守住系统性风险防范的底线。在加强风险识别、风险预警、风险分散的同时，进一步丰富多边风险管控架构。例如，可以积极争取将独立于现有标普、穆迪和惠誉三大评级机构的金砖国家评级机构总部设立在上海，推进新国际评级机构在“一带一路”沿线国家或地区的资信调查、评级和服务业务，逐步培育和建立具有国际影响力的信用评级机构和体系。积极跟踪国家设立新型多边投资担保机构、亚洲基础设施投资银行、亚洲基础设施投资保险公司或类似的新型多边投资担保机构，积极创造机会，推进其在上海落地。可以进一步完善国际争端多元解决机制，探索境外仲裁机构与上海仲裁机构的多元化合作模式，打造国际化仲裁服务品牌。

（四）积极对接国际金融机制，稳步提高金融市场开放度

1. 加快跨境投融资服务中心建设

一是加快培育具有竞争力的合格机构。对内资开放投行机构牌照和业务牌照，鼓励和支持证券行业兼并重组，培育富有国际竞争力的综合性投资银行；继续夯实交易所尤其是上交所的一线监管职能，推动交易所之间适度竞争，完善对交易所的激励和约束机制；加快培育负责任的机构投资者，积极打通机构投资者的入市瓶颈，推动个人税收递延型商业养老保险试点转常规，促进养老保险第三支柱与资本市场良性互动。通过引入负责任的中长期投资者，提高资本市场活力，促进市场价值投资和稳健运行（吴振宇等，2019）[①]。研究企业上市保荐制度，探索养老金和

① 吴振宇、王洋：“深化资本市场改革 推动经济高质量发展”，载于《旗帜》，2019 年第 7 期。

企业年金等公众基金拥有保荐企业上市的垄断权，打通央行在资本市场生成货币的渠道，探索通过基于个人账户的养老保险、医疗保险和公积金等公众基金以购买股票的方式向市场直接注入流动性（赵燕菁等，2019）[①]。二是总结沪港通和沪伦通的经验，推进中国资本市场与世界重要的证券市场逐渐开展股票市场的互联互通，进一步加快资本市场的开放步伐，推进合格境外机构在沪发行债券和股票。采取“引进来”与“走出去”并重的开放策略，进一步放宽 QFII 与 QDII 的投资额度限制，加快证券经营机构业务国际化进程，拓展境内证券市场与世界主要发达市场、新兴市场直接联系的通道，不断提高证券市场的开放水平（李文华，2015）[②]。在“沪港通”“沪伦通”基础上，逐步推进“沪美通”“沪欧通”“沪日通”等，以上交所和上海自贸区为突破口，扩大交易资本市场标的，将债券和 ETF 等投资产品考虑纳入，丰富资本市场产品层级，实现中国证券市场与国际市场更全面的互联互通，提升上海金融市场资产定价能力。三是总结债券通的经验，积极推动上海自贸区债券市场的对外开放和国际化进程，不断补齐“制度短板”，并与美国、英国、日本等发达国家就债券市场开放和发展加强研究与合作，以推动更大规模的债券市场双向投资，鼓励外国优质企业在中国发行债券。自贸区可拓宽发债场所，将离岸人民币债券市场建设不断向亚太和欧洲等地扩张；进一步鼓励自贸区内金融机构和非金融企业赴离岸市场发债融资，推动离岸人民币债券发行主体的多元化；稳步扩大债券市场规模，提升期货和衍生品市场价格发现和风险管理功能，增强金融市场配置全球金融资源能力（叶亚飞等，2017）[③]。四是鼓励境内外主

---

① 赵燕菁、宋涛：“从土地金融到土地财政”，载于《财会月刊》，2019 年第 8 期。

② 李文华：“中国证券市场国际化：市场基础与推进策略”，载于《南方金融》，2015 年第 12 期。

③ 叶亚飞、李一石：“‘十三五’上海自贸实验区服务国际金融中心建设路径分析”，载于《上海经济》，2017 年第 4 期。

体开展跨境投融资，进一步拓宽和扩大境内外主体参与上海金融市场的渠道和规模，支持符合条件的金融机构加快拓展海外业务，提高在沪金融机构服务国际投资者的能力。完善合格境外机构投资者、人民币合格境外机构投资者制度，逐步放宽投资额度，拓宽境外投资者参与境内市场的渠道，支持符合条件的境外机构参与境内货币市场，积极推进境外机构以人民币资金投资境内的债券和试点投资其他的金融市场。五是加快推进面向国际的金融市场平台建设，推动全球金融资讯信息服务市场建设，健全面向“一带一路”沿线国家或地区的投融资服务体系。

2. 加快国际保险中心建设

上海需要大力发展人民币再保险、支持保险机构开展保单全球分入业务，鼓励各类保险机构为中国海外企业提供风险保障；增加原来流失海外的“中国概念”保险业务，并集聚海外优质保险资源；可借力上海保交所把离岸保险业务做大。同时，加快上海保险交易所建设，拓展保交所功能，创新国际保险交易产品，开设“国际板”吸引国际金融机构参与，不断增强上海保险市场的集聚效应和辐射功能。积极推进航运保险、再保险业务、离岸保险业务发展，促进保险资金运用中心建设。鼓励和支持中资保险公司在“一带一路”沿线国家或地区开办分支机构，鼓励和支持中资保险公司与当地保险公司和跨国保险公司开展全方位合作，鼓励和支持区内各种保险机构创新海外投资保险产品，为企业海外投资、产品技术输出、承接“一带一路”重大工程提供综合保险服务；探索设立“一带一路”沿线国家或地区再保险承保共同体及营运平台，支持各类保险机构围绕科技金融、科创中心建设、金融风险防范等开展保险产品的研发、创新和应用。

3. 加快金融科技中心建设

把金融科技打造成为金融高质量发展的“新引擎”，强化金融科技合理应用，以重点突破带动全局发展，规范关键共性技术的选型、能力建设、应用场景以及安全管控，全面提升金融科技应用水平。加快区块链、大数据、人工智能、云计算等先进技术与传统金融的融合，可考虑对金融创新采用“负面清单”模式监管，在严控金融风险的同时鼓励金融科技发展，抢占金融科技的制高点，提升金融服务实体经济、服务投资者和管理风险等综合服务能力。发展数字金融，鼓励设立数字银行，融“数字 + 人工智能 + 金融”为一体，以第三方风控服务身份创新金融科技“多点融合”的生态链，上传市场信息和数据，用机器学习技术替代传统的统计建模方法处理金融风险，同时通过金融实验室，谋求边界创新，化解体制束缚，形成新生业态。抓紧规划国际金融中心信息数据库，构筑以金融科技为特色的上海金融中心风险监控“天网”。推动金融机构在沪发展金融科技，吸引重要金融科技公司来沪发展，构建金融科技产业生态链。支持金融机构研究制定金融科技中国标准，争取金融科技领域全球话语权。推动金融中心与科创中心联动发展，支持上海创业创新。

4. 稳步推进境内外基金互认

逐步将上交所基金市场建设成为重要的全球资产配置平台和交易平台，为投资者提供更加丰富、便捷的投资通道，进一步拓展中国金融市场开放渠道。可参照中国内地与中国香港基金互认模式，逐步推动与英国、德国、美国、新加坡等地的基金互认并为其提供相应便利，鼓励互认基金不断丰富和多元化标的资产，以及互认基金产品将标的拓展至境外股票市场，支持互认基金在申购模式上实现交易和申赎的“双 T+0”模式，规范互认基金的管理和运作，完善基金合同的争议解决方式，确保双方投资者地位公平，尊重双方签署的合作备忘录及相关规定，落实注册申请的常态化审核等（叶亚飞等，2017）[①]。

（五）大力发展科技金融，助力科技创新中心建设

科技创新由于其自身独有的特点和发展周期，使科技金融存在一定程度的艰巨性、复杂性和高风险性。比如，一个技术项目从原始创新到量化生产的整个周期，需要多种不同主体的共同参与，包括政府（间接补偿）、金融机构（银行、保险、担保等）、平台（信息库）、需求方（企业）。因而需要学习旧金山湾区发展科技金融的先进经验，需要从构成主体、生命周期、运作机制和风险防范机制构建科技金融体系，需要以创业投资为主导，在政府的引导下，发挥银行、证券、保险、基金、信托、担保为依托的多层次、多元化、高效率平台的作用，完善创业投融资链条，形成良好的科技金融生态，增强科技金融服务能力，使科技金融更好地发挥其促进科技创新的作用。

1. 进一步完善科技金融体系

一是完善引导基金体系。以市场为导向，完善引导基金的引导模式和运作创新，加大政府帮扶和财政投入力度，不断扩大引导基金的规模。围绕上海高端科技金融人才引进、高科技项目孵化等目标，采取“政策引导、基金化管理”的模式，充分发挥政府资金引导放大作用及对重点引进项目的引导作用。鼓励社会资本设立天使基金，参与初创培育工作。进一步完善引导基金管理机构的容错机制与绩效评估机制，设定

① 叶亚飞、李一石：“‘十三五’上海自贸实验区服务国际金融中心建设路径分析”，载于《上海经济》，2017年第4期。

合理的容错率，从长远的角度促进引导基金管理公司的良性发展。二是完善科技担保体系。进一步完善大学生创业贷款信用担保，加大对初创的大学生创业的融资担保力度。发挥高科技担保公司的龙头带动作用，进一步扩大“联合天使担保风险池”的合作对象，拓宽“风险池”的类别，创新合作模式，与全国先进担保机构、民营担保机构、园区、孵化器、风险投资机构加强担保合作。三是深化孵化器创新投资平台发展。确保孵化器深化建设所需的持续投入；推动各类引导基金联动，在引进国际创新资源集成平台方面形成重点突破。四是支持新兴金融发展。支持设立民营银行，建立非标资产交易平台，推动公募基金等项目，促进股权托管交易市场、贷款转让市场、票据市场发展，进一步完善科技金融体系。

2. 进一步完善科技金融中介服务体系

一是推动信用体系建立。引入专业信用评级机构，开展科技企业信用评级和创新能力评估工作，使企业科技信用成为优先获得项目立项支持和优先推荐金融机构获取贷款支持的重要依据，为信用良好的科技型中小企业获取财政资金和项目贷款开辟绿色通道。二是完善知识产权评价体系。建立专业的知识产权评估机构，创建科技型中小企业知识产权服务平台，解决金融机构和科技型中小企业的信息不对称问题。加大知识产权质押融资的引导力度，推动金融机构着力转变传统的抵质押担保方式，建立符合知识产权质押贷款发展特征的坏账核销、贷款评估的相关制度规范，提升专业化程度。三是积极培育和引进高端资产评估、资信评级、财务咨询、会计、审计等服务机构，为科技金融发展营造良好的环境。

3. 进一步推动政府科技政策创新

一是进一步完善财政支持体系、科技管理体制，为金融科技发展提供政策依据。同时加快完善科技金融共享服务平台的搭建，完善金融市场信息服务体系，实现金融资源的优化和合理配置，推动科技企业和金融机构有效对接，为科技金融和科创企业互利共赢。继续完善科技金融工作协调机制，通过知识产权质押、科技担保、科技保险、创业基金、创业投资以及多层次资本市场为企业成长与创新筹集更多资金。二是聚集高端科技金融资源。加强天使投资、风险投资、融资担保、证券公司、科技银行等创新型金融机构的招引工作。鼓励创业投资机构“走出去”，加强与国际创业投资机构的合作；大力支持引进国际创业投资机构，吸引国际创业资本落户上海，推动上海科技金融的国际化。积极培养和引进国内外著名风险投资家、天使投资人、风险投资专业人才等。三是鼓励和推动符合条件的高科技企业在主板市场、科创板、中小企业板、创业板与“新三板”等多层次资本市场上市，以满足科技型企业对资金的需求，同时推进场外交易市场的建设，探索非公开融资机制与模式。

（六）以经济实力为支撑，加快人民币国际化进程

上海需要结合国内外形势，紧紧围绕人民币国际化的战略路径，推动国际货币多元化发展。

1. 提高经济的国际竞争力和影响力

人民币国际化之路其实在于妥善处理中国经济发展、世界经济发展与人民币国际化三者之间的关系。也就是说，中国经济实力是基础，在

此基础上影响世界经济发展，伴随国际贸易与资本输出实现人民币国际化。因此，一方面，继续坚持以经济建设为中心，推动经济高质量发展，着力解决以科技创新为核心的创新发展、绿色发展、可持续发展问题，如投资效率、环境保护、污染治理、社会矛盾、贫富差距等问题，建立起强大的经济基础，进而提高人民币的国际地位。这是缓解三元悖论（即汇率稳定和资本自由流动、汇率稳定和货币政策的独立、资本自由流动和货币政策的独立）、防范人民币国际化风险的根本举措。另一方面，发挥在世界经济发展中的影响力，特别是周边国家和地区及“一带一路”沿线国家和地区的影响力，加强与各国间投资和贸易往来与交易合作，推动人民币在国际上的广泛使用，提高人民币国际化水平。

2. 强化人民币国际金融交易功能

三元悖论中虽然政府有三种政策组合，但对于国际货币发行国来说，往往只有一种选择，即汇率稳定和资本自由流动的组合。因此，在增强综合国力的基础上，紧紧围绕服务实体经济，着力帮助企业减少汇率风险，以打造全球人民币资产定价中心为导向，促进投资贸易便利化，因势利导，稳步推动人民币国际化。一是在“一带一路”沿线国家和地区中更好发挥人民币国际货币职能作用。人民币目前已成为全球第五大支付货币和全球第五大储备货币，上海需要继续积极发展与贸易国以人民币计价的贸易和投资，形成人民币交换、计价、贮藏的新区域，全面推进人民币国际货币职能均衡发展，尤其是计价及贮藏功能的提升，进一步提升人民币在周边和“一带一路”沿线国家和地区的认可度。二是以中国进博会为契机，按照国际规则“依地定价”，通过人民币国际化账户，推动进口产品计价用人民币支付。以中国庞大市场的规模来推进人民币国际化进程。三是尽快与发达国家的金融体系接轨，加强人民币的国际金融交易功能，大力发展股票和债券，逐步推动人民币在国际金融领域中发挥更大的作用。比如，加强人民币对外直接投资，从而增加人民币在外资本的比重；加强人民币在全球债券市场的金融交易功能，通过谨慎合理发行长期、中期、短期债券，以及政府债券、企业债券等，推动合理的金融债券体系建设。四是发展人民币国际信贷市场，将外国资本集中于中国的外资资金池，从而建立更为健全的、与世界接轨的信贷体系。在确保风险可控的情况下，逐渐调整企业在海外发行人民币国际债券募集的资金回流国内的条件，并制定相应的政策措施为资金的回流创造便利条件，从而实现人民币国际债券市场的有序扩大。培育一批具有国际影响力的大型跨国金融集团，推动上海有竞争实力的金融机构"走出去"，在海外竞争中发展壮大，为提升人民币国际地位奠定坚实的基础。五是稳步开放金融市场和发展多层次资本市场，发展贸易结算回流、人民币外债市场、外商直接投资、境外合格投资者投资境内资本市场、境外商业贷款等多层次境外人民币回流体系，加快推进人民币国际化；支持离岸人民币市场发展，加大不同期限人民币债券发行力度，形成离岸人民币债券收益率曲线，为境内外人民币产品提供定价参考（卢华，2017）[①]。

3. 提升人民币计价资产的可投资性和多样性

需要利用好中国在多项大宗商品上最大进口国的优势地位，设计和推出以人民币计价的更多的大宗商品期货和金融交易平台交易，提高人民币对石油、黄金等大宗商品的定价权的影响力。2018 年 3 月 26 日，

① 卢华："上海自贸试验区金融创新措施的复制与推广"，载于《科学发展》，2017 年第 12 期。

在上海使用人民币计价的石油期货合约（INE）正式上市，这是中国第一个对国际客户开放的期货商品，境外投资者可以直接参与。不仅如此，如今“上海金”已经在国际金融市场打上了“上海价格”的标签。“上海油”的交易量已达到世界第三。今后在总结成功经验的基础上，需要设计和推出以人民币计价的更多的大宗商品期货交易，既提高上海在全球资源配置中心的影响力和人民币计价资产的国际影响力，又有利于推进人民币国际化进程。

4. 加快制度法规建设

上海需要加强与国家层面的沟通与支持，推动金融监管方面的立法建设，有效防止人民币国际化进程中外部风险和内部风险的冲击；推动完善金融市场的制度安排，加快营造合理的政策制度对内部管理、市场秩序、行业合规进行约束；推动金融市场环境建设，加快营造有利于集聚国际金融机构和金融人才的税制环境、工作和生活环境。

四、实施“科技强湾”战略，强化科技创新策源功能，打造具有全球主要影响力的科技创新中心

大力健全市场导向的创新驱动机制，最大限度释放市场在资源配置中的决定性作用，集聚包括人才、技术、知识、信息、数据等协同创新的生态、文化规则、企业家精神和智力资本等生产要素，充分激活各种类型市场主体的创新动力和活力。紧紧抓住第五次科技革命的创新机

遇，推动电子和信息技术的创新和应用；紧扣第六次科技革命“领先机遇”，推动新生物学革命、仿生创生再生等技术革命。

（一）对标世界先进水平，加强科技创新的顶层设计

1. 上海全球科技创新中心的战略定位和顶层设计

未来一个时期，上海要全面贯彻落实习近平总书记提出的“加快向具有全球影响力的科技创新中心进军”的新定位、新要求，大力实施“科技强湾”战略。到 2050 年，上海全面建成具有全球影响力的科技创新中心，成为与中国经济实力和综合国力相匹配的全球创新城市，为实现社会主义现代化强国和中华民族伟大复兴的中国梦，提供科技创新的强劲动力，打造中国创新发展的重要引擎。

2. 大湾区科技创新的顶层设计和功能布局

大湾区功能布局上可以形成以各城市优势产业为主导的“1+6+9”创新分工与协作体系，即形成以上海科创中心为核心，南京、杭州、苏州、无锡、宁波、南通等城市成为区域具有广泛影响力的科技创新中心，其他城市为节点的大湾区创新体系。整体上，大湾区需要集聚全球顶尖创新人才，集聚高水平综合性大学和科研机构，集聚科技型企业和跨国公司研发中心，建成世界级重大科技基础设施集群和具有世界领先水平的综合性科学研究试验基地；推动张江综合性国家科学中心建设，强化上海创新思想策源、知识创造、要素集散等功能，提升原始创新和技术服务能力；打造以基础性原创性研究、研发应用为主的协同创新平

台，强化国家科技重大专项和重点领域核心关键技术的研究，以及前瞻性基础研究和前沿技术研究等，建成国际性重大科学发展、原创技术发明和高新科技产业培育的重要策源地。

（二）培育和聚集一流大学和科研机构，加快世界知名的科学研究中心建设

1. 培育和汇聚一批具有世界一流水平的大学和科研机构

继续吸引和鼓励更多的国内外研发机构落户上海，提高上海国际研发活动中心的影响力。总结上海纽约大学建设模式的经验，推动更多世界一流高校来沪合作办校，甚至设立分校。规划国际高校园区，建立国际高校城，吸引国际知名的大学到上海办学，培养具有国际视野的科技创新人才；实行有利于高技术跨国公司与研发机构在上海设立研发中心的举措，鼓励上海企业与跨国公司设立合资研发机构进行合作研发，促进上海高校和科研院所与跨国公司研发机构的合作互动，鼓励跨国公司研发机构的高级管理和技术人员与上海高校和科研院所建立合作培养机制（王海军等，2016）[①]。

2. 加强前沿基础研究

继续加大前沿基础研究投入，鼓励在沪高校和科研机构抓住第六次科技革命“领先机遇”，在基础研究、前沿技术研究等领域进行原始创新，提升原始性创新能力，形成一批基础研究和应用基础研究的原

---

① 王海军、骆建文：“基于长三角经济带发展的上海科技创新中心建设对策”，载于《科技管理研究》，2016 年第 8 期。

创性成果；强化创新策源功能，在重大知识发现、基础科学发明、前沿科技研发、关键技术突破等领域在世界科技创新格局中拥有一席之地。鼓励在沪高校、科研院所以及龙头企业，结合自身优势和国家战略需求，有序参与国际大科学工程和研究计划。有计划地发起一些国际性前沿共性技术和重大基础工程研究计划，以上海为主导建立全球协同创新网络。

3. 紧扣智能制造

一是坚持把产业高端化作为主攻方向，紧密跟踪德国“工业 4.0”等国际前沿产业战略动向，依托大湾区众多的高校、科研院所、国家实验室等科研机构优势，把数字化和智能化为核心的物联网、云计算、大数据与制造业紧密结合，加强科技创新，使大湾区逐步在软件开发、生物医药、新材料、新能源、智能制造等若干领域形成具有国际影响力的“龙头型”科技创新区域（徐伟金等，2016）[①]。二是着力突破一批卡脖子的关键核心技术。瞄准世界科技前沿领域和顶级水平，聚集科技创新要素，着力突破卡脖子的关键领域、核心技术，如人工智能创新、生物基因创新、工业互联网与新一代信息技术创新、大健康产业创新、动力系统创新、新能源和环保创新、新材料创新、交叉融合技术创新、民用航空创新和新能源智能汽车创新等工程，促进基础研究与应用研究、技术开发相贯通，实现原始创新与再创新、集成创新融合迸发，力争在关键核心技术领域和战略高技术研究等方面取得重大突破，形成全球领先的科技成果。三是紧紧抓住第五次科技革命第三阶段的创新机遇，协同推动云计算、大数据、物联网、人工智能、区块链、5G、6G 等技术

① 徐伟金、张旭亮：“长三角协同共建全球科技创新中心的思考”，载于《宏观经济管理》，2016 年第 3 期。

创新与应用，加快物联、数联、智联布局，夯实数字化基础设施，加快推动信息化和工业化“两化”深度融合，并支持区域内多领域数据资源的开发利用和联通共享，借力数字经济提升产业集群创新力（李娟娟等，2018）[①]。四是加强引进技术的消化吸收再创新，建立有效的技术引进消化吸收再创新机制，制订技术引进消化吸收创新中长期计划，研究设立技术引进专项扶持资金，发布引进消化吸收再创新的技术目录。借鉴高铁技术创新的成功经验，围绕科技制高点、经济增长点和民生关注点，在国民经济关键性或战略性行业，选择若干关键技术环节，重点进行消化吸收和再创新，突破关键技术瓶颈。

4. 鼓励建立全球布局的创新网络

积极融入全球科技创新网络，建立企业主导的全球开放性协同创新体系，推动上海从“跟跑者”和“追赶者”加快成长为全球科技发展的“并行者”甚至“领跑者”。大湾区特别是上海需要加大科技国际合作力度，设立国际科技合作专项经费及配套专项管理计划与管理机制，探索“国际+”科技创新合作新模式。一是通过“走出去”，鼓励、支持大型企业集团和科研院所，在硅谷等全球研发基地以及其他发达国家和地区建立研发基地和分支机构，加快建立以本土企业为主导的全球创新网络；加强与世界顶尖科研机构合作，积极主动融入全球科技创新网络，强化技术和产品引进、孵化与创新。二是通过“引进来”，主动布局和积极利用国际创新资源，促进国际科技合作平台的建设，推进资源互补和产学研协同创新；加强国际合作基地建设，使各种类型国际科技合作基地系列化、网络化，提升上海科技水平和产业竞争力。

---

① 李娟娟、毕凯军：“共同打造世界级产业集群 构筑长三角竞争新优势”，载于《上海企业》，2018 年第 8 期。

三是积极吸引海外高层次专家和团队联合承担或参与实施项目。鼓励外国科技人员来沪访问研究，深化外国科技基金会与上海相关单位的合作交流，鼓励国外高校、研究机构与上海高校、研究机构之间合作研究、协同创新和建立联合实验室，推动上海高端科技人才到国际科技组织任职。

（三）培育和整合创新资源，加快世界科技成果转化中心建设

学习硅谷的成功经验，积极建设一批符合产业需求的众创空间、孵化器、加速器等创新创业服务载体，形成一套完整的“众创空间＋孵化器＋加速器”科技创业孵化链条。

1. 继续推进“便捷创业”优化众创空间行动

鼓励建立众创空间联盟或协会，通过行业间自律的形式，促进各众创空间资源共享，真正构建起创客等创业主体、创业平台、创业要素、创业服务及创业环境等良好的生态。鼓励大学生、科技人员、企业员工、海归、连续创业者等多元化的创业主体，采用企业法人、公益组织、创业社区等多元化组织形式，建设综合孵化器、专业孵化器、创新型孵化器、在线虚拟空间等多元化的创业创新平台，培育一批国内外具有影响力的众创空间。整合社会资源，利用好现有平台资源，包括传统的孵化器、大学科技园等创新创业服务机构，优化和完善运营机制和业务模式。探索对众创空间等新型创业服务组织的补贴机制。在孵化载体、服务机构、高校院所集聚和生活配套健全区域，打造一批“创业社区”，促进区内创业企业围绕产业链、创新链开展合作。面

向社会广泛征集创业导师，为创业者和初创企业开展形式多样的创业辅导。

2. 加快培育和完善创新资源公共服务平台

建设创新资源公共服务平台，至少包括政产学研用协同、创新资源信息整合和创新主体信息服务等方面，重点解决好企业创新过程中信息不对称、资源共享不足、协同互动不通畅，创新内容与市场需求不适应，技术供给与技术需求不匹配，创新合作不对等，创新成本高等问题。一是在理顺政府、企业、高等院校、科研机构等关系的基础上，建立跨地区、跨行业、跨系统的信息资源整合、交流和合作网络体系，并通过完善相关政策，引导和支持各创新主体实现由网上交流转向网下对接。二是主要通过聚集和整合跨区域、跨行业、跨部门的多类型创新资源，运用信息化方式为创新主体提供创新资源智能查询与自动推送服务，增强各创新主体对创新资源信息的获取能力，并降低信息搜集成本，进而实现资源共享。三是主要通过创新资源及创新需求集成发布，建立创新技术和创新产品推广通道，为实现新技术与新产品、线上与线下结合创造有利条件。

3. 培育和集聚一批具有专业能力和国际视野的科技孵化器

引进风险投资，实现孵化器与风险投资的有效结合，走多元化、市场化、专业化、品牌化、网络化和国际化的孵化器产业发展道路。一是建设全球领先的产业孵化中心。在电子信息、新能源、物联网、船舶汽车、航空航天、海洋科技等基础性研究和战略性新兴产业领域，重点突破一批重大关键技术和共性技术攻关项目；在量子通信、大飞机、大规模集成电路、生物医药等领域，遴选一批适合产业化的高科技项目，创新投入机制，对重点项目进行持续投入与孵化。引导产业技术研究院、行业公共技术服务平台、技术转移机构等产业组织者建设专业孵化器，形成产业发展需要的孵化器群，推动专业孵化器成为重大科技成果转化落地的重要载体，真正实现从团队孵化到企业孵化，加快促进科技企业迅速成长壮大。同时，坚持“引进来”和“走出去”相结合，一方面，积极集聚国外科技创新创业资源和有海外背景的孵化器；另一方面，鼓励一批有实力的孵化器尝试走出国门在海外建园设点，并且鼓励大湾区孵化器与国外孵化器、科技园区建立合作关系，开展孵化服务交流、技术交易及国际技术转移服务等合作。二是建设一批具有国内外知名的优秀孵化器，促进孵化器组织和模式创新，探索实践虚拟孵化、异地孵化等新型孵化形态。特别是支持大型龙头企业建设专业孵化平台，搭建开放共享的工业互联网平台，通过“双创”加强协同研发，广泛开展定制化生产，为产业链相关的中小企业提供全链条、一体化服务，实现大中小企业多方面资源共享、优势互补、融通发展，形成立体式、无边界协作的新型产业生态圈。努力打造“众创空间＋孵化器＋加速器”全孵化服务链，增强持续创新的竞争优势。三是推进孵化器金融融合发展，提升和完善科技金融服务体系服务功能，积极发展科技信贷和科技保险等金融创新产品。加大孵化器与银行、担保等金融机构的合作力度，鼓励银行、证券、保险等金融机构提供科技信贷、融资担保、创业保障保险、知识产权质押、股权质押、企业上市辅导等科技金融服务。开展创业投资机构与科技企业孵化器的全面对接，实现孵化器创业投资服务的“全覆盖”。支持孵化器发挥引导基金对早期创业企业的支持作用，让政府引导基金和天使投资成为新兴产业的孵化基金。支持以风险资本为主导设立孵化器，积极引导社会金融资本参与并支持孵化器建设。可以由政府牵头，吸纳社会资金进入，建立针对科技创新种子基金，引导社会资金参与，如小额贷款公司、天使投资、风险投资等。同时，完善种子基金运作机制，通过孵化器向科技创新企业投资，在孵化器与创业者之间合理分配股权。

4. 培育和集聚一批具有专业能力和国际视野的企业加速器

一是在政府、园区创办加速器的基础上，鼓励推动大学科技园和大企业成为企业加速器发展的主要载体，使之成为独角兽企业的摇篮。二是推动企业加速器与企业孵化器耦合，形成创新服务产业上下游关系，实现资源共享、无缝链接和合理分工，形成“研发＋孵化＋加速＋产业化”一体化的新格局。三是坚持政府引导、市场主导，按照商业化运作模式推动企业加速器运营，通过提高服务水平和实绩来赢得生存和发展，通过各种投资方式取得资产的相应份额，实现资产的增值，获取投资的回报。四是借鉴国际经验，加强企业加速器能力建设，落实导师制与校友制，组建包括导师、投资人、企业合作伙伴、律师、市场营销、企业运营、顾问等一支能力强、素质高、服务内容广泛的专业化工作团队，使创业者通过企业加速器得到资金和经验指导，让创业者得到真正的帮助。五是通过“政产学研”合作、企业技术联盟等形式，搭建企业加速器技术支撑服务平台，为入驻企业提供各种技术咨询与服务，帮助企业破解成长中的技术瓶颈。六是坚持“引进来”和“走出去”战略，不断提高加速器的服务能力和国际化水平。借鉴欧美等发达国家发展企业加速器的经验模式，引进和吸收国外优秀人才、先进的管理经验和专业技术，不断发展和创新大湾区企业加速器的建设与运营模式。

（四）培育和集聚世界级创新“引擎”企业和机构，加快技术创新中心建设

针对大湾区包括上海缺乏具有重大影响力的科技创新企业和机构的现状，高度重视引擎企业和机构的巨大引领效应，加快实施集聚工程，争取在较短时期内汇集一大批标志性的引擎企业和机构，成为上海全球科技创新中心的重要旗帜。

1. 实施全球科技实体引进和培育工程

通过出台人才、税收和用地等专项扶持政策，在前沿技术、行业标杆和关键主体等方面，集聚以企业家和创业者为核心的高端创新群体，吸引大批跨国企业研发中心、全球高端技术人才、国内一流高校科研院所及创投机构等各类创新要素集聚；吸引顶尖跨国企业在沪新设区域乃至全球研发中心，支持升级已有研发机构能级；努力引进全球一流的科技服务机构，包括创投、风投、知识产权事务所等，在上海开设分支机构甚至建立总部，形成全球科技创新企业和企业家、科技创新投资平台、科技创新孵化机构等集聚发展的态势和格局。争取在沪设立重要的国际科技学术组织或办事机构，并为其开展专业领域的区域和全球性科技会议提供便利。在张江等重点园区成立国际商会组织服务中心，吸引国际商会组织入驻，促进区内企业借助国际商会“走出去”，推动园区内的内资与外资企业的交流和合作，提升区内企业与全球创新巨头的合作层次。同时，聚焦创新链和产业链的重点环节和重点领域，对标国际最高水平，通过国际评估、同行评价和专家评审相结合，遴选一批实力较强、潜力较大的科技型企业、高校院所和中介服务机构等，实施资源和政策聚焦，开展有针对性的培育和扶持，努力推动其在

竞争中加速成为本行业和本领域的“领头羊”，代表上海甚至国家参与全球竞争（肖林等，2015）[①]。

2. 实施加快新兴产业培育和带动工程

借鉴硅谷等地的做法，在具有基础条件与发展潜力的产业加大创新投入，培育一批世界级的创新型企业，打造一批国际领先的信息技术、生物医药、智能制造等高科技产业集群。同时，依托中国庞大的科技创新需求，以新知识、新思想、新技术，促进分工深化，丰富产业链中间环节，催生新的产业部门，提升价值链地位。创新要素组合方式和产业组织模式，不断形成新产品、新产业、新业态、新模式，引领新兴产业发展，促进传统产业改造，驱动产业结构优化升级。加快推动事业性质的科研单位改革，采取年薪制、股权激励、分红激励等办法激励科研人员，采取以市场为导向的企业化运营方式，鼓励社会资金创办民营性质的科研机构，开展面向市场和产业化的科创活动，激发传统科研机构的活力。

3. 实施科技创新联动工程

以上海建设全球科创中心为引领，共同推动上海乃至整个长三角经济带的新技术与新产品的研发水平。把科技创新与城市空间布局结合起来，加强上海与大湾区各地的协同创新，立足区位优势和资源禀赋条件，促进科技、产业、商务、文化功能有机融合，建设一批特色鲜明、优势明显的科技创新集聚区和产业基地，在长三角、全国乃至全球发挥辐射带动效应。

---

① 肖林、周国平、严军：“上海建设具有全球影响力科技创新中心战略研究”，载于《科学发展》，2015 年第 4 期。

（五）培育和集聚世界级科技中介服务体系，加快全球技术创新服务中心建设

发达的科技中介服务体系，不仅是科技创新活动的重要保障，而且是技术创新服务的重要基础。

1. 加快培育和集聚科技创新的中介服务体系

继续加强培育和发展一批科技中介服务机构，特别是培育知识产权、研发、设计、工程技术和科技中介等服务业态，支持、引导一批有市场能力的科技服务机构向专业化、规模化和国际化方向发展。并围绕重大科研基础设施，建立各种科技创新服务平台，包括研发服务平台、资源共享平台及成果转化平台，完善平台的服务功能和标准制定，提供高效共享的创新服务支撑。一是形成全方位高效科技金融服务体系。借鉴欧洲投资银行经验，上海包括大湾区各市可以把商业银行、科技引导基金、产业基金联合起来，成立大湾区投资股份制银行，并发起设立大湾区未来产业技术创新促进基金，吸引国内外一流的市场化创投基金、民企合作，投向大湾区生物技术、网络安全、物联网、人工智能等创新公司、专业孵化器公司，与上海科创板、大湾区各地股权市场等紧密合作，并制订培育独角兽的“长三角之星”计划，形成良好创新资本服务高地（朱李鸣，2019）①。充分发挥上海作为金融中心的融资优势，强化其对知识产权的评估、定价、交易功能，开发无形资产评估工具并发布知识资本投资指南，为科技创新提供专业性的融资服务。二是加快建立与国际接轨的知识产权保护体

① 朱李鸣：“从欧盟经验看打造长三角科技创新圈”，载于《浙江经济》，2019 年第 13 期。

系。健全知识产权保护制度，形成知识价值的发现与实现机制，引导企业重视核心科技资源的创造、积累、转移和利用。设立知识产权专门法院，建立与国际接轨的知识产权法律保护机制，建立专业化的审判队伍，努力营造公平、有序的市场环境。推进建立包括专利、商标、版权等知识产权的统一监管及执法体系，形成与国际知识产权规则接轨的知识产权行政管理体制。利用自贸区等平台，引进一批熟悉国际规则、具备实务能力、具有国际竞争力的高端知识产权中介服务机构。三是联合建立信息技术交易平台，加速成果流动溢出。组建辐射全球的上海知识产权交易中心。学习借鉴阿里巴巴电子商务模式，围绕科技成果转化，改造提升网上技术市场，开发科技成果登记、市场交易、信用评价、资金支付、云计算服务等功能，加强在线交易、研发设计、创业投资、知识产权和法律、国际交易等服务功能，并利用宽带通信网、智慧物联网、移动互联网等新一代信息技术，培育集“展示、交易、在线、投融资”四位一体的科技大市场建设（徐伟金等，2016）[①]。建立规范的技术产权交易平台，发展柜台交易、委托交易等各种交易方式，简化转让环节，提供退出通道，保证多元化投资融资渠道的畅通。

2. 运用市场机制拓宽合作渠道，建设技术转移中心

一是强化科技合作，规划共建长三角信息高速公路，实行科技资源的相互开放和共享，联合共建创新载体、技术市场，以及加强知识产权保护、开展重大科技攻关、推进重大科技成果转化和高新技术产业化、发展高新技术风险投资、开发和引进人才资源等措施，推动长

① 徐伟金、张旭亮：“长三角协同共建全球科技创新中心的思考”，载于《宏观经济管理》，2016 年第 3 期。

三角地区共赢发展。二是重视优势互补，加强上海与环渤海地区和珠三角地区的技术优势互补，通过联合攻关，提高自主创新能力，摆脱从国外反复引进和重复引进技术的怪圈，促进三大经济圈技术水平的共同提高。三是利用原有的技术基础，加强为传统产业提供技术支持和技术服务的能力，在推动传统产业向外转移的同时，增强为全国提供技术服务的能力（楚天骄，2015）[①]。选择高新技术产业的若干重点发展领域，如信息技术、基础设施建设、现代农业、生物工程、生态环保等领域，与中西部地区进行深度技术开发与合作，组织实施一批重点技术合作项目，既可把中西部的技术引到上海进行转化，也可把上海和大湾区比较成熟的技术转移到中西部地区进行转化。四是继续支持和鼓励企业“走出去”，支持大湾区企业与“一带一路”沿线国家或地区进行科技合作，与所在地高校、企业和研究机构合作，拓展前沿先进技术，聚集全球的技术、经验和人才进行新产品研发。

（六）形成联动效应，加快科技创新资源整合中心建设

1. 加强大湾区各市协同创新发展

一是建设一批大湾区科技成果产业化合作基地。例如，鼓励张江自主创新示范区各分园区走出去，以科技成果产业化、被孵企业生产基地的转移扩散为主要方向，创新利益共享机制，拓展上海全球科技创新中心的产业化空间。二是以 G60 科创走廊为抓手，继续探索多城协同创新的模式，积极整合多城科技创新资源，比如建设大型科学仪

① 楚天骄：“上海建设全球科技创新中心的目标与政策体系”，载于《科学发展》，2015 年第 3 期。

器开放共享平台，组建G60科创走廊发展引导基金，着重在集成电路、新材料、新能源、机器人、生物医药等领域加快技术突破，协力打造协同创新体系，为协同城市产业转型升级和战略新兴产业发展提供源动力。三是构建科技创新共同体，建立联合研究机构、联合技术转让中心、联合科研基金、科技人才服务和技术评估中心等服务机构，推动大湾区各地发挥协同联动效应，深入开展联合攻关，促进成果转化，以达到代表国家实力和水平，赢得国际竞争与合作的战略主动权和制高点。

2. 加强全球科技创新中心与“国际四个中心”联动发展

坚持把全球科技创新中心建设与国际“四个中心”建设有机结合，实施联动发展，实现功能耦合与优势互补，全面释放两者协同促进的聚变效应。一是以科技创新中心助推国际“四个中心”建设。将科技要素融入经济、金融、航运和贸易领域，为国际“四个中心”建设提供驱动力和创新源，以科技带动制造业等产业转型升级，实现“互联网＋”以及智能制造等；以信息技术助推互联网金融等新兴金融业态发展和资本市场完善，提升金融服务效能；以海洋科技、大数据等技术促进港口、船舶发展和全球航运信息平台等建设，提升航运整体能级；以技术贸易、知识产权交易等充实贸易内容，加速高端服务贸易发展，推动“国际四个中心”发展。二是以国际“四个中心”反哺科技创新中心建设。发挥经济、金融、航运和贸易对科技发展的重要支撑作用，以集成电路、生物医药、新能源汽车、智能机器人、大飞机等重点项目发展带动相应领域科技研发；以科技金融打通创新链条，助推科技型企业发展壮大；以航运中心建设牵引海洋和信息等科技进步；以服务贸易推动科技创新要素的全球配置，提升上海运用和配置科技资源的能力，从而加速打造具有上海城市特点的全球科技创新中心（肖林等，2015）[①]。

3. 加强自贸区与科技创新中心联动发展

在现阶段，尤其要促进自贸区和新片区与国家自主创新示范区的“双自联动”，形成自贸区的制度创新与国家自主创新示范区的科技政策创新叠加效应，提升自主创新和开放创新水平。一是发挥张江高科技园区拥有自贸区和国家自主创新示范区“双自联动”的体制优势以及创新要素集聚优势，建设“综合性国家科学中心”，努力形成原创技术策源、创新资源配置和创新成果转化功能，建设以张江高科技园区、紫竹国家高新技术产业开发区为代表的“世界一流的综合性高科技园区”。依托临港新片区建设，发挥临港高端装备产业集聚优势，布局并推进民用航空、海洋工程装备、新能源装备、智能机器人等一批重大科技创新工程项目，启动临港“一城一带一中心”（科技创新城、创新创业活跃带、科创展示交易中心）建设，培育发展高科技产业和创新龙头企业，打造以临港新片区为代表的“重大创新工程承载区”。同时，“双自”双向直接联动，以自贸区先行先试优势直接带动科技创新体制机制突破，以建设自主创新示范区需求进一步深化自贸区改革。二是依托自贸区建设，发挥外高桥等园区在外资研发保税、投资便利化方面的优势，促进研发要素通关便利化，配置管理全球创新人才、全球创新资本和跨国研发机构，着力推进开放式创新。利用自贸区保税研发政策，推动企业保税研发，对区内研发企业进口所需的机器、设备、原材料等货物予以免税，降低企业研发成本；依托自贸区促进创新资本跨境流动，推动创新资本

① 肖林、周国平、严军：“上海建设具有全球影响力科技创新中心战略研究”，载于《科学发展》，2015 年第 4 期。

跨境流动便利化，比如鼓励并购国外优质科技企业，简化跨境并购审批流程，推动上海企业开展对国外优质科技企业并购，加快提升企业创新能级；利用自贸区允许境外人民币借款等政策，鼓励科技企业境外融资，降低科技企业融资成本，破除中小型科技企业融资难、融资贵瓶颈。

（七）实施全球人才配置战略，打造全球创新创业人才中心

1. 加大创新型人才培养力度

对具有科研人才和基础研究优势的高校，可以加快向国际一流水平迈进，对普通高校可以加快向应用技术型高校转型。同时，可以优化创新型人才教育模式，把激发人的创造力放在更加突出的地位，积极推进教育综合改革；加强创新创业课程建设，注重学生批判性和创造性思维能力培养，全面提高人才培养质量。改革人才培训方式，探索建立企业自主职业培训激励机制，推动政府补贴培训项目更加贴近市场需求。以上杭宁大湾区主导产业和战略性新兴产业的发展为载体，积极实施科技领军人才培养工程，通过项目带动、产学研用结合、国际合作交流等形式，培养造就一批具有国际水平的科技领军人才，建设一批具有国际水平的实验室和科技人才培养示范基地。深化实施科技团队新星计划，采用聚焦团队、联合培养、跨学科合作、境外学习交流等方式，促进青年科技人才快速成长。

2. 大力集聚海内外高层次创新人才

注重吸引大湾区紧缺的国内外高层次创新人才，变“人才逆差”为

"人才顺差"，实现从建设国际人才高地向建设全球人才枢纽的战略跃迁。结合上杭宁大湾区科技创新的重点和产业升级人才需求，着力引进科技研发领军人才、科技创业领军人才，打造一批具有国际视野、具有优秀专业技能的高层次人才队伍。进一步落实国家"千人计划"、上海"浦江人才"等海外高层次人才引进政策，采用以重大项目、产业联盟和创业基地等为载体的多种人才引进模式，吸引一批国际一流的战略科学家、科技企业家和高层次科研团队。进一步完善团队引进模式，制订科技攻关"揭榜挂帅"制度，通过市场化的机制支持一批青年企业家发展壮大。鼓励高等院校、科研机构和公共研发平台面向海内外招聘具有跨学科知识、跨行业经验、宽广国际视野和自主创新能力的领军人才及其团队。重点引进一批海外顶尖级企业或研发中心长期从事工程技术类研发工作的华人技术专家或工程师，帮助其实现"技术报国"的理想。设立专门的工作室和技术平台，鼓励相关企业或科研院所吸纳一批国内高层次人才，使上杭宁大湾区未来能够孕育出更多世界级企业。

3. 构建国际化人才引进、评价、流动和激励机制

建立多类型的人才评价、考评机制，在学历、专业、专利、论文、职称之外，探索以企业聘任职位、创新成果、市场效果等建立对科技创新创业人才的新标准。探索行业技能人才自主评价标准化体系建设，由行业协会、企业联合制定具体行业人才评价标准体系，把专利、发明、商标等创新性实践业绩作为评审和考察专业水平的重要依据，并交由行业协会组织评价，把人才评价权交给市场，培养真正符合市场需求的科技创新人才。对在科技创新方面业绩突出或贡献重大，行业和社会公认度高的人才，可以开辟与现行专业职称序列并行的专业标准体系。借鉴硅谷等地的人才政策，进一步强化利益导向和激励机制，提高科研人员

成果转化的收益比例。鼓励科技人员以智力和技术等多种要素形式参与创新收益分配，实行股权激励、分红、年薪制等办法，并实施相应的配套征税制度。进一步增强对关键岗位、核心骨干的激励，以创新成果和绩效为标准奖励各类人才及配套相应资金，激发创新人才的创新热情和活力。参照硅谷等地的做法，努力提高城市公共服务水平，特别是努力满足创新人才及家庭的医疗、社会保障、子女教育、居住等公共服务需求。例如，通过统筹学校资源，提供满足归国留学生子女教育需求的学校，或鼓励社会力量建设国际学校；积极培育发展和引进国际高端医疗机构，引入国际医疗保险机构，为海外科技人才提供更为完善的医疗服务。

五、坚持产业协同发展，加快推进世界级产业集群建设，打造具有全球主要影响力的国际高端产业基地

（一）遵循经济规律，以全球化视野推动产业发展的顶层设计与规划

以上海为核心，依托沪宁杭甬、沪杭金、沿江、沿海等产业发展特色和产业集群优势，不断积聚更多的新增企业和创新动能，以全球化视野推动以“产业集群 + 城市群”的“双群”产业科学布局和同步发展。

1. 以全球化视野推动上海国际经济中心规划

根据《上海市城市总体规划（2017 ~ 2035 年）》，上海是长江三角

洲世界级城市群的核心城市，国际经济、金融、贸易、航运、科技创新中心和文化大都市，国家历史文化名城，并将建设成为卓越的全球城市、具有世界影响力的社会主义现代化国际大都市。所以，从产业角度看，上海将定位为国内领先、世界一流的高端产业集聚中心，聚集全球资源，提升全球影响力。利用上海优越的空间区位，不断以金融服务、国际商务、科技创新、陆空海运输和文化交往的外向型发展能力，加快谋求全球化时代的世界级门户城市地位，建成比肩纽约、伦敦、东京等的国际大都市。积极发挥上海为长三角世界级城市群的发展配置更多全球化高端资源的作用，更好地释放上海引领长三角深度参与国际化竞争的“头雁效应”，全力打响“上海服务”“上海制造”“上海购物”“上海文化”四个品牌。以上海大都市圈为依托，强化上海的辐射作用，使上海成为大湾区发展的引导区和创新区，推动大湾区各市优势互补、错位协同，形成协同效应，促进大湾区产业高质量一体化发展。

2. 以全球化视野推动大湾区六个城市副中心的产业协同规划

GDP 过万亿元的杭州、南京、苏州、无锡、宁波、南通等 6 个城市建设具有全球影响力的节点型城市与上海“侧翼功能”。在上海全球门户型城市带动下，推动经济、文化、科技、区位条件等方面具有较大国际化竞争能力的这 6 个重点城市，加快构建以全球化产业分工、国际化经济参与为主的经济结构与产业体系。杭州的互联网与电子商务产业，宁波的航运与贸易，苏州的外向型工业，无锡的物联网与智能制造，南京的半导体与芯片等现代特色产业，南通的船舶海工等先进制造业，完全具备了参与全球竞争的基础能力。通过培育更多外向型企业集团，更加深度参与全球产业分工，占领全球产业链和价值链的有利位置，在全球范围实现技术创新、市场份额、文化交流等更进一步的发展，吸纳更多外商投资，参与更多全球市场竞争，实现大湾区这6个“国际化节点城市”转型，为长三角世界级城市群参与全球化、国际化竞争发挥“侧翼功能”。

3. 以全球化视野推动大湾区9个外围城市的产业协同规划

依托上海、南京、苏州、杭州、无锡、宁波和南通等七大发达城市经济体和国际化区位优势，推动建设一批瞄准全球市场竞争的“国际化瞪羚型城市”。比如常州、扬州、镇江、嘉兴、湖州、台州、绍兴、舟山等一批具有较多外向型企业的地级市。通过科学规划、合理定位，从城市经济结构、城市建设、城市文化等角度，加快发展步伐，推动9个外向型城市经济体形成“群狼效应”，最终推动“国际化瞪羚型城市”转型为长三角世界级城市群的国际化“城市群狼”，提升整体性的国际化竞争能力，在全球经济体中培育知名的“长三角城市群”品牌（胡小武，2019）[①]。

（二）提升上海高端产业集聚和辐射功能，发挥龙头引领作用

1. 提升上海城市集聚功能，加快高端产业集聚

（1）以上海自贸区建设加快改革开放步伐，加快高端产业的集聚。通过上海自贸区和新片区进一步深化改革开放，优化负面清单、权力清单和责任清单等管理制度，为上海营造国际一流的营商环境提供可复制

① 胡小武：“长三角一体化国家战略中的城市定位”，载于《群众》，2019年第2期。

的模式，为上海高端产业集聚奠定良好基础。通过突破行业壁垒，促进上海现代服务业、高端制造业发展，及产业间的融合发展。率先打破行政性垄断，加快要素价格市场化改革，着力降低土地、能源、通信、物流、融资等基础性成本。积极承接国际生产性服务外包和生产性服务FDI，使上海的总部经济得到充分发展，做大做强生产性服务业，打造生产性服务业中心。

（2）加强国际“四中心”与“科创中心”互动，推动高端产业的集聚。加快上海“国际四中心”和“科技创新中心”建设，及其联动发展，发挥整体效应，进一步增强上海在大湾区的集聚和辐射能力。如提升国际贸易中心枢纽能级，利用RCEP等自贸协定，建设新型国际贸易先行示范区，建设国际消费中心城市。吸引著名跨国公司、公司总部和机构入驻上海，优先发展现代服务业，发展高端制造业，瞄准集成电路、新型显示、大数据、人工智能、新能源汽车、高端装备业以及生命健康、时尚消费品等未来产业和重点领域，发展成为具有世界竞争力的产业。同时，积极推进大湾区产业结构的高度化和优质化，支持各地提高产业竞争力的“自我革命”，在供给侧结构性改革下的“主动放弃”和“腾笼换鸟”，促进产业转型升级。

（3）积极推动生产性服务业与制造业转型升级的融合互动发展。推动上海生产性服务业向专业化和价值链高端延伸，强化对制造业转型升级的功能支撑作用，实现二者融合互动发展。进一步推动生产性服务业的升级发展，使具备高端生产要素的生产性服务业嵌入高端制造业集群中，促进产业集群向全球价值链中高端迈进。一是充分发挥上海高端要素市场相对齐备的优势，不断强化服务、管理、集散、创新等生产性服务专业化功能，提高区域经济支配力和辐射力。二是以上海生产性服务业创新发展为引领，着力提高金融保险、信息服务、技术转让、知识产权保护、法律咨询、商务服务等生产性服务业的服务质量和效率，提升对制造业转型升级的服务功能支撑。三是以自贸区建设为契机，推动国际研发、技术、人才、现代服务业向上海深度转移，扩大生产性服务业的对外开放力度，支撑长三角地区联手打造世界级产业集群（李娟娟等，2018）[①]。

2. 发挥龙头引领作用，推动大湾区产业一体化

（1）进一步当好大湾区产业协同发展的服务员。以共建世界最强湾区为目标，与大湾区其他 15 个城市深化合作，加强交通、能源、信息、科技、环保、信用、人才、金融、涉外服务、城市合作、产业、食品安全等领域合作，加快形成互联互通的基础设施、联防联控的生态环境、共建共享的公共服务和统一开放的市场体系，逐步向长三角区域、全国、东亚乃至世界经济发展的“服务中心”城市过渡，在增强自身产业集聚和科技创新功能的基础上，更好地为大湾区提供各类优质产业协同服务。

（2）进一步当好大湾区产业协同发展的引领者。以全面创新改革试验区、张江国家自主创新示范区和中国上海自贸区为载体，推进政府创新管理、科技成果转移转化、收益分配和股权激励、市场化投入、人才引进、开放合作等方面先行先试，改革和创新，推动江浙沪在创新资源共享共用、产业政策协同、产业创新服务融合、产业园区联动发展等方面形成长效制度安排，引领大湾区深入推进以产业集群为主要内容的产业发展。建立重大产业项目跨区域协同招商机制，聚焦具有区域比较优势的高端智能制造和 5G、6G 信息技术产业集群，推进跨区域的协同招商和产业项目的跨区域落地，统

① 李娟娟、毕凯军：“共同打造世界级产业集群 构筑长三角竞争新优势”，载于《上海企业》，2018 年第 8 期。

筹推进落地税收及重要经济指标的按价值链差额分成；建立区域重点产业标准化扶持政策清单制度和地方特色产业扶持政策保护期制度；定期联合审定并公布统一的政策标准、服务标准和地方特色产业目录，引领区域产业协同发展。

（3）进一步推动大湾区各地错位竞争、差异化发展。一是发挥上海龙头作用，推动大湾区探索规划引领的工作机制。制定产业规划的协调和后评估机制，以产业集群助力培育世界级的产业集群，最终形成基于产业链的合理分工体系。二是强化上海与江浙的分工，总体上形成创新源头、产业龙头与生产基地的协作配套关系。上海依据人才优势、区位优势侧重发展高科技产业和高端服务业，如金融、贸易、航运、信息服务等，成为长三角城市群的综合性服务中心；江浙主要发展先进制造业和现代服务业，大型石化、电力能源、装备制造等产业项目也应更多地向具有更大发展潜力的地区布点或转移。三是强化城市之间的分工，根据各自的资源禀赋，集聚具有比较优势的产业，打造具有创新能力的规模化的特色产业名城。抓住现阶段产业结构调整升级的机遇，实施并推进产品差异化战略，促进各地企业的分工细化与产业深入协作。推进开发区之间的合作，建立网络化的产业集群，形成基于产业链、价值链、创新链的地区间合理的产业分工体系，促进长三角产业错位竞争、差异化、一体化发展。

（三）聚焦战略新兴产业，推动大湾区价值链向中高端发展

1. 依托创新优势培育新兴产业和强化主导产业

率先构建“工业4.0”、“互联网+”等重大战略体系，积极培育新

一代信息技术、智能制造装备、生物医药与高端医疗器械、新能源与智能网联汽车、航空航天、海洋工程装备、新材料、人工智能、量子通讯、生命健康等新兴产业。加快推进集成电路、智能传感器等国家级制造业创新中心建设。共同推动云计算、大数据、物联网、区块链、人工智能等技术创新，积极推动互联网与制造业相融合，提升制造业的数字化、网络化、智能化水平，发展基于互联网的协同制造新模式，以数字经济助推大湾区高质量发展；加快夯实数字化基础设施，构建新一代信息技术世界级产业集群，把大湾区打造成为全球数字经济发展高地。抓住 RCEP 区域和中欧经济一体化合作的新契机，积极吸引全球优质企业，激活民间资本，不断推进汽车产业、钢铁产业、化工产业、船舶产业、飞机产业等主导产业转型升级。以国际标准整合现有“园区经济”“块状经济”，优化组合已被开发的各类资源，打造万亿级战略新兴产业和世界级产业集群。

2. 加快推进“湾区制造”向“湾区智造”转型

抓住长三角一体化的战略契机，积极推动“湾区制造”向“湾区智造”“湾区创造”转型。一是适应科技革命和工业革命的形势要求，利用好“第二次机会窗口”，结合大湾区产业优势和产业发展方向，深入持久推进“双创”，大力发展集成电路、新型显示、大数据、人工智能、新能源汽车为主体的先进制造业，增强产品创新、技术创新、管理创新能力，打造国际先进制造中心。特别是需要依靠科技进步，引导制造业向研发、生产、销售、服务和信息反馈等一整套产品价值及功能实现的现代流程方向发展，建立起完善的制造服务体系，带动制造业产业结构全面转型升级，实现产业链的延伸，促进大湾区制造业向价值链中高端发展。二是主动借助“第一次机会窗口”，积极利用一般技术、知识、管理经验等（一般高级要素）的后发优势和比较优势，进行产业追赶式升级与经济追赶式发展。利用新技术改造传统制造方式，实现信息化和工业化的深度融合，促进制造智能化、数字化和清洁化，提升大湾区制造业的智慧能级。

3. 增强供应链的控制力，破解“低端锁定”

大湾区可以利用“第二次机会窗口”，在技术先发优势和竞争优势领域，重点突破核心技术、现代先进管理方法等高级要素领域的创新瓶颈，利用全球产业重新布局的机遇增强在国际生产网络中供应链控制力。一是加大自主创新力度，突破一批卡脖子的关键核心技术，积极推动“互联网＋智能制造”等智慧型产业体系，发展智慧生态供应链，发展具有供应链协同效应的公共型平台，推进相关方单元化的信息数据正向可追踪、逆向可溯源、横向可对比，形成高能级、强辐射力的数字化枢纽，推动发展智能制造、大规模个性化定制、网络化协同制造和服务型制造，构建一批网络化协同制造公共服务平台。二是从国际生产体系参与者走向国际创新体系参与者甚至构建者。打造一批深度嵌入全球供应链体系的供应链枢纽城市，如大湾区 7 个 GDP 过万亿元的城市，提升大湾区在全球供应链体系中的位势。构建高链接度的区域枢纽供应链网络，注重补足枢纽组织功能“短板”，提升枢纽对资源要素的配置能力（吕永刚等,2019）[①]。三是在国际生产网络中从要素被整合者向要素整合者转型。通过“走出去”，兼并、重组等国际化战略，整合全球优势要素如技术、品牌、研发要素等战略性资产。

---

① 吕永刚、吴勇民:“高铁效应与长三角经济地理格局重塑：基于新产业革命的视角”，载于《现代经济探讨》，2019 年第 9 期。

4. 整合全球优势要素，培育全球企业

出台相关培育政策重点向高端制造业集群倾斜，推动要素资源向集群内具有国际影响力的品牌企业和优势企业流动；遴选一批先进制造业集群的龙头企业进行重点培育，打造世界级领军型“巨无霸”的全球企业；支持领军型全球企业牵头组建制造业创新中心，加速整合全球产业链关键资源，开展重大技术攻关行动。对先进制造业集群重点领域、高成长型企业提供精准专业服务，重点培育具有全球影响力的新兴产业领域的“独角兽”企业。强化龙头企业的引领作用，鼓励龙头企业牵头组建自主发展型的专业化、职业化科研联盟、行业协会；加大政府购买服务力度，引导行业组织积极向区域产业链、创新链、价值链布局。

5. 加快培育世界级高端制造业集群，增强国际竞争优势

一是强化政策引导推进集群协同联动发展。二省一市可以通过相关机构，如集群培育协作工作机构，加强省级部门协同、省市县三级联动。研究制定区域重点产业集群规划和产业生态图谱，明确产业定位，突出延伸、拉长产业链条，做强关键节点，补齐短板，优化空间布局，对接周边区域基础设施，完善产业发展所需的公共服务配套设施，营造有利于先进制造业集群发展的生态环境，加快培育千亿元级、万亿元级高端制造业集群。二是构建综合性工业互联网平台，做好重大项目对接和引进。从现有集群中遴选或新建一批发展基础好、服务范围广、技术力量较强的平台，支持其利用物联网、大数据、云计算等新技术手段打通同一产业相邻产业集群之间的壁垒，推动其升级成为重点培育先进制造业集群的综合性工业互联网平台。密切跟踪国家重大产业项目布局和国际产业发展动态，引进一批对产业链起关键作用的千亿元甚至是万

亿元级产值的战略性引领项目。建立高端制造业集群“强核、补链”项目库，实行动态调整，将重点培育的先进制造业集群中的重大项目纳入大湾区重点项目管理范围，开辟项目审批“绿色”通道，优先配置土地、环境容量等要素资源，推动项目投产增效。三是以国际、国内市场为导向，协同整合产业优势，培育若干具有国际竞争力的产业群落，以及合理分工和梯度互补的产业体系。加快现有产业集群的整合，构筑具有一定国际竞争力的大型现代制造业产业群。加快推进集成电路、智能传感器等国家级制造业创新中心建设，构建新一代信息技术世界级产业集群，把大湾区打造成为全球数字经济发展高地。积极引进外来资本和激活民间资本，不断推进汽车产业、钢铁产业、化工产业、船舶产业等主导产业转型升级。对一些产业链比较长、规模庞大的产业集群，可以考虑在整个大湾区范围内集聚，形成国内及至国际上规模最大的产业基地。以国际标准整合现有“园区经济”“块状经济”，优化组合已被开发的各类资源，打造千亿级、万亿元级战略新兴产业和世界级产业集群。

（四）聚焦高端生产性服务业，推动现代服务业集聚发展

1. 着眼全球价值链中高端，坚持产业联动

（1）重点发展为制造业配套的生产服务业。围绕上海国际经济、金融、贸易、航运和科技创新中心及文化大都市、国家历史文化名城的建设，重点发展为制造业配套的生产服务业，如现代物流业、科技服务业、金融保险业、商务服务业、信息服务业等。例如，围绕上海国际航运中心建设，以全球领先的国际航运中心为目标，加快立体化大交通体系的建设，整合长三角海、陆、空“三港”物流资源，建立物流发展战

略联盟，强化铁路、公路、海运、航运、航空等各种运输方式的衔接、配套和功能分工，加快构建快速便捷、货畅其流的融集散与分运于一体的物流支撑体系，并通过物流资源的重组和物流流程的再造，使长三角各地协同打造现代物流发展联合体，推进物流发展一体化。同时，加快建立覆盖大湾区的公共物流信息系统，构筑与大湾区各货物集散枢纽统一联网、与国内外主要物流信息节点相互衔接的公共物流信息网络平台，实现智能标签在陆海空口岸及各物流集散节点的普及应用；加快建设长江流域集装箱多式联运体系，完善大湾区各口岸信息交换和多式联运的信息服务功能，促进物流信息资源的共享和物流网络的互通互联；加快长江流域多式联运 EDI 系统物流信息通道的建设，努力构筑包括物流运输和物流信息在内的长三角现代物流基础设施平台。借鉴国际发展经验，大力发展大口岸物流，提高口岸“大通关”的效率和服务水平；并探索航运交易所，使长三角物流体系与世界级城市群相匹配。加快发展高端商务服务业，围绕上海国际会展之都建设，重点建设具有国际水准的大型会展场馆，改造提升会展业的设施水平，加强与全国各类行业协会、国际会展机构的交流与合作，积极承办各类国际国内会议，大力开发以国际化、专业化、贸易型为主的会展，努力培育会展业的经营品牌，高水平办好每年一届的进博会，使大湾区各地充分共享上海会展业的扩散效应。积极引导发展法律、会计、审计、税务、咨询、评估、广告、策划、调查、就业和劳务中介、经纪代理等商务服务业，推动商务服务产品和商务服务方式的创新，加紧推动有品牌、有影响、有规模的律师、会计师和知识产权等各类中介机构以及行业协会在大湾区的业务拓展。扩大国际合作，通过引进专家、机构、委托培训等多种形式，培育企业化经营、规范化管理、社会化服务的商务服务机构，打造一批具有知名品牌的大型企业事务所或中介法人机构，打响“上海服务”品牌，共同提高大湾区商务服务的整体竞争力。

（2）鼓励先进制造业与现代服务业融合发展。鼓励大中型制造业企业通过业务流程再造和商业模式创新，把生产流程中的非核心但具有优势的研发设计、咨询管理、物流运输等环节从原企业分离出来，与其他企业联合成立相应的专业化服务企业；支持制造业企业发挥自身优势，推动生产型制造向服务型制造转型，如拓展大型及关键设备的在线数据采集、运行分析、故障诊断、系统维护和设备升级等增值服务，为产业链上下游企业提供专业化、系统化制造服务。同时，加大力度建设先进制造业与现代服务业的产业融合平台，围绕企业发展过程中的技术、运营、商务、资金等需求，分别搭建不同类型的产业发展融合平台，如人工智能超算平台、云服务平台、硬件研发支持平台等大数据公共技术平台。由政府牵头组织先进制造业重点产业链上、下游相关企业成立产业协作联盟，打造企业交流协作平台，帮助先进制造业企业与现代服务业企业实现产业协作。

（3）大力培育关联度大的信息服务业、文化产业等新兴服务业。加大信息资源整合的力度，通过建立大湾区公共信息平台，充分运用互联网信息技术的优势，克服信息壁垒，打破“信息孤岛”，实现大湾区信息共建共享共用，并以信息一体化推动其他各领域的有机融合与协调互动，推动信息化与城市化的协同联动，用信息化加强城市群间的有效沟通，推动智慧城市建设和数字化大都市圈建设。落实文化产业政策，引导社会力量投资文化产业，加快社会事业有关领域的产业化步伐。打造主流媒体和知名演出团体，增强文化产业集团的知名度和竞争力；联合开展民间文化保护项目如吴歌、吴语、苏绣等，加快培育领军性的文化产业集团，打造文化品牌，使长三角地区成为全国文化生产与服务的基地；积极发展竞赛表演、健身娱乐、体育培训等体育产业，大胆探索体育设施场馆多元化投入、市场化经营的新路子。以建设大湾区旅游特色区域为目标，整合大湾区旅游资源，拓宽旅游服务领域，把景点建设与生态、商贸、会展建设统一起来，把旅游观光与休闲度假、购物娱乐、商务活动结合起来，使旅游产业链得到有效延伸，把旅游业打造成大湾区服务业的特色产业。

2. 着眼全球价值链中高端，坚持结构优化

一是以技术创新推动现代服务业发展。通过科技创新驱动下的服务业与制造业深度融合，实现大湾区生产性服务业与制造业互动良性循环。面对服务业发展的新动能与新趋势，既要创造条件鼓励发展，又要创新服务业监管理念，采取包容审慎的监管方式，既要避免过度监管束缚创新，也要守住底线营造公平竞争环境。二是依托制造业优势发展生产性服务业。遵循产业大融合所趋，推动现代制造业前期研发、设计，中期管理、融资和后期物流、销售、售后服务、信息反馈等加快发展，从而在产业链上促使制造业与服务业间相互融合，还会促使区域内的制造业和服务业在一个特定空间上实现产业融合和集群式发展（何骏，2008）[①]。三是依托竞争优势，发展服务贸易。借助国际服务资本的力量和国内的大型服务企业的实力，以外引内联的方式，推动服务业发展。逐步放宽金融、科创、教育、文化创意、专业咨询等领域的内外资准入和政策限制，吸引优质资本和云计算、人工智能、大数据等前沿技术的进入，培育国际竞争力，创建一批具有国际影响力的著名服务品牌，建设一批主题功能突出、辐射范围广、带动作用强的高端服务业和服务贸

① 何骏："长三角城市群产业发展的战略定位研究"，载于《南京社会科学》，2008 年第 5 期。

易发展示范区（杨以文等，2012）[1]。鼓励支持服务业创新发展，积极融入全球价值链，配置全球资源，提高核心关键技术的创新和掌控能力，构建核心优势，抢占全球制高点，实现大湾区服务贸易大跨越。

3. 着眼全球价值链中高端，推动现代服务业集聚发展

一是推动高端服务业规模化发展。提倡和鼓励发展较好的高端生产性服务企业，利用各种经济手段，如联盟、兼并和收购等，增加可支配的资源，扩大企业规模。二是立足湾区产业集群，构建制造业与服务业的动态产业链。围绕主导产业建立专业化分工的产业链条，形成"竞争 + 合作"的产业组织关系。共享基础设施和市场规模效益，降低双方交易成本，提升产业链价值，并共享包括原材料、信息、市场、人力等服务资源，形成集团化作战能力，增强经济竞争力。三是建设载体平台，支持集聚发展。打造一批特色鲜明的高端服务业集聚区，引导现代商贸、现代金融、科技研发、信息服务、现代物流等生产性服务业的高端化、集群化发展。推动龙头服务企业采用垂直化一体化的经营和管理模式，在更大程度上合理地配置资金和人力资源，从而达到降低生产和交易成本、获取范围经济和增强自身竞争力的目的。对中小型生产性服务企业采取横向一体化和集群发展的模式，加快现代信息技术应用，在集聚区内形成密集的网络联系和价值链关系，获得与大型企业一样的范围经济，同时建立平等的竞争和合作关系，彼此之间开展竞争，通过服务活动的分工和交易而又相互合作，达到减少交易成本的目的，推动中小型服务性企业集聚发展（杨以文等，2012）[2]。

---

① 杨以文、郑江淮、黄永春、任志成："走向后工业化：建立以服务业为主的现代产业体系——以长三角为例"，载于《经济地理》，2012 年第 10 期。

② 杨以文、郑江淮、黄永春、任志成："走向后工业化：建立以服务业为主的现代产业体系——以长三角为例"，载于《经济地理》，2012 年第 10 期。

4. 着眼全球价值链中高端，构建国际化的“人文区位”

一是推动形成上海全球化时代的“国际商务客厅”地位，使“上海服务”“上海制造”“上海购物”“上海文化”成为提升大湾区城市国际化的文化区位的重要支点，不断提升上海的全球影响力和美誉度。二是推进南京、杭州、苏州、无锡、宁波等地建设世界级的文化名城与旅游城市。进一步支持鼓励这些经济发达、城市建设水平较高的国内著名文化旅游城市，确立各自的历史文化旅游形象定位，建设具有国际影响力的文化旅游品牌。比如南京可以打造为国际化坐标体系中的“中国十朝都会城市”，苏州打造为“中国私家园林城市”，杭州可以打造为“中国精致花园城市”“动漫产业城市”和“吴文化”城市，无锡可以打造为“江南水乡”城市，宁波可以打造为“河姆渡文化”城市等。并通过会展、会议、旅游推介、文化周、主题日等方式，加快走向国际舞台，推广和营销自己的城市文化旅游目的地形象。三是型塑上海、苏州、无锡、南京、杭州、嘉兴等“泛太湖”地区的“江南文化标志区”。大湾区可以精细定位并打造“江南文化标志区”的空间区域，把长三角深厚的文化底蕴挖掘出来，并以现代科技特别是现代信息技术展示出来，从而起到推陈出新、守真掘金的一种全新的文化吸引力、感召力和感染力的作用，为长三角地区构建更加具有本土化的“文化区位”和全球化时代的“中国意象”开辟一条全新的道路。

（五）激发、培养和保护企业家精神，形成产业创新的持久动力

推动上杭宁大湾区成为企业家之城，进一步激发、培养和保护企业家精神，将持久促进产业创新，推动“湾区制造”向“湾区创造”“湾区

智造”转变。

1. 成为企业家之城，必须进一步构建依法平等保护企业家的合法权益的法治化制度环境

一是依法平等保护企业家的财产权、自主经营权、知识产权等权益，增强其财富安全感。完善企业破产制度，严格区分企业家个人财产和企业法人财产，严格区分合法财产和违法所得，减少企业破产给企业家个人生活所带来的负面影响，从根本上增强企业家的财富安全感。严肃查处各类侵权行为，加大“公权力”侵害“私权力”违法成本，把“公权力”限制在制度的笼子里，筑牢产权保护的政策和法律屏障。加大对企业家维权的法律服务和法律援助，及时处理纠纷，合理确定损害赔偿额度，增强企业家长远发展的信心。建立企业家维护权益的安全渠道，比如可以建立企业家维权服务平台，让企业家投诉管用，集中精力于生产性经营活动。完善补偿救济机制，尽量减少和合理补偿因为政府行为如规划调整、政策变化给企业带来的权益损失，降低企业家对政策调整的担忧。二是充分尊重和保障企业家的经营自主权。政府可以根据相关法律法规，通过“看得见的手”对企业的生产安全、产品质量、环保标准等提出要求，也可以通过宏观调控政策来引导产业升级的方向，保质保量限期整改；但政府不应过多干预，更不能越俎代庖，越位插手企业的具体经营管理事务。三是完善收入分配制度，充分调动企业家的主动性、积极性和创造性。认真贯彻十九届四中全会精神，落实“健全劳动、资本、土地、知识、技术、管理、数据等生产要素由市场评价贡献、按贡献决定报酬的机制”[①] 的要求，进一步完善收入分配制度，建立

① 《中共中央关于坚持和完善中国特色社会主义制度 推进国家治理体系和治理能力现代化若干重大问题的决定》，载于《人民日报》，2019-11-06。

有效的、具有长期激励作用的制度，使企业家的收入与其在经营管理中做出的贡献相匹配、与其承担的责任和风险相对称；通过完善收入分配制度，确保企业家才能被配置到生产性活动中，而不被配置到寻租等非生产性活动上；需要改变目前收入分配过于向虚拟经济等领域倾斜的现象，降低资本要素在收入分配中所占比重，适度向企业家和知识、管理要素倾斜，向创业者和劳动者倾斜。

2. 成为企业家之城，必须进一步构建激发、培育与保护企业家精神的科学合理的试错容错机制

鼓励开拓进取、干事创业，强化正向激励，建立科学合理的试错容错机制，对企业家合法经营中出现的失误失败给予更多理解、宽容和帮助，降低企业家开拓创新、大胆创业的社会成本，形成尊重企业家价值、鼓励企业家创新、发挥企业家作用的社会价值观。对一些先行先试的企业在经营中存在的错误和失败，只要不涉及违反法律法规问题、不损害社会公众利益，就可以按照相关规定予以宽容，并继续给予创新创业的机会，推动全社会形成保护创新创业的环境。尤其是国有企业，更要重视发挥企业家精神，宽容企业家在改革创新中的失误错误，按照“三个区分开来”要求，旗帜鲜明地支持他们大胆尝试，为敢于担当的企业家撑腰鼓劲。

3. 成为企业家之城，必须进一步完善遵循企业家成长规律的培育机制

需要把培养企业家队伍与贯彻落实长三角一体化、自贸区建设、长江经济带等国家战略以及实施“一带一路”倡议同步谋划，鼓励支持更多具有创新创业能力的企业家脱颖而出，在实践中培养一批具有全球战略眼光、市场开拓精神、管理创新能力和社会责任感的企业家。一是着力培养造就一支对党忠诚、勇于创新、治企有方、兴企有为、清正廉洁的国有企业家队伍，培养造就一支坚决拥护党的领导，爱国、创新、敬业、守法的民营企业家队伍，引导民营企业家继承发扬老一辈企业家的光荣传统，弘扬企业家精神和“工匠精神”，努力实现新担当新作为。二是建立党政相关部门、人大、政协、党派团体和社会各界人士共同参与的工作机制，协同做好企业家培养的相关工作。比如各级党委、政府可以从战略上、从顶层上加以设计和指导，制订企业家培养的长期规划，通过建立联席会议等协同工作制度，发挥各方优势，形成党委统一领导，组织部、统战部、工商联等相关部门相互协调，商会和行业协会相互协助，齐抓共管的工作机制。三是强化企业家精神，科学开展教育培训。充分利用高等院校、党校（行政学院）、社会主义学院等教育资源，推动以强化忠诚意识、拓展世界眼光、提高战略思维、增强创新精神、锻造优秀品行为重点的培训，提高企业家的政治、经济、法律、法规等把握能力。四是拓宽企业家参与国家政治生活和管理社会公共事业的渠道。积极关注企业家的政治诉求，增加他们参政议政的机会，培养、推荐或选拔具有较高政治素质、较大社会贡献、较强参政议政能力、社会信誉好的企业家担任人大代表、政协委员、工商联执常委、政府顾问、劳动模范等，充分发挥他们在企业界人士中的团结、带动、示范和影响作用。五是加强学习，把握转型发展和创新发展的重大战略机遇。企业家需要加强学习，加强修养，进一步弘扬企业家爱国敬业遵纪守法艰苦奋斗的精神、创新发展专注品质追求卓越的精神、履行责任敢于担当服务社会的精神，以更宏大的世界视野和更强大的经营能力，把握这百年大变局中的发展大机遇。

后　记

Postscript

湾区经济是当今经济研究的一大热点。基于对经济研究的兴趣，本书立足长三角、放眼全世界，对长三角核心区16个城市组成的上杭宁大湾区进行了研究。这一研究是我长期对中国经济观察和思考的体现，也是2007年出版的《新阶段中国经济发展战略的调整问题》续篇，是对其中区域经济方面的具体化。本书能够写成，首先要感谢从小学到研究生学习中以及博士后工作站中许多老师对我的教育、培养和指导，特别要感谢我的硕士和博士导师陈文通老师、同济大学博士后导师黄立平老师、华南理工大学博士后导师祁明老师给予我的细心培养和精心指导。在此，对所有关心、支持我的老师、专家学者和朋友表示诚挚的感谢。本书在写作过程中借鉴参考国内外许多专家学者的观点和文献，在此深表感谢。同时，我从农村走出来，离不开父母的艰辛养育和辛勤付出，父母之恩，不胜感激，无以言表。我妻子刘丽琳女士在生活和工作中给予了我无私的关爱和支持，为我顺利完成本书的写作创造了很好的环境，也借此表示深深的谢意。同时，还要感谢上海社会科学院刘逸树硕士、刘志来硕士对本书相关资料的收集、整理，为本书顺利完成提供了帮助。本书能够出版还得感谢中国发展出版社的编辑们，是他们给了我许多建议，给了我不少启示和灵感，是他们进行完稿编辑，在此致以由衷的感谢。

本书是在工作之余根据自己所思所想完成的，书中观点只代表自己的想法，并不代表单位的观点。此外，借鉴参考和引用标注的文献也可能会有疏漏，敬请谅解。

上杭宁大湾区高质量发展是一个宏大的课题，还有许多问题尚需进一步研究，由于水平所限，书中可能存在不少缺点和纰漏，也有很多理论和实际问题有待进一步研究，在此真诚欢迎广大同仁和读者对书中不足之处提出宝贵意见。

肖泽群

2021 年 3 月 2 日